城市文化传播研究丛书

# City Culture and Governance in Yangtze River Basin

# 长江流域城市文化与治理研究

江凌 著

**内容提要**

本书以长江流域城市(上海、南京等)及江南地区特色小镇为考察对象,解析城市文化形象、城市文化精神的内涵及其塑造与培育策略;基于文化现代化理论,分析全球化背景下城市文化现代化的基本路径;基于名人级差理论,探讨城市名人文化资源的级差分类、保护性开发与合理化利用;基于品牌基因理论,分析特色小镇的文化品牌基因及其品牌建设路径;基于调查访谈和数据样本,探析城市历史建筑的居民文化认知偏向、文化认同度、文化参与度,分析政府主体保护传承历史建筑遗产的基本策略;基于米歇尔·福柯的治理理论和托尼·本尼特的文化治理性理论,探析城市公共图书馆、城市博物馆等城市公共空间的文化治理性,分析上海城市博物馆受众的文化获得感及其提升策略;同时,还探讨了上海文化产业园区、城市网络文化安全、上海网络视听产业的治理主体结构优化和治理路径问题,理论与实践相结合,具有较好的理论价值和实践意义。

**图书在版编目(CIP)数据**

长江流域城市文化与治理研究/ 江凌著. —上海:
上海交通大学出版社,2019
(城市文化传播丛书)
ISBN 978-7-313-22524-5

Ⅰ. ①长… Ⅱ. ①江… Ⅲ. ①长江流域—城市文化—
研究 Ⅳ. ①G127.5

中国版本图书馆 CIP 数据核字(2020)第 003764 号

**长江流域城市文化与治理研究**

CHANGJIANG LIUYU CHENGSHI WENHUA YU ZHILI YANJIU

著　　者:江　凌

出版发行:上海交通大学出版社　　地　　址:上海市番禺路 951 号
邮政编码:200030　　电　　话:021-64071208
印　　制:江苏凤凰数码印务有限公司　　经　　销:全国新华书店
开　　本:710 mm×1000mm 1/16　　印　　张:25.75
字　　数:409 千字
版　　次:2019 年 12 月第 1 版　　印　　次:2019 年 12 月第 1 次印刷
书　　号:ISBN 978-7-313-22524-5
定　　价:78.00 元

# 前　言
Preface

在党的十八届三中全会“推进国家治理体系和治理能力现代化”总目标框架下，在中央城市工作精神的指引下，尤其是在当前城市文化产业发展和文化品牌建设热潮的背景下，城市文化形象和文化精神塑造、城市文化资源的保护和合理化开发利用、城市文化保护传承和文化品牌建设、城市文化现代化、城市文化空间治理、城市文化产业园区与网络文化产业治理等，成为当前城市文化建设和治理领域的重要研究课题。本书以长江流域城市（如上海、南京、成都、黄冈）、江南地区特色小镇等为考察对象，基于文化多样性理论、文化全球化和现代性理论、文化资源级差理论、法国结构主义学派米歇尔·福柯的治理理论、伯明翰文化研究学派托尼·本尼特的文化治理理论，以及美国公共治理领域知名学者奥斯特罗姆夫妇的“多中心”治理理论，对当前中国城市文化形象、城市文化精神内涵进行解析并提出塑造策略；分析全球化背景下城市文化现代化的基本趋势，中国城市文化现代化的困境，并以成都市为中心，探析城市文化现代化的基本路径；同时，以城市名人文化资源开发为重点考察对象，对当前城市文化资源的级差分类、保护性开发和合理化利用问题提出思考，提出建设性建议；基于品牌基因理论视角，探析特色小镇的文化品牌基因及其品牌建设问题；基于实践调查与样本分析，探析城市历史建筑等文化遗产保护传承的城市居民文化认知偏向、文化认同度、文化参与度，对如何提升城市历史建筑文化遗产保护传承能力进行战略思考；基于“多中心”治理视角，分析政府行为主体在提升保护传承历史建筑文化遗产方面的文化治理策略；基于米歇尔·福柯的治理理论和托尼·本尼特的文化治理性理论，探析城市公共图书馆、城市博物馆等城市公共空间的文化治理性和治理策略问题；通过参观受众的现场调查和访谈，探析上海城市博物馆受众的文化获得感及其提升策略；此外，还分析了上海文化产业园区治理的现状、问题与对策，城市网络文化安全治理的权力和权利基础，上海网络视听产业治理主体结构优化等问题，对城市文化治理主体结构优化和治理路径，尤其是城市文化产业园区、城市网络文化（产业）的治理问题进行理论和实践解析，提出科学合理的文化治理策略和路径，具有明显的理论价值和实践意义。

本书主要内容集中于城市文化形象、文化精神与文化现代化，城市文化资源开发利用与文化品牌建设，城市文脉保护传承与文化空间治理，城市文化产业园区与网络文化产业治理四个板块，每个板块的各章节之间既互相联系又独立成章。

其一，“城市文化形象、文化精神与文化现代化”板块包括“城市文化形象的基本特征及其塑造策略”“城市文化精神及其定位策略”“城市景区文化旅游形象：内涵、定位与塑造策略”“全球化背景下中国城市文化现代化建设基本路径探析”四章，主要论述城市文化形象和文化精神的基本内涵、定位、原则、目标等，以及城市文化形象和文化精神的塑造策略，并以湖北省黄冈市及其下辖各县（市）为例，进行考察。在当今国内外旅游市场竞争日益激烈的形势下，景区文化旅游形象的定位、塑造和景区文化品牌构建，在旅游景区文化消费和产业发展、景区文化传播与交流、景区文化软实力建设中具有重要的意义。本书主要以南京市玄武湖景区为例，论述景区文化旅游形象的内涵、定位和塑造策略。针对全球化背景下中国城市文化现代化建设中存在的主要问题，“全球化背景下中国城市文化现代化建设基本路径探析”一章论述了城市文化现代化的基本趋势、长江流域典型城市文化现代化建设中存在的普遍性问题及其解决路径。

其二，“城市文化资源开发利用与文化品牌建设”板块包括“城市名人文化资源开发与名人文化产业发展”“城市名人文化资源级差分类及其开发价值评估”“城市名人文化资源开发的基本定位与实施战略”“上海大世界的文化品牌建设质量提升路径探析”“品牌基因理论视角下特色小镇文化品牌建设”五章，主要探析城市文化现代化背景下，城市名人文化资源开发和名人文化产业发展的社会文化背景、政策环境，名人文化资源开发的价值与作用，并以名人文化资源丰沛的湖北黄冈市为例，探讨城市名人文化资源级差分类、资源开发的价值评估，以及文化资源开发的基本定位、相应战略、具体路径。城市文化品牌是城市文化软实力和国际文化竞争力的文化符号和标识。当今上海打造红色文化、海派文化、江南文化三大品牌过程中，作为实体文化空间或文化载体的上海博物馆如何有所作为？2017年重新开放的上海大世界以“非物质文化遗产”与“民俗、民族、民间”为主题，定位于非物质文化遗产的展演空间和活态传承，进一步提升上海大世界的文化品牌建设质量主要路径在于：一是树立文化品牌理念，形成品牌支撑性非遗文化活动；二是实施非遗文化整合营销措施，推广优质的非遗文化活态展演和服务；三是精选非遗文化代言人和推广名人，利用名人效应转化传统非遗文化活态展演与文化新风尚之间的矛盾；四是积极培育非遗相关文化活动，延伸品牌产业链。在当前国家“乡村振兴”战略和特色小镇建设的政策鼓励下，全国各地特色小镇建设风行，然而，多数特色小镇缺乏文化特色和文化品牌，为此，本书借助于品牌基因理论，分析特色小镇的“品牌基因”结构要素及其关系，以乌镇文化品牌建设为例，分析乌镇戏剧节的文化品牌基因，并给予品牌基因视角，分析特色小镇文化品牌建设的基本方略。

其三，“城市文脉保护传承与文化空间治理”板块包括“历史建筑文化遗产保护传承：上海城市居民认知偏向、参与度与提升战略思考”“保护传承城市历史建筑文脉的‘多中心’治理策略”“从米歇尔·福柯的治理术到托尼·本尼特的文化治理性——兼论城市公共图书馆的文化治理性”“城市博物馆文化空间的治理性与治理策略”“上海城市博物馆受众的文化获得感及其提升策略”五章，探讨城市居民和游客对上海城市历史建筑文化遗产保护传承的文化认知偏向、参与度和认同度，分析上海历史建筑文化遗产保护传承现状和主要阻碍因素，对如何提升城市居民和游客城市历史文脉保护传承的主体性意识、主体性文化参与进行思考；以“政府主体为元主体，多元社会主体协商共治”的多中心治理理论为视角，探析保护传承城市历史建筑文脉的多元主体共同治理策略；基于米歇尔·福柯的治理术和托尼·本尼特的文化治理性理论，分析城市公共图书馆的文化治理性、城市博物馆文化空间的治理性与治理策略；并以受众的文化认知度、参与度、认同度和满意度为中心，调查分析上海城市博物馆受众的文化获得感现状和提升策略，具有重要的理论价值和实践意义。

其四，“城市文化产业园区与网络文化产业治理”板块包括“上海文化产业园区治理：现状、问题、对策”“城市网络文化安全治理的权力和权利基础”“网络视听产业的多元主体治理功能及其治理结构优化研究”三章。在当前城市文化园区建设中存在“文化地产”“千园一面”、文化园区管理不善等种种问题，为此，本书以上海市为例，分析当前文化产业园区管理中存在的问题，借鉴美国、日韩等国的先进经验，探析城市文化产业园区的规范治理策略；网络空间是城市文化空间的重要组成部分，网络文化空间安全事关城市安全和风险防治问题，为此，本书论述城市网络文化安全治理中的权力、权利基础以及政府、企业、行业社会性组织、网民等不同主体的治理责权、职能；最后，以上海市网络视频产业为例，考察网络视听产业的多元主体治理结构、主体治理功能与权力、权利、责任、义务，并就如何优化网络视听产业治理结构问题提出了建设性的对策建议。

本书的主要观点和针对城市文化与治理实践中问题的建设性策略主要体现于：

(1) 关于城市文化形象和文化精神的主要观点及其塑造策略。城市文化形象的基本特征是历史性、地域性、多元交融性、凝聚性和辐射性，塑造的基本策略在于以下几个方面：城市文脉传承、城市自然环境美化、城市建筑形象设计、城市基础公共设施形象、城市雕塑和名人文化形象、城市居民文化活动和行为形象塑造。城市文化精神蕴含城市的历史文化、建筑风格、形态格局，以及市民的价值观念、思想情操和精神风貌等要素，具有历史性、时代性、整体性、自觉性等特点，导向、凝聚、激励、辐射、批判等功能。一个城市的文化精神，不仅取决于历史文化传统和历史文脉，更取决于当下精神文化建设，取决于市民的日常文化活动。城市文化精神的培育和提升策略在于：立足于城市历史文化传统（文脉）提炼城市文化精神，开展经常性群众性文化活动巩固城市文化精神，促进市民共识与城市文化精神认同和个体、群体身份认同。城市景区文化旅游形象以景区文化资源和文化特色为根基，提炼景区核心的文化价值观念、审美意象和文化传播形象，并以旅游文化消费者为对象，结合游客对景区的旅游消费体验、文化审美感受，使消费者形成强烈的景区文化印象、文化体验或文化集体记忆。从主体性来讲，景区文化旅游形象包括景区独特的文化资源、文化景观，文化意识形态或价值观念，文化审美意象的表达和传播技巧等。

(2) 城市文化现代化及其“文化资源开发：价值评估与路径”。全球化背景下现代城市及其文化的发展趋势为：第一，开放的、信息化、技术化的系统。城市的开放已经超越了地区和国家的界限，其经济和社会活动受地方性约束越来越小，而更多地遵从全球性的惯例和游戏规则，参与全球性的竞争与合作，并在全球经济活动中扮演着一定角色。第二，全球化的职能分工。越发达的城市，其信息收集传递与技术创新的能力就越强，能够集中提供金融、法律等服务，而生产的物理劳动则由相对不发达的城市来承担。第三，全球化的城市系统。任何一个城市或城市群既是区域网络的结点又是全球化城市网络的结点。城市或城市群依据其职能分工的不同，在网络上扮演一定的角色，从而形成不同的层次，呈现出全球化的核心——边缘关系。第四，城市文化的个性内涵及其包容性。城市文化越鲜明，越具有个性魅力，包容性越强，其个性魅力和社会贡献越大，城市的吸引力和居民生活品质越高。

(3) 历史建筑文化遗产是城市文化表征、文化性格和文化精神的基本体现。基于954名上海居民的有效问卷调查，分析上海居民对历史建筑文化遗产及其保护与传承的认知偏向、主体参与度，以及上海历史建筑保护传承的基本现状及其阻碍因素。比如，城市发展更新的客观需求与历史建筑保护传承的矛盾尚待协调，保护传承的法制建设尚待完善，历史建筑的“保护性破坏”和过度商业化现象严重，城市建筑文脉保护中的公共性不足，有文化自信、文化情怀、文化体验的人才缺乏，等等。基于这些阻碍因素，从宏观战略层面探讨了政府（元主体）和企业、社会团体、市民个体（社会主体）等多元主体共同参与，提升上海历史建筑文脉保护传承之质量，提升各社会主体保护传承上海历史建筑文脉能力的基本策略与建议。

(4) 弘扬城市名人文化，合理开发名人文化资源，发展名人文化产业。对于传承城市文脉，提升城市文化品位和城市知名度、美誉度；对于转变城市发展方式，培育新的经济增长点，促进城市“两型社会”建设；对于扩大城市对外交流与合作，提升城市文化软实力和综合竞争力；对于满足人民群众的文化需求，保障和改善文化民生，加快城市文化现代化建设步伐具有重要的意义。名人文化资源的级差大致可划分成世界级、国际级、国家级、省市级和地县级等六级，其中，国家级又可以细分为国家三级、国家二级、国家一级三类。名人文化资源丰度较高的城市或区域，应根据现有的财力、物力及其他社会条件，有规划、有重点、有步骤地开发利用层级、知名度和美誉度较高的名人文化资源。名人文化资源可开发利用指标除了基于丰沛的名人文化资源外，还需要区位、自然环境、人文环境、区域社会经济发展状况、开发利用政策与管理水平、市场条件等基本条件。名人文化资源可开发利指标评估体系基本包含7个一级指标因子和29个二级指标因子。湖北黄冈市需致力于全市经济社会发展水平的提高，人文社会环境的改善和优化，积极制定名人文化建设和名人文化产业发展政策，提升管理水平，有重点、分步骤地开发和利用名人文化资源。拥有名人文化资源的城市需要通过名人文化设施建设、名人文化资源保护、名人文化艺术精品生产、名人文化活动繁荣、名人文化产业促进、名人文化旅游品牌建设、名人文化城市形象塑造、名人文化对外传播等战略路径，合理开发利用名人文化资源，发展名人文化产业，促进城市文化现代化建设。

（5）本书将米歇尔·福柯的治理性理论和托尼·本尼特的文化治理性理论应用于城市公共图书馆、博物馆的文化空间治理实践分析中，探讨城市公共图书馆的文化治理性，以及不同社会主体在其中发挥的重要作用。20 世纪 70 年代末期，米歇尔·福柯关于“治理性”概念的深入阐释不仅标志着他本人思想的治理转向，也标志着西方学术界对于（文化）权力形式的理解发生了根本性转向。英国文化研究学者托尼·本尼特将米歇尔·福柯的治理性理论进一步转向文化领域，进而开辟了“文化治理性”这一文化研究的新范式。本书认为，现代社会处处充满规训与监视，那么它自然会体现在公共图书馆的技术装置和权力规训中，这是公共图书馆空间治理性的重要体现；博物馆文化空间收藏着众多优秀的文化遗产和艺术展品，具有文化展演、教育、审美和活态文化实践再现等治理功能。它通过收藏和展览，以及空间设计和一系列技术装置，为大众提供接近文化艺术的机会和体验，并借此对大众言行进行“监督”和“规训”，让受众对自身的行为方式进行自我监督、自我治理，以提升其文化知识素养和养成良好的行为习惯，达致文化治理的效果。

（6）现代“多中心”治理理论强调政府不是唯一的权力中心，而是在与市场、社会、公民共同参与公共事务的治理过程，打破了传统的或政府或市场的单一治理方式，构建了政府、市场、社会与公民协同共治的框架。政府“元主体”及其相关部门在历史建筑等城市文脉保护传承与合理化开发利用中的治理策略主要有：多元主体共同参与，构建和完善制度政策体系；运用多媒体、新媒体、全媒体等媒体主体力量，全方位宣传教育、普及历史建筑知识及其保护传承能力；平衡协调历史建筑遗产保护传承与合理利用、文脉主义与商业主义、文化利益与经济利益中不同行为主体之间的利益与矛盾；拓展民众参与渠道，优化民众参与机制；培育历史建筑遗产专业人才，储备和守护城市历史建筑文脉保护传承中的人才主体力量。

（7）葛兰西的“文化领导权”和米歇尔·福柯的“全景敞视主义”理论为城市网络文化安全治理的“文化领导权”和网民的文化权利保障提供了思想源泉与理论基础，用“文化领导权”和“全景敞视主义”理论诠释网络文化安全治理的权力基础和公民隐私权、知情权、文化共享权、文化表达权等文化权利基础，可以更好地解决网络文化安全治理中的困惑，诠释网络文化安全治理权力与民众文化权利基础之间的互动关系，为城市网络文化安全治理提供合法依据。

（8）目前，网络视听产业是上海市文化产业的发展重点，为了保持在全国同行业的领先地位，上海市政府治理主体在政策扶持、内容监管、版权治理、优化产业环境等方面有所作为，但上海市视听新媒体行业协会、视听企业、视听用户等社会主体发挥的作用有限。本书厘清了网络视频产业中政府、企业、行业协会及用户等主体的主要治理功能。同时，基于政府职能部门治理功能的优化、行业协会主体的治理功能优化、网络视听企业治理功能的优化，特别是在社会化媒体时代，基于网络视听用户的治理自觉和参与治理功能的优化，提出了优化上海市网络视听产业治理结构的对策建议。

本书的主要特点和学术创新体现在：

一是基于问题导向，具有明确的问题意识。本书结合长江流域典型城市——上海、成都、南京、黄冈等城市和江南特色小镇的文化形象、城市文化、城市文脉及具体的文化产业实践，带着强烈的问题导向意识，提出问题，分析问题，解决问题，为有关部门提供对策建议。在当下城市文化现代化建设和城市文化治理实践中，由于急功近利和浮躁，盲目追随和仿照国外城市经验，造成千城一面现象；或者城市文化形象和文化精神不明晰，城市文化特色不明显，造成雷同和重复现象，或者城市文化资源传承与开发不合理、文化资源价值评估不到位，造成资源开发中的破坏与浪费现象，或者政府管理意识和管理手段过于强势而社会其他主体治理角色弱化，造成城市文化治理中某些地方出现政策偏颇、治理工具和手段落后现象，文化治理结构不合理、治理方法简单、治理效果不太理想等种种问题。各章节针对当前城市文化现代建设和城市文化空间治理中存在的具体问题进行分析，并提出具体的解决路径或对策建议。

二是具有较强的学理性。本书并非简单的城市文化建设和治理的实践案例解读和简单的决策建议性成果，本书的学理分析基于文化现代化、文化多样性理论、文化资源级差理论，边沁的全景敞视主义理论、法国结构主义学派米歇尔·福柯的治理性理论、伯明翰文化研究学派的托尼·本尼特文化治理理论、葛兰西的文化领导权理论、公共治理研究领域中的“多中心”理论，结合前述长江流域典型城市文化现代化建设和治理中的城市个案，具体问题具体分析，进行学理探讨和实践探析。

三是具有较强的实践指向。本书紧密结合长江流域典型城市的文化现代化建设和文化（空间）治理实践，既有面上的总体性、一般性分析，又有点上的个案性、特殊性分析，具有明显的理论指向、实践导向和文化活态建设意义。从宏观理论分析到具体城市，从面上分析到具体个案，对当前长江流域典型的大城市、区域中心城市、中小城市和特色小镇的文化形象与文化精神、城市文脉保护传承、文化资源合理化开发、文化空间治理进行剖析，特别是针对这些城市文化产业发展、文化产业园区建设、网络视听文化治理中存在的问题进行理论阐释和实践解读，最终目标指向城市文化建设与治理实践层面，力求为当今城市文化建设与治理实践中的不同参与主体提供建设性的策略建议。

四是实证分析法与案例分析法相结合。把城市文化理论、文化空间治理理论与城市文化及其产业发展实践相结合。比如，传统的城市历史建筑文脉保护传承主体是以政府管理为主，政府主体包揽一切，其他社会主体的能动性不足，政府很累而管理有效度不高，社会组织、企事业组织、家庭和市民等社会主体作为旁观者和被动接受者的主体意识和主体性作用没有充分发挥出来，造成“管理者一边火热忙着，市民群众一边冷眼骂着”的社会现象。针对此，我们基于调查研究法，设计“上海历史建筑文脉保护传承问题”的调查问卷，回收有效问卷954份，除了问卷调查外，还以个别谈话等调查方式，调查部分上海市民和建筑规划部门、文物保护部门工作人员对于上海历史建筑文脉保护传承问题的基本价值认知偏向、主体参与度，并提出相关的治理建议；针对城市文化资源的合理开发利用，重在文化资源价值评估指标体系的构建和层次分析法、德尔菲法的价值指标实证分析。基于文化获得感的认知度、认同度、参与度、满意度四重维度，调查和实证分析上海市三家主要博物馆受众的文化获得感的主要影响因素及提升策略。

本书的学术价值和应用价值主要体现在：一是把城市文化和治理理论运用于城市文化活态实践中，可以解读当下上海大都市、区域中心城市、中小城市和特色小镇兴起的具有浓郁地方性知识和地方特色文化；二是把文化资源价值指标体系和价值评估的实证研究方法运用于黄冈市及其下辖各县市的文化资源开发实践中，该研究方法可普遍用于城市文化资源的合理化开发利用的具体实践；三是把边沁的全景敞视主义理论、米歇尔·福柯的规训和治理理论、托尼·本尼特的文化治理性理论、文森特·奥斯特洛姆和艾莉诺·奥斯特洛姆夫妇的“多中心”公共治理理论运用于城市文化治理和城市文化产业实践中，具有较强的学术价值和应用价值。本书部分成果以论文形式发表后，被转摘、转引 80 多次，其中关于“上海城市文脉传承保护问题”的相关论题入选 2016 年度上海市哲学社会科学规划系列课题项目，并被上海市政府决策部门部分采纳；关于城市名人文化资源的开发报告被黄冈市政府采纳，目前该市正在进行名人文化建设和名人文化资源开发利用的具体文化实践。

由于篇幅局限，在城市文化现代化建设与治理实践中，本书仅仅选取了长江流域一些城市的公共图书馆、博物馆文化空间、城市文化产业园区，选择了城市文化形象与文化精神、名人文化资源、特色小镇与博物馆文化品牌、网络文化安全、网络视听产业等专题进行分析，没有就城市地铁、广场、景区等其他公共文化空间，以及城市网络文化空间中其他诸多文化治理问题进行深入论述，这些问题有待下一步的深入研究。

# 目 录
Contents

## 第 1 篇　城市文化形象、文化精神与文化现代化

## 第3篇 城市文脉保护传承与文化空间治理

## 第 4 篇 城市文化产业园区与网络文化产业治理

# 第 1 篇

# 城市文化形象、文化精神与文化现代化

◇ 城市文化形象的基本特征及其塑造策略

◇ 城市文化精神及其定位策略
——以湖北黄冈为例

◇ 城市景区文化旅游形象：内涵、定位及塑造策略
——以南京玄武湖景区为例

◇ 全球化背景下中国城市文化现代化基本路径探析
——以成都为例

# 第 1 章

# 城市文化形象的基本特征及其塑造策略

城市文化形象是人们对城市文明的一种主观文化感知，是具有主客观统一性的总体印象，是城市物质外感形象和内在精神文化素质的统一。它具有历史性、地域性、多元交融性、凝聚性、辐射性等基本特征。城市文化形象定位既要具有文化内涵，又要突出个性特色；既要体现现实，又要引领未来；既要舆论引导，又要群众参与。一个城市的文化形象需要从自然环境、历史文脉、城市建筑、城市文化基础设施、城市行为形象、城市群众文化活动设计等方面进行整体塑造。

形象既有经济因素，更有文化内涵。如果说经济实力是构成形象的物质基础，那么文化则构成形象的精神、人文基础。把千百个不同城市区别开来的往往不是其经济形象，而是其独特的文化形象。城市文化形象是“一个城市的历史与现实、经济与文化、物质文明与精神文明、内在素质（内秀）与外在风貌（外秀）的综合展现及人们对它的稳定的整体印象和评价，它涉及城市的经济、社会、科技、教育、文化、生态、环保、商业、交通诸方面”。[①] 城市文化形象既是竞争的资本，又是竞争的目标，它已成为一座城市的无形资产，也是城市核心竞争力的重要资源。对于一个城市而言，良好的城市文化形象，不仅是一座城市的无形资产和文化资

---

① 雷兆玉. 以城市文化实力塑中心城市形象［EB/OL］. http://theory.people.com.cn/GB/40537/12153789.html. 2010-07-15.

本，也是城市旅游业兴盛的关键因素之一；不仅是城市经济发展的推动力，也是地域特色文化的集中表现；不仅有利于人才的吸纳和聚集，也有利于招商引资；不仅有利于提高城市的知名度，而且有利于城市精神文明和软实力建设；不仅能够把握城市文脉，全方位提高城市的品位，甚至可以引导城市发展的方向，而且能够促进城市经济社会发展，增强城市文化软实力和综合竞争力。

## 1. 城市文化形象的内涵与层次

一个城市的形成，必然有着这个城市之所以形成的多元因素的影响和作用。除了区位因素和自然因素之外，人无疑是其中最重要的因素。因而，生活在这个城市中或置身这个城市之外的每一个人对这个城市的评价和感受，是城市形象概念系统内一个很重要的标准。城市形象是指一个城市的内部公众与外部公众对该城市的历史底蕴、内在综合实力、外显表象活力和未来发展前景的具体感知、总体看法和综合评价。它是一座城市内在历史底蕴和外在特征的综合表现，是城市总体的特征和风格。“城市形象在城市功能定位的基础上，将城市的历史传统、城市标志、经济支柱、文化积淀、市民风范、生态环境等要素塑造成可以感受的表象和能够神会的内涵，是城市各种内在资源挖掘、提炼、组合与具体工程策划、设计、实施相结合的‘神形合一’。”① 城市文化形象，则是指一个城市以其自然生态环境、外观建筑、道路、交通、雕塑、广场、绿地、景区，教育、通讯、文化、体育等公共设施，城市空间利用，城市文化活动场所，城市社会秩序、治安状况，城市人际关系及内隐的法律、政策、制度、治理方式，思想观念、价值观念、精神面貌，市民的风俗习惯、言谈举止、做事风格、行为方式等所形成的城市整体氛围，综合作用于城市居民和外来游客（访客）主观意识后所形成的认知印象。也就是说，“城市文化形象不是城市发展所创造的客观的物质文明和精神文明本身，而是人们对城市文明的一种主观文化感知，是具有主客观统一性的总体印象，是城市物质外

① 倪芬. 城市形象问题探讨 [J]. 福州市委党校学报，2002（2）：55—57.

感形象和内在精神文化素质的统一。”① 良好的城市文化形象必将有力地提升城市的品位，激发城市可持续发展的能力。

城市文化形象作为人们对城市的综合识别体系可分为三个层次：②

第一层次为物质文化层。即外层，属城市的“皮肤”，是城市形象的基础，它是一个城市最外露、最直观的表现，是一个城市静态的识别符号，主要作用于人们的视觉系统，也叫视觉识别体系。包括城市的外观建筑、公共设施、主要标志、基本建设项目等。如城市规划、城市设计、城市造型、城市标志，城市主要建筑、工厂、机关、学校、公园、商场、交通、道路、广场、市徽、雕塑等，是人们创造的物质财富的积累和体现，从不同的侧面体现了城市文化形象，它通过看得见、摸得着的物质表现出来。

第二层次为行为文化层。即中间层，如同城市的“肌肉”，是城市形象的肌体，是人的行为在城市文化中的体现，承载着城市特有的文化信息，是城市文化通过一定的主体行为表现出来，也叫行为识别系统。它包括城市社会秩序、人际关系、风俗习惯、行为方式、治安状况、管理模式等，比如城市政府行为状况、市民素质、市民文化程度、市民文化习惯、言谈举止、服务水平、公共关系，以及各种文化节庆活动、文化交流活动等。

第三层次为观念文化层。即最内层，如同城市的“血液”，是城市形象的灵魂，它是指一个城市的思想系统和战略系统，是城市文化的一种升华，是城市文化形象的最高境界，最能体现城市文化形象的特征，也叫观念识别体系。它包括城市使命、城市发展目标、城市经济文化发展战略、城市发展定位、城市发展目标、城市法律法规、城市精神、市民价值观念、社会风气等。

## 2. 城市文化形象的基本特征

城市文化是“地域文化的集中表现，研究城市文化形象的特征，才能

---

① 康伟. 城市文化形象塑造的原则和路径 [J]. 沈阳建筑大学学报（社科版），2009 (2)：217.

② 城市文化形象“三层次说”，参见何传新，陈胜. 城市形象工程应突出城市文化形象建设 [J]. 城乡建设，1997 (10)：13—15.

把握城市文化脉络的走向，规划和创造出充满地方特色、性格魅力和生命活力的现代城市形象”。① 城市文化形象具有以下基本特征：

### 2.1 历史性

城市是历史的产物和结晶，也是文化的载体，城市文化形象植根于历史的土壤。每座城市都有自己的“文脉”，而城市历史文脉对城市形象的塑造和继承有着重要的推动作用。历史文化资源是一个城市文化品位的重要表现，是一个城市文化个性的生动体现，也是一个城市最独特的文化优势。越是历史悠久的城市，城市文化积淀越是深厚，城市的文化形象就越有特色。历史文化景观是一座城市极具活力的视觉要素，是构成城市视觉形象的精神和灵魂。一座城市之所以令人神往，其历史文化积淀和因这一积淀形成的个性特点至关重要。历史文化名城除了具备一般城市的共性以外，它们比一般城市具有更高更突出的历史文化价值，因为历史文化因素，城市结构、城市形态和内在气质都有自己鲜明的特点。② 丰厚的历史文化遗存和结晶，很容易形成独特的城市形象个性特色。比如，南京是国家历史文化名城，先后有十个朝代建都于此，“十朝古都”便成了南京城市文化形象的标识之一。在漫长的历史变迁过程中，许多城市和地区积淀了丰富的历史文化，大力弘扬城市的历史文化，使之与现当代文化和优秀文化融合、升华，并注入城市形象的各个支脉之中去，继承传统美德，丰富文化底蕴，形成鲜明特色，必将为城市形象的继承产生巨大的推动力。

### 2.2 地域性

文化的产生和发展离不开一定的时间和空间，人类是在一定的自然生态环境中进行文化创造的。地理环境不同，造成的文化特质也就不同。城市生长于特定的地域、处于特定地域文化的哺育之中，城市形象具有显著

① 李植斌. 城市文化形象特征与建设［J］. 人文地理，2001（4）：26.
② 魏晗. 城市形象资源和地域文化传统特色研究［J］. 中国勘察设计，2008（3）：78.

的地域特色。城市文化形象的地域性体现了城市市民对自然环境的适应、改造和利用，主要反映在城市形态、建筑形象、自然景观和社会风俗习惯等方面。[①] 如北京市区以南北中轴线和东西轴线展开，突出其宏伟皇家气魄和封建等级秩序；青岛面向大海，依山布局的红瓦绿树，显示了其与众不同的海滨城市形象和历史文化特色；武汉的街道沿长江和汉水布局，体现了逐水而居的特色；山西省城市因为处于黄土高坡，当地气候寒冷，因而形成了敦厚稳重的窑洞风光……不同地域的人们都按照自己的风俗习惯、行为方式影响和塑造城市形象，深刻反映了区域文化特征，丰富多彩的地域性城市文化是各城市呈现出各异风采的内在原因，城市形象的每个方面都深深地打上了地域文化的烙印，形成了差异化特色。可见，城市文化形象顺应地域自然特征和地域文化特色等要素而形成，离开了特定的地域，城市文化形象就没有了依存的条件，城市文化也失去了个性特色和发展潜力。

### 2.3　多元交融性

城市是人流和物流的集散中心，城市的开放和社会文化交流互动使城市文化形象具有多元性的特征。城市文化的产生和发展、城市文化形象的建立不是偶然的、孤立的，它总处于一种复杂的系统之中，受到各种外在因素影响。尤其是随着现代社会文化交流和外地居民移居城市现象的普遍出现，除了当地传统文化的影响外，城市总要受到外来传统文化、社会文化和现代文化的影响。东西方文化、不同社会制度的文化、不同区域的文化总是在城市环境中碰撞交融。多种文化的物质共存，突出表现在城市中各种传统建筑与现代建筑的共存，这几乎是一个普遍现象。[②] 比如，上海在多元杂糅的海派文化影响下，既有象征传统文化的中国江南精致建筑，又有吸收了西洋建筑特点、中西合璧的石库门建筑，更有东方明珠、金茂大厦等现代高层建筑，整个城市形成于古老的中国文化与西方文明的融合中。再如，哈尔滨、天津、青岛、武汉等城市的罗马式、哥特式、巴洛克

① 李植斌. 城市文化形象特征与建设［J］. 人文地理，2001（4）：26.
② 李植斌. 城市文化形象特征与建设［J］. 人文地理，2001（4）：26.

式、德式、意式、法式等各种风格的建筑与具有地域特征的中式建筑交相辉映。多种文化的非物质共存还表现为城市的语言、文化思想、行为等。比如，20世纪80年代初兴起的深圳就极具包容性，粤语不再是这个城市主要的语言，来自全国各地的数百万人说着夹杂各种方言的普通话，共同生活在这个多元文化并存的城市中。当然，城市文化绝非传统文化和外来文化的简单汇集，而是社会内部动力在不断探求创造的体现，在互动、交融中传承和创新。"传统的和外来的文化被地方文化吸取总是从渗透开始的，经过共存、改造，再走向融合。只有在尊重城市自然条件，把握城市多元文化的脉络，取长补短，继承优秀传统文化，才能创造具有特色和富有独创性的现代城市文化形象。"①

### 2.4 凝聚性

城市的空间方位、自然生态、政治、经济和社会地位，决定了城市必将成为一定地域内的文化中心和文化集聚地。"城市中密集的人口造成了集中的生产方式、大规模的交换和消费，以及多种多样的社会交往和文化活动，将田野中自然、分散、无序的乡村文化凝聚起来，形成高度有序的、组织化的文化结构，从而形成城市文化的'结晶化'特点，这种特点主要体现在城市对文化的凝聚作用。"② 首先，城市集中占有大量的物质财富；其次，在雄厚物质资本的经济社会实力的基础上，城市进一步集聚了各种文化财富。比如，城市系统地集聚了较高层次的文化机构设施，一些高等学府、科研机构、文化管理部门、文化团体、大型影剧院、图书馆、纪念馆、体育运动场所、广播电视机构等都集中设立在城市；城市系统地集聚了较高层次知识精英和文化人才；城市系统地集聚了种类较全的文化产业和文化产品、文化服务，以及多元丰富的文化娱乐活动。城市是文化交流和文化产品消费的集散地，它把具有一定地域特色的文化产业，如旅游文化、饮食文化、企业文化、消费文化等高度集中起来，把各种文学艺术和文化产品集中起来，为这些文化产品和服务提供了广阔的市场。可

---

① 李植斌. 城市文化形象特征与建设［J]. 人文地理，2001（4）：26.

② 高小康，耿波. 都市形象与城市精神. 胡惠林，刘士林等主编. 都市文化研究（第一辑）［M]. 上海：上海人民出版社，2011：153—154.

见，“城市形象所蕴含的凝聚力是城市文化结晶化的重要结果，人们之所以被城市形象所吸引，也正得益于城市文化的各种优厚条件和良好的人文氛围。”①

## 2.5　辐射性

如同城市具有的经济辐射力一样，城市的文化辐射力和形象感染力，在一定的空间范围使城市具有强大的辐射功能。因为城市是一个区域的经济文化中心，城市不论大小和发展水平如何，总是这个区域内最高等级文化的代表，它的文化发展繁荣在其周围形成一个辐射圈。“城市在进步发展的过程中，一方面在自身及周边内聚和吸附各种文化力量，而另一方面又向周边不断释放着这种能量，对其他城市和地区产生辐射力”②，尤其是随着城市的扩张和规模、经济实力的扩大，对其他周边中小城市的辐射力增强。城市文化辐射力取决于该城市的综合实力，一个城市的政治、经济、文化等综合实力较强，它的文化辐射力就大。“事实上，凡是有活力的城市都具有较强的扩张倾向，这里既包括物质实力的扩张，也包括对周围地区的影响力和支配力的扩张。扩张的结果往往是那些具有特别优势的城市变成一定区域范围内的中心和支配力量。”③ 正如德国社会学家奥斯瓦尔德·斯宾格勒所说，“底比斯就是埃及，罗马就是世界，巴格达就是伊斯兰教国家，巴黎就是法国”。④ 这表明城市文化形象已经不再是单纯的文化审美意味了，而是对周围世界和周边地区具有影响力和支配力的权力化身。那些具有鲜明个性特色文化形象的区域中心城市最容易影响和辐射周边城市和地区，而每个城市也都渴望自己成为理想形象的化身，以此证明自己的特色、地位和影响。⑤

① 高小康，耿波．都市形象与城市精神．胡惠林，刘士林等主编．都市文化研究（第一辑）[M]．上海：上海人民出版社，2011：154.

② 高小康，耿波．都市形象与城市精神．胡惠林，刘士林等主编．都市文化研究（第一辑）[M]．上海：上海人民出版社，2011：154.

③ 高小康，耿波．都市形象与城市精神．胡惠林，刘士林等主编．都市文化研究（第一辑）[M]．上海：上海人民出版社，2011：154.

④ [德] 奥斯瓦尔德·斯宾格勒．西方的没落 [M]．齐世荣，田农译．北京：商务印书馆，1963：207.

⑤ 高小康，耿波．都市形象与城市精神．胡惠林，刘士林等主编．都市文化研究（第一辑）[M]．上海：上海人民出版社，2011：154—155.

## 3. 城市文化形象定位的原则和目标

城市文化形象是一个立体、多维、复杂的系统，既有眼前规划又有长远目标，既有硬件建设又有软件设计，既要具有文化内涵，又要突出个性特色。塑造城市文化形象应遵循以下原则：

### 3.1 立足本市，延续文脉，突出特色

城市是一定区域内经济、政治、文化诸因素交汇融合的结果，不同区域内的城市既有共性的一面，亦有个性特色的一面。城市文化形象塑造要体现城市发展的基本要求和成果。个性是城市的特色，也是城市的生命和灵魂，没有个性的城市是没有生命力的，个性是城市形象塑造的核心要素。城市的历史和文化传统孕育了城市的个性特色和时代风貌。城市文化形象的塑造要基于城市的文化特色进行，着眼于长历史文脉的延续性，创造一个具有地方特色与时代特色的城市空间环境。

### 3.2 植根历史，体现现实，引领未来

塑造城市文化形象既要尊重、把握、体现城市的历史文化，植根于城市历史文化的土壤中，在继承传统文脉的基础上，注重从现实经济社会发展的实际和需要出发，塑造符合时代要求的城市文化形象。同时，时代在不断变迁，文化在不断发展，城市在不断进步，城市的社会结构在不断变化，城市功能在不断更新，因此，要以战略性眼光和前瞻性思路，着眼于城市发展的长远和未来，塑造城市文化形象。既要尊重历史，又要把握现在，引领未来。

### 3.3 尊重自然，注重效益，和谐共存

自然环境是人类赖以生存和发展的基础，也是城市生存的基本空间。

在城市形象塑造过程中应该尊重并美化城市的自然景观，使人文社会环境与自然环境和谐发展，达到“天人合一”的境界。同时，城市发展必须有坚实的经济基础，城市文化建设也要追求一定的经济效益和社会效益。城市文化形象塑造无论是硬件建设还是软件建设，都要既注重经济效益又注重社会效益，注重提升城市的整体形象和综合实力，为市民提供一个宜居、宜商、宜业、宜学的美好环境。

### 3.4　先进示范，舆论引导，群众参与

城市形象的塑造，一方面要借鉴国内外先进城市的经验，另一方面要发掘自己城市的优秀传统文化和当代先进文化，发挥先进文化的带动和示范作用。从某种程度上讲，城市文化形象也是报纸、电台、电视台、互联网等大众传播媒体上出现的意象集合，这些意象相互重合、影响和补充，融合而成城市特有的形象文化形态。因此，需要政府和媒体正确引导社会舆论，共塑城市文化形象。城市的城市形象塑造的最终目的是为了满足人们在城市环境中生存与发展的需求，要体现“以人为本”的原则，充分发动市民广泛参与，从自身形象做起，塑造良好的城市自然环境和文化环境，让生活在城市的人感受到时代进步的气息，充满对美好生活的向往。

日本城市设计专家左腾优认为，城市文化形象设计的目标，就是要达到城市居住者自豪、城市来访者羡慕、外来投资者满意的效果。① 如今，重视城市文化建设，提高城市文化品位，以文化品位来塑造城市形象，凝练城市精神，展示城市品牌，以文化形象来凝聚人心，提高城市知名度，推动城市经济社会发展，已成为城市文化形象建设的主要目标。

## 4. 城市文化形象的塑造策略

城市文化形象系城市文化面貌和内涵的集中反映和具体表征，是包括

① 参见余方镇. 关于城市文化形象设计与建设的思考 [J]. 商丘师范学院学报，2006 (2)：157.

历史文化传统、自然环境、城市建筑、人文环境、社会制度、社会生活、风尚习惯、文明礼仪、精神信仰等在内的所有文化意象的复合体，具有深层的文化结构和精神内蕴，是城市性格的集中显现，也是整个城市文化高度抽象后的精神指向，具有超越时间和空间的象征力量。[①] 我们主要从城市自然环境、历史文脉、城市建筑、城市雕塑、政府企业市民行为、城市群众文化活动设计等方面探讨塑造城市文化形象的主要内容。

### 4.1 城市历史文脉传承

城市的自然地理、建筑雕塑、格式布局等物质性的形象如同一个城市的躯壳，而文化体现在城市的悠久历史，内化于城市政府、企业、民众的语言、行为和思想。城市文脉是在历史的长河中孕育而成的，是使一个城市有别于其他城市的基本特征；一个城市的魅力，在于文化特色，在于特色美，城市文化形象总是代表着该城市所在地域的文化特色，是地域特色文化的集中表现。比如，北京是中国的首都，红色天安门是中华民族的象征，也是东方文化的体现，没有天安门这座古老的建筑所蕴含的历史文化，就没有北京的形象和个性。“富有个性特色的城市形象是城市文化长期发展的历史结果和自然流露，好比茶水之于老成都，六朝烟水气之于南京的担夫，这种形象本身植根于城市文化悠久丰厚的土壤之中，具有广泛的市民基础……”[②] 一个城市有它的个性文化特色，并在时代大潮下，不断吸纳世界优秀文化和时代文化元素，创新和美化自己，就会魅力永在。

城市文化结构系统可以相应地划分为精神文化、制度文化和物质文化三个层次，其中精神文化或文脉是城市文化结构系统中的最高层次，是城市文化的内核或深层结构。[③] 城市文脉是城市文化形象的支柱，也是城市形象长盛不衰的力量源泉。文脉是一个城市的灵魂，使城市具有生命力；文脉是城市文化得以延续的重要内容，一座城市能够延续下来，在很大程

---

① 参见高小康，耿波. 都市形象与城市精神. 胡惠林，刘士林等主编. 都市文化研究（第一辑）[M]. 上海：上海人民出版社，2011：153.

② 参见高小康，耿波. 都市形象与城市精神 [A]. 胡惠林，刘士林等主编. 都市文化研究（第一辑）[M]. 上海：上海人民出版社，2011：156.

③ 金元浦等. 传承历史文脉是可持续发展的重要基底 [EB/OL]. http://www.wenming.cn/wmzh_pd/jj_wmzh/201405/t20140505_1915843.shtml. 2014-05-05.

度上取决于城市文脉的传承和创新。文化的历史渊源和地域性、延续性、稳定性、独特性决定了城市历史文脉是城市形象塑造的基本着眼点。我国历史悠久、民族众多、地域广阔，每座城市都有自己的“文脉”，应立足特定的地域文化和城市文脉，使城市文化形象独具特色和生命力。有个性特色和生命力的城市文化形象在招商引资、引进人才、发展旅游和文化产业、促进经济社会发展等方面会更具优势。可以说，城市历史文脉对城市形象的塑造和继承具有重大的推动作用。在漫长的历史变迁过程中，许多城市和地区积累了丰富的传统文化资源，大力弘扬历史文化传统，使之与现代先进文化和优秀文化融会升华，并注入城市形象的各个支脉中去，继承传统优秀文化，积淀文化底蕴，形成鲜明的个性特色，为城市形象的继承提供更大的推动力。城市文化形象的塑造要充分挖掘利用城市的历史文化资源，保护历史文物遗存遗址和其依存的周边环境，同时要积极融入时代浪潮中，吸纳世界优秀文化的有益成分，并融入现代元素，使城市文化形象既具有历史性又具有现代性。黄冈要充分挖掘大别山文化、红色革命文化、宗教文化、科技文化、医药文化、戏曲文化、文学艺术等历史文化资源，恢复和保护好相关历史名人文化遗迹，在突出城市传统文化的基础上，不断吸收当代和谐文化和外来文化的养分，在继承中不断创新，塑造底蕴深厚、开放包容的城市文化形象。

### 4.2　城市自然环境美化

自然地理环境是人类社会赖以发展的基础，也是城市生存的根基，它对城市文化形象的构建有着不可忽视的影响。自然文化景观具有唯一性，一座城市拥有美丽的自然山水资源，是这座城市的自然“金矿”和优越的环境禀赋。山水文化是城市文化形象的基础，山水园林城市的创建必须有良好的自然条件。长期以来，建设一个与大自然和谐共处的城市生活环境一直是人们梦寐以求的。城市绿色生态文化是城市文化形象的重要内容之一，城市园林绿化是城市生态文化的重要组成部分，也是城市景观形态的重要表现形式。城市绿化是为了给城市市民创造健康美丽的生活环境。绿色生态文化城市强调人与环境的协调和统一，体现的是城市发展中环境友好型和资源节约型理念，建设绿色生态城市环境就是营造一流的人居环境、健康环境和创业环境，就是塑造一个独特的城市文化形象。建设绿色生态城市的一个目的就是塑造城市魅力，增强市民的自尊心、自信心和自豪感，最终增强城市的综合竞争力、凝聚力、向心力。

“山水文化”是在历史与环境、人类与自然、建筑与艺术等关系中长期形成的文化积淀，它是一种内涵丰富、灿烂悠久的历史文化。[①] 山水园林城市是我国传统城市建设的突出成就之一，也是世界宝贵文化遗产的一部分。有自然环境资源禀赋的城市要把加强园林城市建设、塑造山水园林城市作为提升城市环境文化形象的重要环节。大别山、长江和区域内纵横交织的六大水系、星星点点的湖泊是黄冈的自然资源禀赋，山水相依的城市地理形态赋予了黄冈独特的城市空间特色，美丽的山水文化则是黄冈城市文化形象的基础。黄冈应立足于大别山生态文化、红色革命文化、深邃的自然风景名胜和名人遗址，有效强化常青树种的栽种，绿化和美化城市自然生态环境，塑造美丽宜居的城市文化形象。

### 4.3 城市文化基础设施建设

城市文化形象首先要通过一定的文化基础设施和服务设施来体现，每座城市的文化形象都是通过各种文化设施、服务设施、建筑物风格等区别于其他城市，因此，在城市文化形象塑造中，要重视城市基础文化设施、服务设施建设；要把城市功能、城市自然环境、城市人文环境与城市文化形象有机结合起来，体现城市文化内涵，提高城市的文化品位。无论是城市标志与雕塑、城市广场设计、旅游景点、城区绿化，还是广告街名、店名等都要注意文化特色，体现人文内涵。城市的文化基础设施和建筑形式要服从城市观念文化层的需要，体现出特定的文化意蕴和城市个性。改革开放以来，尤其是21世纪以来，一些有着传统文化特色和文化精神的城市，精心提炼其历史文化特色，积极加强特色突出、精品纷呈的人文设施建设，通过城市的人文设施反映和提升城市的文化品位、文化积淀和城市文明。比如，山东潍坊是一座中等城市，但在旧城改造中，充分发掘风

① 李书生等. 城市文化精神和城市品牌特色在现代发展中的重构——以济南为个案［J］. 济南职业学院学报，2009（6）：20.

筝、剪纸字画、板桥故居等历史文化资源，将历史人文景观、民俗文化特别是风筝文化完美结合，令人耳目一新。

在城市文化形象塑造过程中，标志性的文化体育设施必不可少，它对于提升整个城市的文化品位具有重要作用。城市会展中心、剧院、体育场（馆）、博物馆、文化馆、纪念馆、公园等文化体育设施，是一个现代城市文化形象的重要体现，也是城市文化形象塑造的重点，优秀的文化体育建筑设施甚至可以成为一个城市的象征和标志。湖北黄冈通过文化建设硬手段，提升城市文化形象和文化软实力。近几年来，全市投资兴建了黄冈市文化中心、李四光纪念馆、黄麻起义和鄂豫皖苏区烈士纪念馆、董必武纪念馆、李先念纪念馆和李先念图书馆、王树声纪念馆、麻城市文化中心等一批标志性文化场馆。2009 年 4 月，黄州区以弘扬东坡文化为主题的遗爱湖公园开园。这个以现代园林景观理念设计的开放式公园，从亮相伊始，就赢得了市民的广泛称赞与认同。900 多年前的东坡文化，在今天的古城黄州激起市民和游客对东坡的追崇，唤起市民对特色城市文化的认同和热爱。2009 年 7 月，大别山（黄冈）省级地质公园开园。该地质公园被划分为九大园区，从地下到地上，从远古到今天，基本涵盖了黄冈最重要的人文特色和亮点。[①] 此外，在城市文化形象建设的长远规划中，还要加强城市广场、公园、艺术景观的规划和形象设计，如增建休闲广场、文化公园、儿童乐园、植物园等主题广场、公园等。

城市有人数众多的本市居民，还有大量的非本市流动人口（旅游观光、出差、探亲访友等），因此是一个人口高度集中的区域。这种情况下，城市的基础服务设施、公用设施，如交通、通讯、学校、保险、银行、医疗等是否完善成为城市公众普遍关心的问题。特别是对于外来人口而言，城市“窗口”系统的硬件服务设施是他们对该城市的第一印象，这些服务设施包括公交、车站、码头、机场、商店、宾馆、酒店、公园、文化娱乐场所等，它们本身就是城市形象的组成，它们的好坏直接影响城市的总体形象，因此，加强城市基础服务设施也是城市文化形象建设的题中之义。

---

① 第一创意. 和谐文化奏凯歌——看黄冈如何打造“文化名市”，推动文化大发展大繁荣[EB/OL]. http://www.bokee.net/bloggermodule/blog_viewblog.do?id=3740459. 2009-09-15.

### 4.4 城市建筑文化形象设计

建筑城市是建筑的群体组合，建筑是城市景观的主体，是城市文化外观形象的主要表征。城市建筑是用眼睛观看和欣赏的，直观性和可感性强。人们初次到一个城市，往往是城市建筑给我们留下第一印象。城市建筑虽然是一定物质材料所构成的能为人们提供居住、休闲、学习、工作、生活等各种社会功能的物质表现，但从根本上说，它是一定地理条件下的社会历史文化的积淀和表现。建筑是固体的乐章，它的优美旋律便是抒情的歌词，是城市的“韵”和城市的“脸”；建筑是城市人文精神的一种反映，是历史文化传统和时代风貌的坐标。“城市文化形象的形成具有历史、现实、未来的时空迁移特征，作为独特性城市文化形象元素的建筑形态在城市脉络中独具一格，它是一定时期文化的特征，它代表一定地域、一定时期的民风、民俗特色和审美特性。”① 城市的光荣、梦想、厚重和积淀是凝结在保留下来的承载物里的，是需要用心去体悟的。用眼睛只能看到城市的建筑，用心去看，能看到建筑背后各个历史时代的风云变幻和城市历代居民的理念、胸怀、风俗习惯、生活方式。

具有历史厚重感和文化底蕴的城市，历史留下的建筑占据了大多数。每一座保留下来的历史建筑都是一段名人的故事，一章美丽的乐曲、一段美好的时光和一份精神大餐。欧洲一些历史文化名城，其独特的城市风格，辉煌的建筑艺术，高品位的城市文化，令人叹为观止：古城罗马、佛罗伦萨、威尼斯以及国际大都市巴黎、布鲁塞尔、阿姆斯特丹，都堪称建筑博物馆、艺术的殿堂。似乎每个城市、每座建筑都是镌刻在大地上的欧洲历史。走进这些城市，就仿佛进入了欧洲的昨天、今天、明天。古典主义、后现代主义、哥特式、巴洛克式等各个时期、各种流派的建筑交相辉映。卢浮宫、凡尔赛宫、蒙马特高地教堂以及成百上千万说不上姓名的古典建筑完好如初。这些城市真正达到了以建筑为形，以文化为魂，整体和谐和审美情趣盎然，文化个性和艺术感浓郁。北京从明清遗留的建筑即可

---

① 殷京生. 城市建筑环境与城市特色［J］. 科技与经济，2002（1）：31.

看到古都的风韵。北京旧城被称为“世界都市规划的无比杰作”，它在元朝大都的基础上，历经元、明、清三朝近 800 余年的都城建设而成，它本身就是中国文脉承续的巨大结晶。紫禁城气势非凡，建筑群中轴线与城市中轴线重合，蔚为壮观；胡同和四合院宇参差，古朴庄重，同样构成城市的人文风貌，渗透着历史感。大连是一座仅有百年历史的城市，由于近代特殊的被殖民原因，外来建筑文化和建筑风格曾在较长时期内主导着城市的建筑形态，初步奠定了城市的主流形象和风貌。这些建筑有文艺复兴式、哥特式、巴洛克式的风格，也有浪漫主义、折中主义和新古典主义的风格。改革开放以来，大连对重要的历史建筑和南山及胜利桥北日本、俄罗斯风格的旧式建筑陆续进行了维修改造，基本保留了中山广场、友好广场一带历史规划的布局。既延续了原有的建筑风格，又不影响开发新城区，取得了“文脉延续、朝气蓬勃”的双赢局面。然而，我国多数城市建筑的文化底蕴有待提升，特别是一些新兴城市或城市的新开发区，过多地注重外在建筑形式和商业经济价值，缺乏历史和文化元素，缺乏美感和艺术元素。

塑造城市建筑文化形象：一是要尊重各个历史时期建筑，通过特定的联系使它们相互呼应，构成视觉上的连贯性，从而使不同时代的建筑物之间的文脉，在现代城市建设过程中得到传承和创新。割断历史文脉，割断文化传统，城市建筑会失去个性和特色，造成“千城一面”的现象。二是要尊重自然，突出自然之美。城市建筑的特点与城市自然环境的关系十分密切，平原城市布局一般比较紧凑、规整；丘陵地区地形复杂，城市往往被分隔成若干片区；山区城市沿山坡建设，或沿山谷延伸，呈现出立体、自由布局的山城文化特色；沿江、沿湖、滨海城市则环水、朝水各有异趣。城市的建筑必须因地制宜，更多地突出自然本色，协调处理自然景观和人工建筑的关系。三是要在追求经济社会价值的同时更加注重建筑的文化元素，让建筑形神兼备，使人们在欣赏建筑这幅立体绘画的过程中感受文化的滋养。特别是文化赋值较高的标志性建筑对提高一座城市的知名度有着不可估量的作用，一座城市要真正体现出自己的城市个性，就要塑造出既具有强烈视觉冲击又具有巨大艺术魅力的标志性建筑，从中体现该城市居民的精神面貌、价值观念、厚重文脉和现代元素。

### 4.5 城市雕塑和名人文化形象

城市雕塑以其特殊的艺术语言和感染力营造城市空间的美感和艺术氛围，体现着城市的品位和精神风貌，是城市文化形象的重要载体，也是城市历史文脉展示的重要形式。[①] 它最能反映出一个城市的精神面貌和价值取向，对提高城市品位、丰富城市内涵、美化城市环境、升华城市形象起着重要作用。城市雕塑应该作为城市的“眼睛”，在众多的城市文化形象设施中显示出别样的风采，使居住在城市中的人，有自己独特的文化归属和价值认同。一个城市雕塑氛围的形成，是历代居民建设和传承的结果，特别是作为标志性的作品，如名人雕塑等。首先要被这个城市和地区的民众公认和爱戴，这实际上是人们心里的一种价值认可和精神信仰，就像一提起中国的标志，人们首先会想到天安门、故宫、长城、华表等。城市雕塑作为城市的象征也是如此。一座雕塑在它诞生后与这座城市耳鬓厮磨，日久生情，便会积淀和内化成一种文化，成为这座城市的标志和象征。一座成功的城市雕塑，容纳着一座城市乃至一个民族的人文精神。它是城市精神的重要载体，是城市建设的传神之“眼”。一件杰出的城市雕塑作品，会成为一个国家和一座城市的标志和代言物。比如，美国的“自由女神”，布鲁塞尔的“撒尿小童”，广州的“五羊”，深圳的“拓荒牛”雕塑，等等。然而，国内城市的雕像太少，艺术水平也不高。在欧洲一些著名城市，历史名人及重要事件、重要成就的雕像的数量是北京、上海的10～20倍。人们到法国巴黎，除了能品味香榭丽舍大街的繁华外，同样可以感受到卢梭、伏尔泰、雨果、埃米尔、左拉、安德烈·马尔罗等大师们的“灵气”；说起“自由女神”“美人鱼”等，人们自然就会想到纽约和丹麦。这种记忆和文化符号已深深地印刻在人们的脑海里。近年来，国内一些城市积极借鉴国外大城市经验，比如，近代百余中山（香山）名人及其思想和品格，是留给城市的一笔宝贵精神财富，中山市在塑造名人形象、弘扬名人文化方面做了很多努力，2010年，近代百余中山（香山）名人徐荣村、郑观应的铜像，以“中国参加世博第一人”“第一个提出要在上海举办世

① 宇帆. 我国城市雕像的发展历程［J］. 城乡建设，2008（1）：63.

博会的人”的身份，走进上海世博园区最佳实践区的中山展馆，引起了许多进入中山展馆的游客关于中国近代史的凝思。借鉴国外城市的先进经验，湖北黄冈理应在许多地方竖起当地名人前贤的塑像，并把他们的一两句经典格言和主要成就刻上，甚至可以让当地名人的格言走进公交车厢，每个月换一批语录。如果要迈向国际化，引进外资和招商，吸引外国客源，甚至需要把英文附上，在潜移默化中提高市民的英语水平。这样做既可以提升城市文化艺术含量和城市形象，又可以让名人文化精神深入民心，内化为城市文化精神。同时，还可以让城市走向国际化。

黄冈有着丰沛的名人文化资源和浓郁的名人文化色彩，完全具备建造城市雕塑的素材。黄冈百位名人文化园和“黄冈名人文化城市雕塑”建设是一项意义重大、影响深远的城市文化建设系统工程，是黄冈进行精神文明建设、爱国主义教育和培育城市精神的重要载体，也是展示名人文化形象、塑造城市文化形象、强化名人文化建设的重要途径。以深刻影响黄冈历史的名人、重大事件和巨大成就为主要内容的黄冈名人文化群体雕塑，在选择原则上将传统名人文化与城市文化有机结合，追求理想主义与经典名人文化的完美体现；在创作要素上将多元化塑造手段与多元化的公众审美、价值释读和人文情感追求融为一体；在雕塑空间呈现上，充分体现脉络状交互沟通的特点，多层次、全方位展现黄冈名人文化。黄冈名人城雕题材的选择和落实需要严谨的筛选整理、反复的方案论证和周密的布局思考，与时俱进，有序推进和不断完善。

### 4.6　群众文化活动与城市文化形象

城市是人类聚居的生活与活动空间，人们的学习、工作、生活活动反映了城市的文明程度和城市个性色彩，城市文化形象建设要重视开展各种群众性文化活动，继承城市传统文脉，创新城市现当代文化，提升城市文明水平。每座城市都有自身的城市文脉、城市文化形象和内涵，城市文化形象是一种历史的积淀和文化的凝结。只有在文化与城市处于一种水乳交融的状态时，城市的个性魅力才能够光芒四射。进入 21 世纪以来，对一个城市的评价，不仅是人口、经济总量、地价等传统指标的评价，城市文化活动、历史街区等魅力指标变得越来越重要。“城市识别性的要素构成，包括城市形体环境特征和面貌、城市中可观察的活动和集会活动含义或象征。城市中可观察活动和集会活动，更是具有城市居民的行为意义，当然也具有城市个性特色意义。”①

人民群众是城市的主体，是城市文化的传承者，是城市物质文明和精神文明的创造者和体现者，也是城市文化活动的载体。城市文化形象、城市精神的塑造和培育需以丰富多彩的群众性文化活动为载体，通过形式多样的文化活动，宣传、倡导其内涵，使其逐渐被广大市民和城市外公众所理解、接受、认可和遵从。“公众活动本身就是城市文化的必要组成部分。公众活动的繁荣程度可以直接反映城市的综合实力与文化特色，经济和文化越发达的城市，公众活动往往越丰富，水平也越高。”② 公众文化活动的主题是城市市民，市民在活动中的言谈举止、行为风貌可以折射出城市整体文化品格、文化形象和精神气质。以形式多样、规模不同的群众性文化活动为载体，通过各种文化节、旅游节、名人纪念周、科学讲坛、文化论坛、学术会议活动的举办，调动广大市民积极参与，可以推动城市文化基础设施的不断完善，营造城市文化发展的良好环境；可以提升城市文化形象的传播力度，吸引国内外媒体的关注，把城市文化形象展示给城市内外公众，以提高城市的知名度和美誉度；以各种群众性文化活动为载体，可以大力发展城市公益性文化事业和文化产业，促进城市文化产业和旅游业的发展。比如，温州市开展“温州人形象”大讨论，石家庄市开展“争做文明使者”活动，以及郑州的国际少林武术节、洛阳的牡丹花会、信阳的茶叶节、商丘的木兰文化节等群众性文化活动，有力提升了城市文化形象，促进城市经济社会发展和市民文化素质的提高。近几年，湖北黄冈每年举办一系列蕴含丰富城市文化内涵、充满地域风情的论坛和节会：东坡文化国际论坛、黄冈讲坛、鄂东名歌大奖赛、东坡文化旅游节、麻城杜鹃文化旅游节、英山茶叶节、罗田板栗科技节、黄梅县黄梅戏艺术节、蕲春李时珍医药文化节、浠水和红安以及团风县的民间艺术节，等等。这些群众性文化活动一方面满足了广大市民日益增长的精神文化需要，使广大市民的精神面貌有了很大改观，市民文化素质有了显著提升；另一方面，也

---

① 参见魏晗．城市形象资源和地域文化传统特色研究［J］．中国勘察设计，2008（3）：78．

② 参见高小康，耿波．都市形象与城市精神［A］．胡惠林，刘士林等主编．都市文化研究（第一辑）［M］．上海：上海人民出版社，2011：161．

使国内外媒体聚焦黄冈，有力提升了黄冈的城市文化形象，有力增强了黄冈在国内外的文化影响力，使黄冈的知名度和美誉度大幅度提升。由此可见，举办各种群众性文化活动，可以有效传播城市文化形象，提升城市的社会影响力和综合竞争力。

### 4.7　城市行为形象塑造

城市行为形象是在城市精神理念指导下的一系列具体行为方式的总和，是城市文化形象的中坚和“肌肉”，包括行为言论、服务水平、职业道德、敬业精神、生活水准、生产和生活环境、公共关系等。按主体划分，城市行为形象包括政府行为形象、市民行为形象和企业行为形象。

其一，政府行为形象。城市政府是城市的管理者和经营者，是城市文化建设的主体，塑造良好的城市政府形象，对提升城市形象起着至关重要的作用。政府行为形象是政府的行为（包括管理理念、管理方式、日常效率、服务态度等）等在公众心目中所形成的综合印象和评价，特别是政府的政务行为是城市行为形象塑造的关键因素。在城市文化品格的提升、城市文化形象的塑造过程中，政府起主导、引导和促进作用，甚至从某种意义上说，城市的代表就是城市政府，城市文化形象就是政府管理和引导的结果。政府机构设置是否合理，行政管理是否高效，具体规章制度是否科学，政府公信力如何，整个城市文化系统运转如何，政府工作人员的政治素质、文化素质、业务素质和职业道德如何，政府工作人员是否以民为本，政府组成人员是否廉洁奉公、勤政为民，政府人员的办事效率是否高效、服务态度是否友好，政绩是否显著等，都将影响市民和外地民众对该城市的形象认识。因此，政府行为形象在某种程度上代表着城市的软环境，是城市文化形象塑造的重要环节之一。

其二，市民行为形象。市民是城市文化形象塑造的主体，是城市形象的历史和现实的展示者。一个城市文化内涵和市民素质的整体状况决定了一个城市形象的水准。市民的言谈举止、衣食住行、文明礼仪、生活习惯、精神面貌、教育程度、整体素质都会影响社会公众对该城市的看法和评价，尤其作为城市“窗口”服务行业的市民形象是城市形象的直接对外展示。勤劳正直、热情好客、乐于助人、彬彬有礼、不卑不亢等良好的市民素质必然对城市文化形象产生积极的影响。我们常说“深圳人”怎么样，“上海人”怎么样，“武汉人”怎么样，潜意识中已将市民形象指代了城市形象。一个充满小农意识和市井习气、封闭保守的城市，是无法成为一个现代化城市的。广大市民只有不断增强城市意识、开放意识、法制意识和现代生活环境意识，才能促进一个城市形成良好的社会风气和精神风貌，塑造良好的城市文化形象。当前，提升市民行为形象的重要工作是广开言路，疏通民意渠道，建立反映民意的机制，以唤醒市民的城市形象意识。市民的城市形象意识是城市实现文化传承与创新，自我发展、自我完善的内在动力。因此，应加大城市精神文明建设，通过各种形式和渠道，广泛发动群众，千方百计地使市民关心城市、热爱城市、建设城市、美化城市，努力形成“争做文明市民”“树立城市文化形象”的良好社会风气；要积极与市民交流互动，通过广泛的市民大讨论和评议等形式，调动市民群众参与城市文化形象建设的积极性。

其三，企业行为形象。企业是重要的社会组织，它不仅担负着提供产品和服务的职能，而且也是城市形象的重要主体。企业是城市最大的经济实体，企业形象是城市最大、最有效的广告，城市要提高知名度和美誉度，就应该改善和优化企业文化形象，提升企业软实力，增强企业竞争力。企业文化形象与城市文化形象在人们的消费心理中往往形成一种“晕轮效应”，我们在取舍一个产品时往往看这个产品产自哪个城市，反过来，我们也会常常因为某个产品而知道某个城市。企业行为（特别是服务行业）是城市的“窗口”，直接影响着公众对城市形象的评价和看法，在城市文化形象提升中具有特殊作用。企业在塑造文化形象时需要开拓进取，塑造一流企业形象，强化企业品牌意识。如今，品牌已经从经济行为上升为文化现象，透过企业品牌，人们会加深对城市文化形象的正面评价。比如，青岛市积极创建企业品牌，该市的海尔、海信、青岛啤酒、双星等一系列名牌产品为青岛在全国乃至国际树立良好的城市形象打下了坚实的基础。

# 第 2 章

# 城市文化精神及其定位策略

## ——以湖北黄冈为例

每个城市的文化因其底蕴不同而各显特色，因而不同的城市具有不同的文化特征，反映出一个城市的文化状态。城市文化精神是一座城市的灵魂。当前，培育和确定城市文化精神已成为一种积极的城市经济社会发展和文化软实力竞争策略。它主要从以下三个角度把握：一是历史文化传统；二是城市精神文化建设与城市文化精神培育；三是市民共识与城市文化精神认同。黄冈的城市文化精神可以定位于“承继先贤，自强不息，敢作敢为，开拓创新”，抑或“承继先贤，开拓创新，开放包容，有所作为”等。

当今城市间的竞争，已不仅仅是单纯的经济社会竞争，而是包括文化（城市文化形象、城市文化精神等）在内的综合竞争，人们开始更多地从文化精神的角度认识城市、评判城市，寻求构筑新的人文空间，创造适宜的人居环境。文化是城市的内涵，是城市发展的脉络，是城市的气质、风骨和灵魂。一个没有文化的城市是没有底气和活力的。只有建立自己的城市文化品牌，才能拥有自己城市的品位与风格。

知名作家余秋雨认为“文化是一种精神价值以及与此相呼应的生活方式，它的最终成果是集体人格”。[①] 城市文化作为一个较为广阔和繁复的系统，由城市的物态环境（硬件）和人文环境（软件）两大方面构成，前者可以称之为城市文化形象，后者可称之为城市文化精神，城市文化精神是

---

① 参见李强. 城市文化、城市精神与和谐社会［N］. 长江日报，2007－01－25（012）.

以一个城市主流社会的价值观念、伦理道德、思维方式、审美标准为主体因素的社会心态和精神形态，是城市文化的内在文化神态，也是城市文化的根和魂；而城市文化形象主要表现为城市的外在文化形态。从逻辑上讲，城市文化的形象与精神具有内在统一的关系，形象是精神的躯壳、载体，精神是形象的性灵、实质，两者合二为一才能形成具有生命力的城市文化。因此，城市文化的形象与精神总体上具有一种互为因果、相辅相成的互动关系。可以说城市文化体系就是意与象、形与神、道与器、形象与精神的辩证统一体，是城市文化形象与城市文化精神的内在统一。城市的文化形象集中展示人类文明的成就和精粹，而城市的文化精神则集中体现人类的实践理性和灵魂求索。文化形象要通过文化精神的真善美来点石成金，文化精神要通过文化形象的感性载体来生发和光大。因此，“城市的物质、形态、结构、功能、制度、规范和城市的理念、精神、意志、情绪、情感、信仰、理想是相互交融、相辅相成、对立统一的。没有外在文化形象支撑的文化精神就会显得空洞无力，而缺乏文化精神支撑的文化形象也显得华而不实。只有形象与精神有机统一，城市文化才显得饱满、生动、厚重、深刻、丰富、壮美”。[①]

城市文化建设既要重视外在的城市“形态”，更要重视内在的城市文化精神，使城市文化“形态”与文化“神态”融为一体。因此，要实现城市文化的繁荣，促进城市经济社会的良性发展，必须从历史和逻辑相统一的高度，认清城市文化形象与文化精神的内在关系，实现城市文化形象与文化精神的融合与统一。

### 1. 城市文化精神内涵

德国文化哲学家斯宾格勒说：“将一个城市和一座乡村区别开来的不是它的范围和尺度，而是它与生俱来的城市精神。”[②] 城市精神是一个城市

---

① 王立洲. 论城市文化形象与文化精神的内在统一［J］. 西安文理学院学报（社科版），2011（2）：61.

② 参见绕会林. 城市文化、城市精神——城市发展的灵魂［N］. 中国文化报，2005-08-02（004）.

的内在气质和根本价值追求，是内化于市民日常生活中的哲学法则，是体现城市独特风格的显著符号，是反映人与自然、人与社会的抽象理念。因此，城市精神在本质上来说，就是城市的文化精神。一座城市，没有振奋的文化精神和文化品格，很难提升文化软实力和城市综合竞争力。所谓城市文化精神，是在长期的历史文化传统和城市建设实践活动中逐步形成的，由城市文化所蕴含和体现出来的、为该市居民广泛认同和接受的基本价值观念和精神力量，是一个城市独具特质的精神品格，是一个城市区别于其他城市的本质和灵魂所在。“城市文化精神是一个城市通过其市民共有的行为准则、生活方式、伦理价值、文化底蕴和人文景观体现出来的共同的价值观念和精神特质，是构建城市先进文化的核心，也是城市软实力的核心。”[①] 城市文化精神蕴含城市的历史文化、建筑风格、形态格局，以及市民的价值观念、思想情操和精神风貌等要素，具有历史性、时代性、整体性、自觉性等特点，以及导向、凝聚、激励、辐射、批判等功能。

城市文化精神主要表现为城市内在的、非物化的、可间接感知和体认的人文环境，其基本指标因子包括历史遗传、文化传统、民情风俗、文化理念、道德水准、文化活动、市民素质、教育水平、价值共识、舆论风气、人际关系、城市规划建设管理水平、智能化水平、信息化水平、文化影响能力和辐射能力等。由这些软性因素构成了城市的内在品格、气质、韵味和能量，是城市文化的隐性标识，也是决定城市品位的重要因素。现代城市文化精神是现代城市建设中的强大精神支柱，它根植于城市历史文化和当代城市建设实践中，深深熔铸在城市意识、城市品格和城市气质之中，熔铸在市民的生命力、凝聚力和创造力之中，成为市民团结一心、共同奋斗的价值取向和力量源泉。当今社会，城市之间的竞争已演变为城市文化软实力的竞争。塑造城市文化精神，不仅是一个城市的文脉、地域特色的文化自觉，也是城市经济社会发展必须要面对的一个重要课题。在城市建设中大力弘扬文化精神，具有重要的现实意义。

城市文化精神是一座城市的灵魂，城市的经济社会发展需要文化精神的引领。我们向往一座城市，很大程度上是为这座城市的精神气质所吸

---

① 蔡宁，范明英. 植根于传统文化与时代精神互动——城市文化建设之道［J］. 探索与争鸣，2012（7）：67.

引。一个充满理性和个性特色的城市才是最健康、最美丽的，才最有创新能力和竞争活力。国际大都市基本都形成了自己的城市文化精神，在巴黎，我们为其浪漫高雅的精神气质所陶醉；维也纳一草一木都洋溢着贝多芬、莫扎特的音乐精神；在伦敦，我们可以感受到一种源于英国文化传统的绅士风度，其城市精神为“历史和现实统一，人与自然统一”；新加坡以“求同存异、忍让宽容、多元共生、和谐繁荣、执法严格”为基本文化精神；“梦想、激情、创造、竞争”是纽约的城市文化精神；“干练、优雅、合作”是东京的基本文化精神；西雅图的“百折不挠、坚韧进取、齐心协力”城市精神；香港的“自强不息、能屈能伸、刻苦耐劳、永不言败”城市精神；等等。

目前，国内许多城市认识到城市精神的重要作用，培育和确定城市文化精神为一种积极的文化软实力竞争策略。比如，上海确定自己的城市精神为“海纳百川、追求卓越、开明睿智、大气谦和”；广州积极培育“敢为人先、奋发向上、团结友爱、自强不息”的城市精神；深圳提出了“开拓创新、诚信守法、务实高效、团结奉献”的城市精神；杭州把自己的城市精神凝练为“精致、和谐、大气、开放”；苏州以“崇文、融和、创新、致远”为自己的城市文化精神；常州以“勤学习，重诚信，敢拼搏，勇创业”为城市文化精神；荆州市以“筚路蓝缕、和衷共济、励精图治、发愤图强”为城市精神；长沙市确立的城市精神为“心忧天下、敢为人先”；等等。这是中国先进城市在更高层次上展开竞争的一种新态势。

## 2. 城市文化精神的培育

城市精神培育离不开历史文化的传承和发展，新时期的城市精神更应该利用好历史文化资源，尤其是城市文化资源和生态意象，培育市民的认同感。确立和培育城市文化精神，主要从以下三个角度思考和把握。

### 2.1 城市历史文化传统

城市的生命基因是凝聚历史与文化的城市文化精神。“城市文化精神既以观念形态、心理状态等形式存在于城市居民的思想意识中，同时又表现为城市居民的一种特定的价值取向、精神境界、理想信念、伦理道德、思维方式和文化传统。”① 城市文化精神作为地域文化的重要组成部分与一个地区的传统文化底蕴有着直接的渊源关系，其特质隐含在它源远流长的历史文脉和地域性文化底蕴中，凝聚着一座城市的历史、文化与民风民俗，体现着市民对城市生活价值的内在认同感和趋同意识。人的健康文化心态是喜新恋旧的，巴黎、莫斯科、圣彼得堡、维也纳和伦敦等世界名城常以自己的古建筑（即便是一座桥、一扇门和窗）而自豪。因此，城市文化精神展现的不仅仅是现在的文化风貌，还将充分呈现出城市的历史底蕴和未来图景。探寻城市的历史文脉对城市文化精神的影响，可以更好地揭示城市的文化特质，彰显城市的个性特征，这对建设现代城市文化、描绘城市的美好未来具有重要现实意义。

以湖北黄冈为例，黄冈文化底蕴的独特之处，正是建设独具特色的城市文化的优势与强势。城市的地望和人望，由诸多因素所致，其中历史文化传承的力度和弘扬的广度影响重大。历史影响着现实，现实也同样包蕴了历史，城市文化精神的特质隐含于源远流长的历史文脉之中，挖掘并重建黄冈历史文脉，是构建黄冈城市文化精神的核心。在城市文化精神的构建中，黄冈应首先抓住城市历史文化的精髓所在，找寻历史文化的足迹，分析历史文化的文脉，从繁杂的历史文化信息中归结城市文化精神的主要特征，再将这些特征融入城市文化建设的整体及每个细微之处。黄冈拥有丰富的历史文脉和名人文化资源：一是灿烂的文化历史文脉；二是丰富的历史文化传统和历史文化遗存；三是人才辈出的名人先贤和名人文化资源。尤其是红色革命名人文化最具特色。在黄冈城市文化精神的构建中，应承继历史文化传统，使隐性文化显性化，把在地下的、博物馆里的、书本中的历史文化瑰宝展示出来，使之变为可视、可敢、可感知的文化品牌。以名人文化为例，在莫斯科和圣彼得堡，你只要走上一两千米，便会在某栋公寓临街的墙壁上看见一块小牌子，上面刻有一个人头像，说明这位名人（包括诗人、画家、科学家和教育家）曾在这里居住。于是，一种浓烈的

---

① 张胜冰，马树华. 青岛文化的历史文脉对城市文化精神的影响［J］. 青岛海洋大学学报（社会科学版），2007（4）：24.

文化气息便会迎面扑来。凡是有利于唤醒历史文化厚重感、特别是有助于崇尚科学文化教育的名人文化资源，我们都要发掘出来、展示出来。

## 2.2 城市精神文化建设与城市文化精神培育

城市文化精神是不可复制的，一个城市精神的确定，不仅要根植于城市的历史文化传统，而且要体现城市文化的现实，更应该引领城市文化的未来。换句话说，一个城市的文化精神，不仅取决于历史文化传统和历史文脉，更取决于当下的精神文化建设，取决于市民的日常文化活动。知名作家王安忆曾说："城市精神并不是抽象、形而上的，而是表现得十分具体、日常生活化的。比如在纽约，一个音乐剧可以连续上演几十年，这就形成了这个城市文化上的一种积淀，成为城市文化精神的一个侧面。文化是不可能一夜之间产生出来的，不但有积淀过程，还有一个市民享受的程度问题。"① "真正的城市精神应该体现在能够为普通市民提供丰富多彩的文化生活，让他们有机会进行文化消费，并有充分的精神上的享受。"②《生活周刊》主编邹韬奋强调："所谓大众的'大'，不是高大的'大'，却是广大的大……我们要极力使我们的文化工作能影响到大多数人，影响的范围越大，文化的功效也就越大。"③ 因此，塑造城市文化精神，实现城市文化的发展和繁荣，不仅要坚持先进文化的前进方向，积极营造文化大发展、大繁荣的社会氛围，还要开展形式多样、健康向上的群众性文化活动。因为城市市民文化活动本身就是城市文化的重要组成部分。市民文化活动的繁荣程度可以直接反映城市的综合实力与文化特色，"（城市）公众活动的主体是市民，市民在活动中的行为风貌也可以透露出城市整体具有的文化品格和精神气质，是城市精神的集中体现"。④ 比如，古希腊人崇尚体育运动，古代奥林匹亚运动会既是希腊每年举行的体育盛会，也是古希腊奥林匹亚城市精神的象征和标志。再如，上海的国际艺术节、大连的服饰节、青岛的啤酒节、潍坊的风筝节都已经内化为城市精神的象征。

---

① 张立行，陈熙涵．塑造上海城市精神的文化品格［N］．文汇报，2003-01-08（001）．

② 张立行，陈熙燕．塑造上海城市精神的文化品格［N］．文汇报，2003-01-08（001）．

③ 参见陈卫平．上海：城市精神　海派文化　人格形象［J］．探索与争鸣，2003（7）：41．

④ 高小康，耿波．都市形象与城市精神［A］．胡惠林，刘士林主编．都市文化研究（第一辑）［M］．上海：上海人民出版社，2011：161．

除群众性文化活动外，繁荣文艺创作，鼓励创作优秀剧目和文艺精品，丰富人民群众的文化生活，也是凝聚城市文化精神的主要议题。近年来，黄冈全市文艺工作者坚持“贴近生活、贴近实际、贴近群众”的指导方针，创作出一大批在全省乃至全国有影响的剧目。全市先后创作演出了《未了情》《冬去春又回》《春到江湾》《天堂梦》《守护真情》《青年董必武》《和氏璧》《大别山人》等多部大型黄梅戏和楚剧，在全国、全省多次获奖。大型黄梅戏《未了情》参加全国第五届艺术节演出，荣获“文华新剧目奖”第一名，同时还获得“文华导演奖”“文华音乐创作奖”“文华表演奖”等各种奖项，成果迭出。黄冈全市不断发展公益性文化事业，实施“文惠民”工程，完善公共文化服务体系；大力发展文化产业，加强对外文化交流，扩大城市文化影响力；进一步深化文化体制改革，推动文化创新。只有构建与经济建设相适应的大文化发展格局，才能使人民群众的文化权益得到更好保障，使社会文化生活更加丰富多彩，使人民群众的精神风貌更加昂扬向上……把握时代脉搏，一次次成就了城市文化的“软件”升级，一点点推动市民的素质提升，一步步形成新的社会风尚。这些活动对市民的精神和文化层面产生强大的冲击力和影响力，对城市文化精神的内化和提升大有裨益。

## 2.3　市民共识与城市文化精神认同

一切精神问题，最终的归宿点都是人。既然城市的主体是人，那么塑造城市精神的过程，也是塑造现代人的过程。人是精神文化的承载者，不论过去、现在和将来，城市居民都是城市文化精神的传承与缔造者。城市文化精神不是从天而降的，也不是专家臆想的，而是生长在城市文化和城市民众的土壤中。城市文化精神来自城市的文化传统以及当代城市劳动者的精神智慧，决不能将少数人的文化价值观念和审美趣味强加于广大民众。作家、学者葛红兵曾指出：“未来的共识文化一定是和大众日常生活亲和的世俗文化，它不是政治意识形态的加强，也不是知识分子意志形态的教导，而是大众意象形态的自我形塑。”[①] 因此，唯有构成民众的普遍共

---

① 葛红兵. 有文化共识才有文化发展——也谈人文精神的建构问题［J］. 学习与探索，2006（6）：11.

识，城市文化才会充满竞争力，精神文化精神才会形成。城市文脉通过一代一代城市人的传承、张扬，形成独具个性特征的城市精神文化，并在城市发展的过程中丰富和跃迁。目前，一些城市劳精伤神、付出资财所归纳出的城市精神"表述文字"，不少沦为过眼烟云，并未得到内外认可、市民认同，并未真正成为城市各界身体力行、自觉维护、百般珍视的"城市精神"。一则所拟"城市精神"与代表城市特质的城市文化有隔阂，缺少与时俱进的现代性和品牌标志性。二则"城市精神"止步于"聊胜于无"的"有"和"说"，没有细化到"行"与"为"的实践层面。

城市文化精神在市民思想碰撞融合中形成并发展，社会学家费孝通曾提出"文化自觉"的概念，他认为："文化自觉是指生活在一定文化中的人对其文化有'自知之明'，明白它的来历、形成过程、所具有的特色和发展的趋向，从而增强自身文化转型的能力，并获得在新的时代条件下进行文化选择的能力和地位。"① 城市文化精神是一个城市的精神支柱，也是每个市民的精神支柱，是一种自觉的价值取向。这种文化自觉，是内在的要求，而不仅仅是外在的引导和宣传推动。市民群众文化活动是城市文化建设的重要载体，是建设先进文化的重要内容，也是培养市民文化自觉意识的重要渠道。这些年来，黄冈不遗余力地举办论坛、节会，如黄冈论坛，苏东坡国际文化论坛，社区"大家乐"文艺活动，全市"三民"（民歌、民舞、民乐）会演，"东坡文化旅游节"，李时珍医药节，黄梅戏艺术节，英山茶叶节，浠水、红安等县的民间艺术节，麻城市的"杜鹃文化旅游节"等，对这些文化进行深层次探索，以期从表象文化的热流中提炼黄冈精神文化的本质。我们需要在精神层面上寻找获得广泛认同的文化表征，这或许就是将来开展"黄冈城市精神"大讨论及其表述语征集活动的滥觞。一个城市，对外来人和本地人来说要形成文化自觉和文化认同，就必然要回答这样的问题：这个城市给历史留下了多少空间和记忆？这个城市给未来留下了怎样的现代精神和时代符号？全民参与文化自觉与城市精神建构的过程，是厘清历史脉络，寻找历史痕迹和地域文化符号的过程。然后源于传统，成于现在，在包容、开放和创新的眼界和胸怀中，形成黄冈城市的共同文化基础和文化认同。通过不断提升城市文化底气，不断塑

① 费孝通. 反思·对话·文化自觉［J］. 北京大学学报（哲学社会科学版），1997（3）：22.

造城市文化精神，并使更多的市民理解和接受城市的经济文化追求，转化为市民的文化自觉，那么，黄冈的城市精神就有了坚实的土壤和民众基础。

## 3. 城市文化精神定位的基本策略

### ——以黄冈市为例

任何一个城市（区域）都应该有自己的文化支点，这是城市（区域）发展的根和魂。黄冈有着得天独厚的自然地理优势和区位优势，有着丰沛的名人文化资源和人文环境优势（见本章前文）。悠久的历史文化传统是黄冈文化定位的根基；自然地理环境、人文地理环境带来的名人文化资源是黄冈城市文化定位的基础；人才辈出的名人文化遗址是黄冈城市文化精神定位的重要质素。无论是悠久的历史文化传统还是显赫的名人文化，无论是绿色的大别山文化、红色的革命文化，还是白色的医药文化、蓝色的科技文化、紫色的文化艺术、古色的禅宗文化、香色的戏曲文化，都是黄冈的凤冠霞帔，都是黄冈（黄州）这座有着 2 000 多年历史的城市的标签。城市的文化底蕴是形成城市文化个性特色和文化精神的基础，定位城市文化精神必须把握其历史文化的精神实质，加以发扬光大，才有可能发挥优势，否则无异于无源之水，无本之木。

黄冈的城市文化支点应该围绕大别山、长江水、红色革命和历史名人文化资源展开，植根于显赫的名人文化，让黄冈的文化精神内涵变得厚重起来。我们发现，在黄冈的诸多历史名人中共性的精神特质，就是“艰苦奋斗、自强不息、开拓创新、敢闯敢干、敢作敢为”的黄冈名人精神。比如，毕昇，一介布衣，在普通的印刷工人岗位上反复磨炼，开拓创新，在世界上最早发明活字印刷术；北宋苏东坡贬谪黄州，身处逆境却穷且益坚，勤奋耕耘，创作 700 余首诗词，把黄冈带上了宋朝的文学艺术最高峰，等等。黄冈这些艰苦奋斗、自强不息的名人不胜枚举。

美国社会学家英克尔斯认为：“现代性包括乐于接受新的生活经验、新的思想观念和行为方式；思路广阔、头脑开放，尊重并愿意考虑不同的意见和看法；对个人的能力充满信心，办事讲效率；重视生活和工作的有计划性；尊重事实和知识；对教育的内容和传统智慧敢于挑战；主张平等相处，追求自由和民主等。”[①] 人的现代性要素包括观念开放，乐于接受新的思想、行为方式，尊重各方不同意见，欢迎社会的改革和变化。城市的现代化不仅体现在城市设施、城市规模等空间意义上，还体现在海纳百川、开放包容的精神气度上。城市的宽容之心，形成了独特的城市气质。黄冈处于大别山南麓，是长江水陆交通要地，雄厚的山脉和温柔的母亲水让这座城市有着与生俱来的大度与自然的包容心。杜牧、苏东坡等贬谪黄州，黄州人没有歧视，而是以极大的包容之心容纳了他们；林＊篡权叛逃，黄冈人没有掘其祖坟，而是以包容之心，功过分明地对待这位元帅。在改革开放的新形势下，尤其是在武汉城市圈和两性社会建设的大好机遇下，黄冈不仅要继承乡贤“艰苦奋斗、自强不息、开拓创新、敢闯敢干、敢作敢为”的基本精神，还应该具有包容开放的基本文化精神。黄冈是武汉城市圈的核心组成部分。目前，黄冈城市化建设面临三大战略机遇：一是国家中部崛起和武汉城市圈“资源友好型、环境节约型”社会综合配套改革试验区的战略机遇；二是长江经济带开放开发的战略机遇；三是国家老区扶贫政策的机遇。在良好的机遇面前，黄冈人必须继承前辈宽容开放的心态，营造宽松自由、兼收并蓄、尊重知识、尊重人才、鼓励个性和激励创新的精神文化氛围，吸引优秀人才，使之能够更快地融入市民群体之中，最终将知识能量转化为巨大的创新能力。

综上所述，我们建议，黄冈的城市文化精神可以定位于“承继先贤，自强不息；厚德包容，开拓创新”；或“承继先贤，开拓创新，开放包容，有所作为”；抑或“追慕名人承先贤，敢作敢为谋发展”；等等。当然，黄冈城市文化精神定位的取舍最终取决于市民广泛参与背景下的讨论结果。

---

① 参见侯玉波．改革开放与中国人观念的变迁［EB/OL］．https：//view．news．qq．com/a/20120524/000005．htm．2008－10－25．

# 第 3 章

# 城市景区文化旅游形象：内涵、定位及塑造策略

## ——以南京玄武湖景区为例

21 世纪以来，国际旅游业实现由“旅游观光时代”到“旅游文化时代”的转变，文化成为旅游业发展的核心和灵魂。城市景区文化旅游形象的定位和塑造、景区文化品牌构建，在城市旅游文化消费和城市文化产业发展、景区文化软实力建设中具有重要意义。本章探讨了城市景区文化旅游形象的基本内涵及其定位依据，城市景区文化旅游形象的构建及其意义。同时，以南京市玄武湖景区为例，分析城市景区如何挖掘其独特的自然生态文化和特色文化资源，发挥其自然生态和人文资源优势，塑造独特的文化旅游形象和文化旅游品牌，具有较强的理论价值和现实意义。

从某种意义上说，旅游消费者对景区文化的诉求，是一种高层次的文化生活体验和精神审美。

文化旅游是当今我国文化产业发展的重要方向，是经济社会发展新的增长点，也是推进国际文化交流、传播中华文化软实力的重要媒介。《中共中央关于深化文化体制改革　推动社会主义文化大发展大繁荣若干重大问题的决定》中指出：“旅游文化为广大游客提供个性化、分众化的文化产品和服务，是新的文化消费增长点。”“旅游文化拓展大众文化消费市场，开发特色文化消费，扩大文化服务消费，提高文化消费水平，增加文化消费

总量，是一种文化产业发展的内生动力。”① “旅游景点文化是我国文明、民主、开放、进步的形象之一，对于开展对外文化交流，参与世界文明对话，促进文化相互借鉴，增强中华文化在世界上的感召力和影响力具有重要作用。”② 在当今国内外旅游市场竞争日益激烈的形势下，景区文化旅游形象的定位和塑造，以及景区文化品牌构建，在旅游景区文化消费和产业发展、景区文化传播与交流、景区文化软实力建设中具有重要的意义。

## 1. 城市景区文化旅游形象的基本内涵

关于城市景区文化形象的概念和内涵，之前不少学者曾进行过论述。比如，曾妮娜在《浅议旅游文化品牌的建设》一文中指出：“景区的经营者识别和选择适合的文化理念并将其贯穿于旅游产品设计、市场定位、包装广告、公关形象、促销服务等营销活动中，将景区文化的潜在价值转化为现实的旅游价值，建立景区文化形象。”③ 白加德在《浅谈旅游景点文化品牌塑造》一文中云：“景区的文化形象是景点的核心竞争力，以其自然美、惊险美、悲壮美、艺术美、科教美等彰显景区特色，加深旅游者对景区历史文化的了解。”④ 郭胜在《旅游文化的功能及其品牌塑造》一文中指出：“旅游文化塑造是通过分析和评价旅游地的文化背景，立足旅游文化的民族特色和地方特色，来确定旅游文化的主题。”⑤ 郭胜这一界定仅仅从景点自身出发，并未涉及旅游消费者即游客的感受回馈。笔者将景区“文化旅游形象”定义为：以景区文化资源和文化特色为基础，提炼景区核心的文化价值观念、审美意象和文化传播形象，并以旅游文化消费者为对象，结合游客对景区的旅游消费体验、文化审美感受，使消费者形成强烈

① 中共中央办公厅. 中共中央关于深化文化体制改革 推动社会主义文化大发展大繁荣若干重大问题的决定 [EB/OL]. http://www.gov.cn/jrzg/2011-10/25/content_1978202.htm. 2011-10-25.

② 中共中央办公厅. 中共中央关于深化文化体制改革 推动社会主义文化大发展大繁荣若干重大问题的决定 [EB/OL]. http://www.gov.cn/jrzg/2011-10/25/content_1978202.htm. 2011-10-25.

③ 曾妮娜. 浅议旅游文化品牌的建设 [J]. 市场论坛，2011 (3)：67—68.

④ 白加德. 浅谈旅游景点文化品牌塑造 [J]. 山西农业大学学报（社会科学版），2012 (5)：537—540.

⑤ 郭胜. 旅游文化的功能及其品牌塑造 [J]. 社会科学家，2007 (6)：117—119.

的景区文化印象、文化体验或文化集体记忆。从主体性来讲，景区文化旅游形象包括景区独特的文化资源、文化景观，文化意识形态或价值观念，文化审美意象的表达和传播技巧，这三个方面是其基本内涵。

在景区旅游文化同质化程度越来越高的今天，基于地方文化资源特色的景区文化旅游形象的定位与塑造越来越被重视，构建独特的文化旅游形象是提升景区文化软实力、旅游文化品牌附加值和竞争力的主要手段之一。著名文化人类学家马凌诺斯基说过："在人类社会生活中，一切生物的需要已转化为文化的需要。"[①] 游客在短暂的景区旅游文化消费过程中，所追求的也主要是文化的体验和审美享受。

景区独具特色的文化旅游形象，如以历史考古、帝王遗址与黄土风情文化为主的秦始皇兵马俑，以深厚的皇家文脉为主的故宫、颐和园等名胜古迹，都能给游人留下深刻的厚重文化印象。景区的文化旅游形象内涵，主要在于景区在历史中逐渐形成的人文底蕴。某一时期人们在与景区文化的对话交流中所做的社会化创造，往往会留下时代的烙印，而这些烙印会由于地域和文化的差异，而具有独特性。人们在构建景区文化旅游形象的过程中，会注入具有当地特色的文化传统、生活方式、风俗习惯、风土人情和独特的审美意趣。从理论上来说，每一景区甚至每一景点都可以深入发掘自身的独具特色的自然和文化资源。

独特的旅游文化是旅游目的地吸引力的源泉。[②] 一个景区文化旅游形象的塑造成功与否，是决定该景区能否具有游客吸引力的关键因素。旅游文化品牌是旅游文化本身重要性的必然反映，文化意蕴、文化质量是旅游文化品牌的基础。景区文化旅游形象和文化品牌一旦形成之后，将具有持续的生命力，可以提升景区的知名度和美誉度，产生品牌效应。

## 2. 城市景区文化旅游形象的定位依据

城市景区文化旅游形象的定位要从需求和供给两方面思考。一是需求，

---

① 白加德. 浅谈旅游景点文化品牌塑造［J］. 山西农业大学学报（社会科学版），2012（5）：537—540.

② 郭胜. 旅游文化的功能及其品牌塑造［J］. 社会科学家，2007（6）：117—119.

明确当下旅游市场现状，对客源市场进行适当细分，了解不同的客源市场需要怎样的旅游文化产品和服务，明确总体上要开发怎样的旅游文化产品才能获得较大的旅游文化消费市场占有率。如果定位不准确，开发没有特色的旅游文化资源、服务设施和旅游文化产品，差异化营销不足，高档文化产品较少，就会导致旅游文化消费市场竞争力不足。景区旅游文化产品或服务品种少，种类单一，将难以满足游客多样化和多层次的文化消费需求。二是供给，要对景区自身所拥有的历史文化资源进行准确的评估和合理化开发，首先应对其自然资源和人文资源的特色和优势科学客观地分析，挖掘其文化内涵，突出其文化精神，再结合地区或者民族特色，形成景区文化的独特性优势。有些景区的旅游文化资源本身禀赋和品相较高，特色明显，完全有潜力塑造成文化底蕴厚、审美形象好的景区文化旅游形象，打造成良好的景区旅游文化品牌；但实际情况是，一些旅游文化资源禀赋、品相较高的景区不太注重文化旅游形象的挖掘与塑造，对景区自然资源和文化资源的保护性开发力度不足，特色定位不明显，因而缺乏文化凝聚力、吸引力和市场号召力；再如，当下，不少景区文化资源开发的同质化、趋同性明显，缺乏文化特色和创意设计，景区文化资源的潜在优势未发挥出来，文化旅游形象、旅游品牌平庸无特色，也容易被其他景区或景点所复制。

除兼顾需求和供给两方面的文化特色外，景区文化旅游形象定位还需要市民、景区周边区域居民和游客的广泛认同。除了受众的自然、形象、符号、身份认同外，更重要的是文化认同，它比自然、形象、符号、身份认同层次更高。要取得受众广泛的景区文化认同，需要设计景区文化主题形象方案，包括文化旅游形象的主题、文化旅游形象的标语、文化旅游营销的关键词等，并就设计方案进行广泛的受众调查，可以在政府、企业、市民、游客层面进行，通过调查访谈，不断修正文化旅游形象的设计和营销方案，达到取得受众广泛文化认同的目标。

## 3. 城市景区文化旅游形象的塑造及其意义

### 3.1 景区文化旅游形象的塑造

首先，整理和总结景区的历史传统、文化特色等旅游文化内涵，提取最有价值、最具有传播力的旅游文化主题、亮点和文化传播符号。每个景区或景点在以往的历史发展过程中都会形成自己特有的文化传统、风俗习惯、生活方式、风土人情等，进行文化旅游形象塑造之前，要对景区的历史文化主题特色进行提炼，抓住主流、特色、价值大、具有吸引力和传播力的文化元素。如山东文化旅游的主要特色就是泰山和孔府、孔庙、孔林——儒家文化，北京文化旅游的主要特色就是故宫、长城、城墙、皇家园林、大宅门、胡同等——皇家文化和城墙、胡同文化，山西文化旅游的主要特色就是晋商大院、晋祠、平遥古城——晋商文化和戏曲文化，等等。这些景区因其文化独特性而成为地方文化旅游形象的典型代表。但是，景区在挖掘自身自然资源和文化资源特色的同时，要注意文化主题不能过于杂乱，每个景区都需要有少数几个（甚至一两个）颇具代表性的文化特色作为支撑，但不宜过多。文化特色主题过多，不容易显示出最重要的文化价值，以及文化的独有性和可记忆性。

其次，有了少数几个文化旅游“特色主题”这一核心，还需要有景区配套的环境、文化产品和服务设施予以支持。景区的硬件设施是景区文化旅游主题的重要载体，是游客容易直接感受到的物质符号层面的景区文化，也是最直观、最形象的景区文化旅游特色。好的景区环境和基础设施在为游客体验景区文化内涵、文化特色提供方便的同时，还可以提高游客对景区的整体文化认同度。景区的硬件设施与服务包括景区的文化景观建造、基础设施（如道路交通、医疗卫生、购物网点设施等），以及服务质量（包括热情度、突发或紧急事件处理、投诉率和投诉处理是否及时等），景区文化景观的设计和建设要经过一系列的规划，特别是调查旅游文化消费市场和科学合理的分析研究，体现一定的文化特色和文化品位，突出景区的场所精神，充分反映受众的文化认同度，不能盲目乱建，要与整个景区文化环境、文化总体规划、文化氛围相一致，不能为了求新求异而破坏景区特色文化的整体美感。景区基础设施的作用主要是给游客提供便利，因此，在设计规划中尤其需要注重美感、舒适、便利和人文关怀，比如，景区道路交通规划就要考虑道路绿化、绿色通道、设施美感、游客的文化心理和体力承受等因素。

再次，有了相应的文化配套设施之后，景区还需要通过一系列的文化主题活动或者文化事件来进一步塑造景区的文化旅游形象和文化品牌。有些景区对具有区域文化特色或者民族特色的民俗风情、节日庆典等民俗文化资源进行整合，构建主题性明显的文化符号、文化话语和场所精神，在文化旅游形象塑造方面取得了明显效果。比如，三峡景区除了其优越的自然和人文景观——两岸青山、葱葱毛竹、清澈碧水、美丽的神话传说外，还把当地居民的日常民俗生活融入景区文化旅游中。刚进山门时那铿锵有力的渔夫号子，身背小竹篓打着一把花伞的红衣少女，娇滴滴、羞答答，站在船头劳作；书生少年，一袭黄衫，笛声荡漾，池边鸭鹅觅食，村姑槌布洗衣；苗族抢亲戏，简洁大方，生动活泼，既有趣味性，又有知识性；整个三峡人家景点处处体现着生活在水乡的苗族人民的民俗民情和日常生活方式，人文故事、民俗文化资源与自然景观融为一体，绘就了一幅秀丽壮美的水乡图画。①

最后，还要对设计和定位的主题文化旅游形象积极地传播、营销。在当今时代，任何旅游文化资源和文化产品不论其自身条件多么卓越，还是需要搭配现代化的营销手段，尤其是运用互联网新媒体营销手段，进行营销推广和文化旅游形象传播。不仅要充分发挥报刊、广播、电视、网络等传播媒介的作用，还要利用微博、微信、播客等新网络互动媒体平台的优势，将景区的文化旅游形象、文化品牌多渠道、多层次地传递给芸芸受众。此外，还可以借助其他文化产品、文化媒介进行二次、三次、多次传播和推广，如景区电视剧的拍摄可以有力提升景区或景点的文化知名度、美誉度和影响力。电影《大红灯笼高高挂》和电视剧《乔家大院》的上映和热播，让山西乔家大院这一景区声名鹊起，游人如织，成为广大游客了解晋商文化和清代晋商日常生活的窗口。文学作品、景区承办或冠名的文化主题活动、主题形象宣传、名人代言等形式，也可以为景区文化旅游形象的传播推广和文化品牌的塑造发挥很大作用。

### 3.2 城市景区文化旅游形象塑造的意义

品牌产品（或服务）总是比普通产品（或服务）更能吸引受众的眼

① 白加德. 浅谈旅游景点文化品牌塑造［J］. 山西农业大学学报（社会科学版），2012（5）：537—540.

球，获得更多的经济价值回报，产生品牌效应。因为在受众眼中，品牌产品（或服务）意味着比普通产品更好的质量、更好的消费体验、更好的服务、更好的知名度和美誉度等，所以他们愿意为品牌产品（或服务）投入更多的经费。景区文化旅游形象和文化品牌的塑造亦如此。具有鲜明文化旅游形象、形成文化品牌的景区比普通的、没有鲜明文化特色的景区更能吸引游客的注意力，并将文化旅游形象的“注意力经济”转化为“影响力经济”，从而使游客愿意进行文化消费。旅游地的文化旅游资源各不相同，每一个景区从本质上来说都是独一无二的，都有自己的资源优势和文化特色，但并非每个景区都具有鲜明的文化旅游形象和文化符号名片，更遑论文化旅游品牌了。而文化旅游形象和文化旅游品牌能使某些景区具有持久不衰的生命力和社会影响力。

景区塑造自己的主题文化旅游形象和文化旅游品牌可以增加其旅游附加值，获得游客更高的身份、文化认同。文化认同不仅是身份认同、符号认同、价值认同的更深层次，也是社会身份地位的象征。在传统物质消费领域，社会阶层的区分以消费品的价格（或价值）层级为主要考量依据，通常人们以奢侈品和价格较高、价值较大的消费品之消费（亦称炫耀性消费或夸饰性消费）作为抬高自己社会身份地位的主要手段；而在文化消费领域，高雅文化、本真文化的文化认同和消费则是区隔消费者文化身份和地位的主要标准，也是追求文化品位和审美艺术情趣的游客的消费潮流。比如，品味红色文化的游客要去井冈山、延安，热衷于生态文化的旅游者要去张家界、九寨沟，等等。这些景区因为有了良好的文化资源特色和文化旅游形象、文化旅游品牌，所以具有较高的品牌附加值。

景区塑造自身的文化旅游形象和文化品牌可以提升景区的文化层次和文化价值，“品牌”景区就像名牌消费产品一样，在“购买”时会成为游客的首选，也会拥有更高的知名度和美誉度。同时，景区的主题文化旅游形象和文化旅游品牌还能为景区的营销宣传提供便利，景区文化旅游形象、文化品牌是景区历史文化资源特色的精华所在，其表现形式，如朗朗上口的文化标语、颇具代表性的文学或电视剧作品等，被赋予了内涵丰富的符号意义和文化记忆，很容易在游客心中留下深刻印象，从而得到游客的文化心理认同和社会群体认同。

# 4. 城市景区文化旅游形象定位及其塑造策略

## ——以南京玄武湖景区为例

李娜、赵玲玲和黄相羽的《南京市玄武湖景区游客满意度评价实证研究》[①] 一文曾对南京玄武湖的游客满意度进行过深度调查。该文将影响游客满意度的指标分为景区交通、景区环境和文物保护、景区服务设施、景区安全等几个方面。调查结果显示（见表 3-1）：游客对玄武湖景区环境和文物保护、景区安全的满意度较高，而对景区服务设施、景区交通的满意度稍弱。其中餐饮、购物的不满意度最高，其他设施也因不齐全、数量较少、标识不醒目、布局不合理等因素，不满意度较高。景区交通主要因码头泊位过少而差强人意。

**表 3-1　玄武湖景区游客满意度调查结果**

| | 陈　述　项 | 满　意 | 较满意 | 不满意 |
|---|---|---|---|---|
| 对景区交通的满意度 | 1. 抵达景区的方便程度 | 62% | 36% | 2% |
| | 2. 景区内部游览线路的合理性 | 44% | 54% | 2% |
| | 3. 景区泊车满意度 | 41% | 47% | 12% |
| 对景区环境和文物保护的满意度 | 4. 景区环境满意度 | 70% | 30% | 0% |
| | 5. 景区文物古迹、古建筑保护满意度 | 44% | 52% | 4% |
| | 6. 景区内建筑与周围环境的协调性 | 49% | 48% | 3% |
| 对景区服务设施的满意度 | 7. 景区标识牌的齐全性 | 44% | 49% | 7% |
| | 8. 景区休息设施满意度 | 53% | 40% | 7% |
| | 9. 景区公厕满意度 | 39% | 44% | 17% |
| | 10. 景区内特殊人群服务设施的齐备 | 37% | 45% | 18% |

① 李娜，赵玲玲，黄相羽. 南京市玄武湖景区游客满意度评价实证研究 [J]. 中国证券期货，2011 (6)：170—171.

续表

| | 陈　述　项 | 满　意 | 较满意 | 不满意 |
|---|---|---|---|---|
| 对景区服务设施的满意度 | 11. 景区餐饮条件和服务满意度 | 29% | 44% | 27% |
| | 12. 景区内旅游商品及购物环境满意 | 29% | 49% | 22% |
| 对景区安全的满意度 | 13. 景区安全满意度 | 53% | 44% | 3% |

资料来源：李娜，赵玲玲，黄相羽. 南京市玄武湖景区游客满意度评价实证研究［J］. 中国证券期货，2011（6）：170—171.

此外，在玄武湖景区的官方网站上，景区的文化旅游形象和宣传标语是“金陵明珠——玄武湖”，这一定位只是突出了玄武湖所在的地理位置和它在南京的重要地位——南京的“明珠”，并没有很好地对玄武湖自身的文化资源特色和主题文化内涵做精炼的概括和整合，所以，这一主题文化形象的定位是不成功的，达不到预期效果。

事实上，玄武湖景区的文化资源特色在于：一是作为皇家园林，贤君明臣辈出，政治文化资源丰厚，贤君明臣和伟人孙中山的文化底蕴丰厚；二是玄武湖五洲景区自然风景优美，一年四季花事不断，因此，在主题文化旅游形象的定位和塑造上，玄武湖景区打“贤君伟人文化牌”和“五洲绿色生态文化区牌”将更加有效。玄武湖五洲景区植被良好，植物种类丰富，因此景区季节性、固定性的主题花事活动开展得较好，具有浓郁的绿色生态文化特色。春季有“百花闹春”（主打樱花），夏季有“玄武湖之夏”（主打荷花），秋季有“菊花大会”（主打菊花），力求打造自己的花文化主题活动形象和品牌。鉴于以上两方面的文化优势及特色，笔者对玄武湖文化旅游主题形象的定位是“皇都贤君竞风流，玄武五洲交朋友”。前一句主要侧重于景区的皇家特色和名人文化、伟人文化特色，后一句的“五洲”既指玄武湖五洲景区，也泛指广交世界五大洲的朋友。主题形象营销口号可定位为：“玄武泱泱，贤君圣象；才子佳人，皇都花香”（贤君——孙权、朱元璋、孙中山；才子佳人——一指玄武湖历代明臣，二指玄武湖边的浪漫的情侣园——约会的浪漫；皇都花香，指作为皇家园林的玄武湖一年四季持续的花事活动）。抑或“桨声灯影，秦淮艳唱；贤君圣象，玄武花香”（可作为南京整体的主题文化旅游形象定位）、“贤君圣象，五洲花香——玄武五洲交朋友”，等等。

基于南京玄武湖景区周边的自然和人文环境、历史和文脉，结合玄武湖自身拥有的自然和人文资源优势，以及景区文化旅游形象塑造的相关理念，本章借鉴西湖的成功经验，以南京钟山风景区为玄武湖景区旅游发展的依托，从名人文化、区域特色文化、主题文化活动三个方面对玄武湖的文化旅游形象和文化品牌塑造提出建议。钟山风景区本来就是以钟山（紫金山）和玄武湖两个景区为中心，包括明城垣以及山湖的连接地带。山光水色皆有，无论是自然景观还是人文资源，钟山风景区都与玄武湖风景区天然的文化亲近度。

## 4.1 名人文化形象与品牌塑造

与西湖风景区相比，玄武湖景区在历史名人资源和文脉（文人骚客的文化遗存）上并不丰富，它多为贤君明臣等政治官员，除少数明君外，其他官宦的知名度和影响力并不大，美誉度也不高。但是，如果把钟山风景区作为玄武湖景区文化旅游发展的依托，则会为玄武湖景区的主题文化旅游形象锦上添花。钟山景区的中山陵、明孝陵和梅花山等都能给玄武湖景区增加丰厚的名人文化底蕴和伟人文化特色。中山陵，位于紫金山南，由我国著名设计师吕彦直设计，文化风格中西交融，庄严简朴，气势恢宏；孙中山先生是我国近代伟大的政治家和民主革命的先行者，在我国近代史上具有举足轻重的地位，中山陵的伟人文化特色明显。明孝陵，是明朝开国皇帝朱元璋及马皇后的陵墓，是明代帝陵中规模最大的一座，总体布局气魄恢宏，建筑雄伟壮观；明太祖朱元璋贫农出身，起义胜利后于南京称帝，建立了全国统一的封建政权。梅花山处于明孝陵神道环绕中，旧名孙陵岗，亦名吴王坟，因东吴的孙权葬在这里而成名；孙权是三国东吴政权的建立者，他安定江东，发展江南经济，是一代有所作为的明君，“生子当如孙仲谋”成为千古佳话。可见，中山陵景区的皇家文化特色也比较突出。

不论是近代伟人孙中山、明太祖朱元璋，还是三国明君孙权，这些明君伟人都能成为玄武湖景区文化旅游形象和文化旅游品牌塑造可以利用的名人文化资源。玄武湖景区可以依托钟山风景区这些名君伟人的文学作品、民间传说、历史典故设计主题文化旅游形象，打造名人文化品牌。此外，在影视剧作品中，三国政权群雄争霸、明朝皇家风云、民国革命事迹题材和故事内容十分丰赡，文化底蕴深厚，如果玄武湖景区能恰如其分地植入或者利用文学作品、影视剧作和网络资源进行营销推广，更能为玄武湖景区的文化旅游形象和文化品牌塑造锦上添花。具体可从以下三方面进行名人文化形象和文化品牌塑造：

#### 4.1.1　名人塑像、名人馆、名人廊

建设名人塑像园、名人馆、名人廊等名人文化景点，旨在通过具体的名人文化形象塑造，让游客对玄武湖区的名人文化有具象的、直观的感知和体验。在玄武湖景区内打造名人文化长廊，展示一系列与玄武湖景区相关的贤君名人，介绍其生平事迹和相关的逸闻趣事。这种文化构建和文化展示，在一定程度上可以加强景区和名人文化的关联性，提升景区的名人文化内涵、名人知名度和美誉度，尤其是“省（直辖市）级名人文化资源”以下的“市级名人文化资源”和“县（区）级名人文化资源”，因为与景区文化接近，更需要深入挖掘和开发利用。此外，玄武湖景区位于南京火车站附近，来到南京的旅客首先参观的景点就是玄武湖景区，名人长廊内可加入与南京相关的名人文化资源，将名人长廊打造成南京的名人文化品牌。

#### 4.1.2　创作相关的名人文化作品

以名人文化为题材的文学作品创作和传播效应可以助力玄武湖景区名人文化旅游形象的塑造和名人文化品牌的推广。目前，与玄武湖景区题材相关的文学作品数量不多，知名度不高。而与玄武湖景区同属南京滨水景区的秦淮河，以文学作品为特色的文化资源丰富，不仅有知名度很高的《桨声灯影里的秦淮河》，还有很多现当代作家创作的与秦淮河相关的回忆录，如南京作家叶兆言所著的《老南京——旧影秦淮》等。玄武湖景区可以借鉴秦淮河景区的经验，邀请一些南京和域外知名作家，打造如《旧影秦淮》那样的文学文本、回忆录等，让这些知名作家（名人作家本身也是名人文化资源）把与玄武湖景区文化相关的故事书写下来，加以传播推广，以提升玄武湖景区文化的知名度和影响力。

除了文学文本，玄武湖景区还可以借鉴西湖的经验，利用知名学者的力量，整理出版景区的历史、文化资源，并予以现当代诠释。比如，学者盛久远的《情归西湖——西湖名人墓探寻》收录了西湖周边94个文化名人墓，是第一本汇聚和考证西湖名人墓的书籍；学者孙跃的《西湖的历史星空》将杭州历史上那些重要的历史和人文故事的细节、城市发展脉络，以及人们生活的历史痕迹，真切地展示出来，勾起市民和游客的集体回忆，让受众感受到西湖景区独特的文化魅力。玄武湖景区也可以组织知名专家学者，深入挖掘其丰富的政治名人文化资源，为人们认知玄武湖的名人文化内涵，塑造玄武湖名人文化旅游形象插上文化的翅膀。

#### 4.1.3 拍摄相关的名人影视剧作品

在当下的声、光、电和网络媒介时代，影视剧作品因为其可视性、大众性和文化亲和力，比文学作品更容易为受众接受，具有更强的传播力和影响力。在玄武湖景区所拥有的一系列名人文化资源中，挖掘那些可以被拍成影视剧的名人题材故事，如与玄武湖景区有关的历史名人传说，讲述忠良贤臣忠心为主却因其刚正不阿、不与恶势力同流合污而被奸佞杀害的故事，这些故事可以拍摄成历史影视剧；又如，在当下影视剧市场中，谍战剧较受欢迎，而与玄武湖景区名人文化相关的部分名人正是民国革命运动的先驱者，这些人物故事可以被改编成谍战题材电视剧。总之，玄武湖景区以名人文化题材的影视剧创作和改编潜力巨大，值得发掘。

历史名人题材影视剧的创作、改编和播出对玄武湖景区文化的传播推广作用是相对间接的，而景区的文化旅游形象宣传片的作用是直接而有力的。玄武湖景区的文化旅游形象宣传片于2011年启动开拍（尽管时间有点晚），[①] 用一年时间拍下景区的四季生态美景。该文化形象宣传片主要采用了数字虚拟展示，场景美不胜收但不太真实，文化旅游形象宣传片最后还展示了景区整治后的变化及华丽的五洲灯光秀。但从景区文化形象宣传片的文化内涵和主题深度来说，该片展现的人文精神较少，只是展示了两首并不为人熟知的诗词，其他的名人文化资源、六朝变迁的历史文化内涵

① 钱淑湘，李子俊. 玄武湖形象宣传片开机［EB/OL］. http：//news. cqnews. net/html/2011-11/24/content_10357249. htm. 2013-06-08.

等，都没有在文化旅游形象宣传片中得以体现。总的来说，该形象宣传片的制作内容差强人意，在人文底蕴和文化特色方面还需要加强。

## 4.2　玄武湖景区的特色文化旅游形象与文化品牌塑造

玄武湖具有丰厚的历史与政治文化资源，虽然西湖是因其亲民文化和风花雪月的浪漫故事，得到广泛关注。但是，政治文化特色鲜明并不能说明玄武湖景区的旅游文化不能得到更好的发展。比如，国内众多的红色旅游景点或景区，都与近现代民主革命的政治文化息息相关，其文化旅游形象和文化品牌一样取得了较好效果，产生了区域经济文化发展的综合正效应。

西湖景区以才子佳人的人文景观和柔山软水的自然生态景观闻名于世，而玄武湖景区位居官衙政治文化和脂粉气兼具的金陵古都，玄武湖景区如果能利用好自己的政治文化资源，结合钟山风景区的中山陵、明孝陵、梅花山等一系列名人文化景点，打造一个相对伟岸、英气非凡的景区，不失为在软语脂粉的江南地区矗立一个具有特色的阳刚、伟岸的名人文化景区。

玄武湖的山，秀丽挺拔；玄武湖的水，阴柔纯美。西湖景区因为水美，重点在“水文化”上做文章，在文化旅游形象和文化品牌建设上偏向于阴柔的水文化，因此整个景区的文化旅游形象也更为温情柔软。玄武湖景区可以依托钟山风景区，将伟岸的名人文化、秀丽的山文化和柔美的水文化有机结合，使景区的文化旅游形象刚柔相济，既突出山势的巍然明君的伟岸，又突出湖区内五洲的阴柔美丽。在塑造名人和山势的伟岸形象的同时，注重湖区五洲景点的规划布局，突出湿地、洲地的休憩娱乐功能，这样可以分散水上游客的数量，平衡景区的游客承载力。

打造景区特色文化旅游形象和文化品牌，除了将玄武湖景区依托于钟山风景区这一总体思路外，还需要进一步完善玄武湖景区的规划设计和基础设施。

### 4.2.1　景区基础设施建设

目前，玄武湖景区内的商店、饭店、饮食摊点相对集中且消费较高，可以增加更多的分散商店、饭店、饮食摊点，在商品和食物价格上可以更平价、更亲民一些；景区内的购物点集中于工艺品特色街区，游客的选择也较多，主要有雨花石、工艺铁牌、紫砂制品、陶笛乐器、苗银首饰、盆栽花卉等旅游文化附加产品，但是在购物点设施的分散程度上还需要改进；景区内的公共卫生设施数量较少，这为游客带来了不便，应增加数量及提高分布密度。当然，这些新的基础设施（如建筑外观、建筑文化符号等）在文化旅游形象上应与玄武湖景区的整体文化特色相吻合。理想的境界是，这些硬件设施像文化景点一样，既有伟岸挺拔的一面，又有阴柔温情的一面；既有文化韵味又能便利游客；从外观上具有审美趣味和观赏价值，从内部布局和情调布景上具有玄武湖的名人文化特色。

#### 4.2.2 景区交通路线规划设计

玄武湖景区目前推荐的游览路线有三条：自然景观游、历史文化游和休闲游。这样的分类太宽泛。事实上，景区可以构思几条分类相对细小且具有特色的文化旅游路线，比如，名人文化游路线（可以看到更多与玄武湖相关的名人遗迹路线）、情侣路线（选取景区内相对温馨、浪漫的景点，如情侣园等）和家庭旅游路线（选择景区内的开阔场地和对孩子具有文化教育价值的景点）等，还可以根据游览时间的不同，分为两小时路线、三小时路线、半天路线等。

此外，景区内的主要娱乐设施——游船，在数量、质量和服务体验感上相对较好，但特色文化色彩不浓，而且码头的分布不合理，五个洲拥有的码头数量不一，翠洲和菱洲几乎没有码头，这不仅给游客带来不便，而且降低了游客的文化旅游审美体验。因此，需要加强码头布局的规划和建设。

### 4.3 景区文化主题活动的文化旅游形象塑造

玄武湖景区在塑造自身文化旅游形象和文化品牌的过程中，需要通过相关文化主题活动来构建和巩固。开展和举办这样的文化主题活动需要注意两点：一是要与景区的自然生态和文化特色紧密地联系在一起，不能太脱节、太离谱。以玄武湖景区举办过的文化活动为例，四季传统的花节日是与玄武湖景区自然生态景观联系较为紧密的，而“第三届亚洲跳伞锦标赛”的举办就与景区文化资源和文化特色的关联度较小，举办类似这种与玄武湖自然生态文化和名人文化特色关联度不高的文化主题活动，对景区文化旅游形象的塑造和文化品牌建设所产生的作用是微乎其微的。虽然这样的文化主题活动影响力较大，但人们很难将这样的体育文化主题活动和举办地联系在一起，关注赛事的人可能并不关心赛事是在哪里举办的，更遑论举办地的文化资源特色了。

目前，玄武湖景区在举办主题文化形象营销活动方面做得并不出色，虽然景区举办的各种主题文化活动数量不少，但是文化主题风格杂乱不统一，不像西湖景区举办的文化主题活动那样，比较符合西湖景区浪漫又不失风韵的柔性文化。因此，景区文化主题活动营销要注意的第二点是，主题文化活动的举办要与景区文化的总体特色和氛围相近或相统一。不同于西湖等江南景区柔美的特色，玄武湖景区的文化特色相对更英气伟岸一些，所以在主题文化活动的选择上，应注意偏重于政治文化名人类、皇家风情类、革命文化纪念类。以玄武湖景区举办的“第六届中国南京赏石展暨国际赏石展”为例，在文化内涵上，奇石文化是南京和玄武湖景区的文化特色，刚硬坚毅的名人文化与奇石文化可以融为一体；“龙聚玄武六朝风大型灯展”主题文化营销活动与景区皇家文化和古都文化风格相近，在活动命名上也与景区文化特色相连，能体现出景区的历史文化内涵，有利于塑造景区文化旅游形象和文化品牌。

鉴于前文对玄武湖的文化旅游形象定位是“皇都贤君竞风流，玄武五洲交朋友”。因此，在玄武湖景区的主题文化营销活动方面，可以从“应季花文化”活动和“帆船赛事”体育文化活动两方面加强：

一是“应季花文化”活动。玄武湖景区的应季花文化活动有春季的“百花闹春”（主打樱花），夏季的“玄武湖之夏”（主打荷花），秋季的“菊花大会”（主打菊花），这些花文化活动是玄武湖景区持续、长久的季节性活动，时间上较为固定和有规律，但是知名度、美誉度并不高，对南京市以外的受众产生的影响力并不大。所以玄武湖景区的应季花文化活动应在营销宣传与传播推广上下功夫，特别是要善于制造话题，并赋予其文化内涵，利用全媒体、新媒体传播、营销。目前，景区花文化主题活动的主要推广措施是“摄影作品有奖征集”，这一方面可以鼓励人们来玄武湖景区摄影游览，另一方面通过展示和传播优秀的摄影作品，让更多的受众看到玄武湖景区的伟岸和美丽。景区方面可以借势而动，利用官方播客、微博、微信等媒介，将花展信息和获奖作品在社交网上展示，或者辅以有奖互动等形式，让更多的受众参与进来。玄武湖景区的自然生态美景和应季花文化活动每年都会吸引一部分摄影爱好者，玄武湖景区需要以此为契机，定期举办景区摄影比赛、摄影展，鼓励摄影爱好者们把玄武湖的自然生态和人文魅力用图片记录下来，把玄武湖的摄影文化活动打造成特色文化品牌，提升景区的知名度和美誉度。在这一过程中，也对应了景区文化旅游形象口号——“玄武五洲交朋友”的特色。

二是“帆船赛事”体育文化活动。2017 年 8 月 5—10 日，世界 Byte 帆船大奖赛在玄武湖景区举行，南京成为国内除青岛之外第二个举办该项赛事的城市。这届赛事规模较大，吸引了来自全球 40 多个国家和地区的 120 余名选手参赛。实际上，玄武湖景区与帆船体育文化的结缘并不是从这届帆船赛才开始的，玄武湖景区的东面水域是南京水上运动学校的训练区，常年吸引着全国各地的帆船运动爱好者。玄武湖景区可以以此为契机，与南京唯一一家帆船俱乐部“风之曲”合作，定期举办帆船文化主题活动，把长三角周围的帆船爱好者集中过来，不仅可以实现“五洲交朋友”的文化旅游形象塑造，还可以在竞争比赛中积累“刚劲挺拔、互竞风流”的体育文化底蕴，开掘新的文化旅游形象增长点，以提升景区的文化旅游形象，塑造景区文化旅游品牌，增强景区的文化辐射力、影响力。

# 第 4 章

# 全球化背景下中国城市文化现代化基本路径探析

## ——以成都为例

在当今全球化、现代化进程中，国内不少城市盲目跟风模仿，同质化发展，具有个性特征的城市文化建设没有与城市现代化建设同步。如何把握全球化机遇，培育适应城市现代化发展需求的城市文化，既具有重要的战略意义，也是中国未来城市综合发展的必然路径。本章对全球化背景下城市及其文化现代化的基本趋势、中国城市文化现代化的困境等问题进行了探讨，并以成都城市文化建设的成功经验为例，探讨全球化背景下中国城市文化现代化的基本路径，比如，城市历史文化资源的保护性开发、城市历史文脉传承、城市文化特色的塑炼以及城市文化价值观、文化品牌的构建等，力图让城市文化“更美好”，从而提升城市居民的文化和生活品质。

## 1. 研究目的、意义和主要文献回顾

### 1.1 研究目的与意义

文化是一座城市的凝聚力和在全球化进程中可持续发展的源泉，基于文化大厦之上的文化产业是现代城市的支柱产业之一。如今在很多城市，文化产业成为利润率高于房地产业的行业，它对城市经济发展、城市综合

竞争力贡献很大。因此，文化是城市综合竞争力的基本要素，城市文化是现代城市建设的灵魂。

## 1.2 主要研究文献回顾

城市文化是一个深邃的研究课题，关于城市研究的历史由来已久，包括马克思、韦伯、丹尼尔、列斐伏尔、本雅明等世界性学者都对后工业时代的城市发展及其本质做了深刻的研究。关于城市文化的研究，西方学者已经进行了百余年，其中不乏经典之作。比如，刘易斯·芒福德《城市发展史：起源、演变和前景》① 一书中，刘易斯·芒福德形象地将城市比喻为“容器、传播者和流传者”，他把“文化贮存，文化传播和交流，文化创造和发展”称为“城市的三项最基本功能”。② 他精辟地概括出城市所涵括的文化对城市发展的重要作用，认为没有一个城市是没有文化的城市。

法国思想家亨利·列斐伏尔认为“城市演变成为一个单纯的文化消费对象，似乎仅仅是为了旅游和审美的目的而存在，热衷于凸显其壮美的景致和如画的风光”。③ 他认为城市已经失去了原有的风貌，城市变成了一个消费符号，而不仅仅是人们赖以生存的聚居地。他甚至提出城市在建立当初所区别于农村的感觉也被利用，成为商业和工业化的牺牲品。

美国学者凯文·林奇在其著作《城市意象》④ 中提出人们头脑中记忆的城市形象——城市意象的概念。他认为“城市意象是居民头脑中对城市的主观形象，它是城市公众对城市环境主观形象的叠加，虽然每个城市中的居民对城市感应有所不同，但任何一个城市几乎都有一个共同的印象，它是由许多个别的意象重叠而成的”。⑤ 城市意象是城市文化的重要考量因

---

① ［美］刘易斯·芒福德. 城市发展史：起源、演变和前景［M］. 宋俊岭，倪文彦译，北京：中国建筑工业出版社，2006.

② ［美］刘易斯·芒福德. 城市发展史：起源、演变和前景［M］. 宋俊岭，倪文彦译，北京：中国建筑工业出版社，2006：30.

③ 参见汪民安，陈永国，马海良. 城市文化读本［M］. 北京：北京大学出版社，2008：46.

④ ［美］凯文·林奇. 城市意象［M］. 方益萍，何晓军译，北京：华夏出版社，2001.

⑤ ［美］凯文·林奇. 城市意象［M］. 方益萍，何晓军译，北京：华夏出版社，2001：80.

素，它对于城市文化的研究与建设实践大有裨益。

挪威建筑学教授诺伯尔·舒尔茨在其《存在·空间·建筑》[①] 及《场所精神——迈向建筑现象学》[②] 两书中，提出场所模糊理论，强调城市环境中的社会文化内涵和人性化特征。他认为场所是有明确特征的空间，而设计师的任务就是创造各种有意义的场所。“如果事物变化太快了，历史就变得难以定形，因此，人们为了发展自身，发展他们的社会生活和变化，就需要一种相对稳定的场所体系。”[③]

“我们的文明正面临着一个高度集中的，超机体的体系的无情延伸和扩张，这个系统缺乏由自治自主的一些单位组成的中心，这些中心能自行选择，进行控制，特别是能自行决定问题并作出反应。这个问题是我们未来城市文化的中心问题。”[④] 近年来“整体规划”理念兴起，在各个国家、地区的城市建设者以文化战略、文化政策、文化规划等手段来促进城市文化建设。正如美国学者沙朗·佐京在其《城市文化》一书中提到：“无论怎样，文化战略已经成为城市存活的关键……如何来制订战略，社会评论家、管理者、参与者如何对待这些战略都是值得深入研究的问题。”[⑤]

以上这些论述都在证明一个核心的观点，即在当今后现代城市的转型过程中，文化是城市的灵魂，城市文化是城市现代化建设的基本要素，同时具有更丰富的内涵和可挖掘的价值。

相比之下，我国的城市文化研究还比较滞后，缺乏核心的或主导性的城市文化理论，城市文化建设实践亦有“千城一面”的趋向。在当今全球化背景下，由于城市文化建设中出现了许多新的问题，社会经济发展也出现了新的趋势，所以对国外城市文化发展理论需要重新审视。当然，也有一些城市文化研究者注意到了这一问题，他们从文化概念阐释走向文化自信，从文化自信转向文化自觉，力图结合中国城市现代化特色，建设有特

---

① ［挪威］诺伯尔·舒尔茨. 存在·空间·建筑［M］. 君培桐译，北京：中国建筑工业出版社，1990.

② ［挪威］诺伯尔·舒尔茨. 场所精神——迈向建筑现象学［M］. 施植明译，武汉：华中科技大学出版社，2010.

③ ［挪威］诺伯尔·舒尔茨. 存在·空间·建筑［M］. 君培桐译，北京：中国建筑工业出版社，1990：47.

④ ［美］刘易斯·芒福德. 城市发展史——起源、演变和前景［M］. 宋俊岭等译，北京：中国建筑工业出版社，2005：578.

⑤ ［美］沙朗·佐京. 城市文化［M］. 张廷佺等译，上海：上海教育出版社，2006：97.

色的个性城市文化。特别是在城市文化建设实践中，一些城市规划者和建设者已有文化自觉和城市文化规划、建设经验。比如，被誉为“天府之国”的成都便为我们提供了城市文化建设的范例。

# 2. 全球化背景下城市文化现代化的基本趋势

## 2.1 全球化及其对城市综合发展的影响

作为一个普遍概念的“全球化”，可以解释为当代人类社会生活跨越国家与地区界限，在全球范围内展现全方位沟通、联系、相互影响的客观历史进程与趋势。美国杜克大学教授阿里夫·德里克认为全球化具有以下特征：一是资本与生产过程的全球化，资本将在全球范围内流通，投资总是在寻求其最适宜的土壤；二是生产无中心化，管理集中化；三是跨国公司已经取代国家市场成为经济活动的中心；四是全球化不仅在经济层面，而且在社会和文化层面也开始同质化；五是全球化时代的各种不同文化应该是融合而不是冲突，其基调是在承认不同经济文化存在差别的基础上，追求兼容并蓄。[①] 世界上任何一个国家，无论是政治、经济体制还是文化传统，都会不同程度地受到全球化的影响。21 世纪的全球化主要来源于三大力量的推动：技术进步、市场条件和制度创新。在这三大力量的推动下，全球政治、经济、文化日益走向一体化，成为一股不可逆转的历史潮流。

目前，全球化已深入除经济以外的各个领域，文化亦不例外。全球化对城市综合发展的影响主要体现在：一是商业选址和生产的全球化。商业选址关系到交易成本，城市越大，交易成本越低。二是信息传递的基础设施迅速改善。信息传递手段、科技进步与城市现代化关系密切。科学技术的每一次重大突破，可以为城市文化信息的快速传递和城市经济、社会发展提供更为广阔的空间。三是全球金融交易和资本转移趋于

---

① 姜杰等. 城市竞争力［M］. 济南：山东人民出版社，2003：245.

便捷。国际资本流动导致金融危机的可能性大大增加，短期资本不受控制的大规模转移势必会对一国的社会经济以及城市发展带来破坏性后果。四是技术创新活动的结节式集聚。技术创新、制度创新等创新能力相对较弱、已经成为制约城市发展的瓶颈，而制度创新往往是后发城市价值可持续提升的动力。

## 2.2　全球化背景下现代城市及其文化建设趋势

城市的发展受到多种因素的制约。进入后工业化阶段，城市的综合发展更多地表现为对文化的依赖。城市的地位及其作用的衡量已经扩大到全球范围，一个城市在全球经济体系中的地位，取决于其贸易金融等综合经济发展条件，以及其文化的内涵、包容性和社会贡献。同济大学纪立虎先生将全球化背景下现代城市及其文化的发展趋势总结为："第一，开放的，信息化、技术化的系统。城市的开放已经超越了地区和国家的界限，其经济和社会活动受地方性约束越来越小，而更多地遵从全球性的惯例和游戏规则，参与全球性的竞争与合作，并在全球经济活动中扮演着一定角色。第二，全球化的职能分工。越发达的城市，其信息收集传递与技术创新的能力就越强，能够集中提供金融法律等服务，而生产的物理劳动则由相对不发达的城市来承担。第三，全球化的城市系统。任何一个城市或城市群既是区域网络的结点又是全球化城市网络的结点。城市或城市群依据其职能分工的不同，在网络上扮演一定的角色，从而形成不同的层次，呈现出全球化的核心——边缘关系。"①

除了以上三点外，还应有第四点，即城市文化的个性内涵及其包容性。城市文化越鲜明，越具有个性魅力，包容性越强，社会贡献越大，城市的吸引力和居民生活品质越高。从理论上说，全球化背景下，现代城市功能的趋势是从政治城市、经济城市、交通城市转向文化城市，其核心理念在于，以城市各种文化资源为客观生产对象，把城市的文化建设与城市居民的审美愉悦相结合，并以文化创意、艺术设计、景观创造等为手段推进城市文化及文化产业建设，最终实现"人在城市中

---

① 纪立虎. 全球化背景下我国城市发展战略选择 [J]. 城市问题，2002 (1)：7—9.

全面发展”，把人在文化层面的审美生存需求和精神空间作为城市发展的目标。

## 3. 中国城市文化现代化的困境

### 3.1 渐渐远去的城市文化传统

每座城市都有自己的历史和传统，每座城市都有自己独特的文化积淀并构成了这座城市的文脉，凝聚为城市的生命活力，特别是那些具有深厚文化的城市，随着岁月的流逝显示出独特的城市魅力。全球化不仅使世界各国城市的经济社会活动相互依赖，同时也使得世界各国城市不受地理区位限制而进行文化方面的自由交流。在全球化的力量下，一方面诸多城市文化资源进行着前所未有的重新组合，另一方面不少城市在发展中几乎将自己的文化丢失殆尽，许多城市在外观结构上非常相似：钢筋水泥和玻璃幕墙耸立的大楼，密如蛛网的地铁，闪烁的霓虹灯广告牌，挤满名品店和时装店的大型购物广场……为了在全球城市体系中占有一席之地，许多城市以建造现代城市为理念，一味追求现代化、时尚化，那些富有特色的历史街区和古建筑正被标准化的现代城市所吞噬，优秀的个性文化和特色正在城市现代化、标准化进程中消失。

20 世纪 80 年代初，英国皇家建筑师学会主席在中国考察时说：“现在全世界的城市建设都面临一个共同的危险，我们的城镇正趋向同一种模样，这是很遗憾的。希望中国的城市建设能够尊重中国文化，尊重城市原有的特色。中国历史文化的传统太珍贵了，不能允许它们被那些虚假、肤浅的标准概念洪水淹没。我确信你们将会遭遇到这种危险，你们要用全部智慧、决策和洞察力去抵抗。”① 时至今日，他的话不幸言中。我国城市现代化建设在国际化、全球化、时尚化、大都市化等诱惑下，文化特色已然严重失态。一些城市盲目求大、求新、求洋，热衷于建设大广场、大草

① 参见吴越. 休闲中心的文化建造——昭山生态景园策划设计 [J]. 中外建筑，2006 (3)：69.

坪、景观大道、豪华办公楼和“标志性”建筑，陷入了“大楼越高越新，面积越来越大，绿树草坪越来越多”的时尚误区，出现了城市文化建设的失调与城市形象的庸俗化倾向。

21 世纪以来，我国不少城市的历史文化传统渐渐消失，市民们熟悉的城市文化景观和城市形象甚至更换了主题。人们越来越感觉到，这已经不是单纯的城市文化景观和城市文化形象建设的问题，而是关涉城市传统文化能否继续存在下去的问题。比如，在当前大规模的城市改造过程中，如何保护好城市文化名人故居，一直是文化遗产保护领域乃至整个社会极为关注的话题。由于缺乏保护意识，许多文化名人故居在城市现代化建设中成为推土机下的牺牲品。冯骥才先生针对这种现象一针见血地指出：“我们曾经的确创造了无与伦比的文化，但我们必须承认，我们缺乏文化意识，也很少文化自珍。从无形的文化财富上说，我们极其富有；从有形的文化遗存上说，我们早已变得贫穷。如果今天仍然把这些觉悟和要求当作精神奢侈，那才是真正的文化的悲哀。”①

城市文化遗产和城市文化形象是城市历史记忆的展示，而古建筑物的消失、文化遗址的破坏与衰败、民间风俗习惯及民间传统文化活动的割裂……导致城市的历史记忆出现断代。在全球化和现代化浪潮的冲击下，城市的历史文化脉络往往被生硬地割断。一些原本颇具地方特色和民族特色的城市，正在被千篇一律的新建筑、新时尚所淹没。正如武汉大学城市设计学院教授张在元批评的那样：“忽视城市生存品质，忽视城市文化内涵和历史魅力，城市建设只见建筑不见城市。”②

### 3.2　缺失的城市文化个性

城市理应是文化的承载者和体现者，就像槟榔树与高雄，窑洞与延安，茶馆与成都，这些具有地方特色的文化产品和城市相结合，才能体现城市的文化个性。但在全球化、现代化、时尚化背景下，现代城市的差异性越来越小，城市的文化个性越来越模糊。为了适应全球化竞争，“克隆”

---

① 冯骥才. 思想者独行［M］. 石家庄：花山文艺出版社，2005：27.

② 张在元. 国际建筑大师：中国城市建设只见建筑不见城市［EB/OL］. 国际在线，http://gb.cri.cn/3821/2005/05/28/1385@562679.htm. 2005-05-28.

和“模仿”让一座座历史悠久的城市失去了文化活力，文化的趋同性渐渐磨灭了文化的多样性，一些后发城市不去了解和挖掘自身的文化内涵，而去刻意模仿甚至照搬所谓的国际时尚标准。

从城市定位角度来看，目前很多城市没有挖掘出自己独特的文化内涵和文化精神特质，导致城市定位的偏离和文化个性的缺失。从城市文化品牌角度来看，不少城市建设者的文化经营和品牌战略理念淡薄，一些得天独厚的城市文化资源没有得到保护性开发和合理化经营，更没有形成具有鲜明特色的城市文化品牌和产业价值链。归根结底，城市个性的缺失就是文化的缺失。而当今世界范围内国际化城市之间的竞争和较量是基于文化的一种博弈，一个没有文化内涵、文化特色和个性的城市是没有任何竞争力的。正如知名城市学家吴良镛先生所说：“城市建设中个性的缺失，说到底是决策者头脑中科学和人文精神以及创新思维的缺位。”①

现代城市管理者、建设者都比较注重城市的综合竞争力，都希望把自己的城市打扮得漂漂亮亮，甚至追赶国际、国内潮流和时尚，以便能够在城市的国际、国内竞争中脱颖而出。但从全球化的视角来看，城市综合竞争力比拼的不仅仅是人口规模和城建面积，也不仅仅是高楼大厦和街道广场，更重要的是城市的文化魅力。城市再大，人口再多，楼房再高，缺乏城市文化个性的规划设计，没有鲜明的城市文化理念和精神，杂乱无章，平庸无华，这样的城市是没有个性魅力可言的，也很难在城市的综合竞争中胜出。那些面积和规模虽然不大但有独特文脉和风骨的城市，有自己独特的文化特质，历史文化传统虽不长但有鲜明的文化格调，这样的城市才会在全球化的城市竞争中赢得一席之地。

## 3.3 迷失的城市文化价值观——盛行而异化的消费主义文化

随着工业化和城市化的推进，西方传统的清教主义价值观念和生活态度逐渐被人们所抛弃，取而代之的是享乐主义和物质主义，消费主义价值

① 吴良镛. 关注城市“特色危机”[EB/OL]. http://www.he.xinhuanet.com/news/2003-12/01/content_1304795.htm. 2003-12-01.

观日益盛行。城市经济、商业贸易的发展和繁荣刺激了消费，消费的欲望促使资本主义新教伦理彻底瓦解，“人们在休闲、消费和感官满足中接受了新的消费方式和生活方式……现代消费主义文化悄然形成。”[①] 在欧美现代文明的强势影响下，消费主义文化随着全球化趋势在世界各地蔓延开来。

消费主义价值观认为，消费不仅是个人幸福和社会福利的唯一源泉，而且是人生的终极目的和根本意义。消费主义价值观强调商品具有一个巨大附加值，就是对拥有者成功高贵的身份、受人尊敬的社会地位和人生价值实现的宣示和确定，并以此引导人们的消费意识和价值取向。他们所追求的符号消费并不是为了满足人的生存和发展的实际需要，而是为了满足人的非本质需要，即一种“虚假的需求”。人们为了消费而消费，消费本身成了目的，人们被各种符号所控制。为此，生产的目的只是为了毁灭，因为“商品只有在破坏中才显得过多，而且在消失中才证明财富”。[②] 过度消费自然就成为普遍的合理消费方式，成为日常生活的合理景观，成为一场非理性的狂欢。结果，现代城市居民异化为以消费来证明自身存在价值的“消费机器”，为消费所奴役，导致人的主体性消解和人格异化。消费主体的异化加剧了人们对自然资源的掠夺和破坏，对他人和社会利益的侵占与忽视，对人自身精神价值追求的遗忘。不可避免地造成了人与自然、人与社会、人与自我之间消费关系的紧张与冲突，使现代城市陷入生态危机、社会危机和精神危机等伦理困境。

与此同时，那些具有城市文化个性特色的美好城市文化精神和文化价值观却因为缺乏必要的引导和倡行，退居于消费主义价值观的阴影下，难以形成主流的城市文化价值观。所幸的是，近几年来，国内一些城市正在从自己的历史文脉中提炼城市文化精神，塑造城市文化形象，以形成主流的城市文化价值观。

---

① 杨魁，董雅丽. 消费文化——从现代到后现代［M］. 北京：中国社会科学出版社，2003：131.

② ［法］让·鲍德里亚. 消费社会［M］. 刘成富，全志钢译，南京：南京大学出版社，2001：29.

# 4. 城市文化现代化的基本路径探析
## ——以成都为例

### 4.1 合理开发城市传统文化资源，力求传统文脉与现当代文化交融互动，促进城市文化现代化与全球化有机结合

城市文化建设不是一蹴而就的，相反，它通常处于一种前后相继的过程中。因此，为了更好地发展和建设城市文化，首先就要充分了解并传承自己的传统文化。

城市文化传统不是城市现代化建设的包袱，尽管近年来我们强调文化创新，但任何文化创新都是建立在一定的历史文脉基础上，文化创新不是凭空想象，而是在原有的文脉基础上加以传承和改造，同时兼容并蓄外来文化和现代文化，最终形成以历史文化传统为基础、突出原有城市文化特色的现代城市文化。

在全球化背景下，我们时常体会到外来文化和现代文化的冲击，这些文化冲击既是不同城市在地域上的文化差异，又是时代发展给城市带来的现代文化差异。全球化可以让我们更加开放地接纳世界范围内的现代都市文化，但同时也容易忽视城市的历史文脉。因此，要建设全球化视域下的城市文化，就必须妥善处理城市传统文化的传承与现代都市文化的发展的关系问题。

成都作为历史文化名城，充分利用自己深厚的历史文化积淀，积极打造城市文化现代化的品牌优势、资源优势和竞争优势。我们知道，历史文化资源是一个城市文脉之所在，是一个城市文化个性的生动体现，也是一个城市成为历史文化名城的前提和基础。成都具有丰富的历史文化资源，除了优美的自然文化资源外，在巴蜀文化基础上孕育的历史文化遗产更是成都文化的一大特色。巴蜀文化为四川留下了丰富的历史文化遗产，其中包括世界自然与文化遗产 6 处，国家级历史文化名城 7 座，省级历史文化名城 24 座，省级历史文化名镇 22 座，全国重点文物保护单位 82 处，省、市、县重点文物保护单位 3 000 余处，各种博物馆、纪念馆、陈列馆 64

所，其他人文景点 200 多个。[①] 在成都，三国文化、古蜀文化和历史名人文化是城市文化资源的三个重要方面。在全球化背景下，成都渐渐成为许多国际游客和外商选择的对象，成都的城市文化也开始向国际扩展。如何把传统文化资源的保护性开发与国际接轨，吸引更多国际眼球，就成为成都文化建设的一个重要课题。

以成都宽窄巷子的保护性开发为例。宽窄巷子原本是成都的旧民居，在其开发之前，已经废弃了很久。成都在走向现代化，城市文化形象也在不断完善，宽窄巷子似乎明显成为现代化的阻力。但是，宽窄巷子有着旧成都的历史文化风貌，代表了近代成都人的生存状况，是很多成都人重拾温暖记忆的家园。在传统与现代化之间，宽窄巷子的存亡受到很多成都市民的关注。成都市管理者和决策部门在综合考虑下，决定通过保护性旅游开发的方式保留宽窄巷子，一方面促进成都传统文化的传承，重新唤起市民温暖的回忆；另一方面把宽窄巷子打造成一张“成都文化名片”，让来自五湖四海的游客有了认识老成都文化的途径。宽窄巷子历史文化街区的改造一开始就有明确的定位：“成为以旅游、休闲为主，具有鲜明地域特色和浓郁巴蜀文化氛围的复合型文化商业街区及具有‘老成都底片、新都市客厅’内涵的‘老成都原真生活体验区’。”[②] 目前，宽窄巷子历史文化保护区是成都三个历史文化保护区中保存较好的一个，是体现成都传统民居特色的旧居住区。其主要特色为：“鱼脊骨”形的道路格局，安静闲适的居住环境；素净雅致的街巷景观，清新恬静的居住氛围；丰富多变的庭院空间，灵活巧妙的处理手法；淡雅朴素的建筑造型，类型丰富的近代住宅建筑。宽窄巷子历史文化街区的使用者主要分为两类：第一类是外地游客，主要活动是以参观（参观会馆、书院、茶馆、戏馆、优秀民居院落等）、体验（提供各种手工艺品的制作表演，并邀请游客参与）以及参加富有成都地域特色的活动（地方曲艺、川剧、评书、皮影戏）等为主；第二类是本地居民，以文化休闲（举行各类专题、文化沙龙）、娱乐（特色酒吧、音乐坊）为主。

不难发现，这样的保护性开发不仅传承了成都的传统文脉，同时适应

---

① 张娅姣. 城市文化与城市发展：成都经验［D］. 成都：西南交通大学硕士论文，2010：44.

② 成都宽窄巷子介绍［EB/OL］. http：//www. kzxz. com. cn/. 2012－06－15.

了城市现代化与全球化进程。正是这种商业与文化、传统性与现代化的有机结合，使得宽窄巷子重新焕发生机。由成都宽窄巷子保护性开发的成功经验可见，城市文化建设不能丢失了自己的文化之“根”，要善于用大众接受的现代方式去传承历史文脉，最终促进城市文化建设与全球化的有机结合。

### 4.2 依靠城市传统文化优势，打造文化品牌，力求城市文化的特色性、现代性和国际性相统一

在全球化时代，各城市的经济文化联系不断加强，城市文化多样性有了相互交流和融合的机会，而在全球化持续发展过程中，城市之间的经济、文化融合不断加强，很容易促使城市文化建设走向同质化之路。因此，全球化的一大弊端就是城市文化被城市制度、经济等领域的同质化发展所左右，文化多样性逐渐缺失，最终朝着同质化大都市文化方向发展，逐渐丧失自己的文化个性。在全球化趋势下，很多城市缺乏个性特质的发展，取而代之的是盲目的跟风和效仿。

城市现代化建设的关键就是保持自己的文化特色。构建城市文化特色并不意味着排斥全球化或者商业化。实际上，成功的现代化城市是在保持自己文化特色的基础上进行再创造的城市。纵观全世界，越是具有地方性文化特色的城市，也就越具有国际性和现代性。在城市现代化建设过程中，随着对城市文化特色的不断挖掘，城市文化特色会循着城市国际化的脚步不断向外传播，最终形成城市文化品牌，也成为城市文化生命力延续的核心。在这个问题上，成都文化建设的一个亮点，就是突出了自身鲜明的特色，以饮食、娱乐文化为依托，打造休闲之都。

成都的休闲文化是有丰厚的历史基础的，成都人的闲适历史有名。《隋书·地理志》云：成都人“多溺于逸乐”，《宋史·地理志》云：“其所获多为遨游之费，踏青药市之集尤盛。”成都的休闲文化首先得益于它得天独厚的自然环境优势。成都平原气候温和，土地肥沃，物产富饶，自古以来没有遭遇大的动荡和毁城之灾，形成了蜀人悠乐闲适的生活习惯。从生活习惯上说，美食文化、茶文化也使得成都市民越来越喜欢休闲舒适的生活。成都素为“天府之国”，食文化昌盛，以成都为龙头的“川菜”为

中国八大名菜之首，成都小吃、川菜火锅红遍大江南北，有“食在中国，味在四川（成都）”之说。[①] 中国茶文化的实质就是“休闲”。品茶享受生活，可以使人们的精神生活得到极大满足。这种社会生活属性与休闲文化属性一脉相承，更符合现代生活理念和方式。特色美食小吃、安逸自在的茶馆生活，成都市民的这些生活习惯早已深入人心，城市休闲文化因此有了坚实的市民基础。从精神文化层面说，成都是中国道教的发源地之一，道教“天人合一，道法自然”的思想根植于成都人心中。因此，享受生活、与自然同乐的悠然闲适文化也就自然而然地形成了。

“休闲之都”的文化建设定位和目标强化了成都的休闲文化，而休闲的生活方式又让成都居民践行着休闲文化的理念，在全球化背景下，成都没有走向全球城市文化的同质化，而是立足和依托自己的休闲文化优势，真实地发展自己的特色文化，最终形成了独特的城市休闲文化品牌。

## 4.3　构建“以人为本”的城市文化，涵化具有特色的城市文化价值观

全球化让人们越来越感受到“世界是平的”。其中，人们感受较深的就是文化价值观的冲突。而文化价值观的形成是长期并不断发展的，城市文化所传达出的价值观更是生活在这个城市中的人们赖以生存的深层空间。全球化拉近了世界上每一个人的距离，网络时代更是加剧了这一趋势。在全球化背景下，我们所面对的不仅仅是不同城市间的文化震撼，还是每个城市居民所依赖的价值震撼。

在全球化思潮下，消费主义价值观逐渐从国外涌入我国沿海和内陆城市，呈现出一种后现代化的趋势。这首先体现在消费文化的符号化对城市文化的冲击，文化的实际价值不被重视。因此，便出现了山西某城市将原有传统民居、古建筑全部拆掉而新建一条明清仿古街，成为一个商业旅游休闲的“古”城，在当地城市管理者和建设者看来，它更加符合消费文化中的符号特征。其次体现在文化的商品化，即文化被当作商品供消费者消费。文化价

① 朱岚．用文化建设打造城市“名片”——成都市城市文化建设的几点启示［J］．四川行政学院学报，2007（1）：96．

值被开发，人们虽然表面上过着欣赏文化的生活，但实际上是在感受不同的消费体验。因此，我们不难理解重庆的磁器口、苏州的观前街、周庄古镇等历史街区开发的最终结果就是成为一条另类形式的商业街。[①]

相比之下，成都的休闲文化并没有脱离对“人”的关怀而单纯变得商业化。城市文化建设的核心在于以人为本。在全球化、现代化进程中，成都的休闲文化理念格外引人瞩目，休闲文化铸就了成都独特的城市风貌和文化气质。但“休闲”只是其外在表象，蕴藏其中的平民意识才是成都城市文化精神的灵魂和精髓。这种平民意识或平民精神，是一种崇尚和尊重人的生命、尊严、价值、情感和自由的精神，它包含着人本主义的思想内涵和价值取向。[②]

在成都，没有什么外地人与本地人的心理区分，踏上这块土地，在心理上你就属于这里，你爱这个城市，这个城市就会加倍地爱你。著名导演张艺谋拍摄的成都宣传片有一句名言：“成都是一座来了就不想离开的城市。”事实的确如此，因为成都文化是自由的、开放的、休闲的、安宁的。文化的闲适与宁静，自由与开放，让成都成为一个真正适合人们生活的城市。城市文化建设原本就是为了促进人的发展，不论外界怎样变化，成都人仍然恪守传承千年的“以人为本，顺其自然”价值观，无为无不为，以不变应万变。

如今，构建和谐社会的重要性日益凸显。实际上，城市文化也应当是一种和谐的文化。尽管全球化在加剧，网络文化在蔓延，城市文化的内涵在不断丰富。但城市是为人建立起来的，只有不断坚持以人为本，城市文化才不会在全球化的背景下被无情消解。相反地，这样的城市文化会具有真正的生命力。

城市既积累和传承文化传统，又承载现代文明。城市文脉在长期的衍变过程中，经过积累、沉淀、改造、创新，必然形成特有的城市文化，并成为支撑城市综合发展的无形力量；在现代社会，城市文化为城市综合发展提供了无可替代的精神动力和智力支撑，成为城市综合竞争力的基本要素之一。全球化为现代城市带来了很多便利，比如，建筑和城市绿化的时

---

① 兰峥. 历史街区商业外部空间设计研究——以成都市为例［D］. 重庆：重庆大学硕士论文，2007：20.

② 黄维敏. 成都城市文化精神中的平民意识［J］. 中华文化论坛，2008（1）：112.

尚化，丰富的物质商品，多元的价值观，丰富多彩的生活方式，以及更为便利的传播方式等，但是也为城市文化及其价值观带来了同质化的弊端。

每一座城市都有自己的文化轨迹和发展方式，它既来源于历史传统文化的积淀，又随着自身的现代化不断地吐故纳新。城市不光有历史文脉，还应该有自己的文化特色。正因为如此，城市才是美丽的、充满魅力的。在全球化趋势下，中国城市现代化建设需要少一些“浮躁”，少一些跟风和模仿，少一些“千城一面”的痕迹，多一些文化气脉，多一些文化内涵和文化精神。这样，城市才能让生活更美好。

# 第 2 篇

# 城市文化资源开发利用与文化品牌建设

◇ 城市名人文化资源开发与名人文化产业发展
——以湖北黄冈为例

◇ 名人文化资源的级差分类及其开发价值评估
——以湖北黄冈为例

◇ 城市名人文化资源开发的基本定位及其战略路径
——以湖北黄冈为例

◇ 上海大世界的文化品牌建设质量提升路径探析

◇ 品牌基因理论视角下特色小镇文化品牌建设
——以乌镇为中心的考察

# 第 5 章

# 城市名人文化资源开发与名人文化产业发展

## ——以湖北黄冈为例

当今世界各国注重文化建设，积极促进名人文化产业发展；我国现代化建设处于经济发展方式转变、文化消费快速增长、城镇功能转型时期，文化事业和文化产业发展迎来了重要的战略机遇期。拥有丰富名人资源的城市，弘扬名人文化，开发名人文化资源，发展名人文化产业，对于传承城市文脉，提升城市文化品位和城市知名度、美誉度；对于转变经济发展方式，调整经济结构，培育新的经济增长点，促进城市“两型”社会建设；对于扩大城市对外交流与合作，提升城市文化软实力和综合竞争力；对于满足人民群众的文化需求，保障和改善文化民生，加快城市现代化建设步伐，具有重要的意义。

独特的传统文化造就中国文化旅游资源具备自然与人文景观高度融合的特征，而历代名人于此居功至伟。① 名人文化是指在一定的社会历史条件下，产生于社会各行各业、具有高尚思想道德情操、对社会发展具有推动作用、被广大群众所认同的著名先进人物，在生产实践和社会活动中所创造的精神财富与物质财富，以及国家机构、社会组织为弘扬他们的精神而创造和形成的一种独具特色的文化现象。“名人文化”的内涵可以从两个向度界定：一是名人作为主体，文化作为客体，即名人创作的文化成

① 邱云志. 乐山旅游大城市与名人文化资源 [J]. 乐山师范高等专科学校学报，1999 (3)：54.

果（包括精神财富和物质财富）称之为名人文化；二是名人既是主体又是客体，把名人本身所具有的文化张力（如人格魅力、影响力、渗透力、吸引力、感化力等）称之为名人文化。[①] 因此，“名人文化”是指杰出人物在一定时代、一定地域内创造出的具有深远影响的文化成果及他们自身所蕴含的被后人发现和敬仰的文化张力。[②]

## 1. 名人文化资源开发是城市文化现代化建设的时代要求

### 1.1 世界各国加强文化建设，积极开发名人文化资源，塑造名人文化品牌，促进文化贸易输出，国际文化竞争日趋激烈

当今世界，文化不仅是综合国力和国家软实力的重要体现，也是政治建设、经济建设、社会建设、生态文化建设的枢纽和经济社会发展的终极目标。1998 年，联合国教科文组织在其《文化政策促进发展行动计划》中指出：“发展最终应以文化概念来定义，文化的繁荣是发展的最高目标。”[③]任何一个国家或地区的落后，都可能是文化选择的落后造成的；经济发展是过程、是手段，文化发展才是目的、是结果。犹太人有句名言：“宁可片瓦无存，保住文化才可复兴。”重视文化传承，民族之根才可永存；重视文化建设，经济社会发展才会具有永恒的动力。当今世界主要强国，都非常重视文化建设及文化产业发展，纷纷出台积极的法律法规或政策措施，促进文化建设，开拓文化市场，扩展文化贸易输出，国际文化竞争日趋激烈。英国提出“文化创意工业促进计划”，日本和韩国提出“文化立国”战略，文化产业和贸易增速明显。在文化建设和文化产业、文化创意

① 朱艳梅，郭顺峰. 武当名人文化的内涵及旅游资源价值探析［J］. 郧阳师范高等专科学校学报，2009（6）：6.

② 朱艳梅，郭顺峰. 武当名人文化的内涵及旅游资源价值探析［J］. 郧阳师范高等专科学校学报，2009（6）：6.

③ 联合国. 政府间文化政策促进发展会议报告［R］. 瑞典：斯德哥尔摩，1998－03－30至1998－04－02. 另参见：联合国. 文化政策促进发展行动计划［EB/OL］. http：//ishare. iask. sina. com. cn/f/61864409. html. 2013－09－21.

工业大发展的背景下，世界各国纷纷开发和利用本国本民族的历史文化名人资源。比如，丹麦是安徒生的故乡，这个国家成功塑造了安徒生名人文化品牌，积极构筑童话世界和童话王国，安徒生《海的女儿》，使哥本哈根成为世界旅游胜地之一；英国伦敦、利物浦、伯明翰、爱丁堡、曼彻斯特等大城市均设有名人“蓝牌”，共计 900 多块。这些“蓝牌”由铁质搪瓷制成，上面写有人名、职务、身份、生卒年月、贡献以及“某年某月在此居住”。这种“蓝牌”做法，让名人文化走进了市民生活，在默默滋润每个市民言行的过程中，达到张扬传统、发展文化的效果。

### 1.2　当前我国现代化建设处于经济发展方式转变、文化消费快速增长、城镇功能转型时期，文化事业和文化产业发展迎来了重要的战略机遇期

党的“十七大”以来，尤其是世界金融危机爆发后，经济投资和出口拉动经济增长的风险日益增大，以消耗资源能源、污染环境为基本特点的传统经济发展方式已难以可持续发展；党和国家审时度势，提出加快经济发展方式转变、调整和优化经济结构的战略方针。2009 年 7 月，国务院《文化产业振兴规划》指出：“文化产业是市场经济条件下繁荣发展社会主义文化的重要载体，是满足人民群众多样化、多层次、多方面精神文化需求的重要途径，也是推动经济结构调整、转变经济发展方式的重要着力点。”① 2011 年 2 月，《中华人民共和国国民经济和社会发展第十二个五年计划纲要》第四十四章中明确提出，要“大力发展文化事业，加快发展文化产业，推动文化产业成为国民经济支柱性产业，增强文化产业整体实力和竞争力”。② 党的十九大报告指出：“健全现代文化产业体系和市场体系，创新生产经营机制，完善文化经济政策，培育新型文化业态。”③ 按照世界各国的经验，当人均 GDP 超过 3 000 美元时，文化消费会快速增长；接近

---

① 国务院. 文化产业振兴规划［EB/OL］. http：//www. china. com. cn/policy/txt/2009-09/27/content_18607771. htm. 2009－09－27.

② 中华人民共和国国民经济和社会发展第十二个五年计划纲要［EB/OL］. http：//www. gov. cn/2011lh/content_1825838. htm. 2011－03－16.

③ 习近平. 在中国共产党第十九次全国代表大会上的报告［EB/OL］. http：//cpc. people. com. cn/n1/2017/1028/c64094-29613660-9. html. 2017－10－28.

或超过 5 000 美元时，文化消费则会出现“井喷”。2008 年，我国人均 GDP 超过 3 000 美元，文化、娱乐、休闲消费增速加快；截至 2018 年年底，我国人均 GDP 达 9 600.07 美元，[①] 进入文化消费的爆发期。“80 后”“90 后”渐成消费主流群体，更趋向于购买文化、娱乐和休闲产品及服务。我国文化消费需求的快速增长，为文化建设特别是文化产业发展提供了广阔的市场。

在新一轮的城市化进程中，城市功能已经开始由生产型为主向服务型为主转型，文化作为城市功能的主导因素之一，在城市现代化建设中扮演着越来越重要的角色。文化与科技、文化与旅游、文化与体育、文化与卫生、文化与教育、文化与其他产业融合，正在推动城市经济结构调整和产业升级。践行科学发展观，积极发展公益性文化事业，大力发展文化产业，提高文化综合竞争力，满足人民群众的精神文化消费需求。

### 1.3 中央高度重视社会主义文化建设，力促社会主义文化大发展大繁荣

当今时代，文化与经济、政治相互交融，与科技的结合日益紧密，在综合国力竞争中的地位和作用日益突出，越来越成为衡量一个国家综合实力强弱的重要尺度之一。在当今复杂的国际环境中，要赢得国际竞争，不仅需要强大的经济实力、科技实力和国防实力，同样需要强大的文化实力。改革开放以来尤其是迈入 21 世纪后，党和国家高度重视文化建设，相继制定了一系列加强文化建设的方针政策及保障措施。随着我国文化建设实践的深入，理论不断成熟，战略不断完善，建设力度不断加大。党的十七大报告明确提出：“要坚持社会主义先进文化前进方向，兴起社会主义文化建设新高潮，激发全民族文化创造活力，提高国家文化软实力”，“大力发展文化产业，激发全民族文化创造活力，更加自觉、更加主动地推动文化大发展大繁荣”。[②] 2010 年 7 月 23 日，胡锦涛同志在主持中共中央政

---

① 国家统计局. 2018 年人均国内生产总值 64 644 元同比增 6.1% [EB/OL]. http://finance.sina.com.cn/china/2019-02-28/doc-ihsxncvf8495820.shtml. 2019-02-28.

② 胡锦涛. 在党的十七次全国代表大会上的报告 [EB/OL]. http://politics.people.com.cn/GB/1024/6429094.html. 2007-10-24.

治局第二十二次集体学习时讲话："我们一定要从战略高度深刻认识文化的重要地位和作用，以高度的责任感和紧迫感，顺应时代发展要求，深入推进文化体制改革，推动社会主义文化大发展大繁荣。"① 《中华人民共和国国民经济和社会发展第十二个五年规划纲要》第十篇"传承创新，推动文化大发展大繁荣"中进一步强调："坚持社会主义先进文化前进方向，弘扬中华文化，建设和谐文化，发展文化事业和文化产业，满足人民群众不断增长的精神文化需求，充分发挥文化引导社会、教育人民、推动发展的功能，增强民族凝聚力和创造力。"②

党的十八大报告进一步指出："要坚持把社会效益放在首位、社会效益和经济效益相统一，推动文化事业全面繁荣、文化产业快速发展。"③ 习近平总书记在党的十九大报告中强调："要坚持中国特色社会主义文化发展道路，激发全民族文化创新创造活力，建设社会主义文化强国。""要深化文化体制改革，完善文化管理体制，加快构建把社会效益放在首位、社会效益和经济效益相统一的体制机制。"④ 为落实党的十七大、十八大、十九大精神，我们必须深化文化体制机制改革，重视发展公益性文化事业，加快振兴文化产业，充分发挥战略性文化产业在调整结构、扩大内需、增加就业、推动经济结构转型升级中的重要作用。

### 1.4　国内周边省市相继提出文化强省、文化强市战略，加强名人文化（产业）建设，努力发挥省域文化资源优势，建设文化强省

在党和国家关于文化建设方针政策的指引下，全国各省市积极制定了加快本省市、本区域文化建设的政策文件和配套措施，一些省市提出了

① 胡锦涛. 在中共中央政治局第二十二次集体学习时讲话［EB/OL］. https://wenku.baidu.com/view/be68ef325a8102d276a22f0a.html. 2010-07-26.

② 中华人民共和国国民经济和社会发展第十二个五年计划纲要［EB/OL］. http://www.gov.cn/2011lh/content_1825838.htm. 2011-03-16.

③ 胡锦涛. 坚定不移沿着中国特色社会主义道路前进，为全面建成小康社会而奋斗——在中国共产党第十八次全国代表大会上的报告［EB/OL］. http://www.mj.org.cn/zsjs/wsxy/201211/t20121126_145927.htm. 2012-11-08.

④ 习近平. 在中国共产党第十九次全国代表大会上的报告［EB/OL］. http://cpc.people.com.cn/n1/2017/1028/c64094-29613660-9.html. 2017-10-28.

“文化强省”“文化强市”的发展战略，并把“文化名人战略”“文人文化建设”作为省市文化发展战略的侧重点之一。比如，浙江省的文化发展战略是“进一步发挥浙江的人文优势，积极推进科教兴省、人才强省，加快建设文化大省”，并提出了实施“名人文化”战略等配套措施；河南省主打“文化牌”，提出“文化强省”战略，在促进文化资源大省向文化强省转变的过程中，以名人文化建设为突破口，整合名人文化资源，祭拜黄帝先祖，培育寻根文化，举办一系列名人文化节纪念活动；湖南省提出“文化强省”战略，坚持“以文化产业为载体”，以打造“广电湘军”“出版湘军”“动漫湘军”为重点，创造“湖南文化现象”；四川省提出“建设西部文化强省”口号，利用丰富的区域名人资源，积极实施名人文化战略，推介四川文化名人走向世界；吉林省积极推进名人文化战略，启动文化名人建设工程项目，如“曹保明先生文库”，该文库从社会和生活中直接选取那些被人类历史承认和认定的专家和文化名人，有力带动该省的名人文化工程建设。

### 1.5 国内名人文化资源丰富的城市积极开发名人文化资源，塑造名人文化品牌，发展名人文化产业

这里的名人有着个体和群体的双重指向。名人文化是一个地方、一座城市的历史、社会、文化特征的集中体现，也是城市文化、区域文化的精华，是弥足珍贵的精神动力。[①] 21 世纪以来，随着文化产业的蓬勃发展，名人文化旅游产业及相关产业日渐兴起，而且名人知名度越高，其文化影响力和吸引力越大，对城市经济社会发展的贡献越大。目前，全国各地纷纷开发本区域高等级的名人文化资源，积极发掘和保护名人遗迹、名人故居、名人故里、名人纪念馆，举办与名人相关的纪念活动，涌现了一大批名人文化品牌：如浙江绍兴主打“鲁迅牌”；山东曲阜以“孔子文化”为主导，围绕“孔庙、孔林、孔府”大做文章；山东诸暨大打“西施牌”，利用西施的知名度大造声势；浙江上虞打响了“梁祝”品牌，标榜自己是爱

① 王楚平. 中国名人之市探源——黄冈历代进士考略・序［M］. 北京：国家图书馆出版社，2011：1.

情圣地；浙江嘉兴秀洲区开发朱彝尊文化，推广朱彝尊诗词书法，并赋予现代元素；等等。

湖北荆州建造“荆州名人馆”，单个展示 100 位卓越人物，并以小传的形式采录 200 位杰出人物，再以表册的形式载入 300 位知名人物，塑造荆州名人文化品牌；湖北潜江积极塑造曹禺文化品牌，举办曹禺文化周和各种形式的纪念活动，传承名人文化，开发名人文化资源，促进名人文化产业发展，建设戏剧之都；有些市（县）则打出相同的名人文化品牌，如江苏江阴和浙江海宁都打出“徐霞客故乡和游历首宿地”品牌，举办“徐霞客文化旅游节”活动。这些名人文化资源的开发和名人品牌宣传推广，不仅是传承城市历史文脉、弘扬城市特色先进文化的推动力，也是各地塑造城市形象、凝聚城市精神、繁荣文化事业、促进文化产业发展的重要抓手。

## 1.6　湖北黄冈市拥有丰富的名人文化资源，具有实施名人文化（产业）战略的文化特色优势

所谓“名人”，即在政治、经济、文化、军事等某一领域或几个领域有较深造诣，取得了较大成就，在国家、民族、区域建设中作出过较大贡献，起过重大作用，并对后世有着深远影响的杰出人物。文化名人是文化的带头人和形象大使，代表那个领域和时代的先进生产力，体现民族精神和创新意识，体现文化拥有的含金量，激励人们为实现中华民族伟大复兴而努力。

湖北黄冈是著名的革命老区和历史文化古城，有着光荣的革命传统和丰富的人文资源，名人荟萃，名家辈出。清人陈诗在《湖北通志·人物志序》中称“唯楚有才，而吾黄独当其半”。据《湖北历史人物辞典》所载：明代鄂东黄冈名人占湖北历史名人的 30%，清代占 36%，近现代占 43%。[①] 在鄂东黄冈名人中，有思想家、哲学家、政治家、军事家、科学家、外交家、文学家、经济学家、戏曲家等。如我国古代活字印刷术的发明人毕昇，中国禅宗四祖、五祖道信、弘忍，世界文化名人苏东坡，世界

① 皮明庥主编. 湖北历史人物辞典［M］. 武汉：湖北人民出版社，1984.

十大杰出科学家之一的“医圣”李时珍，中国共产党创始人董必武、陈潭秋等，国家主席李先念，地质力学理论创始人李四光，著名哲学家及新儒学派创始人熊十力，著名经济学家王亚南，京剧鼻祖余三胜，“两弹一星”元勋彭桓武等。黄冈是中国革命的摇篮之一，走出了12位党和国家领导人、200多位开国将军、300多位省军级领导干部。黄冈医药文化昌盛，名医辈出，有史可查的境内历代著名中医244人，其中宋代3人，元代2人，明代49人，清代178人，民国12人。北宋庞安时，明代李时珍、万密斋，清代杨际泰等名医享誉海内外……黄冈名人人数之多、领域之广、影响之大、贡献之丰，在全国城市中非常罕见。他们像一颗颗璀璨的明星闪耀在中华文化的天宇，构成了一幅灿烂的文化图景。这是黄冈独特的文化资源优势，是建设“文化名市”的坚实基础。黄冈的这些名人资源孕育了享誉中外的红色文化、东坡文化、名人文化、戏曲文化、禅宗文化和大别山生态文化，为黄冈实施名人文化建设提供了宝贵的人文资源和精神财富。

## 2. 名人文化（产业）在城市文化现代化建设中的重要作用

名人文化是一个城市的灵魂和旗帜，一个伟大的城市总是和文化名人的光辉紧紧联系在一起。一个城市的文化大厦，需要有更多文化大家和文化精品、拔尖人才支撑。“一个文化大家，就是一座高峰；一部文化精品，就是一座丰碑；一个拔尖人才，就是一座富矿。”① 名人文化资源具有其他文化资源所没有和不可替代的优势和特点。现今，人们之所以对文化名人甚为推崇，乃是看中这些文化名人的名人效应和其背后潜伏的综合社会效益和经济效益。依托深厚的文化底蕴和丰富的名人文化资源，深入挖掘城市特色文化内涵，整合优势名人文化资源，发展名人文化产业，推动经济社会和谐发展，是当今城市现代化建设的题中之义。

---

① 佚名．“文化南京”需要文化名人“文化精品”的支撑［EB/OL］. http://news.sina.com.cn/c/2006-02-20/17128255763s.shtml. 2006-02-20.

### 2.1　增强城市历史厚重感，提升城市文化品位，塑造城市文化精神

文化名人是一个城市的文化名片。综观古今中外，许多淹没于地理版图中的无名小城因某位文化名人而身价倍增，名扬天下。比如，孔子使山东曲阜成为中国“儒学圣地”，国内外旅客、朝拜祭祀者络绎不绝；湖南韶山因毛泽东而闻名全国，伟人文化声震寰宇；广东中山因为孙中山而成为旅游重镇；湘西凤凰在沈从文的妙笔下涅槃重生，变成万千旅游者向往的世外桃源……从某种意义上说，没有名人就没有高品位的文化，没有高品位的文化就不会有高品位的城市，一座不注重文化建设的城市剩下的只可能是钢筋水泥和霓虹灯组成的美丽躯壳。一个城市的文化名人、名人文化是这个城市的名片和文化特色所在，具有历史的厚重感。名人文化是一个城市的温暖记忆，是一个城市的光荣和梦想，并会将梦想照进现实。借助历史名人效应，有助于吸取先贤思想智慧，赋予城市更高的文化品位，增强城市文化竞争力。一个城市拥有的名人文化是城市文化特色和灵魂的最明显体现，是很难用其他的东西代替的，就像绍兴以外的城市不可能有文学巨匠鲁迅、湖南韶山之外的城市不可能有伟人毛泽东一样。

城市精神是城市文化的重要组成部分，是城市居民凝聚力、向心力的源泉，也是城市文化辐射力的重要标识，它为城市发展注入了精、气、神。它是从实践到理想的高度升华，是对城市市民理想、信念、价值取向等多方面的概括和凝练，具有凝聚人心、统领行动、唤起斗志、催人奋进的作用。城市精神在一个更高的层次上引领、约束、激励市民的行为规范，并把市民科学文化素质引领到促进城市现代化发展的轨道中；名人文化也是城市在更高层次上展开竞争的一个新起点，是推动城市经济和社会发展的基本动力之一。近年来，国内许多城市利用名人文化资源和城市文化特色，结合历史文化名人的思想、观念和文化精神，定位城市精神。比如，湖南长沙“心忧天下，敢为人先”的城市精神，显然是从范仲淹在洞庭湖畔写下的名句“先天下之忧而忧，后天下之乐而乐”中提炼而成，同时涵括了晚清以来谭嗣同、黄兴等长沙籍人士的辉煌业绩在内，具有浓重

的湖湘文化特色；浙江绍兴提出了建设“名士文化”的构想，从越王勾践卧薪尝胆的故事中提炼出“胆剑精神”，作为绍兴的城市精神坐标，彰显城市文化特色，凝聚人心，激发民众斗志，对当地经济社会发展作出更大的贡献；湖北黄冈注重挖掘和整合当地丰富的名人文化资源，把传统文化与现代文化有机结合起来，塑造具有黄冈特色的名人文化精神和黄冈精神。比如，黄冈城区中心的奥康商业步行街是融购物、休闲、美容、娱乐、健身为一体的现代商业街，其规模、档次、人气在全省中等城市中首屈一指，黄冈人将步行街的A街、B街、C街命名为风景街、将军街、名人街，在商铺外墙上悬挂了50多位黄冈籍将军、50多位黄冈籍名人的展板，以及100多幅配有诗词的大别山风景名胜展板，有力提升了城市的文化品位。

## 2.2 塑造城市文化品牌战略，提升城市文化软实力和综合竞争力

名人文化是城市文化积淀的集中代表，是城市文化的灵魂所在。一个城市因为有了名人的身影而气韵生动，一个伟大的城市总和一批卓越的名人相互辉映。名人与名城相辅相成，名人能为城市增添名气，提高城市的知名度；名城则能吸引名人前往，形成更多的名人效应。“名人效应”支撑着城市文化品牌竞争，越是有文化品牌和声誉的城市，越能受到更多文化名人和商人、游客的青睐和光顾，从而汇聚人气和人脉，形成产业聚合效应，获得更好的社会效益和经济效益。近年来，山东曲阜因成功打造“孔丘故里”而名扬海外；河南南阳通过举办“诸葛亮祭拜盛典”有效提高了招商引资质量；湖北潜江以打造曹禺故里文化品牌为动力，推动“两型”社会建设，不断增强文化软实力，为潜江建设“中部强市”提供了强大的精神支撑。

“城市竞争，名者胜。”“山不在高，有仙则名；水不在深，有龙则灵。”文化因为名人而有仙气和灵气。名人文化可以跨越漫长的时空隧道，具有永不褪色的文化魅力。以黄冈东坡文化为例，苏东坡曾谪居黄州，东坡在黄州创作的“两赋一词”（《前赤壁赋》《后赤壁赋》《念奴娇·赤壁怀古》）和其他诗、赋、词、画，对其文辞、思想、人格魅力和文化理念的接受从来没有间断，形成了一部源远流长的东坡文化学术研究史和传播

史。东坡文化效应充满着特有的魅力和感染力，大美而不言，润物细无声。此后，无数的迁客骚人、旅寓居士、黎民百姓慕名而来，汇聚于东坡赤壁，或发怀古之幽思，或仰慕先贤。对名人、名城、名牌的关注、信任是社会公众普遍存在的一种心理现象。名人资源富集、名人文化积淀深厚的黄冈人善于把握此种心理现象，高度重视名人文化品牌的打造与推广，黄冈人“讲东坡文化、论革命英雄、说禅宗圣祖、唱黄梅名戏”，实施城市“名人文化品牌战略”，努力创造具有地方特色的文化品牌产品与服务；他们整合名人文化资源，挖掘名人文化品牌内涵，提升名人文化品牌的影响力和传播力，增强城市文化软实力和综合竞争力。如今，在“两型”（资源节约型和环境友好型）社会建设的新形势下，黄冈人需要对市域历史名人资源进行深入挖掘、研究和推广传播，借鉴国内外名城的先进经验，运用先进的开发建设手段和现代运作理念，让名人文化品牌更加闪光和响亮，进一步增强地方名人文化魅力和影响力，提高地方文化软实力和竞争力。

### 2.3　提高市民思想道德素质和文明素质，激发市民热爱家乡、建设家乡的自豪感和责任感

名人文化是一种城市品格的象征，具有超越教科书的认知功能、教育功能和审美功能，对于传承历史文化、促进精神道德教育、提升城市文明素质具有重要意义。它不仅存在于政治、经济、文学艺术、舞台形象、音乐创作等各种领域，也存在于大众生活、寻常百姓之中，是一种独特的文化现象。名人文化的感召力、凝聚力、影响力，及其对广大民众的激励作用、感召作用、鼓舞作用是不言而喻的。在这种先进文化的环境中，人们思想上会受到震撼，心灵上会受到洗礼，形成一种向上的力量，鼓舞和影响人们逐步树立起共同的理想和精神支柱。因此，城市名人文化是市民道德建设的重要载体，它所体现的思想、道德、文化价值与理想，以及世界观、人生观、价值观，会使广大民众产生极大的心理共鸣，形成一种无形的约束力和道德规范，有助于人们树立起高尚的理想情操。

一个国家的公民应对本国以往的历史有温情和敬意。俄国大文豪列夫·托尔斯泰活到 83 岁，他在涅瓦河边的一幢小楼中暂住过不足两个月，

注重文化遗产的圣彼得堡人将这栋楼辟为纪念馆，并在一块大理石碑上刻上“伟大的俄罗斯作家列夫·托尔斯泰一八五五年十一月十九日至一八五六年一月一日在这里居住”，到了圣彼得堡的游客会把瞻仰这座名人故居列入行程，并因此增添了对这座历史文化名城的敬意。作为礼仪之邦的中华民族，对圣人先贤的态度，可用“高山仰止，景行行止；虽不能至，然心向往之”来表达。名人的业绩和成就、思想和理念，以及他们的成长史，本身就是一部爱国主义和民族优良传统教育的活教材。开发和弘扬名人文化，让由本土名人孕育而成的名人文化走进百姓生活，必能在潜移默化中提高市民的文化素质和文明程度，提升城市的文化品位，并为经济社会发展提供精神动力、智力支持。尽管名人文化作为一种意识形态，不具备诸如法律、法规和政策、制度的强制性，但它作用于人的精神，起到道德教育和精神引导的作用，使广大民众在潜移默化中接受共同的理想追求和价值观念，形成一种民族自尊心、自信心、崇敬感，从而激发市民热爱家乡、建设家乡的自豪感和责任感，形成一种奋发向上的民族气势，并能自觉地投身到经济社会发展的潮流之中。

近年来，黄冈在开发名人文化资源和弘扬名人文化过程中，注重把名人文化与思想道德建设相结合，提升人民群众的科学文化素质和思想道德素质。深入挖掘历史名人的精神内涵及价值，充分发挥其在启迪思想、陶冶情操、传授知识、塑造美好心灵、构建和谐社会良好风气等方面的作用。比如，红安利用革命红色名人文化打造爱国主义教育基地，黄州深挖东坡文化内涵，黄冈中学开发教育名人文化资源，通过名人文化激发人们热爱家乡、热爱祖国、热爱家乡的情感和积极投身建设好家乡的热情。

### 2.4 丰富人民群众文化生活，保障和改善文化民生、满足人民群众不断增长的精神文化需求

在传统观念的束缚下，一些地方虽然名人荟萃，却不知道合理开发利用自己的名人文化资源优势。在城市现代化进程中，需要将名人文化与城市公共设施建设相结合，让每一位市民、每一位外地游客能随时随地感受到城市厚重的文化底蕴。例如，用历史文化名人（包括姓名、字、号、典

故等）命名道路、居民小区，在适当位置设立介绍名人的标示牌、沿路指示牌、城市雕塑等，既增添浓郁的名人文化气息，让大家平添一种对这个城市的文化认同感和自豪感，又可以成为精神文明建设的良好平台，达到“润物细无声”的教育效果。让文化名人走进百姓生活，让百姓“来到”名人身边，触摸名人的成长脉搏，从而将其内化为个人的历史文化知识和自豪感、责任感等，走进百姓生活之中的名人文化能够丰富人民群众文化生活，满足人民群众不断增长的精神文化需求，成为民众共同的精神财富。近几年来，作为中国戏剧大师曹禺故里的湖北潜江，以曹禺文化为载体，投入近 20 亿元，兴建了一批与戏剧相关的文化设施，同时举办“曹禺文化周”这一雅俗共赏的文化艺术活动，让名人文化走进百姓生活，保障和改善文化民生。

凡历史文化名城总有不同于一般城市值得“品”和“看”的本钱。“看”的自然是先贤的物质遗产，如历史街区、古典建筑、人文景点等；“品”的主要是附在名人遗产背后或典籍之中的思想和文化神韵。湖北黄冈人充分开发利用本地名人文化资源，以文化名人和名人文化为主要载体，坚持以人为本，以人民群众满意为准则，以活跃人民群众精神文化生活为目标，积极开展形式多样、地域特色浓郁的群众文化活动，使全市的社会文化生活在声势、规模、质量、影响、效果上逐年提高，名人文化活力更加蓬勃。全市每年围绕“名人”而举办的大型文艺活动在 50 次以上，遍及城乡，深受广大群众欢迎。比如，“东坡赤壁文化旅游节”“李时珍医药文化节”“黄梅戏艺术节”和“杜鹃文化旅游节”等吸引了成千上万的群众参与和观赏，盛况空前。黄冈市在黄州做足“东坡文化”文章，投资数亿元倾力打造遗爱湖公园，突出东坡文化主题，建有东坡雕像、东坡纪念馆等，公园内基本景点亦以东坡诗文命名，“临皋春晓”“东坡问稼”“一蓑烟雨”“琴岛望月”……公园几乎每晚都成为数千市民娱乐休闲的首选之地，被越来越多的市民盛赞为“最得人心的实事”；同时，该市投资 2 亿多元建成黄冈市文化中心、李四光纪念馆、黄麻起义和鄂豫皖苏区烈士纪念馆、董必武纪念馆、李先念纪念馆、李先念图书馆、王树声纪念馆、麻城市文化中心等一批名人文化设施和休闲娱乐中心，让群众“品”和“看”，努力满足人民群众不断增长的精神文化需求。

### 2.5 依托名人文化效应，挖掘和整合旅游文化资源，发挥名人文化旅游的综合效益

一个旅游景区（点）的辐射和吸引力，主要是靠文化，有文化内涵的旅游才能拥有长久的市场生存能力和竞争力。可以说，“文化性是旅游者进行旅游活动的本质属性，而名人文化则是激起旅游欲的内驱动力之一；高品位的名人文化，是旅游业最具持久魅力的原动力之一”。[①] 独具风格的名人文化是发展旅游业的人文资源，有着较强的教育价值和审美价值、观赏价值。“名人文化旅游一方面能再现名人精神与风骨，传承优秀传统文化；另一方面可以促进当地旅游经济的发展。这两个方面是相辅相成的。从旅游学研究的角度来看，历史名人文化旅游具有其他旅游所不具备的独特价值，例如：学术价值、教育价值、寻根价值、体验价值、探奇价值、了解风土人情的价值，等等。”[②] 旅游的本质是“乐生”消遣与审美休闲。当今，在中华民族文化素质普遍提升的背景下，崇拜名人及文化审美是旅游者更高层次、更重要的心理需求。将文化旅游开发根植于名人文化的土壤之中，便能开发出受游客青睐的旅游景点、旅游产品和服务；赋予名人文化内涵的旅游景区（点）和旅游产品才更具魅力，才能留住更多游客。当然，分散的类型多样的名人文化和旅游需要互动和整合，把名人文化与丰富的自然景观融为一体，对国际国内旅游者便会有很强的吸引力。名人文化与旅游景区（点）两者只有相互交融，才能相得益彰，构成形神兼备、风骨神韵浑然一体的旅游资源，发挥出名人文化旅游的社会效益、经济效益、生态效益等综合效益。

与文化名人存在一定联系的人、事、物是名人文化旅游的吸引因素，这些人、事、物能够使人们产生旅游动机。比如，许多历史文化名人的言行、作品和遗物对现代人有激励、指导等作用，人们对这些历史文化名人产生了崇敬之情和浓厚的好奇心，自然会进一步产生前往实地拜访的动机。如今，名人文化效应已在旅游资源开发和旅游业发展中被广泛利用。

---

① 李卓文. 三峡名人文化与旅游资源开发［J］. 三峡大学学报（人文社会科学版），2003（5）：10.

② 徐光春. 中原传统文化与中原崛起［M］. 郑州：河南人民出版社，2007：267.

江苏周庄因“一画一人”（名人文化效应）而名扬四海。“一画”便是陈逸飞在周庄绘下的《双桥》油画；“一人”便是巨商沈万三。沈万三父辈迁居周庄东宅村，现遗迹有其后裔沈本仁于清乾隆七年（1742 年）在周庄所建沈厅，规模宏大，被开辟为周庄核心景点，作为一个吸引游客的品牌项目。湘西小城凤凰近年来之所以成为全国性的旅游热点，其卖点一是古城，二是名人。凤凰做足了沈从文、熊希龄、黄永玉等文化名人的文章。湖南永州“打柳子牌，扬文化旗，唱潇湘曲，念生态经”，把文化名人效应与生态旅游相结合，通过柳宗元的名人效应和优美的风光吸引了周边城市桂林、郴州等地的许多游客，旅游经济效益日益明显。

黄冈地处大别山南麓，山川郁秀，名人辈出，将星闪耀。以“千里跃进、将军故里”为主题的红色旅游与以“名人文化”为特点的文化旅游交相辉映，是一座亟待开发的名人文化旅游高品位“富矿”。近几年来，黄冈充分利用名人文化效应，积极开发名人文化旅游资源：一方面，对较有影响的历史文化名人资源进行发掘，创作出一批影视、动漫、书籍等文艺文学作品；另一方面，把自然景观、历史名人景观有机结合起来，运用市场手段，精心设计和编制旅游路线，把名人文化资源打造成旅游景点、景区，吸引旅行社和游客，提升城市知名度。如果你千里跃进大别山，从武黄或京九高速上会陆续看到沿路的指示性标牌：何地是某某名人故里、某某名人之乡、距某旅游胜地多少千米，等等。旅游者可以随意选择目标路线，或到黄州感悟东坡文化，或到红安体验红色革命，或到麻城看美丽的杜鹃花，等等。

### 2.6　培育新的经济增长点，带动名人文化产业开发，促进城市（区域）文化产业发展

长期以来，我们注重文化的政治属性而忽视其经济属性，而在社会主义市场经济日趋成熟的新时期，必须深化对文化经济属性的认识。一方面，文化与经济互相作用、互相促进，经济是文化发展繁荣的前提和基础；文化对经济具有拉动作用，可以优化产业结构，提高经济竞争力，提升经济增长的质量和层次。另一方面，文化本身具有经济属性，现代文化建设具有强大的经济功能，经济建设和文化建设一体化趋势越来越明显。

文化与经济的融合度越高，经济物质表现形式的档次和附加值就越高，区域经济的竞争力就越强。文化产业即文化与经济的高度融合区域。“文化产业是具有巨大发展潜力和较高产业关联度的新兴产业，而且文化产业作为联系经济和文化的纽带，一般来说，除了公益性文化，文化的生产和经营主要应以市场为主，在服务于人们精神需求的过程中体现经济效益，实现产品的价值补偿和资产增值。同时，只有那些能够形成产业的文化才是文化产业，才谈得上文化产业市场化问题。”①

名人文化产业发展的过程，实质是名人文化资源不断转化为文化产品及服务的价值实现过程。但是，名人文化资源优势并不能天然地转化为产业发展优势，创新、创意能力高低才是决定名人文化资源开发利用成效大小和名人文化产业强弱的关键。黄冈举办的“东坡文化国际论坛”通过了《黄冈宣言》，《黄冈宣言》提出：“要进一步加强苏学研究成果的物态转化，服务于经济建设中心，惠及社会和人民大众；要树立建设的观点，创造条件，开发和开辟东坡文化旅游线，催生新的经济增长点。东坡文化研究只有紧密围绕经济建设，才能传承和弘扬东坡文化，才能打造东坡文化品牌。”东坡文化研究已进入经济建设与社会发展的主战场，成为当地经济，特别是旅游经济新的增长点。可见，在市场经济的大背景下，必须树立名人文化产业的意识，不能仅仅停留在“名人文化”的文化层面，更不能让“名人文化”成为“温室里的花朵”，而要在发挥名人文化的公益性基础上，开发其经济属性和产业效益。以名人文化的广告效益为例，在当今产品丰富，竞争激烈的买方市场下，产品日益同质化，消费行为个性化、情感化，广告理性诉求空间越来越小，诉求的文化倾向则越来越明显。广告的目的在于说服人，任何空洞理性的说教都是单调和乏力的，而名人文化效应恰恰弥补了一般类广告的情感不足。因此，要达到广告的目的，就需要借助名人文化（如名人的哲思性语言、诗意的词句）的力量。黄冈利用自身的历史名人资源，打造一批文化内涵深、经济价值高的文化产品和旅游品牌，将产品品牌与文化品牌嫁接，以此提升产品品牌效应，实现企业品牌与城市知名度、美誉度的双赢。

---

① 梅香雪. 赋予黄冈产业新内容，构建黄冈文化新理念［N］. 黄冈日报，2008－12－16（003）.

## 2.7 推动经济结构调整和经济增长方式转变，促进“两型”社会建设，实现区域经济社会跨越式发展

实施“名人文化”发展战略，打造名人文化产业，是调整经济结构、转变经济增长方式、推动产业升级的客观要求，是促进“环境友好型、资源节约型”社会建设，实现区域经济社会跨越式发展的需要。文化产业作为新兴支柱产业和朝阳产业，对能源和资源的消耗较少，空气污染少，市场空间广阔、发展潜力巨大。随着国民经济收入的持续增长，在当前国内消费结构转型的背景下，文化消费所占比重越高，文化产业对 GDP 的贡献也越大。大力发展文化产业有利于培育新的经济增长点、促进现代服务业的发展，是经济结构调整的着力点和突破口。当前，借助具有地方特色的名人资源优势，培育新的经济增长点，如名人文化旅游业、名人文化综合服务业、名人演艺业、名人附加产品（如苏东坡菜、苏东坡肉）、名人餐饮业等，带动区域经济社会的发展，已成为一些中小城市在经济大潮中迅速崛起的经验。

名人文化资源本身蕴含有各种美学特征及历史、文化、科学价值，是人类历史长河中遗留下来的珍贵文化遗产。科学合理地对名人文化资源进行产业化开发，可以实现区域经济的快速增长。但名人文化资源的产业化开发有赖于良好的自然生态环境和文化生态环境。如名人古迹文物、民俗风情、古镇（村落）、旧居、特色用具、名人饰品等，在把名人文化资源转化为文化产品或服务时，如果开发利用不当，把名人文化资源转化过程变成纯粹的商业行为，则会逐渐破坏名人文化的特色，也会破坏名人文化生态环境，甚至破坏自然生态环境。一个地方的名人文化生态越具有原真性和完整性，便越具有吸引力，所开发出的文化产品及服务也越能得到更多的市场份额。因此，我们在开发名人文化资源、发展名人文化产业时，一定要把目标定为绿色名人文化产业，发挥名人文化资源的比较优势，占据经济社会发展的相对高地，不能是粗放的、只顾眼前不顾长远的，必须是合理的和可持续的。

发展名人文化产业，一个重要途径就是实现名人文化资源与名人文化旅游综合产业的融合，在融合中实现双赢，特别是要鼓励多元化资金投入

和多元化经营，做强做大一批具有竞争力的名人文化企业。湖北黄冈是武汉城市圈组成城市之一，区位、交通条件较为优越，名人文化资源丰富。在新一轮城市竞争中，黄冈人抓住文化产业大发展的重要战略机遇，以名人文化产业尤其是名人文化综合旅游业为抓手，打破城乡二元结构，推进区域一体化，融入武汉城市圈“两型”社会建设和湖北省“两圈一带”总体部署，积极鼓励名人文化产业投资方式、经营方式多元化，促进名人文化与经济社会发展的有机融合，使之成为调整经济结构、促进经济发展方式转变的有效途径，为黄冈经济社会发展注入新的活力。正如原黄冈市副市长梅香雪所说：“我们要‘通过观念的更新，带动文化的大马车走互动、融合、共赢之路。互动就是与和谐黄冈建设互动，与武汉城市经济圈战略互动；融合就是与外地先进理念、先进模式融合，与其他产业形式融合，我们没有的，借进来，我们的（名人文化）特色，通过适当的平台彰显出去；共赢的内容包括文化和社会的普遍思维得到拓展和提升，地方（名人）文化资源得到有效开发和转化，经济总量和品位得到提高。’”①

## 2.8 营造城市名人辈出的良性生态环境，构建当下“名人文化”，促进名人文化可持续发展

名人文化资源是第一资源，人才资本是第一资本。文化名人不能局限于历史和过去，更重要的是，实现“名人文化”的当下建构，实现历史文化名人与现实生活名人的对接，实现名人文化资源向名人文化资本转变，放大名人文化的文化和经济、社会功能；通过名人文化的鼓舞激励作用，促进更多当下名人、当下人才脱颖而出，以实现“文化强市”“人才强市”。因此，“名人文化”的当下建构，是指一个地方因“名人辈出”或因“名人的强大影响力”而产生的强大效应，激励和带动更多的“名人”涌现，并由此进一步推动名人文化建设的实践。

“名人文化”并不仅仅是名人的事情，它是由名人和社会公众共同创造的。所以公众需要有正确的名人观念和正确对待名人的心理。有些不良

① 梅香雪.赋予黄冈产业新内容，构建黄冈文化新理念［N］.黄冈日报，2008-12-16(003).

倾向不是来自历史文化名人、现实社会名人，而是来自个别“非名人”，特别是那些尚未成名而又与名人相关的人，或者是急于成名的人。譬如，崇拜历史文化名人或当下的文化名人到了痴迷和走火入魔的程度，不加辨析地“仿效”“拿来”和“为我所用”，不仅于己无益，也不利于当下名人的成长和发展。再有，对名人不以为然或有某种不平衡心理和嫉妒情结，以专攻名人的缺点阴暗面为能事，小题大做，追求轰动效应，以求抬高和提升自己……这些不良倾向所反映出来的心理结构和情感方式不利于名人文化生态的良性发展。“非名人”需要有好的心态，只有在普遍良好的心理基础上，才能共筑一种绿色的“名人文化”生态，保持一种稳定和谐的社会气氛。

传媒是名人与大众的中介，名人与名人文化主要是通过传播媒体在社会上获得知名度和美誉度的，社会大众也主要是借助传媒尤其是现代传媒来了解和认同名人的。在西方现代社会，传媒创造名流，名人的性格、爱好、态度乃至私生活，实际上是可以作为交换的商品供顾客消费的。所以，随着现代传媒在人们日常生活中的作用和影响日益扩大，要创造符合现代社会发展的、具有中国特色的“名人文化”，传媒是一个非常关键的环节，传媒以正确的名人观为导向，对科学、合理地开发利用名人文化资源、构建“名人文化”功不可没。

除传媒外，名人的演讲、演出或会议活动，也是“名人文化”的重要组成部分。每一次精彩的名人演讲都是一桌丰盛的大餐，它既包括思想的碰撞、智慧的启迪、成功的探索、人生的感悟、信息的交流，也包括地域的文化、高端的人脉、演讲的艺术、语系的魅力……2009 年 9 月 17 日，当代文化名人余秋雨先生应湖北“黄梅戏艺术节”邀请，参加“黄冈讲坛”，做了一场“中国文化”的主题演讲，从中国文化的脉络、优势及问题三方面，旁征博引、深入浅出地讲述了中国文化历史与现代发展的关系，引来了 1 000 余在座的黄冈人的思想共鸣。“现场气氛，让我感觉到黄冈很好的文化氛围和对文化的领悟力。”余秋雨说。2010 年 7 月 9 日，世界级经济学家、香港中文大学首席讲座教授郎咸平先生在“黄冈讲坛”主讲备受各界关注的热门主题——“当前中国宏观经济形势及经济热点分析”……世界经济论坛对于瑞士达沃斯的影响、博鳌论坛对于海南博鳌的影响、中国企业家论坛对于黑龙江亚布力的影响都很巨大，这些论坛成了主办城市的符号，对城市的政治、经济、文化产生了全面而深刻的影响。“黄冈论坛”不仅是黄冈“名人文化”当下建构的手段和模式，也成了黄冈区域经济发展的推手和名片。

### 2.9 发挥对外传播的“桥梁”与“媒介”作用，扩大城市经济贸易与文化的对外交流与合作

名人文化，是一个民族、一个区域、一个城市的文化地标，一座城市建设和发展中重要而独特的宝贵资源，具有示范、激励效应及神奇的文化价值、社会价值和产业价值，高等级的文化名人不仅具有本土的文化和社会意义，而且甚至具有世界意义，并构成中国乃至世界文化的一部分。展示一批让世人景仰的文化偶像，既可以作为我们地域文脉和精神共性的载体，也为外界品读历史文化名城、魅力之城拉开一扇窗，使之成为推介、宣传城市的媒介，提升我们城市的影响力，最终实现城市的人文复兴，增强城市文化软实力。

要发挥名人文化在对外传播的桥梁与媒介作用，首先，要珍惜文化名人，以之为纽带和桥梁，积极主动地将其与其他城市或地区（名人一生往往与诸多城市相关）进行文化嫁接，加强互动，提升传播力度。借助“名人牌”做好对外宣传，顺势在华东地区、港澳台地区及东南亚乃至欧美地区开拓出广阔市场，将本地的名人文化产业发展水平推向一个新的高度。其次，要把市域特色名人文化与世界先进文化有机结合起来，扩大开放引进。既要立足市域名人文化特色，发挥自身优势；又要放眼世界，兼容并包，把握世界先进文化的共性和发展趋势。以世界级和国家级的文化名人和名人文化为媒介，加强国际国内文化、经济、技术的交流与合作，大力发展对外经济贸易和文化交流，为全面提升城市文化软实力创造良好条件。最后，要把特色名人文化与对外传播有机结合起来，打造城市文化品牌。开发特色名人文化，目的在于内增实力，外树形象，提升城市的凝聚力、竞争力和影响力。当前，尤其需要注重名人文化的对外传播优势，利用各种现代传媒和缔结友好城市关系等多种行之有效的形式，向国内外广泛传播城市文化，让世界了解我们的城市，让我们的文化名城走向世界。

# 第6章

# 名人文化资源的级差分类及其开发价值评估

## ——以湖北黄冈为例

名人文化资源是指在特定时代、特定地域内，以名人及其所附加的文化现象为主体的，持续的、动态的、多元的社会文化资源。名人文化资源的级差大致可划分成世界级、国际级、国家级、省市级和地县级等六级，其中，国家级又可以细分为国家三级、国家二级、国家一级三类。名人文化资源丰度较高的城市或区域，应根据现有的财力、物力及其他社会条件，有规划、有重点、有步骤地开发利用层级、知名度和美誉度较高的名人文化资源。名人文化资源可开发利用的指标除了基于丰沛的名人文化资源外，还需要区位、自然环境、人文环境、区域社会经济发展状况、开发利用政策与管理水平、市场条件等基本条件。名人文化资源可开发利指标评估体系基本包含7个一级指标因子和29个二级指标因子。黄冈市需致力于全市经济社会发展水平的提高，人文社会环境的改善和优化，积极制定名人文化建设和名人文化产业发展政策，提升管理水平，有重点、分步骤地开发和利用名人文化资源。

资源是人类社会赖以生存与发展的物质基础，也是技术进步、经济发展、社会进步的基本前提。一部人类社会发展史，就是人类不断认识和利用资源的历史。任何一个产业的诞生和发展，都与资源和资源开发密切相关。文化资源是资源要素系统中的重要组成部分。美国学者约翰·奈斯比特曾说："一个贫困的国家，即使没有丰富的自然资源，只要在文化资源上肯下大的投资，也是可以发展起来的。”[①] 关于文化资源的界定，目前学术界和业界尚无定论，代表性的观点诸如：其一，把文化资源视为文化的同义语，提出“文化也是资源”的观点；[②] 其二，认为“文化资源是人类劳动创造的物质成果及其转化”，并按历时性分为历史资源和现实资源；[③] 其三，把文化资源视为“可供主体利用和开发，并形成文化实力的各种文化客观对象，包括前人创造积累的文化遗产库，今人所创造的文化信息和文化形式库，以及作为文化活动、设施与手段的文化载体库等”；[④] 其四，把文化资源视为“区域内独特的或具有比较优势的、能够为人类利用和开发并可以直接转化为经济效益的文化因素”。[⑤] 笔者认为，文化资源是一种特殊资源，指特定时代、地域人群，可供人类开发和利用的物质、能量和信息的总称。它包括历史文化资源、名人文化资源、民俗文化资源、知识资源、信息资源等。相对于文化产业来说，文化资源是一种以原生态存在的、等待开发与利用的、有市场增值潜能的所有文化成果与形态。它蕴藏在历史文化传统之中，存在于社会文化状态中，弥漫在整个物质生产、精神生产的创造过程中，它主要以人为载体，具体可以分为三种形态：符号化的文化知识、经验性的文化技能、创新型的文化能力。文化资源的外延按文化资源的内容可划分为以下诸项：人文历史资源、地域文化资源、民俗风情资源、民间艺术资源、民间工艺资源、宗教仪式资源、体育游艺资源、园林艺术资源、餐饮娱乐资源、教育科技资源、文献资源、节庆活动资源，等等。

## 1. 名人文化资源及其级差分类

名人文化资源是文化资源的重要组成部分，在漫漫历史长河中，最能

---

① ［美］约翰·奈斯比特. 90年代世界十大趋势［M］. 师晓霞译，北京：中国经济出版社，1991：112.

② 陈炎. 文化资源论［J］. 天津社会科学，2006（1）：92.

③ 吕庆华. 文化资源的产业开发的文化资本基础［J］. 生产力研究，2006（9）：183.

④ 周正刚. 论文化资源的可持续开发［J］. 求索，2004（11）：107.

⑤ 姜长宝. 从文化资源优势向文化经济优势转化的路径选择［J］. 社会科学战线，2010（9）：274.

给人以震撼的莫过于那些永载史册的流芳百世（或遗臭万年）的历史名人及其业绩、精神（或丑陋的德行、破坏性的作用、巨大的社会阻力等），正面的名人与名人文化成为激励子孙后代不断前行的楷模和动力。美国前总统理查德·尼克松曾云："随着伟大的领导人物的脚步，我们能听到历史的隆隆雷声。自古至今，从古希腊人、莎士比亚直到当代，没有什么题材比伟大的领袖人物的生平对戏剧家和历史学家更具有经久不衰的吸引力。"[①] 名人文化资源具有稀缺性、开放性、多元性、动态性、可持续性、易传播性，以及开发利用的低成本性和高收益性等基本特点。名人文化资源有多种分类方式：

根据名人文化资源是否可度量，可以分为可度量的名人文化资源和不可度量的名人文化资源。可度量的名人文化资源是指可以建立相应的评价体系来具体估量其价值，如名人文物、名人遗迹、名人故居等；不可度量的名人文化资源是指不可用现实价值来估量其价值，如名人传说、名人精神、名人社会影响等。

根据名人文化资源开发利用的程度来看，由于人类对于名人文化资源的开发利用总是受到社会历史条件的限制，一个时代的人们所能实际利用的名人文化资源只能是它的现实形态，即现实名人文化资源。名人文化资源通常以三种形式存在：历史名人文化资源，它们是一种沉睡的资源；现实名人文化资源，即当前有条件开发利用以及正在开发利用的名人文化资源；潜在名人文化资源，指那些目前尚无条件开发而在将来却能够被利用来创造财富的名人文化资源，这是一种非现实资源。

从形式上，我们可以把名人文化资源划分为有形名人文化资源或物质性名人文化资源（如名人文化遗迹、用品、墨迹、故居建筑等）和无形名人文化资源或非物质性名人文化资源（如神话、传说、名人文章、名人节庆、名人精神等）。

从内容上，可以根据政治、军事、经济、科技、文化艺术、医药卫生、宗教、教育、体育等不同的领域把名人文化资源划分为政治名人文化资源、军事名人文化资源、经济名人文化资源、科技名人文化资源、文化名人资源、艺术名人资源、医药名人资源、宗教名人资源、教育名人资

① 佚名. 尼克松论领导［M］. 领导文萃，1993（5）：25.

源，体育名人资源，等等。

名人是名人文化资源的核心要素，依附于名人的其他文化要素与名人一起构成了名人文化资源。而名人的基本特征首先是具有较高的知名度或美誉度，其次是具有创造性或创新性。当然，名人知名度、美誉度及其创造性是有一定层级的，一般来说，名人的知名度层级与名人在某一领域或某几个领域所取得的成就与功绩、对社会的贡献与作用，以及其社会影响成正比，名人的成就、贡献和社会影响越大，社会知名度或美誉度越高，层级越大，依此类推。从名人的知名度级差方面看，名人文化资源的级差，大致可划分成世界级、国际级、国家级、省市级和地县级等六级，分别可以用 A、B、C、D 和 E、F 标识。[①]

A. 世界级名人文化资源。即名人所做出的成就、功绩、贡献对全世界、全人类产生过重大的正面或负面的社会作用或社会影响，或他所做出的创造性劳动成果成为世界性成果的重要组成部分。如孔子、老子、庄子、屈原、苏东坡、孙中山、毛泽东、周恩来、鲁迅、李时珍等。

B. 国际级名人文化资源。即名人所做出的成就、功绩、贡献在两个国家或地区以上产生过重大的正面或负面的社会作用或社会影响，或他所做出的创造性劳动成果成为国际性成果的重要组成部分。如张骞、玄奘、道信、弘忍、程颐、程颢等。

C. 国家级名人文化资源。即名人所做出的成就、功绩、贡献在全国范围内产生过重大的正面或负面的社会作用、社会影响，或他所做出的创造性劳动成果成为国家级成果的重要组成部分。其中，国家级名人文化资源又可以细分为：

$C^{**}$ 国家三级：即名人所做出的成就、功绩、贡献及其创造性劳动成果在全国范围内产生重大影响和社会作用，如有所作为的帝王、党和国家领导人、军事元帅、各学科领域奠基人和开创者等。

$C^{*}$ 国家二级：即名人所做出的成就、功绩、贡献及其创造性劳动成果在全国范围内产生较大的社会影响和社会作用，如宰相名臣、大将、各学科领域主要传承人、资深院士、资深教授、知名艺术家、作家等。

---

① 参见章采烈. 论历史名人级差及其效应——中国名人名胜资源的旅游价值［J］. 旅游学刊，1994（4）：45.

C 国家一级：即名人所做出的成就、功绩、贡献及其创造性劳动成果在全国范围内产生一定社会影响和社会作用，如封疆大吏、将军、院士，在国内有一定影响力的各学科领域专家、学者、艺术家等。

D. 省（直辖市）级名人文化资源。即名人所做出的成就、功绩、贡献在某一省（直辖市）范围内产生过重大的正面或负面的社会作用、社会影响，或他所做出的创造性劳动成果成为省市级成果的重要组成部分。这类名人往往在其故乡或工作过的省（直辖市）范围内十分有名，若超出这一地域范围往往鲜有人知。

E. 地（市）级名人文化资源。即名人所做出的成就、功绩、贡献在地（市）区域范围内产生过重大的正面或负面的社会作用或社会影响，或他所做出的创造性劳动成果成为地市级成果的重要组成部分。这类名人的知名度区域范围要比省（直辖市）级更为狭小，然而却广泛地存在着。

F. 县（市）级名人文化资源。即名人所做出的成就、功绩、贡献在县（市）区域范围内产生过重大的正面或负面的社会作用或社会影响，或他所做出的创造性劳动成果成为地市级成果的重要组成部分。[①]

其中，A、B、C 三类属于高品相的名人文化资源，D、E、F 三类属于中低品相名人文化资源。高品相名人文化资源具有较高的知名度、广泛的社会影响力和较大的开发利用价值，中低品相名人文化资源具有更强烈的地域特色，与区域（民众）的亲近度更高，对于本区域而言，往往具有更多的教育价值和现实经济社会价值（见表 6 - 1）。

**表 6 - 1　名人文化资源级差、品相与区域亲近度列表**

| 级差类型 | 知名度（美誉度）影响范围 | 名人举例 | 资源品相 | 区域亲近度 |
|---|---|---|---|---|
| A 世界级名人文化资源 | 名人所做出的成就、功绩、贡献对全世界、全人类产生过重大的正面或负面的社会作用、社会影响，或他所做出的创造性劳动成果成为世界性成果的重要组成部分 | 孔子、屈原、孙中山、毛泽东等 | 高品相 | 较低 |

① 参见章采烈. 论历史名人级差及其效应——中国名人名胜资源的旅游价值［J］. 旅游学刊，1994（4）：44—47.

**续表**

<table>
<tr><th colspan="2">级差类型</th><th>知名度（美誉度）影响范围</th><th>名人举例</th><th>资源品相</th><th>区域亲近度</th></tr>
<tr><td colspan="2">B 国际级名人文化资源</td><td>名人所做出的成就、功绩、贡献在两国以上范围内产生过重大的正面或负面的社会作用、社会影响，或他所做出的创造性劳动成果成为国际性成果的重要组成部分</td><td>张骞、玄奘、杨振宁等</td><td rowspan="4">高品相</td><td rowspan="4">较低</td></tr>
<tr><td rowspan="3">C 国家级名人文化资源</td><td>$C^{**}$ 国家三级</td><td>名人所做出的成就、功绩、贡献及其创造性劳动成果在全国范围内产生重大影响和社会作用，如有所作为的帝王、党和国家领导人、军事元帅、各学科领域奠基人和开创者等</td><td>康熙、乾隆等</td></tr>
<tr><td>$C^{*}$ 国家二级</td><td>名人所做出的成就、功绩、贡献及其创造性劳动成果在全国范围内产生较大的社会影响和社会作用，如宰相名臣、大将、各学科领域主要传承人、资深院士、资深教授、知名艺术家、作家等</td><td>熊十力、汤用彤、余秋雨等</td></tr>
<tr><td>C 国家一级</td><td>名人所做出的成就、功绩、贡献及其创造性劳动成果在全国范围内产生一定社会影响和社会作用，如有所作为的国家级党政领导、将军、院士，在国内有一定影响力的各学科领域专家、学者、艺术家等</td><td>汤佩松、叶兆阳等</td></tr>
<tr><td colspan="2">D 省（直辖市）级名人文化资源</td><td>名人所做出的成就、功绩、贡献在某一省（直辖市）范围内产生过重大的正面或负面的社会作用、社会影响，或他所做出的创造性劳动成果成为省市级成果的重要组成部分</td><td>陈诗、何祚欢等</td><td>中品相</td><td>中</td></tr>
<tr><td colspan="2">E 地（市）级名人文化资源</td><td>名人所做出的成就、功绩、贡献，在地（市）区域范围内产生过重大的正面或负面的社会作用、社会影响，或他所做出的创造性劳动成果成为地市级成果的重要组成部分</td><td>如黄梅戏杰出表演者张辉等</td><td>低品相</td><td>较高</td></tr>
</table>

续表

| 级差类型 | 知名度（美誉度）影响范围 | 名人举例 | 资源品相 | 区域亲近度 |
|---|---|---|---|---|
| F 县（市）级名人文化资源 | 名人所做出的成就、功绩、贡献，在县（市）区域范围内产生过重大的正面或负面的社会作用、社会影响，或他所做出的创造性劳动成果成为地市级成果的重要组成部分 | 乡土知名人士，如团风县竹艺师章水泉等 | 低品相 | 较高 |

需要说明的是，名人的级差并不是一成不变的，随着对名人文化资源的不断发掘，对名人的持续宣传或推介，以及特定的社会原因或文化思潮等，名人的级差有可能会有所升降。

## 2. 名人文化资源级差分析

“山不在高，有仙则名；水不在深，有龙则灵”。由于名人文化资源具有不同的级差，因而带来的社会效益和经济效益便有级差的区别，对于那些名人文化资源丰度较高的城市或区域，应根据现有的财力和物力及其他社会条件，有规划、有重点、有步骤地去开发层级较大、知名度和美誉度较高的 A、B、C 三类名人文化资源。开发利用一项或几项，应该力求成功一项或几项，以获取较高的社会效益和经济效益，从而带动 D、E、F 类名人文化资源的利用和开发。切忌没有重点地全面铺开，一哄而上，蜻蜓点水，浅尝辄止。下面以黄冈名人文化园入园的 100 位名人资源为例（见表 6－2），进行简要分析。

从表 6－3 可以看出，在黄冈名人文化园 100 位入园人物中，属于世界级名人的有毕昇、李时珍、苏东坡 3 位，占比 3%；属于国际级名人的有道信、弘忍、程颢、程颐、慧能、岳飞 6 位，占比 6%；属于国家三级名人的有董必武、李先念、李四光、彭桓武、黄侃、闻一多、徐寿辉、杜牧、韩琦、吴承恩、李贽、冯梦龙等 13 位，占比 13%；属于国家二级名人的有陈潭秋、王树声、林育南、张浩（林育英）、陈再道、陈锡联、秦基伟、韩先楚、万密斋、王亚南、余三胜、邢秀娘、熊十力、詹大悲、居正、田桐、汤用彤、胡风、殷海光、徐复观、叶君健、鲍照、王禹偁等 24 位，占比 24%；

**表 6－2　黄冈名人文化园100位入园人物的社会影响、级差、保护推广强度表**

| 按主题、历史时间和领域分类 | | | 主要人物 | 基本评价及重要影响 | 级差（知名度或美誉度） | 遗址遗迹故居保存情况 | 保护推广程度或潜力 |
|---|---|---|---|---|---|---|---|
| 革命红色主题 | 现当代政治、军事名人 | 中国共产党创始人 | 1 董必武 | 中华人民共和国代主席，中共“一大”代表，中国共产党创始人，开国元勋，党和国家卓越领导人 | $C^{**}$ | ★★董必武故居及革命遗址遗迹 | ★★★★☆ |
| | | | 2 陈潭秋 | 无产阶级革命家，中共“一大”代表，中国共产党创始人 | $C^{*}$ | ★陈潭秋故居，革命遗址遗存 | ★★☆☆ |
| | | | 3 包惠僧 | 中共“一大”代表，中国共产党创始人 | C | 包惠僧故居 | ★☆☆ |
| | | 中央军委确定的军事家 | 4 林彪 | 共和国元帅 | $C^{**}$ | 林彪故居，林家大湾遗址遗存 | ★★★☆☆ |
| | | | 5 李先念 | 中华人民共和国主席，无产阶级革命家、政治家、军事家，党和国家卓越领导人 | $C^{**}$ | ★★李先念故居及遗址遗迹 | ★★★★☆ |
| | | | 6 王树声 | 共和国大将，军事家 | $C^{*}$ | 王树声故居 | ★☆☆☆ |
| | | 对中国革命有重大贡献的革命英烈 | 7 林育南 | 著名革命家和工人运动领袖，革命英烈 | $C^{*}$ | 林育南故居及革命遗址遗存 | ★★☆☆ |
| | | | 8 张浩（林育英） | 杰出的革命家、军事家，工人运动先驱和卓越领导人 | $C^{*}$ | 张浩故居及革命遗址遗存 | ★★☆☆ |
| | | | 9 吴焕先 | 参加领导黄麻起义，曾任红四方面军政治部主任，鄂豫陕省委代理书记等职 | C | | ☆☆☆ |

续表

| 按主题、历史时间和领域分类 | | | 主要人物 | 基本评价及重要影响 | 级差（知名度或美誉度） | 遗址遗迹故居保存情况 | 保护推广程度或潜力 |
|---|---|---|---|---|---|---|---|
| 革命红色主题 | 现当代政治、军事名人 | 军事将领 | 10 王宏坤 | 上将军衔 | C | 王宏坤故居 | ★☆☆ |
| | | | 11 王建安 | 上将军衔 | C | 王建安故居 | ★☆☆ |
| | | | 12 陈再道 | 上将军衔，大军区司令员 | C* | 陈再道故居 | ★☆☆☆ |
| | | | 13 陈锡联 | 上将军衔，大军区司令员，国务院副总理 | C* | 陈锡联故居 | ★☆☆☆ |
| | | | 14 周纯全 | 上将军衔 | C | 周纯全故居 | ★☆☆ |
| | | | 15 秦基伟 | 上将军衔，大军区司令员，全国人大常委会副委员长 | C* | 秦基伟故居 | ★☆☆☆ |
| | | | 16 郭天民 | 上将军衔 | C | 郭天民故居 | ★☆☆ |
| | | | 17 韩先楚 | 上将军衔，大军区司令员 | C* | 韩先楚故居 | ★☆☆☆ |
| | | | 18 谢富治 | 上将军衔，国务院副总理 | C* | 谢富治故居 | ★☆☆☆ |
| | | | 19 王诚汉 | 上将军衔 | C | 王诚汉故居 | ★☆☆ |
| | | | 20 王必成 | 中将军衔，大军区司令员 | C | 王必成故居 | ★☆☆ |
| | | | 21 张才千 | 中将军衔，大军区司令员 | C | 张才千故居 | ★☆☆ |
| | | | 22 李天焕 | 中将军衔 | C | 李天焕故居 | ★☆☆ |
| | | | 23 李成芳 | 中将军衔 | C | 李成芳故居 | ★☆☆ |
| | | | 24 周世忠 | 少将军衔，大军区司令员 | C | 周世忠故居 | ★☆☆ |

续表

| 按主题、历史时间和领域分类 | | 主要人物 | 基本评价及重要影响 | 级差（知名度或美誉度） | 遗址遗迹故居保存情况 | 保护推广程度或潜力 |
| --- | --- | --- | --- | --- | --- | --- |
| 历代科技名人 | 古代杰出科技名人 | 25 毕昇 | 发明活字排版印刷术，我国古代四大发明之一 | A | 毕昇墓 | ★☆☆☆☆☆☆ |
| | | 26 庞安时 | 北宋著名医学家，著有《伤寒总病论》 | C | | ☆☆☆ |
| | | 27 刘天和 | 明朝著名水利专家和医学家，官至兵部尚书，著有治水专集《问水集》和大量医学专著 | C | | ☆☆☆ |
| | | 28 万密斋 | 明代著名医学家，清初被封为“医圣”，著有《万密斋医学全书》共100余卷 | C* | ★万密斋墓；万密斋医院；万密斋医史陈列馆 | ★★★☆ |
| | | 29 李时珍 | 明代医圣、著名医药学家，著有《本草纲目》，联合国纪念的世界杰出十大科学家之一 | A | ★★李时珍墓 | ★★★★☆☆☆ |
| | | 30 杨际泰 | 清代著名医学家，著有《医学述要》36卷 | C | | ☆☆☆ |
| | 近现代以来杰出科技名人 | 31 李四光 | 世界著名地质学家，地质力学创始人，中国科学院学部委员，被誉为“中国科学界的一面旗帜” | C** | 李四光故居及遗址遗迹；<br>李四光纪念馆 | ★★★☆☆ |
| | | 32 王亚南 | 著名经济学家、《资本论》中译者之一，中国科学院学部委员 | C* | 王亚南故居 | ★☆☆☆ |
| | | 33 汤佩松 | 世界著名植物生理学家，中国植物生理学的奠基人，中国科学院学部委员 | C | | ☆☆☆ |

续表

| 按主题、历史时间和领域分类 | | 主要人物 | 基本评价及重要影响 | 级差（知名度或美誉度） | 遗址遗迹故居保存情况 | 保护推广程度或潜力 |
|---|---|---|---|---|---|---|
| 历代科技名人 | 近现代以来杰出科技名人 | 34 涂长旺 | 著名气象学家、教育家，新中国气象事业的奠基人 | C | | ☆☆☆ |
| | | 35 彭桓武 | 理论物理学家，中国科学院学部委员，“两弹一星”功勋人物，中国氢弹之父 | C** | | ☆☆☆☆☆ |
| | | 36 闫立时 | 中国工程院院士，著名薄膜和纳米科技专家、材料学家、太阳能科技泰斗 | C | | ☆☆☆ |
| | | 37 干铎 | 著名林学家、水杉活化石最早发现者之一，中国当代森林经济学开拓者之一 | C | | ☆☆☆ |
| | | 38 李林 | 著名物理学家，中国科学院院士 | C | | ☆☆☆ |
| | | 39 鲁桂珍 | 知名科学技术史专家、营养学家 | D | | ☆☆ |
| | | 40 华益慰 | 著名医学专家，2006 年当选“感动中国”人物 | D | | ☆☆ |
| 历代文化名人 | 古代杰出文化名人 | 41 道信 | 佛教禅宗四祖，被唐代宗谥为“大医禅师” | B | ★★四祖寺塔 | ★★★★☆☆ |
| | | 42 弘忍 | 佛教禅宗五祖，中国化禅宗创始人，被唐代宗谥为“大满禅师” | B | ★★弘忍与五祖寺 | ★★★★☆☆ |
| | | 43 程颢 | 宋代著名理学家、教育家，与其胞弟程颢创立“洛学”，程朱理学奠基人之一 | B | | ☆☆☆☆☆☆ |
| | | 44 程颐 | 宋代理学家、教育家，程朱理学奠基人之一 | B | | ☆☆☆☆☆☆ |

续表

| 按主题、历史时间和领域分类 | | 主要人物 | 基本评价及重要影响 | 级差（知名度或美誉度） | 遗址遗迹故居保存情况 | 保护推广程度或潜力 |
|---|---|---|---|---|---|---|
| 历代文化名人 | 古代杰出文化名人 | 45 潘大临 | 第一位具有全国影响的黄州诗人，以布衣之身驰名于北宋文坛 | C | | ☆☆☆ |
| | | 46 滕斌 | 元代第一流的散曲家 | C | | ☆☆☆ |
| | | 47 胡明庶 | 明代嘉靖年间探花，精音律 | D | | ☆☆ |
| | | 48 刘侗 | 方志学家、明竟陵学派代表作家，与于奕合著《帝京景物略》是竟陵派最成功的散文集 | C | | ☆☆☆ |
| | | 49 刘子壮 | 清初湖北省第一位状元，授国史馆编修撰，多诗文 | C | 故居遗址尚存 | ★☆☆ |
| | | 50 杜濬 | 清初遗民诗人代表人物，文名满天下，著有《变雅堂诗集》《变雅堂文集》等 | C | | ☆☆☆ |
| | | 51 顾景星 | 明末清初著名学者、文学家，著有《黄公说字》《白茅堂集》等 | C | | ☆☆☆ |
| | | 52 曹本荣 | 清初著名儒学学者，理学家，编著儒学经典《易经通注》等 | C | | ☆☆☆ |
| | | 53 陈诗 | 清代方志学家，著有《湖北旧闻录》等，被誉为“楚北大儒” | C | | ☆☆☆ |
| | | 54 帅承瀛 | 清嘉庆年间探花，被道光帝誉为“一代名臣” | C | | ☆☆☆ |

续表

| 按主题、历史时间和领域分类 | | 主要人物 | 基本评价及重要影响 | 级差（知名度或美誉度） | 遗址遗迹故居保存情况 | 保护推广程度或潜力 |
|---|---|---|---|---|---|---|
| 历代文化名人 | 古代杰出文化名人 | 55 文质 | 明嘉靖年间武状元，善骑射；父子二人，一封为昭义将军，一封为昭勇将军 | D | | ☆☆ |
| | | 56 陈沆 | 著名诗人、文学家，清嘉庆年间状元，清代古赋七大家之一，被称为“一代文宗” | C | | ☆☆☆ |
| | | 57 陈銮 | 嘉庆年间探花，官至两江总督兼署南河总督，追赠为“太子少保” | C | | ☆☆☆ |
| | | 58 程明超 | 清代探花 | D | 程明超故居（改建为小学） | ★☆ |
| | | 59 余三胜 | 京剧主要创始人之一，代表剧目有《四郎探母》《捉放曹》《定军山》等 | C* | 余三胜祖墓 | ★☆☆☆ |
| | 近现代以来杰出文化名人 | 60 余紫云 | 余三胜之子，著名京剧艺术家，被尊为“青衣泰斗” | C | | ☆☆☆ |
| | | 61 余叔岩 | 余三胜之孙，余紫云之子，著名京剧艺术家，京剧余派创始人 | C | | ☆☆☆ |
| | | 62 邢秀娘 | 黄梅戏创始人和重要代表人物 | C* | | ☆☆☆☆ |
| | | 63 沈云陔 | 著名楚剧艺术家、楚剧创始人之一，楚剧沈派代表人物 | C | | ☆☆☆ |

续表

| 按主题、历史时间和领域分类 | | 主要人物 | 基本评价及重要影响 | 级差（知名度或美誉度） | 遗址遗迹故居保存情况 | 保护推广程度或潜力 |
| --- | --- | --- | --- | --- | --- | --- |
| 历代文化名人 | 近现代以来杰出文化名人 | 64 王葆心 | 著名方志学家，前清举人，主要著作有《方志学发微》《中国教育史》等 180 余种 | C | ★王葆心墓 | ★★☆ |
| | | 65 熊十力 | 著名哲学家、佛教理论家、新儒家学派创始人。著有《新唯识论》《原儒》《体用论》等 | $C^{*}$ | 熊十力故居，熊十力家族墓地 | ★★☆☆ |
| | | 66 黄侃 | 著名学者，国学大师，创立新训诂学理论体系 | $C^{**}$ | ★黄侃墓 | ★★☆☆☆ |
| | | 67 汤用彤 | 著名哲学家、佛教史家，中国科学院学部委员，北大副校长，著有《汤用彤全集》 | $C^{*}$ | | ☆☆☆☆ |
| | | 68 闻一多 | 坚定的爱国民主斗士，著名诗人、学者，著有《闻一多全集》 | $C^{**}$ | 闻一多故居；闻一多纪念馆 | ★★★☆☆ |
| | | 69 废名 | 原名冯文炳，著名作家，中国京派小说创始人之一，著有《废名文集》 | C | 废名故居 | ★☆☆ |
| | | 70 胡风 | 著名文艺理论家，诗人，现代文学史上著名的“七月诗派”，著有《胡风全集》 | $C^{*}$ | 胡风故居，共存社旧址 | ★☆☆☆ |
| | | 71 徐复观 | “现代新儒家”的代表人物之一，著名“现代大儒”，著有《中国思想史论集》《中国文学论集》《中国艺术精神》等 | $C^{*}$ | | ☆☆☆☆ |

续表

| 按主题、历史时间和领域分类 | | 主要人物 | 基本评价及重要影响 | 级差（知名度或美誉度） | 遗址遗迹故居保存情况 | 保护推广程度或潜力 |
|---|---|---|---|---|---|---|
| 历代文化名人 | 近现代以来杰出文化名人 | 72 叶君健 | 著名作家、翻译家，主要著作有长篇小说《火花》《自由》《曙光》，《叶君健童话集》，译著《安徒生童话集》等 | C* | 叶君健故居，叶君健书屋 | ★★★☆ |
| | | 73 黄绍兰 | 著名学者，章太炎唯一女弟子 | D | | ☆☆ |
| | | 74 秦兆阳 | 著名作家、文艺评论家，著有长篇小说《在田野上，前进!》等 | C | 秦兆阳故居 | ★☆☆ |
| | | 75 殷海光 | 台湾大学教授，著名逻辑学家，哲学家，台湾地区最负盛名的思想家，主要著作有《逻辑新引》《中国文化的展望》等 | C* | 殷子衡与殷海光故居 | ★☆☆☆ |
| | | 76 张敬安 | 著名作曲家，创作歌剧《洪湖赤卫队》获“20世纪华人音乐经典”奖 | D | | ☆☆ |
| | | 77 郭超人 | 著名新闻记者，曾任新华社社长。主要作品有《向顶峰冲刺》《西藏十年间》等 | C | 郭超人故居 | ★☆☆ |
| 近现代杰出革命先驱 | | 78 汤化龙 | 清末君主立宪派代表人物，民初北京政府的重要人物 | C | | ☆☆☆ |
| | | 79 王汉 | 近代民主革命者 | D | | ☆☆ |

续表

| 按主题、历史时间和领域分类 | 主要人物 | 基本评价及重要影响 | 级差（知名度或美誉度） | 遗址遗迹故居保存情况 | 保护推广程度或潜力 |
|---|---|---|---|---|---|
| 近现代杰出革命先驱 | 80 詹大悲 | 革命烈士，辛亥革命先驱 | C* | ★詹大悲墓 | ★★☆☆ |
| | 81 居正 | 著名民主革命家、政治家、军事家、法学家、社会活动家，被尊为国民党元老 | C* | | ☆☆☆☆ |
| | 82 田桐 | 辛亥革命先驱，同盟会发起人，参加武昌起义 | C* | | ☆☆☆☆ |
| 近现代杰出外交名人 | 83 郭泰祺 | 国民党政府外交部长，联合国安理会首任中国首席代表 | C | | ☆☆☆ |
| | 84 刘文岛 | 爱国外交家，国民党陆军上将 | C | | ☆☆☆ |
| | 85 陈家康 | 外交家，曾任新中国外交部副部长 | C | | ☆☆☆ |
| 古代著名军事名人 | 86 余玠 | 南宋抗蒙治蜀名将，曾任兵部尚书 | C | | ☆☆☆ |
| | 87 徐寿辉 | 元末农民起义“红巾军”领袖，曾建立天完国政权 | C** | | ☆☆☆☆☆ |
| 古代客籍黄州杰出名人 | 88 鲍照 | 南北朝著名文学家，曾任职于今黄梅境内，著《登大雷岸与妹书》，是文学史上著名作品，尊为山水文学开山之作 | C* | 鲍照墓 | ★☆☆☆ |
| | 89 慧能 | 禅宗六祖 | B | | ☆☆☆☆☆☆ |

续表

| 按主题、历史时间和领域分类 | 主要人物 | 基本评价及重要影响 | 级差（知名度或美誉度） | 遗址遗迹故居保存情况 | 保护推广程度或潜力 |
|---|---|---|---|---|---|
| 古代客籍黄州杰出名人 | 90 杜牧 | 晚唐著名文学家，任黄州刺史，著《赤壁》《清明》等名诗 | C** | | ☆☆☆☆☆ |
| | 91 王禹偁 | 北宋文坛领袖，任黄州知州，散文《黄冈新建小竹楼记》是我国古代散文名篇，文学史尊称“王黄州” | C* | | ☆☆☆☆ |
| | 92 韩琦 | 北宋著名宰相，社稷重臣，年轻时曾在黄州安国寺苦读诗书，荣登科第 | C** | | ☆☆☆☆☆ |
| | 93 苏轼 | 北宋著名文学家，谪居黄州四年多时间，留下 740 多篇诗词文赋，形成其文学创作高峰；2000 年，被法国《世界报》评为影响世界进程的历史人物 | A | 苏东坡纪念馆；★★东坡赤壁 | ★★★★★☆☆ |
| | 94 张耒 | 北宋著名诗人，“苏门四学士”之一，贬任黄州，多诗文 | C | | ☆☆☆ |
| | 95 岳飞 | 著名民族英雄、抗金名将，南宋中兴四将之一；引兵进剿叛军，收复蕲州、黄州；率岳家军主力驻防蕲黄地域 | B | | ☆☆☆☆☆☆ |
| | 96 秦钜 | 南宋抗金名将，誓守蕲州，城破战死 | C | | ☆☆☆ |

续表

| 按主题、历史时间和领域分类 | 主要人物 | 基本评价及重要影响 | 级差（知名度或美誉度） | 遗址遗迹故居保存情况 | 保护推广程度或潜力 |
|---|---|---|---|---|---|
| 古代客籍黄州杰出名人 | 97 吴承恩 | 明代杰出的小说家，名著《西游记》作者，曾在蕲州荆王府纪善职务，《西游记》部分章节取材于蕲州 | C** | | ☆☆☆☆☆ |
| | 98 李贽 | 明代著名思想家、文学家，泰州学派一代宗师，寓住黄安、麻城近 20 年；博学深思，讲学著述，自标异端，名动天下 | C** | | ☆☆☆☆☆ |
| | 99 冯梦龙 | 明代著名文学家，主要作品“三言”等 | C** | | ☆☆☆☆☆ |
| | 100 于成龙 | 曾任黄州知府 4 年，被称为“天下第一廉吏” | C | | ☆☆☆ |

资料来源：本表第二列、第三列内容参见黄冈市文化局编：《黄冈名人文化资源概况》附表 1－4《黄冈名人文化园 100 位入园人物列表》《黄冈名人文化资源——人物列表》《黄冈名人文化资源——县（市、区）分布情况列表》《黄冈名人文化资源——名人故居、遗址遗迹、纪念建筑列表》，内部资料，2011 年 5 月。

说明：1. 当今在世的各领域杰出名人（如冯天瑜、陶德麟、张培刚、刘醒龙、熊召政、汤一介、钟朋荣、邓一光、胡英、闻玉梅、闻立时、朱英国等）因其成就、功绩和社会贡献、社会作用一方面还具有成长性，另一方面尚需历史或时间检验，不便于分析评估，故而不在级差评估之列。

2. 据名人级差，本表赋予 A（世界级）七星标准，B（国际级）六星标准，C**（国家三级）五星标准，C*（国家二级）四星标准，C（国家一级）三星标准，D（省市级）二星标准，E（地市级）一星标准，F（县市级）无星标准。

3. 根据名人遗址、遗迹、故居、纪念馆、墓葬等保存情况，本表赋予国家文物保护单位的名人故居（遗迹、墓葬、墓碑、纪念馆等）两星，赋予省级文物保护单位的名人故居（遗迹、墓葬、墓碑、纪念馆等）一星。

4. 根据名人文化资源保护开发的强度或开发潜力，本表赋予国家级文物保护单位的名人故居（遗迹或遗存如手稿、书信、用品等，墓地、墓葬、纪念馆等）四星，赋予省级文物保护单位的名人故居（遗迹、遗存、墓地、墓葬、墓碑、纪念馆等）两星，名人故居（遗迹、遗存、墓葬、墓地、纪念馆等）尚存或保留有其他相关的名人物质性遗址，但没有列入省级或省级以上文物保护单位者，赋予一星；名人物质性遗址（故居、墓葬、纪念馆等）无存或不详者，不赋予星级。

属于国家一级名人的有包惠僧、吴焕先等 46 位，占比 46%；属于省（直辖市）级名人的有文质、胡明庶、鲁桂珍、华益慰等 8 位，占比 8%。其中，属于高品相的名人文化资源（A、B、C**、C*、C）占比 92%，黄冈名人文化资源之丰富、品相之高可见一斑。由表 6-3 可见，当前黄冈市名人文化资源开发重点在于 A、B、C**、C*、C，尤其是 A、B、C**、C* 名人及其附加的文化现象，在发挥名人的榜样力量、教育作用和涵养文化、赓续文脉的同时，大力发展名人文化（旅游）文化产业。

**表 6-3　黄冈名人文化园 100 位入园人物级差评估表**

| 名人级差 | 名　　人 | 星　级 | 总计 |
|---|---|---|---|
| A | 毕昇、李时珍、苏东坡 | ☆☆☆☆☆☆☆☆ | 3 |
| B | 道信、弘忍、程颢、程颐、慧能、岳飞 | ☆☆☆☆☆☆☆ | 6 |
| C** | 董必武、林彪、李先念、李四光、彭桓武、黄侃、闻一多、徐寿辉、杜牧、韩琦、吴承恩、李贽、冯梦龙 | ☆☆☆☆☆☆ | 13 |
| C* | 陈潭秋、王树声、林育南、张浩（林育英）、陈再道、陈锡联、秦基伟、韩先楚、谢富治、万密斋、王亚南、余三胜、邢秀娘、熊十力、詹大悲、居正、田桐、汤用彤、胡风、殷海光、徐复观、叶君健、鲍照、王禹偁 | ☆☆☆☆☆ | 24 |
| C | 包惠僧、吴焕先、王宏坤、王建安、周纯全、郭天民、王诚汉、王必成、李天焕、李成芳、张才千、周世忠、庞安时、刘天和、杨际泰、汤佩松、涂长旺、闻立时、干铎、李林、潘大临、滕斌、刘侗、刘子壮、杜濬、顾景星、曹本荣、陈沆、陈銮、陈诗、帅承瀛、余紫云、余叔岩、沈云陔、王葆心、汤化龙、郭泰祺、刘文岛、废名、秦兆阳、郭超人、陈家康、余玠、张耒、秦钜、于成龙 | ☆☆☆☆ | 46 |
| D | 文质、胡明庶、鲁桂珍、华益慰、程明超、黄绍兰、王汉、张敬安 | ☆☆☆ | 8 |
| E | 略 | ☆☆ | |
| F | 略 | | |

说明：名人级差主要影响因子为：成就或功绩；社会贡献或社会作用；知名度；社会影响。根据德尔菲法（一种重要的专家评分方法，是基于专家个人判断和匿名评估的一种专家调查法），邀约 15 名专家盲评意见，赋予下述四项主要影响因子权重比值为：成就或功绩 25%权重，社会贡献或社会作用 15%权重，知名度 35%权重，社会影响 25%，权重比值加权计分，得出表 6-3 中列入黄冈名人文化园 100 位名人的级差等级。

## 3. 黄冈名人遗址遗存保护与开发状态分析

2000年7月，由联合国教科文组织、世界银行和中国国家文物局、建设部在北京召开“中国文化遗产保护与城市发展国际会议”，会议上发表的《北京共识》指出：“保存在城市中的文化遗产不仅是历史上不同传统和精神成就的载体和见证，同时也体现了全世界各民族的基本特征，构成了各个城市面貌和特点的基本要素。”① 由此可见，保护文化遗产的重要性，保护名人文化遗址、遗存、遗产亦如此。名人遗址、遗存、遗产是名人文化资源静态保有数量和保存价值的衡量依据，也是名人文化资源开发潜力的基本依据。由表6-2可见，在列入黄冈名人文化园的100位名人中，共有46位名人遗址（故居、墓碑墓地、纪念馆等）尚存，占比46%。其中，属于国家文物保护对象的有董必武故居、李先念故居、李时珍墓、四祖寺塔、五祖寺、东坡赤壁，从名人文化资源级差来看，这六处名人遗址为A、B和C**高品相名人文化资源，属国家重点文物保护对象；属于省级文物保护对象的有陈潭秋故居、万密斋墓、王葆心墓、黄侃墓、詹大悲墓五处，这些属于C*、C高品相名人文化资源。就领域而言，红色题材的名人文化资源是黄冈名人资源的基本特色，红色革命、军事名人的遗址（故居、墓碑墓地、纪念馆等）保存得最好，在列入黄冈名人文化园的100位名人中有24位红色革命（政治军事）名人，保存有名人故居及遗址、遗存的高达23位，只有吴焕先例外，反映了红色题材名人的物质性文化资源保护力度较好，开发潜力巨大。此外，名人遗址保存较好的还有明代名医万密斋墓，不仅万密斋墓被列入省级文物保护对象，当地还建有万密斋医院和万密斋医史陈列馆。李四光故居和李四光纪念馆，熊十力故居和熊十力家族墓地，闻一多故居和闻一多纪念馆，胡风故居和共存社旧址，叶君健故居和叶君健书屋，苏东坡纪念馆等，这些属于C以上高品相

---

① 中国文化遗产保护与城市发展国际会议闭幕，《北京共识》发表[N]. 人民日报，2000-07-10(005).

物质性名人文化资源，有一定保护和开发基础，开发潜力较大。

然而，尽管黄冈名人文化资源丰富，但多数局限于文字史料记载、民间流传，属于精神层面的非物质性名人文化资源较多，属于物质性的名人遗址（手稿、书信、用品、故居、墓葬、墓碑、纪念馆等实物）相对较少。一方面需要进一步挖掘、整理与名人有关的史籍文献资料及民间传说，根据史籍文献资料和民间流传的故事，紧密结合实地考证，深入走访名人后代；另一方面，进一步发掘名人遗址、与名人相关的实物，丰富名人文化资源。

## 4. 名人文化资源开发价值综合评估指标体系构建

一般而言，一座城市、一个区域的名人文化资源可开发利用的除了丰沛的名人文化资源外，还需要一些基本条件，如区位、自然环境、名人级差与资源组合度、人文环境、城市（区域）经济、政策与政府管理水平、市场等，其中，区位包括地理位置、外部交通通达性（距中心城市距离、公路等级、交通工具等）、内部交通便利度，以及与周边的经济、贸易联系度等；自然环境包括环境绿化程度、自然地质风貌（山脉、水系、湖泊、岩石等）、自然风景区数量与级别、空间地理环境容量、自然灾害发生率等；名人级差与资源组合度包括名人文化资源丰度、名人文化资源区域组合度、名人级差度（知名度）、名人文化遗产保存状态（遗产数量、遗产丰度、真实性、完整性、原生态、濒危度）；人文环境包括名人文化历史传统、综合服务设施（水电、通讯、医疗急救、商务中心等）、城市（镇）空间组合度、乡村聚落空间组合度、市民教育素质与文明程度等；城市（区域）经济包括城市（区域）年 GDP 值、地区年财政收入额、人均年国民收入额、居民消费水平（人均年消费额、居民年总消费额）等；政策与政府管理水平包括名人文化建设政策、政府管理效率、公共安全与社会秩序、交通等人为事故控制率等；市场包括海外客源与产品贸易市场，区域外客源、周边客源和产品贸易市场，区域内客源与产品贸易市场。本章所建立的名人文化资源开发价值综合评估指标体系，包含7个一级指标因子和29个二级指标因子，可采用层次分析法，进行指标权重赋值和一致性检验，进行定量分析；也可以采用德尔菲法，通过专家匿名评分，对不同城市（区域）名人文化资源开发条件予以赋值和评级，将定性和定量分析相结合，评估某一区域（城市）名人文化可开发利用价值。

## 5. 名人文化资源开发利用价值指标评估

我们采用德尔菲法，随机邀请15位来自历史地理、文化学、文化产业学等领域的专家，对黄冈名人文化资源开发利用价值综合评估，具体包括对7个一级指标和29个二级指标进行权重赋值和评分，同时，向专家介绍黄冈名人文化建设的基本情况和提供《黄冈市经济和社会发展第十二个五年规划纲要》等相关材料，请专家评分时参考。经过专家三轮评估，得出表6-4中的数据。表6-4综合专家对黄冈名人文化资源开发利用价值指标评估体系的评分情况和权重赋值：（见下页表）

### 5.1 区位分析

黄冈地处"吴头楚尾"，位于湖北省东部，是湖北的东大门，北依巍巍大别山，南接长江中游北岸，西连武汉，北接河南，东临安徽，南与江西九江和湖北黄石、鄂州隔江相望，是连接中部城市、通向东南沿海的重要通道之一，具有"承东启西、纵贯南北、得中独厚、通江达海"的区位优势。

从交通区位来看，长江黄金水道、京九铁路、合九铁路等交通大动脉纵横交汇于境内，紧邻两座机场，贯通五条铁路，飞架五座长江大桥，纵横六条高速公路，基本上形成了水运、公路、铁路、航空四位一体的立体交通网络；目前，黄冈市大别山红色旅游公路、黄冈长江大桥、武冈城际铁路、黄鄂高速、黄冈大道、麻阳高速、麻竹高速建成通车，全市公路总里程达到2.8万千米，公路密度全省第一；高速公路通车里程突破500公

**表 6-4　黄冈名人文化资源开发利用价值指标评估体系及分值表**

| | 指标级别及内容 | | 专家评分均值与一级指标分值 | | | | | | |
|---|---|---|---|---|---|---|---|---|---|
| | 一级指标因子 | 二级指标因子 | 专家评分均值(等级) | | | | | 分值 | 一级指标分值 |
| 黄冈名人文化资源开发利用价值指标评估体系及分值表(综合加权分值为 74.28 分) | 区位(专家权重赋值 15%) | 地理位置(权重 20%) | | B— | | | | 3.6 | 73.2 分较好 |
| | | 外部交通便利度(权重 30%) | | B— | | | | 3.8 | |
| | | 内部交通便利度(权重 25%) | | | C+ | | | 3.5 | |
| | | 与周边地区的经济贸易联系(权重 25%) | | B— | | | | 3.7 | |
| | 自然环境(权重 12%) | 自然环境绿化程度(权重 20%) | | | C+ | | | 3.2 | 70.1 分较好 |
| | | 自然地质风貌(权重 18%) | | B— | | | | 3.6 | |
| | | 自然风景区数量、质量(国家 5A、4A、3A、2A、A、无 A 等)(权重 25%) | | | C+ | | | 3.3 | |
| | | 空间地理环境容量(权重 25%) | | B— | | | | 3.8 | |
| | | 自然灾害发生率(权重 12%) | | B— | | | | 3.7 | |
| | 名人级差与资源组合度(权重 28%) | 名人文化资源丰度(权重 25%) | A— | | | | | 4.8 | 87.4 分很好 |
| | | 名人文化资源区域组合度(权重 20%) | | B— | | | | 3.8 | |

续表

| | 指标级别及内容 | | 专家评分均值与一级指标分值 | | | | | | |
|---|---|---|---|---|---|---|---|---|---|
| | 一级指标因子 | 二级指标因子 | 专家评分均值(等级) | | | | | 分值 | 一级指标分值 |
| 黄冈名人文化资源开发利用价值指标评估体系及分值表(综合加权分值为 74.28 分) | 名人级差与资源组合度(权重 28%) | 名人级差度(知名度)(权重 40%) | A— | | | | | 4.9 | 87.4 分<br>很好 |
| | | 名人文化遗产保存状态(遗产数量、遗产丰度、真实性、完整性、原生态、濒危度)(权重 15%) | | | C | | | 3.0 | |
| | 人文环境(权重 18%) | 名人文化历史传统(权重 20%) | | B— | | | | 3.8 | 67.9 分<br>一般 |
| | | 综合服务设施(水电、通讯、医疗急救、商务中心等)(权重 30%) | | | C | | | 3.0 | |
| | | 城市(镇)空间组合度(权重 20%) | | | C+ | | | 3.2 | |
| | | 乡村聚落空间组合度(权重 15%) | | B— | | | | 3.7 | |
| | | 居民教育素质与文明程度(权重 15%) | | B— | | | | 3.6 | |
| | 城市(区域)经济(权重 8%) | 城市(区域)年 GDP 总值(权重 20%) | | | C+ | | | 3.2 | 62.4 分<br>一般 |
| | | 城市(区域)年财政收入值(权重 20%) | | | C+ | | | 3.3 | |
| | | 城乡居民人均收入水平(权重 25%) | | | C— | | | 2.8 | |
| | | 居民消费水平(人均年消费额、年总消费额)(权重 35%) | | | C+ | | | 3.2 | |

续表

| 黄冈名人文化资源开发利用价值指标评估体系及分值表（综合加权分值为 74.28 分） | 指标级别及内容 | | 专家评分均值与一级指标分值 | | | | | | |
|---|---|---|---|---|---|---|---|---|---|
| | 一级指标因子 | 二级指标因子 | 专家评分均值(等级) | | | | | 分值 | 一级指标分值 |
| | 政策与政府管理水平(权重 7%) | 名人文化建设政策(权重 30%) | | | C | | | 3 | 71 分较好 |
| | | 政府管理效率(权重 25%) | | B— | | | | 3.6 | |
| | | 公共安全与社会秩序(权重 25%) | | B— | | | | 3.8 | |
| | | 交通、火灾等人为事故控制率(权重 20%) | | B | | | | 4.0 | |
| | 市场(权重 12%) | 海外市场(权重 25%) | | | C+ | | | 3.2 | 68.6 分一般 |
| | | 区域外与周边市场(权重 40%) | | B— | | | | 3.6 | |
| | | 区域内市场(35%) | | | C+ | | | 3.4 | |

说明：1. A、B、C、D、E 分别为"高、较高、中等、较低、低"或"满意、较满意、一般、不太满意、不满意"五个等级，赋予 5～4、4～3、3～2、2～1、1～0 分值。

2. 专家评分均值系受邀 15 位专家对各项一级指标因子和二级指标因子打分的平均值，平均值精确到小数点后一位数。

3. 一级指标因子平均百分值，系二级指标因子中各项专家评估平均分值除以满分 5，按权重计算得分相加后，换算成百分值。

里，在全省率先实现县县通高速。[①] 在区位交通条件方面，黄冈的地理位置被专家评为B—级，外部交通便利度、内部交通便利度两项指标因子分别被评为B—级和C+级，与周边地区的经济联系被评为B—级，经过权重赋值计算后，区位条件的一级指标因子分值达73.2分，处于较好水平。可见，黄冈名人文化资源可开发利用的区位条件还好，基本具有名人文化资源可开发利用的区位优势。

## 5.2 自然环境分析

黄冈北倚大别山，南临长江水，气候宜人，物种丰富，水色山光，山清水秀，胜景如云，自然资源丰富，自古多胜景。它处在庐山、黄山、天柱山大旅游圈和武汉大城市圈中，500里大别山蜿蜒于北，400里长江环绕于东南，倒水、举水、巴水、浠水、蕲河、华阳六大水系汇合3 700多条支流，连缀近100个湖泊和1 000座水库，境内有23处名胜载入《中国名胜词典》。[②] 目前，该市全面开展生态市创建工作，成功创建2个国家级生态乡镇、12个省级生态乡镇、107个省级生态村、32个市级生态乡镇、310个市级生态村、812个绿色示范乡村。新农村建设扎实推进，“黄冈长江生态文明示范带”建设成效显著，374个农村环境连片整治示范工程全部完成。[③]

大别山作为黄冈市天然的绿色屏障，集雄、奇、险、幽于一体，有“中原之肺”之美称；重点景区有罗田天堂寨和薄刀峰、英山吴家山和桃花冲、浠水三角山、麻城龟峰山等。大别山主峰天堂寨海拔1 729米，号称“中原第一峰”，位于黄冈罗田大别山国家森林公园东北角，主峰周围无限风光，尽显风流。全市自然灾害发生率低，自然风景区和森林公园数量较多、级别较高，空间地理环境容量，是理想的居住和休闲旅游胜地。

在自然环境方面，根据专家评估值，自然环境绿化度被评为C+级，

① 黄冈市人民政府. 黄冈市经济和社会发展第十三个五年规划纲要［EB/OL］. http://www.hg.gov.cn/art/2016/7/29/art_30_92616.html. 2017-07-29.

② 黄冈市人民政府. 黄冈市经济和社会发展第十二个五年规划纲要［N］. 黄冈日报，2011-03-05（002）.

③ 黄冈市人民政府. 黄冈市经济和社会发展第十三个五年规划纲要［EB/OL］. http://www.hg.gov.cn/art/2016/7/29/art_30_92616.html. 2017-07-29.

自然地质风貌被评为 B一级，自然风景区数量、质量 C+级，空间地理环境容量与自然灾害发生率两项则被评为 B一级；权重加权计算后，自然环境总体分值达 70.1 分，反映了黄冈名人文化资源可开发利用的自然环境基础也比较好。这为黄冈建设山水园林城市和开发利用名人文化资源提供了良好的基础。

## 5.3　名人级差与资源组合度分析

黄冈名人文化资源优势十分明显。黄冈名人数量之多、涉及领域之广、层次之高、贡献之巨、影响之大，在全国地市一级实为罕见，为中华民族乃至世界的历史发展和文明进步作出了重要贡献，是黄冈弥足珍贵的人文资源和极其宝贵的精神财富。根据专家评估和赋值权重，加权计算后，黄冈市名人级差与资源组合度一级指标因子综合平均分为 87.4 分，达到很好水平。其中，名人文化资源丰度、名人级差度（知名度）两个二级指标为 A一级，名人文化资源区域组合度为 B一级，名人文化遗产保存状态（遗产数量、遗产丰度、真实性、完整性、原生态、濒危度）被评为 C 级，反映了该市具有优质的名人文化资源，但名人文化遗迹（遗存、遗产）有待保护和保护性开发。专家具体评价如下：

一是名人数量众多，跨历史时间段比较长，黄冈各区（县）区域分布比较均衡，在区域分布上，基本形成了以黄州、团风为中心，以红安、麻城为北翼，以黄梅、武穴为南翼的一体两翼南北格局。基于黄冈名人文化资源的分布格局，有计划有步骤地开发以红安、麻城为中心的北部红色名人文化资源——北部红色名人文化区，以团风、黄州为核心的市区名人文化资源[①]——市区综合名人文化区，以浠水、蕲春为中心的中部名人文化资源——中部名人文化区，以武穴、黄梅为中心的南部名人文化资源——南部名人文化区，以罗田、英山为中心的东部文化资源——东部名人文化区，特别需要进一步完善各名人文化区的交通、服务等基础设施。

---

① 团风单独设县，事实上不利于黄冈市作为湖北东部区域中心城市综合发展，不利于武汉城市圈和“两型社会”建设，建议撤销团风县建制，另设团风区，并入黄冈市区；将团风区与黄州区、龙感湖区三区隶属于黄冈市区，以扩大区域中心城市规模，让黄冈市产生规模效应和聚集效应。另外，黄冈辖区自古称黄州（或蕲州），为增加区域历史文化厚重感、赓续区域文脉，提升国内和国际知名度，建议改黄冈市为黄州市，改黄州区为东坡（赤壁）区，改蕲春县为蕲州市。

二是名人文化资源涵盖领域和学科门类多，以红色革命题材的政治军事名人为主体，科技、宗教、哲学、文学和医药、戏曲为六棱，形成一体六棱型格局。在开发利用过程中，应结合名人文化资源所在地经济发展条件、交通便利度和基础服务设施，重点围绕七个领域展开，可以把黄冈不同区域的名人文化资源整合为红色名人文化区、科技名人文化区、宗教名人文化区、哲人文化区、文坛名人文化区、医学名人文化区、戏曲名人文化区七大板块，形成以红色名人文化区为主轴，以宗教、医药、戏曲名人文化区为依托，其他名人文化区相拱卫的局面。

三是名人级差和名人文化资源整体品相较高，知名度高，影响力大，开发价值和潜力较大。当前，地方政府和相关单位需要结合名人文化资源所在地经济发展条件、交通便利度和基础服务设施，有重点地开发 C 级以上且有一定遗址、遗迹保存基础的名人文化资源。

四是名人遗址、遗迹保存有一定的基础，在开发国家级、省级、市级重点文物保护对象的基础上，结合名人文化资源所在地经济发展条件、交通便利度和基础服务设施，根据名人级差和遗址、遗迹保存状况分期分批有计划地开发名人级差较高、遗址遗迹尚存的物质性名人文化资源。可由市、县（市）两级政府管理部门组织，结合名人文化资源所在地经济发展条件、交通便利度和基础服务设施，分类保护、开发和利用，如名人级差高、开发价值大、遗迹保存基础好（第一类）；名人级差高、开发价值大、遗迹保存不完整或年久失修，恢复任务大（第二类）；名家级差比较高，遗迹保存有一定基础，但交通和服务设施不便，开发利用投资大。

五是名人文化内涵丰富，保护与挖掘、开发力度不够。一方面，多数名人故居、名人纪念馆、名人墓地等物质性名人文化资源缺乏保护和开发措施，有的甚至年久失修、损坏严重；另一方面，对名人文化资源发掘和开发利用不够，尽管有些名人文化资源如李先念、万密斋等挖掘和开发利用程度较好，但整体上看，不少名人文化资源处于待开发状态，有些名人文化沉睡很久，尚未开发和利用。

六是黄冈全市区域内名人文化资源分布比较分散，名人文化资源内部聚合度不高，与其他（旅游）资源和产业组合度不高，区域协作意识不强，缺乏区域聚集度。随着当地经济发展水平和交通条件、综合服务能力等提高，区域联动、资源共享、优势互补、客源互动、互利互惠的区域协作精神将会进一步增强，名人资源的有效组合度将会进一步提高，名人文化吸引力和市场影响力也将会逐步增强。

### 5.4　人文环境分析

黄冈历史悠久，是长江流域古文明发祥地之一。自秦代设郡至今已有 2 000 余年，行政区划相对稳定，市政府所在地黄州是一座历史文化古城，为历代州、郡、府之治所，是著名的历史文化古城。在悠久和波澜壮阔的历史长河中，黄冈形成了独具风采的红色文化、东坡文化、名人文化、戏曲文化、禅宗文化和大别山生态文化。该市名人文化传统历史悠久，在这块神奇的土地上，孕育了 1 600 多位名人，呈现出名人总量众多、领域分布广泛、贡献影响巨大的特色和优势。根据专家评估和权重赋值，该市名人文化历史传统、居民教育素质与文明程度两项指标被评为 B—级，而城乡综合服务设施（水电、通讯、医疗急救、商务中心等）则被评为 C 级，有待进一步加强；城市（镇）空间组合度被评为 C+级，乡村聚落空间组合度被评为 B—级。作为一级指标因子，人文环境条件综合加权分值为 67.9 分，反映了该市合理开发利用名人文化资源的人文环境有待进一步优化。

### 5.5　城市（区域）经济分析

黄冈全市（区域）年 GDP 总值、年财政收入值、居民消费水平（人均年消费额、年总消费额）均被评为 C+级，而城乡居民人均收入水平则被评为 C—级，反映了黄冈市经济社会发展条件一般。“十三五”时期，黄冈全市经济又好又快发展，黄冈综合经济实力跃上新台阶。2018 年，全市地区生产总值突破 2 000 亿元，增长 7.2%；规模以上企业工业增加值增长 7.3%；固定资产投资增长 11%，高于 2017 年同期 2.9 个百分点；社会消费品零售总额 1 205.05 亿元，增长 11.3%；外贸出口增长 19.9%；实际利用外资增长 29.9%；一般公共预算收入 139.2 亿元，增长 9.5%；居民消费价格涨幅控制在 3.5%以内；城镇、农村常住居民人均可支配收入分别增长7.79%、9.26%。[①] 全市改革开放实现新跨越，武汉城市圈“两型”社会建设综合配套改革取得积极进展。

尽管黄冈市四项指标增长很快，但与湖北省其他同级城市和全国同类城市（区域）相比，经济发展水平处于中游，该市经济发展状况经专家赋值和评估，加权得分仅为62.4分。可见，黄冈市名人文化资源合理开发利用的经济条件一般，需要进一步努力加快经济建设步伐，积极吸引外资，多渠道筹集资金，以推动名人文化资源合理地开发利用。

## 5.6 政策与政府管理水平分析

总体来看，黄冈市的政府管理效率较高。“十三五”时期，“黄冈市遗爱湖公园基本建成，黄州白潭湖片区框架基本形成。城市道路刷黑升级，老城区改造升级步伐加快。”“大别山区域一体化进程加快，大别山革命老区经济社会发展试验区实现‘五年大变样’。”[②] 该市“支持创作了黄梅戏《苏东坡》《活字毕昇》《黄梅戏宗师传奇》《传灯》和电视剧《铁血红安》等一批文化艺术精品，成功举办黄梅戏艺术节、挺进大别山漂流赛等一系列文化旅游活动。倾力打造教育品牌，各类教育持续协调发展。荣获‘全国群众体育先进市’‘全国双拥模范城’‘中华诗词之市’‘中国书法城’荣誉称号。法治黄冈、平安黄冈、和谐黄冈建设取得实效”。[③] 可见，该市开展文化旅游的公共安全与社会秩序、政治管理效率良好，因而两项指标因子被专家评为B—级，交通、火灾等人为事故控制效果较好，基本没有出现大的交通和火灾事故，被专家评为B级，而由于该市名人文化建设刚刚起步，属于政策鼓励阶段，因而名人文化建设政策被专家评为C级。政策与政府管理水平这一一级指标因子总体加权得分为71分，达到了较好水平。下一步，黄冈需要进一步出台名人文化建设政策及配套管理策略，加强民主法制建设、精神文明建设，维持良好的社会治安和社会秩序，有序

① 黄冈市发展和改革委员会. 关于黄冈市2018年国民经济和社会发展计划执行情况与2019年国民经济和社会发展计划草案的报告［N］. 黄冈日报，2019-03-04（004）.

② 黄冈市人民政府. 黄冈市经济和社会发展第十三个五年规划纲要［EB/OL］. http://www.hg.gov.cn/art/2016/7/29/art_30_92616.html. 2017-07-29.

③ 黄冈市人民政府. 黄冈市经济和社会发展第十三个五年规划纲要［EB/OL］. http://www.hg.gov.cn/art/2016/7/29/art_30_92616.html. 2017-07-29.

推进法治黄冈、平安黄冈、和谐黄冈建设，为更好、更合理地开发利用黄冈市名人文化资源提供更好的政策、制度和管理保障。

## 5.7　市场分析

“十三五”时期，黄冈经济社会发展面临的机遇明显：一是大别山革命老区振兴发展和精准扶贫上升为国家战略带来新机遇；二是中部崛起战略深入实施和长江经济带发展带来新机遇；三是湖北省“一元多层次”战略，对黄冈提出了建设“四个大别山”的奋斗目标和跨江联动的要求。随着“一元多层次”战略和新型城镇化的深入推进，“一带一路”倡议、中国制造 2025 和“互联网＋”行动计划的深入实施，全市产业支撑能力进一步增强，将进入工业化和新型城镇化发展的快车道。[①] 在市场方面，黄冈的海外市场、区域内市场两项指标因子均被专家评为 C＋级，而区域外与周边市场被专家评为 B－级，该项一级指标因子加权得分为 68.6。这说明黄冈名人文化资源可开发利用的海外与周边市场条件尚可，市场潜力较大，但区域内市场有待挖掘，海外市场与周边市场有待进一步拓展。

2010 年以来，黄冈市与周边城市，尤其是武汉、黄石，以及江西、安徽等周边地域城市的经济、贸易联系密切。该市作为武汉城市圈“两型”社会建设综合配套改革试验区，对外贸易取得积极进展。[②] 近几年来，黄冈逐渐成为汇聚武汉、黄石及江西、安徽等周边省份区域城市的人流、物流、信息流汇集的“洼地”，进一步增强了黄冈城市文化的包容性。这为黄冈市保护性开发和利用名人文化资源、加快名人文化建设搭建了良好的发展平台。

根据专家评分和权重赋值，最后的综合加权分值为 74.28 分。这一加权得分即黄冈名人文化资源开发利用价值的总体加权得分。可见，从总体上看，黄冈名人文化资源可开发利用价值较高，开发利用潜力较大。事实上，黄冈拥有一大批享誉中外的名人，构成了特色鲜明、影响广泛的黄冈

---

① 黄冈市人民政府. 黄冈市经济和社会发展第十三个五年规划纲要［EB/OL］. http://www.hg.gov.cn/art/2016/7/29/art_30_92616.html. 2017-07-29.

② 黄冈市人民政府. 黄冈市经济和社会发展第十二个五年规划纲要［N］. 黄冈日报，2011-03-05 (002).

名人文化资源优势：红色文化光辉灿烂，历史文化源远流长，东坡文化驰名中外，禅宗文化冠甲天下，戏曲文化积淀深厚，为黄冈实施名人文化建设提供了广阔的空间和坚实的基础。黄冈市政府有关管理部门、企事业单位需致力于全市经济发展水平的提高，人文环境的改善和优化，采取措施积极扩展区域内市场、周边和域外市场乃至海外市场，积极制定名人文化建设和名人文化产业发展政策，进一步提升政府管理效率和管理水平，为名人文化资源合理开发利用创造良好的条件。

# 第 7 章

# 城市名人文化资源开发的基本定位及其战略路径

## ——以湖北黄冈为例

城市文化规划是特色定位的体现，在对城市和区域文化建设进行特色定位的同时，须精心制定城市文化的发展规划，通过规划的实施，使城市文化和区域文化的长期发展战略和近期操作目标高度一致，避免短期行为，实现可持续发展。拥有名人文化资源的城市有必要通过名人文化设施建设、名人文化资源保护、名人文化艺术精品生产、名人文化活动繁荣、名人文化产业促进、名人文化旅游品牌建设、名人文化城市形象塑造、名人文化对外传播等路径，合理开发名人文化资源，发展名人文化产业，促进城市文化现代化建设。

如今，“文化横扫社会领域，极速扩张着自己的地盘。可以说，我们社会生活中的一切，从经济价值和国家权力，到各种实践再到自我的心理结构，都已经在某种意义上被纳入‘文化’的范畴。”[①] 法国学者让·鲍德里亚声称：“人类社会与经济的发展已经步入到一个全新的阶段，经济生产领域已经与意识形态或文化领域融为一体；文化的产品、影像、表征，乃至感觉与心理结构都变成了经济世界的组成部分。”[②] 党的十六大报告指

① Jameson, Fredric. Postmodernism, or the cultural logic of late capitalism [J]. *New Left Review*, 1984: 146.

② See Connor, Steven. *Postmodernist Culture: An Introduction to Theories of the Contemporary* [M]. Oxford: Blackwell, 1989: 51.

出："当今世界，文化与经济和政治相互交融，在综合国力竞争中的地位和作用越来越突出。文化的力量，深深熔铸在民族的生命力、创造力和凝聚力之中。"① 在新的城市发展态势下，文化的力量和重要性凸显。如何挖掘和利用城市文化资源，开拓新的经济增长点，促进城市文化旅游业提质增效，并带动相关产业快速发展？确立打造"文化名市"的目标，用抓项目的方式抓文化建设，基于文化资源的开发利用积极培植新的经济增长点，激发文化创造力，提升文化竞争力、影响力。特别是通过对名人文化资源的整合、保护和产业化开发、利用，使名人文化资源优势变成经济社会发展优势，促进旅游文化产业综合效益显著增长，快速发展名人文化产业，不断丰富人民群众的精神文化生活。对于名人文化资源丰富的城市而言，需要进一步发挥名人文化资源优势，实施名人文化设施建设工程、名人文化资源保护工程、名人文化艺术精品生产工程、名人文化活动繁荣工程、名人文化产业培育工程、名人文化旅游品牌打造工程、名人文化城市形象塑造工程七大工程，为名人文化建设描绘更加灿烂繁荣的明天。

## 1. 城市名人文化资源开发的基本定位

名人文化建设，是创造具有名人文化资源的城市或区域核心竞争力的"城市或区域文化资本"的构成体系，与其他要素构成的"动力因素"比较，"城市或区域文化资本"所构成的城市发展的"文化动因"，具有传承和创新并取之不尽、用之不竭的文化属性。

每一座不同的城市，每一个区域，每一个乡村聚居地，都处于不同的地理环境。不同的地理区域所形成的自然生态环境、孕育的社会形态、文化根源、文教风气、经济社会状况、时代面貌、历史变迁，造就了级差和知名度不同的历史名人和当代各领域知名人物，由此构成了名人文化的独特背景。在进行名人文化建设规划之前，对地域文化传统，尤其是教育传统的观照非常重要，要了解名人文化产生的文化传统、自然和人文背景，

---

① 江泽民. 全面建设小康社会，开创中国特色社会主义事业新局面——在中国共产党第十六次全国代表大会上的报告［EB/OL］. http：//www. china. com. cn/guoqing/2012-10/17/content _ 26821180. htm. 2002 - 11 - 08.

并根据这些背景合理规划名人文化资源，既要保护又要开发、利用和建设。

“文化规划是特色定位的体现，在对城市文化建设进行特色定位的同时，须精心制定城市文化的发展规划，通过规划的实施，使城市文化的长期发展战略和近期操作目标高度一致，避免短期行为，实现可持续发展。”[①] 因此，名人文化建设需要因地制宜，整体规划，强调长远设计，突出名人特色，精心打造附加在名人身上的内部与外部的文化要素，塑造出鲜明的名人文化个性。通过名人文化建设带动区域文化品位的优化，让人们在名人文化建设氛围中，在名人榜样力量的带动下，获得生活品质与生命质量的提升，接受思想道德教育，陶冶情操，提升科学文化素质。当前，随着城市居民的价值观和消费需求更新，他们对城市文化建设提出了继承和创新的要求，名人文化建设要把继承、延续、创新有机地结合起来，传承和创新区域或城市特色文化。

名人文化建设定位在某种意义上决定着名人文化资源保护、开发和利用的方向，一个好的定位，能够有效引导自然和人文环境、名人教育环境、名人成长经历、名人遗址遗存、名人文化精神等各种名人文化要素合理集聚，产生聚合效应。名人文化建设定位有两个基本依据：第一，面对当今城市和区域文化激烈竞争的定位往往需要通过差别化战略，突出其独特性，这就要求我们客观分析和评估一个城市的名人文化资源，包括名人的级差、知名度、社会贡献、社会影响、名人资源布局和分布领域、名人文化资源丰度、名人文化在当今经济文化建设中的作用等，以了解它与其他城市之间的差异；第二，定位是人们心理的活动指向性，既是起点又是终点，因此还必须设计一定的受众对象进行主观调查分析。名人文化建设定位要从战略高度和战略布局出发，要服务和服从于城市文化定位、城市发展定位，让名人文化建设定位成为城市文化定位的有机组成部分。名人文化建设定位必须有利于城市或区域文化形象的优化和文化精神的提升，有利于城市或区域经济社会健康发展，有利于城市或区域名人文化品牌的培植，有利于优化城市或区域投资环境，有利于城市或区域可持续发展，

① 雷兆玉. 以城市文化实力塑中心城市形象［EB/OL］. http：//theory. people. com. cn/GB/40537/12153789. html. 2010－07－15.

有利于城市或区域文化资源的整合，有利于市民文化素质的提高，有利于城市或区域文化特质的彰显，有利于城市或区域居民人文精神的提升，有利于增强城市或区域文化凝聚力。

黄冈名人文化建设定位应坚持高起点，高品位、精品化、规模化、系列化的原则，整体打造黄冈名人文化品牌，全面规划、整体推进黄冈名人文化建设。以“大别山水，名人之乡，人文黄冈”为名人文化建设主题定位，建设和打造“中国名人之都”。

## 2. 城市名人文化资源开发的战略路径

### 2.1 实施名人文化基础文化设施建设战略，充分体现名人文化内涵，构建名人文化的精神家园

名人文化首先要通过一定的文化基础设施来体现，每个城市的特色文化都是通过各种文化设施、建筑物风格等区别于其他城市，在城市名人文化形象设计中，要重视名人文化基础设施的设计、特色建筑物等硬件基础设施设计，把名人文化功能、城市文化环境与城市文化形象有机结合起来，体现名人文化内涵，提高城市的文化品位。无论是城市文化标志与雕塑、广场、旅游景点、城区街名、路名、店名等都要注意名人文化特色，体现名人文化精神内涵，体现出特定的名人文化意蕴和城市个性，创造具有文化默契和基本共识的文化气氛。目前在我国许多具有名人文化资源禀赋的城市中，公共图书馆、公共广场、剧院、体育馆、开放性公园等属于城市居民的名人文化设施还比较缺乏。无论从市民的需求，还是从城市名人文化旅游的需要来说，都要加强名人图书馆、文化馆、博物馆、艺术馆、公园、体育馆、少年活动中心、老年活动中心、科技馆等公共基础设施建设，构建名人文化的精神家园。于黄冈而言，要建设名人文化之都，首先必须加强实用性和观赏性兼而有之的名人文化基础设施建设，实施名人文化设施建设工程。

当下，黄冈不断加大文化建设资金投入，建设名人文化设施。比如，投资数亿元倾力打造的遗爱湖公园，成为广大市民娱乐休闲的精神家园；

累计投资 2 亿多元，完成黄冈市文化中心、李四光纪念馆、黄麻起义和鄂豫皖苏区烈士纪念馆、董必武纪念馆、李先念纪念馆和李先念图书馆、王树声纪念馆、麻城市博物馆、麻城市文化中心等一批标志性名人文化工程的建设和修缮工作，发挥了良好的社会效益和经济效益。比如，李四光纪念馆坐落在黄州东坡赤壁风景区东侧，是“全省爱国主义教育基地”“全国科普教育基地”“全国防震减灾科普教育基地”，是全省一流的人文教育与科技普及、文化休闲与旅游观光相结合的景点。该市着重在黄州打造东坡文化品牌，实施“五个一”工程。即一景，赤壁风景管理区；一园，遗爱湖公园；一节，东坡文化旅游节；一会，苏东坡研究会；一馆，苏东坡纪念馆。2010 年 10 月，苏东坡纪念馆在黄州遗爱湖边建成。与此同时，大别山旅游开发公司投资 15 亿元的大别山旅游公路全线开工……总投资 2 亿元的黄冈主体育场已完成前期各项准备工作；投资 1 000 万元的大别山地质博物馆已经建成。

当然，黄冈需要进一步加强名人文化设施建设、管理和利用。兴建一批名人文化重点设施工程，建设一批名人文化纪念园区和纪念馆、图书馆、博物馆；修缮和保护一批名人故居和纪念场馆。依托黄冈城东新区建设，以城区为中心，以东坡文化为核心品牌，建设城区名人文化中心区，重点建设好黄冈名人文化园、苏东坡纪念馆、东坡赤壁、遗爱湖公园、东坡广场和“一河两湖”生态文化园区，建设集行政服务、新兴产业、生态宜居、科教文化协调发展于一体的现代化新城，整体打造“中国东坡文化名城”，发挥市级名人文化设施的示范、辐射和带动作用，加强城区名人文化设施的布局、建设、管理和使用，对全市名人文化设施进行普查，科学规划，整合资源，最大限度地发挥名人文化设施的作用，积极推进县（市、区）名人文化重点项目建设。具体而言，包括以下内容：

#### 2.1.1　市直

以东坡文化为核心品牌，建设好黄冈名人文化园、遗爱湖公园、苏东坡纪念馆、东坡广场、东坡赤壁、“一河两湖”生态文化园区。

#### 2.1.2　县（市、区）

(1) 团风——李四光科技图书馆，团风名人文化广场项目，团风博物馆建设项目。

(2) 红安县——七里坪革命博物馆改扩建项目，红安县将军藏书屋，红安县革命博物馆改扩建项目，鄂豫皖革命根据地旧址园兴建工程项目，鄂豫皖民俗风情苑及红安绣活保护基地。

(3) 麻城——乘马会馆改造扩建工程，李贽纪念馆建设工程，麻城名人书屋。

(4) 罗田——万密斋文化产业园，主要包括万密斋文化广场、万密斋文化事业大楼、万密斋博物馆、万密斋图书馆、万密斋文化馆、万密斋陵园六大项目；罗田胜利老街及红色革命文物保护规划（罗田第一个党支部金凤楼及红十一军、红一军军部旧址、六纵杜义德司令部旧址、肖方故居等）；余三胜京剧艺术展示中心项目建设规划。

(5) 英山——毕昇活字印刷博物馆、毕昇牌坊、毕昇水寨、毕昇纪念园、毕昇故居、印刷作坊；英山红二十五军纪念馆。

(6) 蕲春——李时珍主体公园，李时珍国际健康文化产业园，蕲春赤龙湖影视拍摄基地。

(7) 黄梅——废名纪念馆，黄梅戏博物馆，禅宗、传说影视基地，黄梅县佛教图书馆。

(8) 武穴市——郭超人图书馆，武穴梅川高中郭超人铜像，武穴名人展览馆。

(9) 黄州区——兴建名人文化广场（建设“名人文化碑林”、名人蜡像馆、名人购物一条街及名人事迹演、唱、讲等）。

### 2.2 实施名人文化资源保护战略，坚持“保护为主、合理利用、科学开发”的原则，保护性开发名人文化资源

在名人文化资源保护和开发利用中，文化名人故居、故里、纪念馆、遗址、遗迹、陵园等名人文化物质形态是城市文脉的重要载体，名人们住过的老屋，用过的旧物，虽然在岁月的磨蚀中已经残损、褪色，但仍然存留着他们的气息，承载着密集的文化符码。尤其是名人故居，“它是人类文化遗产的重要组成部分，是传承历史记忆和城市文脉的重要载体，对于打造城市文化生态、构建城市文化坐标、促进旅游业和文化产业发展具有

举足轻重的作用。”[①] 名人文化资源是一种具有地域特色的稀缺资源，有的还属于濒危资源，它保留着许多“历史记忆”元素，具有珍贵的文化价值、经济价值和教育功能。历史名人文化是城市的魅力“名片”，将直接亮出我们城市的人文价值，我们有责任将这张“名片”保护好。为了永续利用，造福子孙后代，必须对名人文化资源予以有效保护。“保护是硬道理”，这是人们对名人文化资源的一种基本态度。要做到更好地保护文化资源，不仅需要在观念上树立起明确的保护意识，而且还要制定如何进行保护的具体措施和办法，比如，原真性修复、整体性保护等。除了采用这些特殊保护方式和途径外，还应该辅之以必要的法律手段、行政手段和经济手段。目前，名人文化资源的法律保护已经成为各级政府部门的一项重要工作，各级政府制定了许多相关的政策法规，出台了一系列的政府文件，并把这项工作同“建设文化强省”“建设文化强市”等文化发展战略结合在一起，使名人文化资源保护工作更为有效。比如，2014年7月，青岛市出台了《关于印发青岛市名人故居保护利用规划的通知》（简称《通知》），《通知》强调：“青岛市正致力于建设‘文化青岛’，实现‘蓝色跨越’。保护好、利用好名人故居，对于建立城市文化自信，彰显城市文化气度，提升城市文化影响力，推动经济社会全面发展，具有重要的现实意义和历史价值。青岛市坚持世界眼光、国际标准和本土优势，依据《青岛市历史文化名城保护规划》《青岛市历史建筑保护管理办法》等相关法律法规，借鉴国内外名人故居保护利用经验，首次编制《青岛市名人故居保护利用规划》。”[②]

改革开放以来，不少地方政府重视文化建设，对名人故居、名人故里、名人陵墓、名人纪念馆、名人遗址等加大了保护和原真性修复的力度，再现其历史风貌，使历史名人的思想、精神和业绩得以形象地展现，成为人们追思先贤、寄情抒怀的重要场所。但在一些城市，仅调查登记的名人旧居、名人遗址遍及城乡，很多故居遗址还是爱国主义教育基地，但

① 青岛市发展和改革委员会．关于印发青岛市名人故居保护利用规划的通知［EB/OL］. http：//www. qingdao. gov. cn/n172/n24624151/n24625135/n24625149/n24625163/141008093224225137. html. 2014-07-15.

② 青岛市发展和改革委员会．关于印发青岛市名人故居保护利用规划的通知［EB/OL］. http：//www. qingdao. gov. cn/n172/n24624151/n24625135/n24625149/n24625163/141008093224225137. html. 2014-07-15.

门可罗雀。不少现存的部分名人故居、遗址、纪念馆在被公布为保护单位前，其原貌已遭到破坏，一些陈列资料陈旧发霉，木质结构的房屋多年受风雨侵蚀亟待修缮，个别地方的名人文物仍遭到建设性的破坏，精美的雕梁画栋和文物随时面临火灾的威胁。名人故里、名人故居、名人遗址、名人遗物无法克隆。但这些名人故居、名人遗址已经成为城市历史的文脉，沿着这一条条文脉，可以感知历史文化名人生活的气息和历史文化名人所在时代的变迁。被毛主席誉为“越中名士乡”的绍兴，名人故居、名人遗址随处可见，已经成为这座历史文化名城的重要组成部分。尤其是修缮后的鲁迅故里，包括鲁迅祖居、鲁迅故居、百草园、三味书屋等，原汁原貌地再现了鲁迅青少年时代的生活环境和清末民初的市井风情，成为人们解读古城绍兴名人文化的经典之地。绍兴市对名人故居、名人文化资源保护和利用的模式和经验，受到了全国同行的广泛关注和充分肯定。

名人文化资源保护需要遵循一定的原则，以黄州东坡文化资源的保护为例，在整合、开发、利用苏东坡名人文化旅游资源的过程中，应当遵循下列几个基本原则：一是原真性，即要尽量注意保护原生态的实物和环境；二是整体性，即反映苏东坡故居、碑刻、遗存、诗文、茶、酒、瓷、医药文化之间相互关联的整体形态，整体性也同样体现在这些遗存的周围环境；三是延续性，即通过原真和整体保护，使参观者拥有参观时引发怀念和思索的情感场所；四是特色性，即挖掘这些被“物化”了的遗存后面蕴含的个人杰出成就和独特文化魅力；五是观赏性，即尽力使墓园、建筑、碑刻、纪念馆的各种展品有品位、有特点、有故事，能引人入胜。

黄冈是著名的革命老区和历史文化古城，有着丰富的名人文化资源。在名人文化资源保护性开发过程中，要坚持“保护为主、合理利用、科学开发、加强管理”的原则，重视红色名人文化、历史名人文化和东坡名人文化的研究、发掘与保护，建设了一批名人文化资源保护工程。有计划地整理出版或支持有关机构出版具有重大影响和学术价值的名人文献；修缮、恢复和保护一批名人故居、遗址遗迹、陵园（墓），配套建设交通设施；有组织、有计划地收集、整理、复制名人文化遗产（物），做好抢救性保护和利用工作；加大对涉及名人文化的历史文化名城、名镇、名村及各级文物保护单位的保护和利用；在旧城改造和市政建设中，突出城市文化内涵，切实保护优秀历史名人文化建筑、遗址、文物。规划、建设和命名一批全国、全省、全市重点文物保护单位，对重点项目实施抢救性保护，加强对东坡赤壁和已有名人纪念馆、故居、陵园、墓地、遗址遗迹等的保护，形成规模，扩大影响。目前，该市需要进一步调查全市名人文化资源状况，建立档案资料数据库，积极申报国家级、省级保护名录，加强馆藏名人文物保护和名人文物安全工作，丰富馆藏；鼓励县（市、区）及社会各界建设名人文化特色博物馆；做好名人文化典籍保护和整理工作，要积极推介、转化和开发名人文化资源，将名人文化资源优势转化为文化发展优势和经济优势。具体而言，包括以下内容：

### 2.2.1　市直

东坡赤壁、遗爱湖公园。

### 2.2.2　县（市、区）

(1) 红安——鄂豫皖革命根据地红色文物旧址抢救性维修项目，七里坪革命遗址群总体保护规划，七里坪革命旧址，新四军第五师司令部旧址，陡山吴氏祠，陂安南县苏维埃政府旧址“原址保护、异地重建”，黄麻起义会议旧址——文昌宫修缮恢复，鄂豫皖革命根据地红色文物旧址抢救性维修项目，61 名开国将军故居维修改造。

(2) 麻城——将军故居修复改造工程：重建王树声大将故居，维修王宏坤、陈再道上将故居，规划、维修、改造王必成中将故居、李成芳中将故居、张才千中将故居、丁先国少将故居、朱火华将军故居、肖永正将军故居、赵炳伦将军故居、祝世凤将军故居、徐其孝将军故居、高志荣将军故居、李庆柳将军故居、朱玉学将军故居、鲍先志中将故居、周希汉中将故居、王政柱将军故居、张汉丞将军故居、喻新华将军故居、邓岳将军故居、冯仁思将军故居、江鸿海将军故居、袁彬将军故居。

(3) 黄州——陈潭秋故居红色旅游景区开发项目。

(4) 团风——黄冈革命烈士陵园维修保护项目（现有场馆改造，维修红军招待所，张体学墓群申报为省级重点文物保护单位）；名人故居维修保护项目（分批维修林育英、林育南、李四光、包惠僧、熊十力、方本仁等名人故居）；红色纪念地维修保护项目（分批维修八斗湾共存社遗址、王家坊抗日民主根据地、鄂东抗日游击五大队诞生地、渡江烈士纪念碑、漆氏宗祠等红色纪念地)。

(5) 黄梅——红十五军纪念景区维修改造。

(6) 武穴——“浴佛井”保护，居正家族墓林保护。

(7) 罗田——胜利老街及红色革命文物保护规划(罗田第一个党支部金凤楼及红十一军、红一军军部旧址、六纵杜义德司令部旧址、肖方故居等红色革命文物);“万密斋墓”“王葆心墓”保护;出版《万密斋医学全书》《密斋新颂》《神医万密斋的故事》《大明医圣传》等书籍，并进行影视剧改编，争取早日与观众见面。

(8) 英山——以毕昇墓为中心，建设毕昇纪念园、毕昇博物馆，恢复毕昇故居、印刷作坊。

### 2.3 实施名人文化艺术精品生产战略，积极开发名人文化艺术精品，激发创造活力，提升名人文化软实力

文化艺术精品是文化生产力发展程度的象征，它可以促进文化产业与文化事业的辉煌和繁荣。创作名人文化艺术精品，对于树立名人文化品牌具有深远的意义。名人文化资源是创造文化艺术精品、创建名人文化品牌的内容基础和文化元素，以历史名人文化资源丰富著称的黄冈，应该充分调动广大文艺工作者和创作人才的积极性，采取相应行之有效的措施，打造经典的名人文化艺术产品，塑造名人文化品牌。这要通过多种形式，并要充分调动多方面的力量。如加强财政扶持力度，定期邀请文化艺术专家到名人文化资源现场来参观体验，由此获得强烈的创作灵感，进而生产出一些展示黄冈名人深厚文化底蕴，具有高度艺术性、思想性和观赏性的作品，进而提高名人文化创新能力和综合竞争力。

黄冈确立打造“文化名市”的目标，实施文化艺术精品战略，激发文化创造活力，提升文化竞争力，相继出台了《关于促进和繁荣我市文学艺术创作的意见》《关于印发〈黄冈市对在国家级、省级重大文艺活动中获奖作品和人才进行奖励的试行办法〉的通知》等文件，对文化艺术事业发展规划、财政支出、基础设施建设、艺术生产、人才培养及公共文化服务体系建设做出了明确规定。艺术创作和演出进一步繁荣，名人文化艺术精品力作不断涌现。比如，黄冈与上海电影集团联合摄制的电影《黎明行

动》获全国第十一届精神文明建设“五个一工程”奖，实现了黄冈历史上全国“五个一工程”奖零的突破。同时，更多具有黄冈名人文化元素的影视作品已经搬上屏幕，如 46 集电视连续剧《大明医圣李时珍》、25 集电视连续剧《张浩》、20 集电视连续剧《邢绣娘》和数字电影《秀水家园》等。2011 年 4 月，手机网游《大宋豪侠》发布公告，称黄州城新场景新游戏上线测试，在虚拟世界里，人们已经为黄冈搭建了一座宋城，这既是提升黄冈城市文化品位的举措，也是为那段辉煌历史留存的一份记忆。目前，黄冈已成功举办了七届东坡文化节和九届湖北省黄梅戏艺术节暨黄冈地方戏曲新作展演，在全国产生较大影响。国家一级演员杨俊、张辉荣获全国戏剧“梅花奖”，从 2000 年起，张辉先后四次参加中央电视台春节联欢晚会，还参与拍摄了黄梅戏电影《血泪恩仇录》、电视连续剧《貂蝉》。石蔚华、董小满、曾美玲、蔡琴、周洪年等获得湖北省戏剧“牡丹奖”。此外，楚剧小戏《卖鸡》获得全国“群星奖”金奖，杂技《晃梯》获得全国杂技铜狮奖。为扶持黄梅戏发展，黄冈市财政每年拨付专款，用于精品剧目的创作，并开展“请市民看戏”活动，等等。

如今，黄冈需乘风破浪，实施名人文化艺术精品生产工程。围绕重大题材、重大节庆、重大活动，发掘黄冈名人文化资源，建立重点文艺作品项目库。同时，以精神文明建设“五个一工程”奖等文艺奖项为主要抓手，以“湖北省黄梅戏艺术节”等文化活动为主要平台，充分利用黄冈名人文化资源，抓好舞台剧、影视剧、小说、歌曲等文艺精品生产，重点抓好《李四光》《东坡》等艺术精品再创作。大力支持文学、戏剧、音乐、美术、舞蹈、杂技等艺术门类，重点打造名人文化品牌，重点扶持一批利用该市名人文化资源创作的具有一流水准、反映时代精神、体现黄冈特色、深受群众欢迎的重点文艺精品。切实加强名人文化品牌和精品力作市场推广的策划和营销。提高优秀文艺作品的知名度和影响力，加强名人文艺精品的推广、传播，努力打造黄冈名人文化品牌。具体内容包括：

（1）制订红色文化、名人文化创作计划，组织创作名人文化题材的系列影视剧、舞台剧。

（2）编辑“黄冈名人文化系列丛书”。

（3）重点打造大型黄梅戏《李四光》《东坡》（专题片《沿着东坡的

足迹》、电视剧《苏东坡在黄州》）；拍摄电视剧《传奇毕昇》；46集电视连续剧《大明医圣李时珍》；电视连续剧《黄梅戏宗师传奇》；长篇电视剧《杨际泰的故事》；筹备拍摄电影“杨际泰”；长篇电视剧《麻姑传奇》。

（4）绘制、编制黄冈名人文化网络卡通动漫系列影视和图书，以及相关衍生产品。

### 2.4　实施名人文化活动繁荣战略，积极开展名人文化活动，改善文化民生，丰富市民不断增长的文化需求

名人文化不仅仅是装修名人故居、名人遗址和建立名人纪念馆，而应通过丰富多彩的文化载体，如节庆活动、民俗表演、网站文艺交流活动等充分展现名人文化的丰富性、多样性。“城市是人类聚居的生活与文化活动空间，人们的文化活动反映了城市的文明程度和城市个性色。”① 因此，城市名人文化建设要重视文化活动设计，为城市居民文化生活添彩，为城市居民文明水平的提高“强筋壮骨”。“丰富多彩、格调高雅、群众喜闻乐见的文化活动是提升城市文化品位的有效载体，是塑造城市形象的重要内容，它能够凝聚公众注意力，提升市民文明层次，使外地公众增加对该城市文化的兴趣和向往。”② 如今越来越多的城市通过举办各种形式的文化活动，如昆明世界园艺博览会、哈尔滨冰雕节、青岛啤酒节、潍坊风筝节、曲阜孔子文化节等，展示城市文化风格，丰富城市文化传统，有效增强城市文化的影响力和辐射力。名人文化建设依赖于专业性文化活动的开展，这些专业性文化活动，可以带动全市企业文化、校园文化、节庆文化、广场文化、村社文化、军营文化等的整体发展，可以活跃城市文化气氛，推动社会主义精神文明建设。

节庆和文艺演出等名人文化活动已成为推进名人文化建设、发展名人文化产业（旅游业）的主要手段之一。黄冈市领导和民众已深刻认识到这一点，围绕名人文化，举办了丰富多彩、形式多样的名人文化节、名人文

① 李植斌. 城市文化形象特征与建设［J］. 人文地理，2001（4）：26.

② 吴齐. 城市文化定位和塑造城市形象的思考［J］. 沈阳农业大学学报（社会科学版），2009（1）：49—50.

化旅游节、民俗文艺汇演、民歌大赛等。比如，2009 年 9 月，中国·湖北第七届黄梅戏艺术节暨黄冈地方戏曲新作展演在黄冈隆重举行。同时，注重打造高层次的文化论坛，汇集当下社会文化名流，提升城市文化品位和市民文化素质。“黄冈讲坛”自 2007 年 5 月开坛以来，余秋雨、易中天、纪连海、王立群、于丹等一批全国著名的专家、学者来黄冈开讲，为市民奉上了一场场文化盛宴。

“问汝平生功业，黄州惠州儋州。”一介团练副使的苏东坡放浪山水、激情创作，“完成了一次永载史册的文化突围。黄州，注定要与这位伤痕累累的突围者进行一场继往开来的壮丽对话”。① 当代文化学者余秋雨云：“苏东坡成全了黄州，黄州也成全了苏东坡。”“苏东坡在黄州写的那些杰作，既宣告着黄州进入一个新的美学等级，也宣告着苏东坡进入了一个新的人生阶段，两方面一起提升，谁也离不开谁。”② 东坡文化对黄州文化来说太重要了，为此，黄冈充分挖掘东坡文化资源，每年举办东坡文化旅游节和形式多样的东坡文化活动，如东坡文化国际论坛等，促进名人文化活动大发展大繁荣。

目前，黄冈需要以名人文化为抓手，实施名人文化活动繁荣工程，推动名人文化与文化活动的紧密结合，重点打造红色文化、历史文化、东坡文化、禅宗文化、黄梅戏文化等文化品牌。有重点地举办或承办名人纪念活动、学术研讨活动和名人节庆活动等，精心组织举办好“黄冈大别山旅游节”“湖北省黄梅戏艺术节”“东坡赤壁文化旅游节”“鄂东民歌大奖赛”等活动。高起点、高标准地谋划系列名人文化研究、学术研讨、国际交流等活动，筹划“黄冈名人之旅”国际旅游文化节，不断推介和传播黄冈名人文化品牌，加强文化交流与合作，把黄冈建设成在国际国内具有较强影响力的文化名市。鼓励和支持县（市、区）举办名人文化活动，进一步打造活动品牌，形成规模、特色和影响。积极创建全国、全省文化先进县（市）、文化先进社区和民间艺术之乡、特色文化之乡。深入开展群众性社会文化活动，将名人文化建设与繁荣社区文化、校园文化、农村文

---

① 余秋雨. 苏东坡突围［EB/OL］. https：//zhidao. baidu. com/question/545949452. html. 2018 -06 - 18.

② 余秋雨. 苏东坡突围［EB/OL］. https：//zhidao. baidu. com/question/545949452. html. 2018 -06 - 18.

化、军营文化、广场文化、家庭文化相结合，促进名人文化进社区、进校园、进军营、进农村，让名人文化惠及广大人民群众，惠及黄冈经济社会发展。

为强化名人文化品牌打造的统筹、谋划和协调，整合力量，统一运作。黄冈成立全市性的协调机构——“黄冈名人文化研究会”，指导、协调相关工作。各县（市、区）成立相应机构，配合开展工作。

#### 2.4.1 市直

重点打造红色文化、历史文化、东坡文化、禅宗文化、黄梅戏文化等名人文化品牌；组织举办好“东坡赤壁文化旅游节”“黄冈大别山旅游节”“湖北省黄梅戏艺术节”“鄂东民歌大奖赛”和“黄冈讲坛”名人文化系列讲座等活动；筹划“黄冈名人之旅”国际旅游文化节。

#### 2.4.2 县（市、区）

(1) 英山——毕昇国际文化旅游节，毕昇文化论坛。

(2) 浠水——闻一多文化艺术节。

(3) 罗田——余三胜戏曲艺术节。

(4) 黄梅——黄梅戏艺术节及“禅游大别山·禅之韵”。

(5) 蕲春——李时珍医药文化节。

(6) 武穴市——金德嘉会元功·龙坪镇会元大道。

### 2.5 实施名人文化旅游品牌战略，发挥名人文化品牌效应，促进名人文化旅游产业链延伸

物以名贵，地因名人而胜。“江南三大名楼”的来历即是明证。岳阳楼原来规模并不大，却因范仲淹的《岳阳楼记》而声名鹊起；滕王阁原来形体亦不大，却因“初唐四杰”的王勃一篇律赋《滕王阁序》而闻名遐迩；黄鹤楼原来名声亦不显赫，却因唐诗人崔颖的一首七律《黄鹤楼》而名声大噪。岳阳楼、滕王阁、黄鹤楼皆因名人文化之彰显而显赫，蜚声中外，中外游客纷至沓来。因此，旅游要体现名人文化的内涵，挖掘历史文化名人的含金量。充分发掘丰富的历史文化遗产，打造富有特色的历史文

化景观，凸显灿若群星的历史名人效应。这样，历史文化与旅游景点便能交相辉映，发挥名人文化的品牌效应，让游客留住旅游景点的记忆。广告专家约翰·菲利普·琼斯把品牌定义为："品牌是指能为顾客提供其认为值得购买的功能利益及附加价值的产品。"[①] 建立品牌的目的是使消费者对品牌情有独钟，让你的产品或服务在众多竞争者中成为消费者的唯一选择。因此，品牌成为企业实现差别化优势的战略资源和提高核心竞争力的重要手段。可见，企业的竞争、产品的竞争、服务的竞争，在很大程度上是品牌的竞争。名人文化品牌是旅游业和其他文化产业的核心竞争力，旅游区、旅游景点、旅游产品和服务走品牌发展之路，就是要培养旅游者的品牌忠诚度，并带动周围的旅游人群也形成品牌忠诚度，从而获得规模经济效益。

名人文化旅游品牌的利用和发掘，能够大大充实一个地方、一个城市的文化内涵和文化品位，同时将持续地作用于一个地方经济社会的发展。比如，茅盾、丰子恺之于浙江桐乡，徐霞客、徐志摩、金庸、王国维之于浙江海宁，名人文化蕴含着极大的品牌价值。名人文化旅游作为新生事物，如何让名人品牌在纷繁庞杂的旅游市场中占有一席之地，已成为各地政府急待解决的问题。黄冈市市长刘雪荣对《中国日报》记者表示："黄冈旅游主打五大品牌：人间四月天，麻城看杜鹃；大别主峰，天堂氧吧；禅宗祖庭，天下黄梅；将军故里，红色摇篮；遗爱湖畔，东坡赤壁。其中，后三大品牌即主打名人文化旅游品牌。"在这五大旅游品牌中，最耀眼、最具有辐射力的便是东坡赤壁旅游品牌，黄州东坡文化旅游品牌的建设是一个包括品牌定位、品牌形象塑造、品牌延伸、品牌促销、品牌保护在内的系统工程。

名人文化旅游的品牌经营不仅仅是做好旅游景点（区）的开发经营工作，还包括通过文化传播、形象宣传、产业联动等途径尽可能多地发挥名人品牌价值。旅游业的综合性为名人文化旅游品牌延伸提供了良好条件。从企业经营的角度讲，品牌延伸就是在原有品牌的基础上推出新产品；从品牌发展的角度讲，品牌延伸应向旅游业的相关产业拓展，如借助社区文化建设、城市形象定位、农业及工商业发展的契机，加大产业联动强度，

---

① 参见黄蔚. 论城市品牌 [J]. 城市发展研究，2005 (3)：76.

合作打造名人文化名牌。[①] 比如，黄冈蕲春非常重视“药圣”李时珍的品牌资源，建立了相当规模的中药材市场，并拟开发吴承恩和《西游记》主题旅游。英山自 20 世纪 90 年代发现毕昇墓、学术界确认毕昇为英山人之后，英山做足了名人毕昇的文章。英山用毕昇命名了印务公司、中学、街道、森林公园、旅行社、宾馆、云雾茶，建设了毕昇纪念馆和毕昇陵园，开发了“毕昇文化两日游”。毕昇品牌还吸引了全国 20 多家知名企业来英山投资，投资额逾 6 亿，成为该县经济增长的重要支撑点。最近，英山毕昇大峡谷漂流的广告也“漂”到了武汉、合肥等城市。毕昇一个名人就给英山带来了这么大的经济文化效益，黄冈其余的名人文化旅游品牌资源若能得到科学合理地开发，其经济效益和社会效益不可估量。

黄冈文化旅游建设要突出名人文化品牌，整合旅游资源和名人文化资源，促进名人文化与旅游紧密结合，提升旅游的文化内涵和文化品位。根据市内名人文化景观（景点、景区）地域组合和集群特色，依托全国 12 大红色旅游区和 30 条红色旅游精品线路，积极推进旅游精品线路规划，以“大别山水，人文黄冈”为主题，以“三色”旅游为重点，以打造黄冈大别山旅游品牌为目标，加快全市 12 大旅游景区、20 个红色旅游景区（点）、4 个省级重点旅游名镇、13 个省级旅游名村的建设步伐。打造黄冈名人文化精品旅游线路，形成真正意义上的旅游目的地。具体内容包括：

### 2.5.1 重点建设三大品牌组团、六大名人文化旅游功能区

“三大品牌组团”——以黄州为中心的东坡名人文化品牌组团；以红安、麻城、团风、浠水为重点的红色名人文化组团；以黄梅、蕲春、武穴、英山、罗田为重点的历史名人文化组团。“六大名人文化功能区”——以黄州为中心的东坡名人文化功能区；以红安、麻城、团风、浠水为中心的红色名人文化功能区；以蕲春为中心的李时珍名人医药文化功能区；以黄梅为中心的黄梅戏和禅宗四祖道信、五祖弘忍名人文化功能区；以罗田为中心的万密斋名人健康文化功能区；以罗田、英山为重点的

① 参见杨艳，黄震方. 名人文化旅游开发的品牌化与网络化［J］. 经营与管理，2006(10)：19.

生态文化功能区。

#### 2.5.2　规划名人文化精品线路

整合全市旅游资源和名人文化资源，打造黄冈大别山旅游品牌，规划 12 大旅游景区、20 个红色旅游景区（点）、4 个省级重点旅游名镇、13 个省级旅游名村建设。

#### 2.5.3　县（市、区）旅游品牌打造

（1）红安——打造以县城为中心的南北 4 个片区红色旅游景点——高桥片区，以李先念纪念园和陈锡联、王近山将军故居为重点的一批旅游景点；七里片区，打造以长胜街、秦基伟将军、天台山名人文化为重点的旅游景点；城关片区，以烈士陵园、董必武故居为纽带，辐射城关镇将军故居为重点的旅游景点；南部片区，以陡山吴氏祠、叶君健书屋为主线，辐射八里镇将军故居为重点的旅游景点。

（2）麻城——打造以乘马会馆和 24 名将军故居为重点的红色旅游精品景点。

（3）蕲春——打造李时珍国际健康文化旅游业（明清影视城，国际健康论坛，健康大世界，水上运动村，南天河漂流，温泉度假村，假日酒店，李时珍主题公园）。

（4）武穴——打造横岗山佛教圣地四祖寺旅游区，居正家族墓林及仙姑山旅游风景区。

（5）英山——打造“毕昇森林公园”“毕昇纪念馆”“毕昇湖”人文景点；成立毕昇旅行社、毕昇旅游开发有限公司；推出“毕昇故里”二日游、三日游、毕昇大峡谷漂流等旅游品牌。

### 2.6　实施名人文化产业培育战略，探索名人文化产业发展模式，促进名人文化产业发展

人类社会的可持续发展既离不开对自然资源的合理开发利用，也离不开对文化资源的保护性开发利用。名人文化资源保护不是要把它给“冻结”起来，使它成为旧古董和历史文物，而是要在保护的基础上合理开发

利用，延续其生命力，使之真正成为人类社会的一笔宝贵财富。因此，在重视名人文化资源保护的前提下，还要考虑如何更好地开发利用，进行产业化发展，使其社会价值和经济价值充分发挥出来。“文化产业是文化经济化的直接产物，文化除了满足人们的精神生活需要外，本身也能创造巨大的经济价值，成为新的经济增长点。”[①] 在世界许多国家，文化产业被誉为“文化工业”“支柱产业”等，一些西方发达国家的部分城市甚至靠文化产业起家，或者把文化产业发展当作最有经济活力的支柱产业之一。比如，西班牙毕尔堡从一个工业萎缩、产值极低的“死城”，转型为全世界文化之都的熠熠新星，花了25年。毕尔堡文化产业的核心不只是古根汉博物馆的巨大成功，还有全市破釜沉舟的决心，官、民、企合力引进30项重大文化项目，进行庞大复杂的社区大改造，成为以文化拉动产业转型的典范。中国绍兴的鲁迅故里，大手笔重新规划，以名人文化为依托，以所在地为整体概念，是街巷、村落、建筑为一体的文化创意工程，亦成为文化产业城市尤其是名人文化产业的成功典范。

黄冈需要围绕发展市域文化产业与开发市域名人文化资源、旅游资源相结合的总体思路，努力探索“政府支持，企业参与，市场运作”的名人文化产业发展模式，加强名人文化产业深度开发。比如，建设一批名人文化设施，为名人文化产业发展提供硬件环境；开发名人电影和电视连续剧。以名人为题材，突出文化内涵，将名人文化与影视文化紧密结合；大力发展名人文艺和黄梅戏、民歌、民间舞蹈、民间音乐，充分利用黄冈深厚的文化底蕴和丰富的名人资源，精心编排大型演出节目，作为黄冈的名牌演出节目，吸引到黄冈旅游的游客来观看，带动演出业的发展；举办黄冈讲坛和东坡文化国际论坛等；通过名人效应吸引投资等。全市文化产业范围不断拓展，产业规模不断扩大，管理水平不断提高。文化产业的投资主体已由单一的国家投资向社会多元化投资转变。目前，全市网络文化、娱乐演出、电影放映、影视制作、音像制品、艺术教育、书刊印刷发行等产业初具规模，逐步形成体系。比如，黄梅县近几年来，先后打通了四祖寺、五祖寺、老祖寺、妙乐寺、江心寺、古雷池之间的县内公路，打造了

---

① 雷兆玉. 以城市文化实力塑中心城市形象［EB/OL］. http：//theory. people. com. cn/GB/40537/12153789. html. 2010－07－15.

全县重点旅游风景区连成一体的交通网络；最近又引进了湖北华夏龙景旅游投资公司，三年内投资 3 亿元，将五祖寺旅游风景区建设成国家 4A 级旅游景区；黄梅县通过招商引资，筹巨资打造鄂东禅宗文化旅游圈；红安、麻城加强红色旅游文化资源的开发，形成精品红色旅游线路，麻城共引资 3.2 亿元，开发“三山”（龟峰山、五脑山、九龙山）“一村”（杏花村）等红色旅游文化产业；蕲春建起明清影视城、李时珍假日酒店，拍摄了电视剧《大明医圣李时珍》。名人文化产业总量规模不断扩大，市场功能不断完善，为黄冈经济社会的快速健康发展做出了积极贡献。同时，大力倡导社会力量兴办各项文化事业和产业，不断提高文化服务水平和质量，为人民群众提供优质的文化产品和服务。

实施名人文化产业培育工程，进一步壮大黄冈名人文化产业，组建黄冈名人文化产业集团，综合开发名人文化产业，实行统一规划，整体开发和策划、包装、推介、营销。全面提升名人文化产业的综合竞争力。加快建设蕲春李时珍国际健康集团、黄冈旅游集团、黄梅戏发展研究中心等重点文化企业，力争全市文化产业增加值占全市 GDP 的 6%以上。

积极培育和发展有黄冈地域特色的名人文化产业，促进名人文化与产业产品开发紧密结合。着力发展有名人文化内涵的文化旅游、文化创意、影视制作、演艺娱乐、出版发行、印刷复制、文化会展、广告、动漫等重点文化产业，加大名人文化产业开发力度、品牌创建力度和配套服务业发展力度。推动名人文化与经济、科技、旅游、教育等的融合互动，催生新型文化业态，延长文化产业链、产品链、服务链、经营链，全面提升名人文化产业的核心吸引力和综合竞争力。

加大名人文化产业招商引资力度。谋划一批名人文化产业招商项目，充实《黄冈文化产业招商项目名录》，促进黄冈名人文化产业快速发展，努力把名人文化产业培育成黄冈新的经济增长点和支柱产业。

加快名人文化产业园区和基地建设，开发和提升文化产业产品。依托丰富的名人文化资源，加快文化产业园区和基地建设。积极发展具有地域特色的文化产业集群，促进文化产业与名人文化紧密结合，重点发展一批有名人文化效应的文化产品，提升产品的文化内涵和文化品位，提高产品的知名度和影响力。具体内容包括：

（1）组建黄冈名人文化产业集团，整体规划、综合开发黄冈名人文化产业。

(2) 重点打造红色文化、历史文化、东坡文化、禅宗文化、戏曲文化、民俗文化、保健文化、生态文化、影视拍摄、传统工艺十大文化产业基地。

(3) 发展团风农民画、黄梅挑花、红安绣活、黄州新乾龙青铜器、红安大布、禅茶、武穴酥糖、武穴佛手山药，章水泉竹艺、蕲春荆王府酒、英山雍华丝绸、毕府粉丝、毕昇饼、浠水汉武帝药枕等一批文化产品。

(4) 发展李时珍医道文化产业项目、际泰药业产业链，万密斋医药文化产业，余三胜文化产业。

### 2.7 实施名人文化城市形象塑造战略，以名人文化为依托，凸显城市文化特色，塑造城市文化形象

形象是能引起人的思想或感情活动的具体形状和姿态，[①] 是人的思想感情活动的结果，“形象一旦形成，又将深刻影响人们的思想和感情，进而成为人们兴趣取舍、行为选择的依据。”[②] 形象既有经济因素，又有文化因素。如果说经济实力是构成形象的物质基础，那么文化则是构成形象的人文精神基础。城市形象是城市外观风貌和内在文化气质的结合，是一个城市的自然生态、历史与现实、经济与文化、社会与安全、内在素质与外在风貌的综合展现，人们对城市会有主观感知、整体性印象和评价。良好的城市形象是一座城市的无形资产，也是城市核心竞争力的重要资源，能全方位提高城市的文化品位。向内，能够提升城市居民和外来移民、游客、人才的凝聚力、吸引力；向外，能提升城市的影响力、辐射力。“对一个城市来说，美好的文化形象不仅要有令人赏心悦目的城市外表，而且应有方便舒适的生产生活环境，有健全的城市功能，更有深厚的历史文化底蕴。”[③] 城市形象，首先展现的是其文化意义上的深度和魅力，即文化的内涵。“城市文化形象犹如一面旗帜，饱含着先进的特色的文化，凝聚着城市的灵魂，引导着人们的思维，决定着市民的行为模式和生活方式，能

① 现代汉语词典［M］. 北京：商务印书馆，1978：1289.
② 潘婷婷. 电视频道形象宣传片探析［D］. 济南：山东大学硕士论文，2006：3.
③ 谢恬. 谈历史文化名城的城市形象［J］. 文教资料，2009（11）：61.

鼓舞人、激励人去热爱自己的家园，并且尽力为其做出自己的贡献。”[①] 名人文化形象代表着该城市的文化特色，是地域特色文化的集中表现。一个城市有它的名人文化资源和特色，并在历史和文化传统上保护传承、合理发掘利用。

在人类进入大工业化以后，全球的现代城市呈现同一或相似的形态。芝加哥、纽约、法兰克福、悉尼、东京市中心的那些玻璃帷幕高层建筑，在北京也一栋接一栋地拔地而起，如长城饭店、国贸中心、华威大厦等。这种中西文化交流和文化趋同现象既是一种进步，也是一种危险。英国前皇家城市规划学会主席帕金森曾经对我国城市规划界倾诉道：“在全世界有一个很大的危险，我们的城镇正趋向同一种模样，这是很遗憾的；中国历史和文化的传统太珍贵了，不能容许它们被西方来的这些虚假的、肤浅的、标准化的概念的洪水所淹没。我确信，你们遭到了这种威胁。你们要用全部的智慧、决心和洞察力去抵抗它。”[②] 在全球经济、信息一体化的今天，人们越来越意识到城市文化形象个性和特色的重要性。悠久的城市历史文化越是民族的、传统的、特色的，对于现代社会而言，越是个性的、时尚的、现代的。个性化和特色鲜明的城市文化形象必将越来越受到人们的注目。名人文化资源是一个城市文化品位的重要表现，是一个城市文化个性的生动体现，也是一个城市成为文化名城的独特文化优势。像世界文化名城佛罗伦萨，是欧洲文艺复兴的中心，曾经产生过但丁、达·芬奇等一大批世界名人，它是一个完全靠名人文化资源而名扬世界的城市。比萨、威尼斯也是如此。在国内，像曲阜、绍兴、湘西凤凰，也是靠名人文化资源而蜚声国内外的。黄冈的名人文化资源是城市的宝贵财富，是黄冈的文化特色和个性，是塑造黄冈城市形象的无形资源。因此，在城市文化形象塑造过程中，要加进更多的名人文化因素，让名人文化唱主角，要在城市道路的命名上考虑名人因素，在火车站、汽车站、公交站牌、出租车站牌以及其他标志性的建筑集中展现黄冈名人文化的魅力。

黄冈需要规划实施名人文化城市形象塑造工程。坚持高起点、高品位、

---

① 陈太政，余方镇. 论城市文化形象的塑造［J]. 南阳师范学院学报（社科版），2007(4)：18.

② 参见李晓芳. 城市的个性——地域文化在城市形象设计中的运用［J]. 市场周刊，2009 (11)：61.

精品化、规模化、系列化的原则，整体打造黄冈名人文化品牌，全面推进黄冈名人文化建设。以“红色大别山、绿色大别山、发展大别山、富裕大别山”为背景，以“红色黄冈，人文黄冈，魅力黄冈，激情黄冈”为形象主体，提炼黄冈城市文化精神，塑造城市文化形象，规划建设名人城市雕塑、名人文化标示、名人文化地图等，有计划、有重点地命名一批名人公园、名人建筑、名人街区、名人学校，在高速公路和县域出入口处设立醒目的名人标识和宣传展示牌。将黄冈整体打造形成以名人文化为核心的“中国名人之都”。结合名人文化推介、传播，深入推进精神文明建设和文明创建活动，整体提高全民文明素质和全社会文明程度，汇集民智，凝聚力量，振奋精神，鼓舞斗志，促进全市经济社会协调发展。进一步从黄冈名人文化资源中提炼城市文化形象主题，以“大别山水、人文黄冈”“名人之乡，魅力黄冈”等为城市形象主题定位，打造“华中名人之都”“中国名人之乡”。

**表 7－1　黄冈市名人文化资源开发战略与基本项目一览表**

| 分类 | 重　点　项　目 |
| --- | --- |
| 名人文化基础设施建设战略 | 1. 市直：<br>以东坡文化为核心品牌，建设好黄冈名人文化园，遗爱湖公园，苏东坡纪念馆，东坡广场，东坡赤壁，“一河两湖”生态文化园区。<br>2. 县（市、区）：<br>（1）团风——李四光科技图书馆，团风名人文化广场项目，团风博物馆建设项目。<br>（2）红安——七里坪革命博物馆改扩建项目，红安县将军藏书屋，红安县革命博物馆改扩建项目，鄂豫皖革命根据地旧址园兴建工程项目，鄂豫皖民俗风情苑及红安绣活保护基地。<br>（3）麻城——乘马会馆改造扩建工程，李贽纪念馆建设工程，麻城名人书屋。<br>（4）罗田——万密斋文化产业园（主要包括万密斋文化广场、万密斋文化事业大楼、万密斋博物馆、万密斋图书馆、万密斋文化馆、万密斋陵园六大项目）；罗田胜利老街及红色革命文物保护规划（罗田第一个党支部金凤楼及红十一军、红一军军部旧址、六纵杜义德司令部旧址、肖方故居等），余三胜京剧艺术展示中心项目建设规划。<br>（5）英山——毕昇活字印刷博物馆、毕昇牌坊、毕昇水寨、毕昇纪念园、毕昇故居、印刷作坊；英山红二十五军纪念馆。<br>（6）蕲春——李时珍主体公园；李时珍国际健康文化产业园，蕲春赤龙湖影视拍摄基地。<br>（7）黄梅——废名纪念馆，黄梅戏博物馆，禅宗、传说影视基地，黄梅县佛教图书馆。 |

续表

| 分类 | 重　点　项　目 |
| --- | --- |
|  | (8) 武穴——郭超人图书馆，武穴梅川高中郭超人铜像，武穴名人展览馆。<br>(9) 黄州区——兴建名人文化广场（建设“名人文化碑林”、名人蜡像馆、名人购物一条街及名人事迹演、唱、讲等）。 |
| 名人文化资源保护战略 | 1. 市直：<br>东坡赤壁，遗爱湖公园。<br>2. 县（市、区）：<br>(1) 红安——鄂豫皖革命根据地红色文物旧址抢救性维修项目，七里坪革命遗址群总体保护规划，七里坪革命旧址，新四军第五师司令部旧址，陡山吴氏祠，陂安南县苏维埃政府旧址“原址保护、异地重建”，黄麻起义会议旧址——文昌宫修缮恢复，鄂豫皖革命根据地红色文物旧址抢救性维修项目，61 名开国将军故居维修改造。<br>(2) 麻城——将军故居修复改造工程：重建王树声大将故居，维修王宏坤、陈再道上将故居，规划维修改造王必成中将故居、李成芳中将故居、张才千中将故居、丁先国少将故居、朱火华将军故居、肖永正将军故居、赵炳伦将军故居、祝世凤将军故居、徐其孝将军故居、高志荣将军故居、李庆柳将军故居、朱玉学将军故居、鲍先志中将故居、周希汉中将故居、王政柱将军故居、张汉丞将军故居、喻新华将军故居、邓岳将军故居、冯仁思将军故居、江鸿海将军故居、袁彬将军故居。<br>(3) 黄州——陈潭秋故居红色旅游景区开发项目。<br>(4) 团风——黄冈革命烈士陵园维修保护项目（现有场馆改造，维修红军招待所，张体学墓群申报为省级重点文物保护单位）；名人故居维修保护项目（分批维修林育英、林育南、李四光、包惠僧、熊十力、方本仁等名人故居）；红色纪念地维修保护项目（分批维修八斗湾共存社遗址、王家坊抗日民主根据地、鄂东抗日游击五大队诞生地、渡江烈士纪念碑、漆氏宗祠等红色纪念地）。<br>(5) 黄梅——红十五军纪念景区维修改造。<br>(6) 武穴——“浴佛井”保护，居正家族墓林保护。<br>(7) 罗田——胜利老街及红色革命文物保护规划（罗田第一个党支部金凤楼及红十一军、红一军军部旧址、六纵杜义德司令部旧址、肖方故居等红色革命文物）；“万密斋墓”“王葆心墓”保护；出版了《万密斋医学全书》《密斋新颂》《神医万密斋的故事》《大明医圣传》等书籍。<br>(8) 英山——以毕昇墓为中心，建设毕昇纪念园、毕昇博物馆，恢复毕昇故居、印刷作坊。 |
| 名人文化艺术精品生产战略 | 1. 制订红色文化、名人文化创作计划，组织名人文化题材的系列影视剧、舞台剧精品创作生产。<br>2. 编辑黄冈名人文化系列丛书。<br>3. 重点打造大型黄梅戏《李四光》《东坡》；拍摄电视剧《传奇毕昇》；46 集电视连续剧《大明医圣李时珍》；电视连续剧《黄梅戏宗师传奇》；长篇电视剧《杨际泰的故事》；筹备拍摄电影“杨际泰”；长篇电视剧《麻姑传奇》。 |

**续表**

| 分类 | 重　点　项　目 |
| --- | --- |
| 名人文化活动繁荣战略 | 1. 市直：<br>重点打造红色文化、历史文化、东坡文化、禅宗文化、黄梅戏文化等名人文化品牌；组织举办好“东坡赤壁文化旅游节”“黄冈大别山旅游节”“湖北省黄梅戏艺术节”“鄂东民歌大奖赛”和“黄冈讲坛”名人文化系列讲座等活动；筹划“黄冈名人之旅”国际旅游文化节。<br>2. 县（市、区）：<br>（1）英山——毕昇国际文化旅游节，毕昇文化论坛。<br>（2）浠水——闻一多文化艺术节。<br>（3）罗田——余三胜戏曲艺术节。<br>（4）黄梅——黄梅戏艺术节及“禅游大别山·禅之韵”。<br>（5）蕲春——李时珍医药文化节。<br>（6）武穴——金德嘉会元功·龙坪镇会元大道。 |
| 名人文化旅游品牌战略 | 1. 重点建设三大品牌组团、六大名人文化旅游功能区。“三大品牌组团”——以黄州为中心的东坡名人文化品牌组团；以红安、麻城、团风、浠水为中心的红色名人文化组团；以黄梅、蕲春、武穴、英山、罗田为重点的历史名人文化组团。“六大名人文化功能区”——以黄州为中心的东坡名人文化功能区；以红安、麻城、团风、浠水为中心的红色名人文化功能区；以蕲春为中心的李时珍名人医药文化功能区；以黄梅为中心的黄梅戏和禅宗四祖道信、五祖弘忍名人文化功能区；以罗田为中心的万密斋名人健康文化功能区，以罗田、英山为重点的生态文化功能区。<br>2. 规划名人文化精品线路。整合全市旅游资源和名人文化资源，打造黄冈大别山旅游品牌，规划 12 大旅游景区、20 个红色旅游景区（点）、4 个省级重点旅游名镇、13 个省级旅游名村建设。<br>3. 相关县市区旅游品牌打造：<br>（1）红安——打造以县城为中心的南北两个片区红色旅游景点——高桥片区，以李先念纪念园和陈锡联、王近山将军故居为重点的一批旅游景点；七里片区，打造以长胜街、秦基伟将军、天台山名人文化为重点的旅游景点；城关片区，以烈士陵园、董必武故居为纽带，辐射城关镇将军故居为重点的旅游景点；南部片区，以陡山吴氏祠、叶君健书屋为主线，辐射八里镇将军故居为重点的旅游景点；<br>（2）麻城——打造以乘马会馆和 24 名将军故居为重点的红色旅游精品景点。<br>（3）蕲春——打造李时珍国际健康文化旅游业（明清影视城，国际健康论坛，健康大世界，水上运动村，南天河漂流，温泉度假村，假日酒店，李时珍主题公园）。<br>（4）武穴——打造横岗山佛教圣地——四祖寺旅游区，居正家族墓林及仙姑山旅游风景区。<br>（5）英山——打造“毕昇森林公园”“毕昇纪念馆”“毕昇湖”人文景点；成立了毕昇旅行社、毕昇旅游开发有限公司；推出了“毕昇故里”二日游、三日游、毕昇大峡谷漂流等旅游品牌。 |

续表

| 分类 | 重　点　项　目 |
|---|---|
| 名人文化产业培育战略 | 1. 组建黄冈名人文化产业集团，整体规划、综合开发黄冈名人文化产业。<br>2. 重点打造红色文化、历史文化、东坡文化、禅宗文化、戏曲文化、民俗文化、保健文化、生态文化、影视拍摄、传统工艺十大文化产业基地。<br>3. 发展团风农民画、黄梅挑花、红安绣活、黄州新乾龙青铜器、红安大布、禅茶、武穴酥糖、武穴佛手山药，章水泉竹艺、蕲春荆王府酒、英山雍华丝绸、毕府粉丝、毕昇饼、浠水汉武帝药枕等一批文化产品。<br>4. 发展李时珍医道文化产业项目，际泰药业产业链，万密斋医药文化产业，余三胜文化产业。 |
| 名人文化城市形象塑造战略 | 以“大别山水、人文黄冈”“名人之乡，魅力黄冈”为城市形象主题定位，打造“中国名人之都”。 |

# 第 8 章

# 上海大世界的文化品牌建设质量提升路径探析

2017 年重新开放的上海大世界以“非物质文化遗产”与“民俗、民族、民间”为主题，定位于非物质文化遗产的展演空间和活态传承。当下，上海大世界的文化品牌建设主要体现在以下四个方面，即传承技艺、传承技人、融新形态、融新体验。但存在以下问题：一是缺乏核心文化活动，难以形成文化品牌标识；二是缺乏整合营销观念，难以带动大范围的关联文化消费受众；三是缺乏历史和当代名人引领，名人效应不足；四是文化体验仿真性有待精细化，受众的沉浸式体验有待强化；五是非遗活态展演与现代生活风尚的契合度有待提升。因此，上海大世界可以在以下方面进一步加强文化品牌建设：首先，树立文化品牌理念，形成品牌支撑性非遗文化活动；其次，实施非遗文化整合营销措施，推广优质的非遗文化活态展演和服务；再次，精选非遗文化代言人和推广名人，利用名人效应转化传统非遗文化活态展演与文化新风尚之间的矛盾；最后，积极培育非遗相关文化活动，延伸品牌产业链。

文化是城市的容器和灵魂，是城市能级和核心竞争力的重要支撑，是城市经济社会发展的最高目标。“发展可以最终以文化概念来定义，文化的繁荣是发展的最高目标。”[①] 而文化品牌是城市品牌最深层次的体现。它

① 联合国教科文组织. 文化政策促进发展行动计划［EB/OL］. 斯德哥尔摩：政府间文化政策促进发展会议（1998 - 03 - 30～1998 - 04 - 02）. https：//max. book118. com/html/2017/0404/98602590. shtm. 2017 - 04 - 04.

是文化内涵和文化品质的长期凝结，是将文化生产主体置于长历史时段中经过受众文化选择的结果，常以文化符号的形式对文化消费起到引导作用。强有力的文化品牌不仅可以带动城市文化生产、服务和消费，持续性地吸引消费受众，同时对塑造卓越的全球城市品牌有着巨大的推动力量。当前和今后一段时期，用好红色文化、海派文化和江南文化资源，展现文化标识度，打响上海文化品牌，加快国际文化大都市建设，是上海迈向卓越全球城市的核心目标之一。

2018 年 11 月，国家主席习近平于上海“进博会”期间视察上海各项工作时提到“既要善于运用现代科技手段实现智能化，又要通过绣花般的细心、耐心、巧心提高精细化水平，绣出城市的品质品牌”，① 强调城市品牌带来的无形力量。2018 年，上海市委市政府印发《全力打响“上海文化”品牌，加快建成国际文化大都市三年行动计划（2018—2020）》明确提出“加快打造一批海派特色突出、城市特质彰显、内涵价值丰富、感知识别度高的国内国际知名文化品牌，着力构筑上海文化发展新优势，不断提升城市文化软实力”，② 可以看出，激发上海文化的创新、创造活力，塑造上海文化品牌，正显现出愈来愈强的城市力量。

## 1. 上海大世界文化品牌建设的主要思路与现状

始建于 1917 年的上海大世界游乐中心，曾以南北曲艺和游艺杂耍为特色，集咖啡馆、电影院、茶肆、酒楼、庙会与视听游艺等娱乐休闲方式于一体，囊括当时几乎所有的休闲娱乐方式，吃喝玩乐，包罗万象，被誉为中国游艺文化的“东方之门”和“远东第一游乐场”，承载了几代上海人的历史记忆，甚至被认为是海派文化精神的代表。作家虹影描述大世界中西混杂、杂耍卖艺的盛况及其海派文化精神为：“上海的艺人有的来自中

① 王佳燕等. 习近平在上海：持续探索超大城市社会治理之路 深化创新当好先行者［EB/OL］. http：//gov. eastday. com/renda/dfzw/ycbd/u1ai6225580. html. 2018 - 11 - 10.

② 刑晓芳，王彦. “上海文化”：三年行动计划提出三大品牌任务［EB/OL］. http：//shzw. eastday. com/shzw/G/20180430/u1ai11401085. html. 2018 - 04 - 30.

国的各个角落，有的来自西方，像犹太人在上海的就特别多。而最典型的场所就是‘大世界’，那里面各种人都有，他们玩杂耍、卖艺，在那里为生存寻找出路。外滩只是一个外壳，‘大世界’才是上海真正的东西。它代表上海精神，中西混杂，无所不有。整个上海都可以装到这个特定的小小世界里来。”① 作为“海上繁华和异邦逸乐的综合体，承载了万千国人对现代与西方的想象”② 的上海大世界，经历了20世纪二三十年代的辉煌后，转入衰退期，后几经易手，甚至中途出现歇业、停业等状况。2016年年底，值诞生百年之际，上海大世界正式重新开放，修缮一新的大世界保存了原有的历史建筑空间和风貌，集纳了非遗展览、表演、传习和数字体验等项目，为上海市民和外地游客提供具有百年历史沉淀的非遗展演、活态传承和相关文化娱乐服务，它不仅是老上海繁荣娱乐文化景象的历史见证者，更是为数不多的、经过历史检验的上海城市文化活动场所之一。

首先，上海大世界开办之初即引进“日本魔术团”“希腊幻术”“洋溜冰场”等国外娱乐方式和场所，为当时上海市民打开了西洋娱乐的窗口，在文化娱乐服务方面为近代海派文化的形成做出显著贡献；其次，除了引进西洋新奇的休闲娱乐服务外，上海大世界更多经营的是本土戏剧，如沪剧、文明戏、评弹、说书等活动，集聚大批江南才艺人才，贴合近代上海市民在战乱时代为躲避压力而寻求娱乐刺激的文化消费习惯，彰显城市文化消费特质；再次，在过去的100多年时间里，上海大世界历经变迁，见证了上海城市一次次的经济发展轨迹和现代化社会转型，不仅仅是作为优秀历史建筑向人们展现不同历史时期的文化符号，更以丰富的娱乐文化内涵和价值储存了100多年上海居民社会生活的历史记忆；最后，上海大世界依托历史文化建筑本身的文化娱乐服务，改变城市居民的日常生活方式，成功重新规划他们的文化生活地图，上海大世界百年前即实现每日逾万的入场人数，作为当时的娱乐消费集聚中心，它给一代代上海市民留下的休闲、娱乐、饮食、消费文化记忆和文化空间意象，成为城市高文化感知、高文化识别度的“文化地标”。

---

① 吴霞．上海百年“大世界”重开 昔日文化标志如何转型？［EB/OL］．http：//www.sohu.com/a/123025602_114731．2016-12-30．

② 佚名．现代中国百年见证者：上海大世界游乐场“重开”［EB/OL］．http：//www.sohu.com/a/122880820_115368．2016-12-29．

由此可见，上海大世界这栋历史文化和建筑空间的融合体，以中西杂糅的非遗艺术活态展演为特色，契合了当下市委、市政府提出打造“海派特色突出、城市特质彰显、内涵价值丰富、感知识别度高的国内国际知名文化品牌”的时代要求。当然，一定的社会文化存在决定了相应的社会文化思维和意识，不同的时代有不同的文化品牌定位，在当今社会主义文化大发展大繁荣的新时代，上海大世界面临着文化品牌建构的重新抉择与挑战。

2016 年年底重新开放后的上海大世界以“非物质文化遗产”[①] 与“民俗、民族、民间”为主题，定位于非物质文化遗产的展示空间和活态传承展演，内设五大功能业态：非遗展览、非遗表演、非遗传习、数字非遗、非遗美食，中国非物质文化遗产十大门类均可在此呈现。[②]“艺术非遗，文化会客”，上海大世界的非遗活态展演尽力体现民族性、观赏性、参与性、游乐性、趣味性。当下，上海大世界的文化品牌建设主要体现在以下四个方面：传承技艺、传承技人、融新形态、融新体验。

**第一，传承技艺。**上海大世界当下以非遗展示、活态表演、活化传承作为文化品牌塑造的根基，这首先体现在传统技艺的传承上。从空间布局来看，修复后的大世界保留了原来的空间布局原貌，以中庭大舞台为代表的表演场所，作为非遗杂技、曲艺、歌舞、群艺的展示平台。同时，开放的中庭大舞台也对社会院团开放，成为群艺表演的文化大舞台。此外，在二楼和四楼还增设了戏曲茶馆、非遗剧场等，观众可以在欣赏戏曲文艺的同时，进行品茶饮食等休闲活动，这些场馆的开设能够充分满足“非遗表演”“非遗传习”两大功能的文化空间和设施需求。从文化展演内容来看，“上海大世界传艺中心”为技艺传承设计了相匹配的文化活动内容，比如每周六、周日固定展演“非遗手工”活动，分阶段进行非遗内容的替换和革新，保持了一定的展演新鲜度，其中以“软陶”“盘扣”等为主要项目，也夹杂“柳编”“面塑”等内容。此外，除了固定的手工活动，传艺中心

---

① 联合国教科文组织在《保护非物质文化遗产公约》中，将“非物质文化遗产”定义为：“指被各群体、团体，有时为个人所视为其文化遗产的各种实践、表演、表现形式、知识和技能及其有关的工具、实物、工艺品和文化场所。”https：//baike. baidu. com/item/非物质文化遗产/271489. 2018 - 12 - 15.

② 吴霞. 上海百年“大世界”重开 昔日文化标志如何转型?［EB/OL］. http：//www. sohu. com/a/123025602 _ 114731. 2016 - 12 - 30.

定期组织非遗大咖、文艺大家等举办讲座，例如“周虎臣毛笔制作技艺”“中国传统荷文化与艺术衍生”“国家级非遗项目上海灯彩”等，通过讲述人的非遗知识讲座，对这些历久弥新的非遗项目赋予当代的文化阐释。当然，除了口头上的教承外，传习教室还经常进行“盆景”“根雕”等题材的知识介绍与非遗活态实践活动。无论是特意传承的空间布局安排还是精心设计的非遗活动内容，都可以体现出上海大世界在传承技艺方面的“活化”场景。

**第二，传承技人。**任何一项拥有长久生命力的非遗形态都离不开传承人的活动，并借助传承人，促进受众对它的形式接承和精神领受。因此，非遗的活化传承不仅仅局限于技艺的展演和表达。因“非遗传习”功能，上海大世界在二楼设有“非遗原生态”区域，用来展演非遗创作过程，延续传统的工艺和技法，提供展示、互动、交流、研讨的平台，并持续邀请国内外非遗传承大师参与，为市民和游客带来更多的文化传承体验和精神领受；除了非遗大咖、文艺大家外，上海大世界同样关注新生代非遗人才的培育。2017 年，上海戏曲艺术中心携旗下京、昆、沪、越、淮、评六家院团与大世界展开合作，成功完成演出 179 场；中华文化促进会等机构发布“大世界城市舞台·中国魅力榜”榜单，上榜选手可以从区域晋级入选；2018 年国庆期间，大世界主办“长三角地区中青年戏曲演员武艺展示活动”，京剧、昆剧、沪剧、越剧、淮剧、评弹、绍剧、扬剧、乱弹、梆子戏、黄梅戏等 13 个剧种俱现舞台，扇子功、水袖功、踩跷等武艺为大世界带来了新一代技艺人的风采。

**第三，融新形态。**毫无疑问，时代发生巨变之时，社会意识与文化价值观也会相应转变，非遗作为人们传统生活方式和生活技巧的结晶，在新时代如果仍以单一的艺术形态展示给受众，显然无法取得较佳的传承效果和文化体验，当它与人们当下的生活方式进行融合和创新时，便有着明显的文化进步优势。上海大世界为此设置了“非遗美食”专区，立足于上海本地的非遗美食，结合全国各地的特色美食，融入中外非遗美食文化中。对于传统单一的非遗展演形态，如京剧、昆剧、沪剧等戏剧表演，年轻人的参与度往往没有老年人高，因此在实际展演时，其效果往往大打折扣；另外，对于已经养成艺术欣赏习惯的受众人群而言，文艺消费弹性要远小于那些尚未养成习惯的受众群体，而前文提到的两种受众人群恰恰是上海非遗文化展演的目标人群，因此，摆脱单一的非遗展演形态便显得尤为重要，上海大世界的“非遗＋美食”组合很大程度上提升了非遗展演的文化性、生活性、社会性，符合当代受众的文化消费心理与消费习惯。

**第四，融新体验。**在文化与科技融合的新时代，文化科技是文化形态更新、文化体验倍增、文化品牌塑造的决定性力量之一，文化产品与服务技术在关键性领域的突破，成为推动文化创新和可持续发展的主导力量。以非遗展演和活态传承为例，经过前期科学合理地设计展演的形态和内容，在形成数字文化产品与服务时，它们往往能打破人们的刻板展演印象，以更加真实、更加贴切的形态展现在人们面前。如此，才能变被动为主动，被受众深切体验和接受。此外，除了与受众发生身心互动作用之外，数字科技还能够增强非遗自身的生命力。上海大世界在二楼、四楼空间分别设置了“数字非遗”和“VR 体验”区域，以数字化的展演形态活化了展演效果，特别受青年一代的青睐。不过，这种“数字非遗”和“VR 体验”区域还可以做得更加精细化和全方位化，能够让受众真正“沉浸”到非遗文化体验中。

## 2. 上海大世界非遗文化品牌建设中的主要问题

联合国教科文组织 2003 年于巴黎通过的《保护非物质文化遗产公约》指出：“非物质文化遗产世代相传，在各社区和群体适应周围环境以及与自然和历史的互动中，被不断地再创造，为社区和群体提供认同感和持续感，从而增强对文化多样性和人类创造力的尊重。”[①] 而社区和群体的认同感和持续感需要特色性、持久性、品牌化的非遗文化活动支撑。尽管重新开放后的上海大世界正在努力提升非遗文化活态展演、传承水平和服务质量，丰富非遗文化产品和服务内涵，塑造非遗文化品牌，但刚开业不久，在人气和文化知名度、美誉度方面依然有不少提升空间，特别是文化品牌

① 联合国教科文组织. 保护非物质文化遗产公约［EB/OL］. http：//www. ihchina. cn/3/18945. html. 2016－10－08.

建设任重而道远。目前主要存在以下问题：

第一，缺乏核心型文化活动，难以形成文化品牌标识。知名度高、受众参与度高的大型文化活动是形成文化品牌的关键性要素。当下，上海大世界虽然在以年为单位的时间轴中举办了多次戏曲、戏剧展演活动，但这些活动无论从知名度上还是规模体量上，都属于小型的文化活动。这主要体现在，参与展演主体少，吸引的受众人数较少，受众类型较为单一。于光远先生曾说："大世界对于现代娱乐的意义，就是提供了一个为大多数人、为众多平民提供综合娱乐场所的思路，现在我们流行的一些娱乐方式不仅单一而且只能提供给少数人享用。"① 较多的小型文化活动虽然可以为不同类型的小众爱好者提供特色非遗文化服务，但类型单一的文化消费受众（包括小众文化消费者）无法为上海大世界提供规模化的文化活动及品牌消费。也就是说，仅凭当下上海大世界的单一文化活动类型，难以形成具有规模效应的核心文化活动。这样，就难以进一步形成上海大世界的特色文化品牌知名度和标识度。这种弊端虽然在短期内不会显现，但长此以往，大世界的持续性文化活动将会受到行业内其他文化品牌活动的冲击，目前单一化、小规模文化活动的可持续性也将受到挑战。

第二，缺乏整合营销观念，难以带动大范围的关联文化消费受众。就像商业领域中各产业争相进行整合营销、推广，以触达更多消费受众一样，文化产品及其服务同样需要寻求新的营销方式，以在同类文化产品和服务中脱颖而出。如上文所说，上海大世界多而杂的非遗文化活动可以为小众爱好者提供不同文化服务，但是随着时间的推移，文化营销不足和文化活动可持续发展的问题便显露出来：缺乏特色，无法吸引到更多的文化消费受众，更无法通过现有参与受众进一步壮大受众相关联群体。目前，全国各地如北京、杭州等地非遗文化展演场所（各种非遗博物馆、文化馆等）都根据自己的非遗文化特色举办了类似的小规模文化活动，不少展演（包括戏剧、戏曲）活动同质化现象严重，缺乏地域文化特色和规模化效应的文化品牌。脱离整合营销、缺乏规模效应和关联受众群体小的文化产品和服务，难以在当下的文化产品和服务竞争中形成特色文化品牌。上海大世界目前便面临这样一种困境：距离正式开业已过去近两年，但文化

① 曾宏燕. 历史的透视［N］. 长宁日报，2003-04-24（004）.

消费受众仍局限于固定的小众群体，无法触达相当范围内的关联文化消费群体。

第三，缺乏历史和当代名人引领，名人效应不足，难以调和传统非遗文化传承与追求新风尚之间的矛盾。受众“刻板印象”常常容易引发管理者决策失误，在上海大世界的非遗传承和活态展演中，同样也受到这个问题的困扰。谈及“非遗”，一般消费者尤其是青少年受众想到的往往是“老古董”“老技艺”“过时的手工玩意儿”等。殊不知，在非遗文化消费体验技术不断升级换代的今天，非遗传承和展演也拥有自己独特的新技艺、新形态，已经突破以往沉闷乏味的单调展演。但受众刻板印象之所以造成决策失误的原因在于他们那根深蒂固的既成观念。在大世界的非遗文化展演与服务中，当代年轻受众由于受固有观念和追求新风尚的潮流影响，不愿走进非遗文化场所观演也无可厚非。但当前上海大世界的非遗展演和活态传承仅有少数的“工艺传承大师”留驻（如河北内画工艺美术家张玉党、上海工艺美术大师陈标），缺乏文化名人的引领和推动，更缺乏名人营销和推广，难以形成受众聚集效应和文化品牌效应。

第四，文化体验仿真性有待精细化，有待强化受众的沉浸式体验。在非遗展演中，除了原汁原味的原生态展示外，数字仿真体验也很重要，它是贴近当下青少年文化消费行为的重要法宝。目前，上海大世界开辟了“数字非遗”和“VR 体验”展示区，在 VR 虚拟现实、3D 和灯光秀等数字技术体验中迈出了坚实的一步，但仍处于初级形态，360 度全景式的受众沉浸式体验明显不足。尤其是随着数字科技的迅猛发展，“玩的就是心跳”的沉浸式数字体验越来越受到年轻受众的青睐，一如上海迪士尼的“加勒比海盗”“飞跃地平线”等文化项目。上海大世界的文化空间，从一楼到四楼，可否为受众构建穿越式、全方位的沉浸式数字非遗体验？如何进一步活化非遗展演和活态表达？如何在每年举办的戏曲、戏剧文化节庆活动中注入数字文化体验技术？再者，人工智能技术可以为非遗文化活态展演提供什么帮助，也是值得探索的问题。

第五，非遗活态展演与现代生活风尚的契合度有待提升。一方面，进一步丰富非遗精粹的活态展演内容和形态，在活态传承传统非遗文化底蕴和匠心精神方面继续开拓展演功能；目前，大世界的非遗产品及其服务原生态展演还不够丰富，活化的数字化形态不够真切，“一生忠于一事、精益求精”的非遗传承人匠心精神有待进一步发掘。另一方面，与当代受众的非遗消费心理和消费习惯有待进一步契合，让市民和游客大众走进上海非遗，感知和体验非遗，形成文化认同的城市文化新空间。当前，上海市民的赶时髦、爱摩登、追求时尚的消费方式已深入人心，而大世界举办的相声主题展演就比较贴近当今受众群体，特别是中华美食及饮食生活方式，与大众文化消费心理和习俗的契合度更高，重新开放的上海大世界退出了“中华非遗美食”的展示，主要聚焦于上海本帮菜，但远远不够，可以开辟整层展区，展示中国各省市和世界各地的非遗美食，形成规模效应，同时让受众品尝和体验，满足吃货们的饮食文化需求。

## 3. 提升上海大世界文化品牌建设质量基本路径

长期以来，本地市民和外地游客到了上海外滩，走一下外滩，逛一下南京路和城隍庙，在城隍庙的角落里找个特色小吃店，坐下吃点上海小吃，文化素质较高的游客和本地市民还可以参观一下上海博物馆，甚至到剧院看场百老汇，不到一天时间，就逛完走人啦。外滩的周边文化和商业街区难留客、客难留，主要原因是文化地标和文化休闲娱乐活动项目少，经常性、持久性、标识性品牌文化活动更少。处于黄浦区核心地段、距离外滩不远的上海大世界重新开放，无疑为弥补这种文化短板提供了契机。针对前述上海大世界在文化品牌构建中的种种短板，可以在以下几个方面进行探索和实践：

第一，树立文化品牌理念，形成品牌支撑性非遗文化活动。文化品牌的第一层含义是文化活动内容，包括文化活动的组织形式和活动对象等；更深层次的含义是文化体验、文化仪式、文化符号，这些含义是层层递进的，当受众参与到文化内容活动中时，他接下来会自然而然地进行文化体验，充分利用文化场所和特定的文化空间；而文化仪式则发生在受众真正融入文化体验后，这时他并不是进行简单的文化内容消费，而是运用自己的智识去理解自己所处的文化环境；而在受众和文化环境完成体验互动的时候，文化符号自然形成了，这种符号将印在他的消费习惯里。换言之，当文化符号出现时，受众会表现出极强的参与精神。因此，文化仪式和符号消费是受众更高层次的文化消费，也是文化生产和服务者要追求的高级目标，即将自己的文化产品和服务树立成某种文化符号，并且在社会中逐步推广开来。这就要求上海大世界在提供繁多的小规模非遗文化活动服务的同时，生产出规模化的大型文化活动，这种文化活动要具有持久性、针对性和日常性，以提高文化活动知名度，为上海大世界的非遗文化展演和活态呈现提供核心文化活动支撑，培育受众的消费习惯，形成核心的拥有身份认同和消费忠诚度的受众群体，为建构品牌理念提供强大的受众基础。比如，每年定期举办“世界非遗美食节庆”活动、“国际戏剧节”活动等，且活动要有持久性，活动期间要“时时有节目，天天有看头”。

第二，实施非遗文化整合营销措施，推广优质的非遗文化活态展演和服务。目前，大世界已经设计出一些良好的非遗文化活动与服务体系。比如，以固定传习课堂和固定手工课堂为基础，定期邀请非遗大师（大师需要名副其实）举办讲座与技艺教授，等等。这些文化活动可以纳入同一非遗文化服务系统，且体现为高质量展现形态（如大师的文化味道与文化普及性、讲座场景的呈现等可做得更加精细）。当下大世界的问题在于，目前这些文化活动的受众群体过小，缺乏不同年龄层的受众群体，为此甚至不得不专门开设“养生”“保健”等课堂服务于前来的老年群体。整合营销意味着对各种营销手段和工具进行系统化融合，即采用场景、设计、事件、活动等方法，分类进行系统整合，要具备文化活动的精细化布局和营销规模，形成规模化效应。只有集合化、规模化的非遗文化活动，才切合上海受众的文化生活方式和消费习惯。① 当下，上海大世界面临整体文化知名度不高的难题，可以巧妙运用新媒体整合营销方式予以解决，通过各种媒体平台，设置议题、制造非遗文化活动事件、节庆活动等，形成“非遗文化和娱乐集合体”，尽快提高在上海、长三角区域乃至全国的知名度

① 上海市民和外地游客除了赶时髦、爱摩登、追求时尚、求新求异的文化消费习惯外，其文化娱乐消费被称为“白相”。以前，上海市民和外地游客到上海大世界去娱乐休闲有三种消费方式：一是“兜”，通常适应于首次或不经常来大世界游乐消费的市民或游客，因时间有限，只能走马观花地游览大世界概貌，以获得总体文化印象；二是“轧”，由于大世界百戏杂陈，人多热闹，观赏和体验项目众多，形成喧闹氛围，人多热闹才好玩，才玩得畅快，这是受众一种普遍的文化消费心态和体验；三是“孵”，即“泡”，“孵大世界”的受众更多是附近或周边居民、老常客、戏迷和某种非遗文化粉丝，他们各个戏场（剧场、影院）等轮流“泡”。而这三种文化（空间）消费习惯，均是大世界场所空间文化的集合性、规模效应和较高的受众人气作用的结果。

和美誉度。

第三，择优精选非遗文化代言人和非遗文化推广名人，利用名人效应转化非遗文化活态展演与文化新风尚之间的矛盾。20世纪二三十年代，上海大世界娱乐文化繁荣时期，不仅有黄楚九、黄金荣等上海滩名人和戏剧名伶跻身其间，还办有《大世界报》，报馆活跃着一批文坛名人，比如通俗文学达人孙玉声、陆澹安、施济群等，这对于上海大世界的娱乐文化消费起到了锦上添花的作用。如前文所说，在固有刻板印象的作用下，非遗的内容和形态在新一代青年群体中无法被迅速接受，而在自带流量的歌星、影星、文化明星等名人带动下，这种境况将得到改善。上海大世界可以在一些拥有正能量形象和社会文化责任感较强的明星和文化名人中择优合作，让他们成为非遗代言人或者非遗推广人。这样，大世界内的非遗传承展演和服务便容易为人所熟知，同时也可以更新一般受众群体对于传统非遗传承的认知偏见，促使他们主动去了解这些与日常生活行为、生活方式相关度较高的非遗文化，如非遗美食，与VR、AI相结合的非遗传承新业态，等等。此外，更积极的作用则是，让非遗不再仅仅局限于传统传承，而是主动引导受众文化消费的新风尚和新习惯。

第四，积极培育非遗相关文化活动，延伸品牌产业链。非遗文化不仅仅是保护和传承，还应该在新时代持续创新发展。在保护和传承中创新发展非遗，在创新发展中保护非遗。要创新发展，除了在非遗活态传承和展演过程中适应新时代文化消费需求、改造手工技艺、提升数字技术体验外，还应该注重非遗相关文化活动和产业链的培育与品牌塑造。非遗中蕴含的丰富文化内涵可以通过各种方式转化为体现独特地域风格的文化产品与服务，从而使这些技术或技艺重新融入现实社会的民众生活中。比如，民以食为天，作为“吃货”的受众遍及海内外每一个角落，而非遗美食则是上海大世界的文化传统和特色，作家沈寂在《上海大世界》一书中描述道：“大世界周围开设了各种商店：菜馆、布庄、百货店和糖果铺。这些店家的前面摆满了各地特色的吃食摊。”[①] 因此，在非遗美食文化活动方面大有文章可做，除了以“非遗、时尚、艺术、美味”为主题，举办中华（或

---

① 吴霞．上海百年“大世界”重开 昔日文化标志如何转型？［EB/OL］．http：//www.sohu.com/a/123025602_114731．2016-12-30．

国际）非遗美食节庆活动，还可以另辟场所，建设国际非遗美食饭店、中华（或国际）非遗美食零售商业空间，等等。同时，非遗产品不应仅仅停留在展演和活态传承层面，还可以“引进来、走出去”，面向全国和全世界扩展非遗延伸产品和服务，如全国巡回活态展演和全球非遗人才引进与输出，力求国内、国际合作与联动，走出本市，走出长三角，走向全国，走向向世界。

从汉代的百戏到宋代的瓦舍，从 19 世纪的大世界休闲娱乐天堂到如今的非遗活态展演，大世界的文化活动与服务内容不断拓展，而人们的休闲娱乐空间和文化参与、体验形态也一直在“变”。但“不变”的是，民众对于文化休闲和娱乐活动的参与欲望和体验精神。“不到大世界，枉来大上海”，百年前的大世界是名角一唱成名的地方，是远东最大的文化休闲俱乐部，驰名全球。如今，上海大世界是上海非遗展演和活态传承的文化中心，也是长三角地区的大型非遗文化圣殿。我们相信，随着经营策略的优化、非遗文化整合营销的深入和核心文化活动的持续开展，随着数字非遗文化体验的精益求精，在精细化治理和文化品牌构建的文化现代化之路上，上海大世界定会重现百年前的辉煌和盛况，成为青年男女和文化艺术受众流连忘返的公共文化空间，成为新时代上海滩的文化标杆和文化品牌。

# 第9章

# 品牌基因理论视角下特色小镇文化品牌建设

## ——以乌镇为中心的考察

当前，我国特色小镇蓬勃发展，乌镇作为江南特色小镇的“明星”，为江南特色小镇建设和长三角文化高质量发展开辟了新路径。本章基于品牌基因理论，选取乌镇文化品牌建设作为案例，将乌镇视为一个具有遗传性基因的生命体，分析其产业、文化、环境、服务品牌等基因框架，分析乌镇文化品牌建设的先进经验，为促进江南特色小镇高质量发展提供借鉴。乌镇文化品牌基因包含传统文化和现代文化双重因子，乌镇戏剧节的品牌建设盘活和链接了乌镇传统文化和现代文化资源，并汲取国际文化元素，构筑成一个传统与现代、国内与国际文化交融平台，各类人才、资金、技术涌入，依靠政府、企业、居民的三方主体联动作用，形成品牌优势，有力促进了乌镇经济、文化、社会高质量发展，这是乌镇文化品牌建设的主要特色和经验，颇具借鉴意义。

近两年来，在深化改革开放和高质量发展的新形势下，我国GDP增速趋缓，经济社会步入新常态。此时，寻找出一条可持续的高质量发展路径，促进产业结构优化升级、经济与文化创新发展，建设美丽城镇和乡村，成为各级政府亟待解决的问题。2014年3月，中共中央、国务院印发的《国家新型城镇化规划（2014—2020）》深入阐述了我国新型城镇化建设的着力点和发展举措。在新型城镇化战略下，特色城镇的品牌建设问题尤受关注。当前，我国特色小镇的品牌建设问题较为突出：特色城镇品牌的经营主体不明，政府和市场分工不甚明确；特色品牌建设乏力，特色小镇品牌建设中的经营性失误负面影响过大，导致品牌经营风险大大提高；城镇之间竞争愈发激烈，城镇品牌建设路径相似，同质化程度较高，无法形成真正有特色的城镇品牌；过于注重城镇经济快速发展，忽视了城镇文化内涵和品牌建设，导致城镇品牌建设空心化。当前，文化品牌建设已成为新时代中小城镇高质量发展的必由之路，只有突破城镇文化品牌建设的种种问题，才能促进城镇经济高质量发展。

浙江是全国范围内最早发展特色小镇的地区。早在 2014 年，时任浙江省省长李强在参观云栖小镇时提出了“特色小镇”这一概念。2015 年 4 月，浙江省政府出台了《关于加快特色小镇规划建设的指导意见》，首次对“特色小镇”的概念做了界定，并决定在全省重点培育和规划建设 100 个左右产业特色鲜明、体制机制灵活、人文气息浓厚、生态环境优美、多种功能叠加的特色小镇。随后，浙江省的特色小镇率先开始蓬勃发展，并引领了隔壁省市江苏、上海特色小镇建设的风向。江苏省于 2015 年年底提出计划通过“十三五”期间的努力，打造 100 个左右特色小镇。此后，江南特色小镇在江苏全省范围内掀起了建设热潮。2016 年 7 月，城乡建设部、国家发改委、财政部联合下发了《关于开展特色小镇培育工作的通知》，决定在全国范围开展特色小镇培育与建设工作，这是支持“特色小镇建设”的首个国家层面的政策。2016 年 10 月 8 日，国家发改委下发了《关于加快美丽特色小（城）镇建设的指导意见》，10 月 14 日，住建部公布了第一批 127 个中国特色小镇建设名单。至此，特色小镇已在全国各地掀起一阵发展潮流，各级政府高度重视，发展势头良好。然而特色小镇的过快发展也引发了一些问题，如缺乏科学化规划、功能叠加不足、运营主体不明、产业层次较低，等等。从 2017 年开始，国家政策开始纠偏特色小镇建设中的问题。2018 年 8 月，国家发改委下发了《关于建立特色小镇和特色小城镇高质量发展机制的通知》，进一步巩固纠偏成果，为有力、有序、有效推动特色小城镇高质量发展提供了政策保障。

乌镇系我国较早发展起来的江南特色小镇之一。该镇地理区位优势明显，它位于浙江省桐乡市北端，西邻湖州，东临经济重心上海，交通便利。在资源条件方面，乌镇环境古朴静谧，历史悠久，古建筑遗产丰富，文化底蕴深厚，开发资源条件较好。乌镇戏剧节于 2013 年由陈向宏、黄磊、赖声川、孟京辉共同发起，紧密依托乌镇的文化品牌建设做文章。乌镇戏剧节使得乌镇在江南特色小镇旅游普遍遇冷的市场中独树一帜，成功塑造了乌镇文化品牌，使得游客流量不减反增。由此可见，如何真正挖掘特色小镇的“文化特色”，打造出特色文化品牌，并带动整个小镇在经济、社会、文化方面的协同发展，颇值得研究和思考。本章基于品牌基因理论，以乌镇为例，分析特色小镇文化品牌基因构成与相互关系，结合对乌镇品牌基因的构成分析，重点聚焦乌镇戏剧节的品牌建设经验，为上海江南小镇和全国其他特色小镇的文化品牌建设提供思路和参考。

## 1. 相关概念、内涵与研究现状

当前，我国特色小镇发展较为集中和泛滥，急需构建真正有小镇特色的文化品牌，这对于江南特色小镇的长远发展具有显著的现实意义。目前，学界和业界关于品牌基因的研究渐趋增多，品牌基因被认为是品牌的核心和遗传单位，传达了重要的品牌文化信息。然而，我国有关品牌基因理论的实践应用研究主要集中于工业产品及产业品牌领域，运用品牌基因理论探究特色小镇文化品牌构建的研究很少，研究视角较为宏观，且聚焦于产业品牌、文化品牌、环境品牌、服务品牌及其发展路径方面。现有研究文献少有针对典型案例进行深入剖析，难免存在分析不够深入的缺陷，尤其是对某一品牌基因与特色小镇文化建设之间的内在联系挖掘不到位。本章在品牌基因理论框架下，以乌镇戏剧节为个案，侧重于微观和具体研究，运用定性、定量相结合的方法分析乌镇文化品牌建设的态势与经验，以期为长三角江南小镇的文化品牌建设提供启示和借鉴意义。

### 1.1 品牌与文化品牌的概念与内涵

品牌的概念源于市场营销学。美国营销学大师菲利普·科特勒在其《市场营销学》一书中指出：“品牌是销售者向购买者长期提供的一组特定的特点、利益和服务。”① 品牌承载着消费者对于产品的忠诚度和认可度，能够给拥有者带来增值、溢价等无形资产。目前，品牌的概念和内涵已被大大外延至社会生活各领域中。文化品牌是品牌概念在文化社会领域中的延伸，同样能够给文化品牌拥有者带来增值、溢价等附加效益，同时还能够超越经济效益，产生社会效益，达致经济效益和社会效益的统一。国内外一些学者已对文化品牌的文化性和商业性做了相关阐述。比如，英国学者奥赖利提出：“文化品牌不仅是商业的表达，也是社会背景的表达。”② 此观点将文化品牌的商业性、社会背景与文化表达相融合，已为人们广泛接受。美国学者 M. J. 哈奇和 J. 鲁宾认为：“文化品牌是流行文化中的符号及其在特定文化背景下的全部含义。”③ 我国学者刘文俭则认为：“文化品牌是文化精神价值与经济价值的双重凝聚，其独特的个性除了与普通商业品牌具有同质性外，还具有意识形态属性。”④ 文化品牌建设则包括文化品牌设计、品牌策划、品牌传播等一系列过程，其目的是为了产品生产、管理和服务提供文化声誉——文化美誉度，提升受众的认知度、认可度和忠诚度。特色小镇文化品牌建设有利于特色小镇文化声誉的传播和社会影响力的扩大，有利于促进其文化产业和各项事业的长远发展。

### 1.2　特色小镇的概念、内涵与研究现状

特色小镇是近年来我国政府力推的一种新型城镇化建设路径。特色小镇并非行政区划单元，也不是产业园区，而是“相对独立于市区，有明确产业定位、文化内涵、旅游特色和一定社区功能的发展空间平台”。⑤ 特色小镇往往是以一个主导产业、一两家大型企业为载体，在某种产业领域具有特色，形成集群式发展态势。

---

① ［美］菲利普·科特勒，加里·阿姆斯特朗. 市场营销学［M］. 赵占波译，北京：机械工业出版社，2013：95.

② O’Reilly. Cultural brands/ Branding cultures［J］. *Journal of Marketing Management*, *July* 2005，21（5/6）：573－588.

③ Hatch M. J，Rubin J. The hermeneutics of branding［J］. *Journal of Brand Management*，2006，14（1－2）：42－43.

④ 刘文俭. 省域文化品牌建设的思路与对策——以山东为例［J］. 北京行政学院学报，2010（4）：1.

⑤ 薛江. 特色小镇的文化生命力——以艺术小镇为例［J］. 建筑与文化，2017（1）：32.

从特色小镇的概念来看，特色小镇正是基于某一特色产业的优势才得以推进实施，它的理论基石是产业集群理论。1990年，美国经济学家迈克尔·波特在其《国家竞争优势》一书中，提出了经典的产业集聚理论。“产业集群是指在某一特定领域（通常以一个主导产业为主）中，大量产业联系密切的企业以及相关支撑机构在空间上集聚，并形成强劲、持续竞争优势的现象。”① 产业集聚理论为特色小镇对区域经济社会发展的推动作用提供了规范的理论建构和科学的解释。

由于“特色小镇”在当下城镇化建设中具有高度的实践意义，其概念提出距今仅三年时间，我国学术界已有一批有关特色小镇的研究成果。比如，刘士林对特色小镇的概念、现状和问题进行梳理，结合我国特色小镇建设经验，提出将特色小镇作为小城镇下一个层级的设想。② 盛世豪和张伟明认为，特色小镇通过集聚高端要素，构建特色产业创新，提升所需要的良好产业生态，既优化了区域产业生态系统，也增强了区域内发展动力，为提升区域核心竞争力和可持续发展能力构筑了新的平台。③ 罗万伦指出，特色小镇的路径选择可以从关注城镇形象策划、推高城镇建设品质、发展主导产业、注重文化塑造、保障人民民生等方面入手。④ 这类研究主要着眼于特色小镇及其品牌建设实践方案，通过考察特色小镇的特色品牌建构及发展路径，指出其发展优势、开发现状、面临的问题与不足，进而探索优化和提升特色小镇建设方案的可能性。

## 1.3 “品牌基因”理论内涵及其研究现状

基因理论在现代生物学发展中具有里程碑意义，它对解释生物遗传和变异生物进化具有重要的作用。当前，学术界对基因理论的应用已超越了生物学领域本身，延伸到经济社会乃至人文学科领域。1982年，美国经济学家理查德·R. 纳尔逊和悉尼·G. 温特在《经济变迁的演化理论》一书

① ［美］迈克尔·波特. 国家竞争优势［M］. 李明轩，邱如美译，北京：中信出版社，2007：132—133.

② 刘士林，王晓静. 特色小镇建设实践及概念界定［J］. 中国国情国力，2017（6）：10—12.

③ 盛世豪，张伟明. 特色小镇：一种产业空间组织形式［J］. 浙江社会科学，2016（3）：37.

④ 罗万伦. 新型城镇化进程中特色小镇建设分析——以青岛市城阳区为例［J］. 中共青岛市委党校，2015（2）：94—95.

中，第一次用基因理论分析了企业管理问题。[①] 他们借用生物学的基因概念，将企业视为一个生命体，具有和生物一样的生成和发展基因。美国学者加里·哈梅尔和 C. K. 普拉哈拉德在《竞争大未来》一书中提出了“公司遗传基因”概念，认为“我们可以将公司视为与生物一样的生命体，遗传基因决定了公司的未来发展”。[②] 美国密歇根大学教授诺塔尔·蒂奇指出：“企业与生物一样有遗传基因，正是这一基因决定了企业的基本稳定形态和发展乃至变异的种种特征。”[③]

在品牌理论研究领域，随着经济、技术和消费态势的深入发展，品牌附加值不断攀升，品牌重要性凸显，更多学者投身于品牌理论研究。20 世纪 90 年代以来，品牌学开始与营销学、市场学、生态学等多个理论融合交叉发展。大卫·阿克率先将生态学的种群概念引入品牌理论研究中，提出基于单个企业品牌系统的“品牌群”概念。[④] 随后，美国学者安格尼斯嘉·温克勒提出了品牌生态环境的新概念，并指出“品牌生态环境是一个复杂、充满活力并不断变化的有机组织的论断”。[⑤] 我国学者高松则分析了达尔文进化思想对品牌建设的影响，认为“环境的变化驱动了品牌的演进与发展，本质上是一个客观的过程”。[⑥] 由此可见，品牌与生态的结合将成为品牌理论发展的新趋向，引入生态学等理论为品牌理论创新与发展提供了新视角。

作为一种复合型理论，品牌基因理论将营销学的品牌理论与细胞生物学的基因理论相结合，运用于产业管理、文化管理等领域。品牌基因理论认为，自然界的物种都有基因，基因决定了物种的基本特性。因此，把品牌视为一个商业物种，这个商业物种同样具有品牌基因。它决定了品牌的

---

① [美] 理查德·R·纳尔逊，悉尼·G·温特. 经济变迁的演化理论 [M]. 胡世凯译，北京：商务印书馆，1997：29—38.

② Prahalad C. k，Hamel G. The core competence of the corporation [J]. *Harvard Business Review*，1990 (May/June)：79 - 91.

③ Tichy，Noelm，Stratford Sherman. Control your destiny or someone else will [J]. *Harper Business*，1993 (3)：117 - 122.

④ Aaker，J L. Dimensions of brand personality [J]. *Journal of Marketing Research*，1997，34 (8)：347 - 356.

⑤ [美] 安格尼斯嘉·温克勒. 快速建立品牌：新经济时代的品牌策略 [M]. 胡世凯译，北京：机械工业出版社，2000：25—49.

⑥ 高松. 品牌生态环境与品牌发展——达尔文生物进化思想对品牌发展演进的启示 [J]. 生态经济，2007 (10)：76.

文化表征，带有产品基因和文化基因的多种遗传信息。品牌基因是品牌资产的主体部分，它让客户明确、清晰地记住并识别品牌的利益点与个性，带动客户对一个品牌的情感偏向与忠诚度。此外，品牌基因还是决定品牌进化的基本依据，它决定一个品牌能否吸引到忠诚的客户进而获得长远发展。曾朝晖提出："品牌基因即品牌核心价值设定，它代表了一个品牌最核心且不具时间性的要素，是一个品牌最有价值的部分，是决定一个品牌经营是否成功的一个重要标志。"① 杨保军则强调"品牌基因是品牌建构的基础单位，具有遗传性和变异性"。②

近年来，随着我国学者关于"品牌基因"理论的研究逐渐深入，主流学者的观点将"品牌基因"继续细分为四个方面：产业品牌基因、环境品牌基因、文化品牌基因和服务品牌基因。相关的主要研究成果，诸如郭磊等从品牌基因的这四个层面分析了福特汽车品牌造型基因在各款车型中的传承与演变情况；③ 杨保军、黄志斌着重分析了回族老字号品牌中的文化基因，探讨文化基因如何影响老字号品牌文化，并带给消费者的品牌归属感。④ 这些研究运用品牌基因理论分析具体行业产品的品牌建设问题，较之前研究成果更为深入。此后，品牌基因理论的应用范围进一步扩大，少数学者运用品牌基因理论研究中小城镇的品牌构建。如代方梅运用品牌基因理论对体育特色小镇品牌的构建开展研究，认为特色小镇品牌的核心基因是"体"，同时要保证特色小镇的品牌个性基因。⑤

## 2. 特色小镇的"品牌基因"结构要素及其关系分析

由于品牌基因理论具有整体性，因此分析文化品牌基因需要放在一个

---

① 曾朝晖. 品牌基因——品牌核心价值设定［J］. 企业研究，2003（1）：36.

② 杨保军. 品牌进化的动力机制与模型分析［J］. 河南师范大学学报（社科版），2010（2）：74.

③ 郭磊等. 福特汽车前脸造型的品牌基因研究［J］. 装饰，2013（1）：101—102.

④ 杨保军，黄志斌. 基于"品牌基因"视角的回族老字号品牌构成研究［J］. 兰州商学院学报，2013（6）：2—6.

⑤ 代方梅."品牌基因"理论视角下体育特色小镇品牌构建研究［J］. 湖北大学学报（哲社版），2018（6）：116.

宏观框架中。本部分将从特色小镇总体品牌基因框架入手，首先分析特色小镇的各个品牌基因要素，再深入剖析乌镇的品牌基因及其相互之间的关系。

### 2.1 特色小镇品牌基因的构成要素及其结构

一般而言，城市（镇）品牌构建需要借助四种工具：一是视觉形象，多数个体受众对城镇的最主要感知为系列空间环境或曰视觉形象。它包括五个物质元素：路径、边缘、区域、节点和地标，可观程度和可观赏性是影响其发挥品牌载体重要性的要素；二是人为事件，体现为具有标志性的实践活动（如娱乐、艺术、体育）能展现的城镇组织能力，如乌镇戏剧节、世界互联网大会等；三是产业声誉和影响力，城镇通过与产业联结，本地居民和外来游客可以在一定程度上共享城镇的独特品质或名望；四是服务品质，包括城（镇）的公共服务水平，以及政府、企业、居民等主体的服务质量和声誉。基于这四方面可知，我国特色小镇基因构成包括产业品牌基因、文化品牌基因、环境品牌基因、服务品牌基因，其中，每个高层次品牌基因下包含了很多次级因子。以文化品牌基因为例，可以细分为传统建筑、名人文化、水乡文化、现代文化、国际文化等因子。

从基因的结构层次来看，特色小镇品牌基因系一个宏观的概念基因，对消费者和研究者来说，属整体性对象；产业品牌基因、文化品牌基因、环境品牌基因、服务品牌基因等，为特色小镇品牌的结构层次基因，是对宏观的整体性基因的进一步细化，它们更为直接地面对文化旅游和其他相关产业的消费者。更微观层面——每个品牌基因的因子是品牌的基因层，正是由于这些具体因子的存在才使得主体——特色小镇形成品牌，产生对游客等消费者的凝聚力和吸引力。品牌基因携带特色小镇的核心内容要素，也是这些特色小镇传承与发展的内在因素。

上述四种基因构成了特色小镇发展的基因结构。在特色小镇发展过程中，这些基因互相协作、互相作用，共同促进特色小镇的品牌建设，打造特色小镇的特色品牌。图 9－1 为特色小镇品牌基因的框架图：

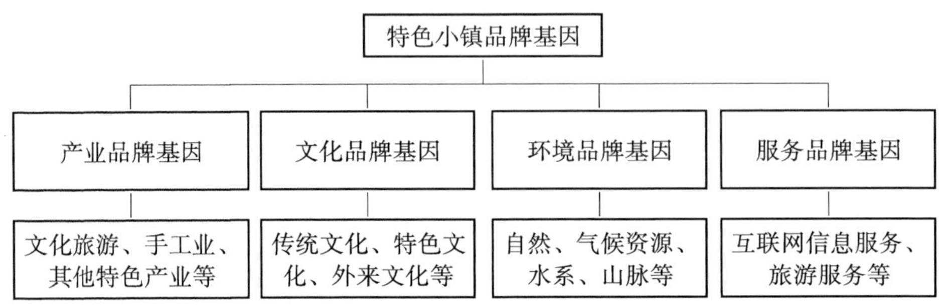


**图 9－1　特色小镇品牌基因的框架图**

## 2.2　乌镇"品牌基因"构成要素分析

### 2.2.1　产业品牌基因

乌镇依托江南水乡古镇，在区域内保留传统古建筑，尽量复原原有木制古建筑的水乡特色风貌，以河流、古村、古镇、古桥、古道、游船等物质文化遗产和非物质文化表演为特色资源，形成"小桥、流水、人家"的江南文化意象；该镇迁移出传统手工业，将竹编、洗染等传统工艺生产迁至镇郊区的农家小院内，不占据城镇主街区公共空间；在镇域主街区着力发展文化旅游、休闲商务、酒店住宿和"互联网＋"（如"微医云"互联网医院，腾讯众创空间）等新兴服务产业，全力围绕东栅、西栅、乌村等主要旅游资源区进行重点开发利用。乌镇按照省级特色小镇的建设要求，结合自身特色进行整体规划，着力建设集文化观光、休闲娱乐、高端商务为一体的新型休闲商务度假小镇，形成产业品牌优势。

### 2.2.2　文化品牌基因

乌镇为典型的江南水乡之地，人杰地灵，人才辈出。该镇具有 1 300 多年的历史，保存有修真观古戏台、逢源双桥、老街长弄、宏源泰染坊等历史古迹。乌镇拥有丰富多彩的传统习俗，包括贺岁拜年、元宵走桥、立夏称人、端午吃粽等。乌镇人才辈出，从乌镇走出来的名人大家包括 1 000 多年前中国最早的诗文总集编选者昭明太子萧统、中国最早的镇志编撰者沈平、新闻学前辈严独鹤、现代著名作家茅盾、当代文学家木心等，形成了深厚的名人文化底蕴，乌镇依托名人文化资源开发了多样化的旅游产业，比如，保留并重新修缮的茅盾故居吸引了大量游客，形成了乌镇最大的名人文化空间意象。2011 年，木心美术馆新建落成，成为乌镇新型时尚的文化地标，吸引了众多喜欢木心文学、追求时尚的中青年群体前来参观。“木心美术馆让乌镇从‘观光小镇’转型为‘度假小镇’，最终化身为‘文化小镇’的重要一环，也是构筑乌镇有别于其他古镇的差异性、形成‘竞争壁垒’的核心元素之一。”[①] 2013 年，该镇力推的乌镇戏剧节将乌镇传统的水乡名人文化与现代文化、国际文化相融合，将消费服务对象定位于中国迅速崛起的年轻中产消费层，打造了一场场国际性现代戏剧艺术狂欢节。乌镇戏剧节将本身先锋的戏剧艺术与乌镇传统的水乡文化相结合，成功为传统旅游小镇开辟出新的发展道路，形成一种新的“乌镇文化”。

### 2.2.3　环境品牌基因

乌镇古建筑资源十分丰富，古镇风貌完好。在该镇总体开发过程中，乌镇开发设计师陈向宏率领团队对镇街区环境空间做了些许整治，拆掉了部分老工厂，使街区不至于过分拥挤；重新梳理古镇水系，把曾经填埋的河道重新疏通，让水乡的水重新流动起来；重邀传统工艺作坊回街区，让手艺人在景区内展演手艺。由此，乌镇形成了较为原生态的水乡古镇文化生态环境。

与其他江南古镇不同的是，乌镇拥有多样化的开发模式。乌镇主要的旅游资源位于东栅，被定位为观光型景区，主要业态为博物馆、展览馆和手工艺品，开发模式为老房整治，并注重传统文化、名人文化的留存与展示。东栅景区开发过程中，坚持原生态理念，不开发商业酒店，不影响当地原住民的生活，进一步保护古镇原生态环境。西栅开发模式主要从观光景点向度假休闲中心转型，主要业态为休闲娱乐、住宿餐饮和会议会展，开发模式为开拓新空间，复原历史街区生态、打造新型社区景区、完善现代式基础设施与公共文化服务。西栅内修建的客栈尽量与乌镇古建筑融为一体，模仿古建筑的风格，营造古镇传统文化氛围。乌村为距乌镇五百米的村落，开发时间较晚，主要定位为休闲度假型村落，开发模式是传统村落向高端住宿服务度假村转型。2015 年乌村建成，至此，笔者认为乌村与

---

① 陈向宏. 在木心美术馆开馆典礼上的发言 [Z]. 浙江乌镇，2015 - 11 - 15.

乌镇形成一体化的休闲度假场所。

2.2.4 服务品牌基因

乌镇拥有大量旅游文化资源，并得到合理开发利用，由此带来了文化旅游产业蓬勃发展；同时，受众对乌镇相应的旅游文化服务需求越来越大，在文化旅游产业带动下，相关文化、信息、酒店服务业同时发展起来。一般而言，文化旅游发展方式主要是基于本地资源，从交通、住宿、餐饮、购物等软硬件设施方面提供综合服务，这些服务同乌镇文化资源、风俗习惯相结合，形成了别具特色的“乌镇故事”和“乌镇服务”。旅游文化服务品牌的打造对其他延伸产业的形成产生了直接影响，发展文化旅游业需要提供交通、游览、住宿、餐饮、购物、文娱、信息等环节的综合性服务，由此带动了文化娱乐和互联网信息等相关产业的发展。

2014 年，世界首届互联网大会在乌镇举办后，乌镇与“互联网＋”产业接轨，成为永久性世界互联网大会地址。互联网信息服务为乌镇的特色品牌建设带来了新的活力。比如，2014 年乌镇景区共接待游客 692.35 万人次，同比增长 21.7％；实现门票收入 4.78 亿元，同比增长 28％；首届世界互联网大会三天内给乌镇带来了 9 亿元的经济收入，占乌镇服务业全年营业收入 31％。[①] 目前，乌镇已转型成为“传统＋现代＋国际化”的新型特色小镇。

## 2.3 乌镇“品牌基因”的文化特征及相互关系

如今，“文化横扫社会领域，极速扩张着自己的地盘。可以说，我们社会生活中的一切，从经济价值和国家权力，到各种实践再到自我的心理结构，都已经在某种意义上被纳入‘文化’的范畴，日常社会实践的‘文化化’和‘美学化’成为人们社会生活的常态。”[②] 因此，品牌的核心文化价值为品牌形成的关键和命脉。乌镇品牌的核心基因是它的文化品牌基因，包括文化旅游产业和特色文化产业。乌镇和普通旅游小镇的最大差别

① 桐乡市政府网.2014 年度乌镇镇政府工作报告［R］. http：//g2g. tx. gov. cn/art/2015/6/12/art_99_48066. html. 2015－06－12.

② Jameson，Fredric. Postmodernism，or the cultural logic of late capitalism ［J］. *New Left Review*，1984：146.

在于它独特的江南水乡文化，它的文化特殊性在于传统与现代结合，古朴与时尚结合，国内与国际结合。传统文化是乌镇的立足根基，传统的街道和房屋建筑、历史悠久的民俗文化活动是乌镇传统文化的代表；现代化的乌镇戏剧节和名人文化则为典型的现当代文化代表，现当代文化是乌镇未来发展的契机；同时，不仅名人文化渗透有国际文化元素，如作为海外归来的小资作家、艺术家木心拥有国际文化背景，而且乌镇戏剧节和世界互联网大会本身亦具有国际文化因子，比如乌镇戏剧节的艺术总监赖声川来自台湾地区，深受欧美文化熏陶，他所执导的乌镇戏剧节能够确保每一场演出都与国际文化接轨。乌镇戏剧节期间，来自美国、欧洲、俄罗斯、日本、韩国以及东南亚地区的异域戏剧轮番表演。在乌镇，这三种文化和谐共处，交融一体，创建出一种新型的乌镇特色戏剧文化。

文化品牌基因为乌镇整个品牌的塑造提供了文化资源。乌镇特色产业品牌建立在文化根基之上：传统建筑、水乡文化和民俗文化使乌镇得以发展出江南水乡文化小镇旅游产业，依托古建筑资源特色，迁移传统手工业，发展文化旅游、休闲商务旅游、名人文化旅游等。现代文化、时尚文化和国际文化融合而成的乌镇戏剧节让乌镇开辟出新的国际艺术表演产业。同时，与戏剧艺术产业相关联的特色产业品牌也逐渐得到开发。产业品牌的发展壮大促进了服务品牌的升级换代，交通、餐饮、酒店住宿、“互联网+”等一系列服务产业整体发展。难能可贵的是，乌镇在品牌建设过程中并没有以生态破坏为代价，反而积极修复和保护生态环境，气候、水系、环境等自然生态资源生成的环境品牌为乌镇旅游特色产业的发展提供基础性资源，而产业品牌、服务品牌的发展壮大反过来促进了环境生态品牌发展，为小镇吸引更多的资金、技术和人力资源，这四种品牌基因互相促进、互相依赖、协同作用，形成乌镇独特的品牌优势，有力促进了乌镇经济、社会、文化、生态的高质量发展和乌镇传统产业转型升级。

### 3. 乌镇戏剧节的文化品牌基因分析

与机械复制技术摧毁了艺术作品的本真“灵韵”不同，特色小镇的地方特色文化具有纯然的“灵韵”和本真特色，在新媒体时代，其文化表达和传播形态创新更容易形成文化品牌，从而促进个体与有意义的地方（特色小镇）产生情感和象征联系，形成地方依恋和地方认同。地方依恋是功能性的，与地方提供的特定物质设施或实体功能有关，[①] 后者属于精神性的，即“我相信我是地方的组成部分”的自我认同和归属感。[②] 文化品牌基因是乌镇的核心品牌基因，是乌镇发展的精髓。乌镇开发领军人陈向宏曾提到“文化特征是一个古镇最大的个性”。[③] 在乌镇开发过程中，陈向宏力图基于传统文化资源的保护性开发，把乌镇打造成一个艺术文化小镇，让文化特色成为乌镇最亮眼的名片，避免江南小镇之间的同质化竞争。乌镇文化品牌因子中，传统与现代、国际与时尚相融合，同时包含传统文化因子、现当代文化因子和国际文化因子。在乌镇的现代化建设中，起到关键性作用并将乌镇推向知名文化小镇的关键因素为乌镇戏剧节和世界互联网大会，它们将乌镇传统文化与现代文化、国际文化紧密融合，为受众带来地方依恋和地方认同，由此推动乌镇经济社会的高质量发展。

### 3.1 文化品牌建设：以乌镇戏剧节为中心

乌镇戏剧节是乌镇文化品牌基因中一个较新的基因，但对生成乌镇文化品牌基因的意义重大。基于乌镇的传统建筑、水系和民俗等文化底蕴，年轻人对先锋艺术和时尚元素的追求，小镇居民和外来游客对日常文化活动的消费需求，2013 年，乌镇正式创办了乌镇戏剧节，陈向宏、黄磊、赖声川、孟京辉为共同发起人。乌镇戏剧节以拥有 1 300 年历史名镇——乌镇为舞台，共邀全球戏剧爱好者和艺术爱好者来到乌镇，感受古镇传统文化生态和现当代戏剧文化的碰撞与交辉。目前乌镇已办了六届戏剧节，戏剧节由特邀剧目、青年竞演、古镇嘉年华、小镇对话（包括论坛、峰会、工作坊、朗读会、展览）等单元构成。

从第一届戏剧节开始，国内外各种剧目以多样化的表达形态在乌镇上

---

① Lewicka M. Place attachment: How far have we come in the last 40 years? [J]. *Journal of Environmental Psychology*, 2011, 31 (3): 207 - 230.

② Williams DR, Vaske J J. The measurement of place attachment: Validity and generalizability of a psychometric approach [J]. *Forest Science*, 2003, 49 (6): 830 - 840.

③ 陈向宏. 乌镇总裁陈向宏：我是如何操盘乌镇的 [J]. 公关世界，2017 (7): 85.

演。2018 年，共有来自 17 个国家和地区的 29 部特邀剧目集中在 11 天上演 109 场。从表演场地来看，乌镇大剧院联合十几个大小功能各异的室内剧场和若干个户外剧场，共同组成了独特的表演文化空间，这样多功能、多层次的戏剧文化空间明显具有集群规模效应。此外，表演空间的多样性和灵活性使得受众在西栅景区游览时随处可见戏剧表演，使得表演活动深入受众的日常生活，有力提升了戏剧文化的受众亲近度。乌镇戏剧节期间，乌镇的人流量显著提高，旅游经济收益良好。据统计，2016 年戏剧节期间，核心戏剧演出及活动参与人次超过 35 000 人次；开票 8 分钟，票房达到 100 万元。在 2016 年乌镇戏剧节举行期间，西栅客流量达到 27 万人次，远远超过同期西塘、周庄、同里等其他江南小镇。[①] 如今，乌镇戏剧节已成为乌镇的新文化名片，吸引着芸芸受众来乌镇感受江南小镇的文化艺术风情。

### 3.2　乌镇戏剧节中的传统文化基因

乌镇戏剧节自创立之初便紧紧依托古镇的传统文化生态，将古镇文化资源和戏剧节进行无缝对接，使得戏剧节与乌镇文化生态环境成为不可分割的整体。乌镇戏剧节中的传统文化因子体现在它与古镇传统建筑、水系、文脉等文化空间的自然结合，将乌镇的传统文化与现代戏剧融为一体。以乌镇大剧院为例，它紧密依托传统古镇建筑的低矮风格，将大容量的剧院构筑成与传统民居相似的建筑风格。为了减少对景区空间的负面影响，设计师姚仁喜及其团队运用斜墙斜屋面并采用当地原料，“使剧院与传统古镇建筑外立面风格相协调，体现出现代和古朴、人工和自然的和谐”。[②] 此外，剧院整体呈现“并蒂莲”的文化空间意象，更使剧院与古镇建筑文化空间完美融合。除乌镇大剧院以外，“水上戏台”国乐剧院、沈家戏院等其他小型剧场均依托古镇原有传统建筑，在相互融合的过程中还形成了自身的特色——传统与现代相交织。传统和现代建筑空间的融合意味着乌镇戏剧节的文化活动空间在传统和现代文化之间巧妙链接。

① 王宇. 乌镇戏剧节：制造一个戏剧“场”[EB/OL]. http://www.21jingji.com/2016/10-29/5OMDEzODFfMTM5ODA5OQ.html. 2016－10－29.

② 姚仁喜. 乌镇剧院 [J]. 城市建筑，2013 (23)：80.

此外，乌镇戏剧节使得乌镇原有的传统戏剧文化活动重获生机与活力。它的举办为传统越剧提供了新的发展舞台。在传统戏剧文化日益衰微的当下，只有新的平台空间和现代、国际、时尚等新兴力量的加入，才可以促进传统民俗文化振兴。乌镇戏剧节吸引了该镇年轻人回乡，越剧团因而有了年轻面孔。与此同时，戏剧节的亲民化、大众化舞台和嘉年华形态使得传统戏剧有机会在戏剧节的文化氛围中上演，带动了年轻受众群体走进剧院，认知和体验传统戏剧文化魅力。在乌镇戏剧节上演的其他现代和时尚剧目中，演员与观众的互动，让受众不自觉地加入当地文化实践活动中，从而盘活古镇的传统文化资源，以戏剧为代表的乌镇文化和民俗活动得以与时俱进，青春活力长驻。

### 3.3 乌镇戏剧节中的现代文化基因

乌镇戏剧节在构想时即把消费对象定为当下的年轻主力群体，融入现代性、时尚性文化元素，迎合年轻人的文化消费需求。让·鲍德里亚在《消费社会》一书中提出："消费者进行消费的原因是消费背后的符码意义。"[①] 乌镇戏剧节为让戏剧文化的符码意义充满张力，邀请全球各地的剧团前来演出，剧目多样化、剧种新颖，体现出新兴、先锋、前卫的价值追求。乌镇上演的戏剧与传统戏剧不同，它具有较高的戏剧艺术特色，表现手法夸张、吊诡。孟京辉对此曾谈道："乌镇戏剧节和我们传统的东西是一种反差，反差在音乐上叫和声，不一样的调子才能优美。一方面有古典的，一方面有当代的，当代的角度是世界的。"[②] 乌镇戏剧节文化现象充分体现了现代和传统文化的有机结合，体现了年轻人先锋、时尚、前卫的艺术文化追求，因而吸引了大量年轻消费群体。年轻人能够在戏剧节中获得现实与时尚交织的文化体验，达致文化认同；同时，他们通过戏剧节的文化空间进行社交活动，获得群体身份认同。第二届戏剧节举办时，80%的游客都是冲着戏剧节的文化活动来乌镇游玩，其中有专业人士，但多数为

---

① [法]让·鲍德里亚. 消费社会[M]. 刘成富，全志钢译，南京：南京大学出版社，2014：9.

② 木叶. 乌镇戏剧节"怪"好看的[J]. 上海戏剧，2015（11）：19.

文艺爱好者，他们戏称“进了乌镇，都是戏剧人”。[①] 2013年以来，“乌镇国际戏剧节”持续举办，乌镇借助视觉艺术的力量探索传统江南古镇的现代化发展路径，探索江南特色文化的转型升级。

乌镇戏剧节是一种文化创意产业视域下的艺术活动新探索。“乌镇借助戏剧节开始触摸当代思维中最为活跃的部分，希望通过引入文艺活动来保持江南古镇的鲜活状态。”[②] 乌镇戏剧节立足本土传统文化资源和文化空间，力图打造一个新型文化乌镇品牌，并在国际上形成一定的品牌知名度。乌镇戏剧节以戏剧艺术为媒，借助年轻人狂热、追求时尚的力量带动江南传统古镇转型发展。乌镇通过戏剧节平台，汇聚各种各样的现代文化活动和文化资本、文化科技，其中，世界互联网大会的入驻，使得科技与文化、艺术在乌镇美丽相遇，生成了“江南古镇奇迹”。

### 3.4　乌镇戏剧节中的国际文化因素

除本土传统文化基因和现代文化基因之外，乌镇戏剧节与国内其他江南特色小镇的显著不同是国际化程度较高。目前，乌镇戏剧节已邀请了来自全球17个国家和地区的剧团上演百余场戏剧，将戏剧节打造成一个国际化的艺术大舞台。2018年乌镇戏剧节开幕当天，日本戏剧大师铃木忠志的《北国之春》、德国塔利亚剧院的《黑暗中的舞者》和澳大利亚现实题材作品《沙漠傍晚六点二十九分》集体亮相，为观众呈现国际化高水准的戏剧艺术盛宴。来自异域不同风格和特色的戏剧将表演者对戏剧艺术的思考呈现在乌镇戏剧节的舞台空间中。这些海外剧团在乌镇大剧院的演出，为江南古镇特色文化注入了国际文化元素。事实上，这只是乌镇戏剧节与国际文化因子相融合的一个组成部分。在剧院之外，来自英国、德国、法国和意大利等国百余组艺术团体还在乌镇木屋、石桥、巷陌甚至摇橹船等江南水乡中演出1 800多场，将乌镇江南水乡空间整体打造成了一个国际化的艺术乐园。通过国际化戏剧平台，整个乌镇乃至江南特色小镇的空间文化意象在国际上的知名度大大提高。

与其他西方国家特色小镇举办的国际艺术节庆活动不同，乌镇戏剧节

---

① 陈向宏. 我是如何操盘乌镇的［J］. 公关世界，2017（7）：85.

② 冯博一. 乌托邦，而且异托邦［J］. 世界美术，2016（2）：4.

主要面向我国文化消费市场主力人群——年轻消费者，而对异域国家消费群体尚缺乏足够的吸引力，在国际化程度上还略逊一筹。比如，基于小城镇的度假属性，法国阿维尼翁戏剧节选择在法国南部小城阿维尼翁举办，远离大城市的喧嚣，为游客及乡村农民的休闲娱乐消费“雪中送炭”。事实上，自阿维尼翁戏剧节创办以来，阿维尼翁成为世界各地都市人群娱乐休闲的好去处，人们在度假娱乐的同时可以观赏到海量的戏剧艺术演出。阿维尼翁戏剧节既拥有当地观众基础，又吸引了世界各地的观众前来度假，具有辐射特色小镇经济社会和文化娱乐产业发展的引领作用。因此，乌镇戏剧节在未来发展中，要注意国际化观众的接受度，努力打造国际化程度更高、引领作用更大的全球戏剧文化品牌。

作为品牌基因中的核心要素，乌镇文化品牌基因是传统文化因子与现代文化因子、国际文化因子的有机结合。总体上，乌镇的文化品牌建设，打造乌镇戏剧节，实现了乌镇文化资源的盘活，突出自身的文化特色。在乌镇文化品牌建设过程中，立足传统文化根基，发扬传统名人文化、水乡文化的优势特点，并将传统文化的特色融入现当代文化中，形成独具一格的乌镇特色文化。作为连接传统和现代、国际和时尚文化的桥梁，乌镇戏剧节兼具眼前和长远、局部和全局的整体效果，乌镇戏剧节的节庆文化活动，将科技与文化相融合，为乌镇互联网科技产业的发展带来机遇。乌镇文化品牌融合传统与现代文化特色，找准未来发展方向，是一个成功的特色小镇文化品牌建设案例。

## 4. 品牌基因视角下的特色小镇文化品牌建设路径

让·鲍德里亚声称：“人类社会与经济的发展已经步入到一个全新的阶段，经济生产领域已经与意识形态或文化领域融为一体；文化的产品、影像、表征，乃至感觉与心理结构都变成了经济世界的组成部分。”[①] 文化

① Connor, Steven. *Postmodernist Culture: An Introduction to Theories of the Contemporary* [M]. Oxford: Blackwell, 1989: 51.

与经济社会紧密融合，成就了文化品牌基因占据特色小镇品牌建构的核心地位。由于四个品牌基因互相影响、相互依存、循环共生的关系，当下，对我国特色小镇的文化品牌建设必须从产业、文化、环境、服务四个方面对“品牌基因”进行整体分析、规划设计与合理开发利用。其中，要重点关注文化品牌基因，深入挖掘特色小镇真正的特色文化，分析如何基于特色文化建设和塑造特色小镇品牌。

特色小镇文化品牌和文化感的创造来自文化活态实践。“这种实践包括电影、戏剧、音乐、文学等文化活动在内，但更多的是日常生活的文化实践。”① 在乌镇文化品牌建设中，乌镇戏剧节为最重要的日常活态文化实践，它的舞台空间和表演场景使“观众将某种自我附加在表演出来的角色上……形成一种戏剧性的效果，一种从被呈现的场景中渗透出来的效果”，② 这种效果让人们在观看中进行角色代入和反思，在滑稽、戏谑、夸张的表演表征背后起到“文化化人”的作用。总结乌镇文化品牌建设的经验，本章聚焦于乌镇戏剧节的发展经验，为特色小镇文化品牌建设提出以下建议。

### 4.1 盘活传统文化资源，挖掘特色小镇的特色文化资源

文化资源是特色小镇发展的基础，挖掘本地特色的文化要素、文化符号及精神价值，创新表达方式和传播形态，有利于小镇文化品牌的塑造和对外传播。传统文化资源包含历史遗址、传统建筑、民风民俗、传统节庆活动等有形的遗产和无形的资产。盘活传统文化资源需要我们在开发特色小镇的过程中，既要保留或复原传统文化资源的基本形态，又要发掘其中或现代的、或时尚的、或国际的因子，做到传统与现代、古朴与时尚、国内与国际相结合，结合本镇自然环境和文化空间形态，三方面的结合既可以分区布局，又可以交叉布局。乌镇戏剧节正是将传统与现代、特色与时尚、国内与国际相结合，既盘活了传统文化资源，又促进了新型特色小镇

---

① Agnew J. *Place and Politics: The Geographical Mediation of State and Society* [M]. Winchester MA: Allen and Unwin, 1987: 133.

② [美]欧文·戈夫曼. 日常生活中的自我呈现 [M]. 冯钢译，北京：北京大学出版社，2008：215.

文化的发展。

### 4.2 着眼大局和本地特色文化实际，打造文化与资本、社会融合发展的文化活动平台

总结乌镇戏剧节的发展经验，不仅要关注特色小镇文化艺术活动本身的设计运作，更要从大局着眼，放在全球和国内经济、文化、社会、生态角度来审视和运作，从文化艺术活动设计、场景和空间建构，活动内容与硬件设施的结合，以及资本与艺术、节庆与社会的关系等方面考察。乌镇戏剧节远远超越一般特色小镇的文化艺术活动，而成为一个文化艺术与资本、节庆活动与社会关系相融的综合性融合平台。借由国际性的乌镇戏剧节平台，乌镇进入国际化艺术舞台空间，吸引了大量人才、资金、科技。如今提起乌镇，人们不只是想到一个传统的江南旅游特色古镇，而是能够想到国际艺术文化节、世界互联网大会、木心美术馆等系列文化意象，乌镇的江南古镇风貌与这些现代、时尚的文化活动融为一体，大大扩展了人们的文化想象空间。因此，在特色小镇文化品牌建设过程中，若能打造一两个综合性的文化艺术平台，通过文化艺术活动或民俗节庆活动，对其文化品牌建设将有巨大的促进作用。

### 4.3 挖掘特色小镇文化资源优势，以文化品牌塑造为核心理念，带动产业品牌、环境品牌、服务品牌协调发展

在很大程度上，受众的消费选择不是偶然的行为，从文化和社会角度来看，“它是受控制的，而且反映了它所处的文化模式。不是什么财富都要生产和消费的，它必须在价值体系和生活方式中具有某种意义”“经济的目的并不是为了个体而最大限度地生产，最大限度地生产是与社会化的价值体系联系在一起的”，[①] 即与文化价值和社会生活方式联系在一起。由此可见，文化品牌基因是特色小镇品牌建设的“牛鼻子”，它对产业、环境、服务品牌基因有明显的带动和提升作用。把文化品牌塑造放在关键位

① 参见［法］让·鲍德里亚. 消费社会［M］. 刘成富，全志钢译，南京：南京大学出版社，2008：50.

置，就会在价值理念和发展实践中注重塑造特色小镇的生态环境、文化资源、特色产业品牌、服务品牌。因此，在特色小镇文化品牌建设过程中，需要注意各个品牌基因之间的联动关系，充分发挥文化品牌的核心作用。充分挖掘和科学利用特色文化资源，保存和丰富特色小镇文化底蕴，凸显小镇品牌中的文化特色，推进文化品牌建设与环境、产业、服务品牌建设协同发展。

### 4.4　以政府主体为元主体，多元社会主体协商共建共享小镇特色品牌

特色小镇文化品牌的建设离不开当地政府、企业、居民和其他社会主体的协同共建。特色小镇在建设文化品牌的过程中，应该搭建或优化“政府（元主体）＋企业（核心主体）＋社会组织＋居民”的主体建设和治理结构。对于政府主体而言，首先，树立特色小镇文化品牌建设意识，出台相关政策法规，为特色小镇文化品牌建设提供政策和服务保障；其次，政府主体不能大包大揽，管得过宽，要放宽市场资金条件，让社会资本进入，使得小镇特色文化更好地和资本相结合；再次，政府应完善特色小镇的公共服务体系，打造良好的文化服务环境，提供完善的社会保障体系。总之，要优化“政府主体引领＋企业主体主导＋小镇居民参与配合”的建设主体结构，像乌镇那样，充分发挥文化旅游公司、文化企业的主体作用，同时推动小镇居民充分参与特色小镇文化品牌的建设，并为企业提供人力资本和文化资源，由此形成一个良好的多元主体互动协作、共建共享的文化品牌建设氛围。

当前，全国各地特色小镇蓬勃发展。特色小镇建设为我国城镇现代化建设开辟新路径。比如，更新政府管理观念和服务运作系统，调整城镇产业结构，吸引外来资本和人才，推动科技创新，维护城镇良好生态，打造城镇特色文化，等等。在特色小镇品牌建设过程中，如何更好地打造特色文化品牌，避免特色小镇陷入同质化竞争的发展困境，具有较高探讨价值和实践意义。

文化品牌基因是特色小镇品牌基因构成中的核心基因，文化品牌是当下江南特色小镇品牌建设中至为重要的一环。本章以乌镇为例，运用品牌

基因理论分析江南特色小镇的文化品牌建设问题，总结乌镇文化品牌建设的先进经验，对探索我国特色小镇尤其是江南传统古镇、村落的文化品牌建设具有积极的作用。本章在分析特色小镇品牌基因基本构架后，对乌镇文化品牌基因进行深入剖析，分析其中包含的传统与现代、时尚与国际文化因子，并基于此分析乌镇文化品牌建设的路径。总体来看，乌镇文化品牌建设的成功经验在于政府主体、企业主体和居民参与主体的共建共享。乌镇戏剧节将乌镇的传统特色文化和现代文化资源盘活，并与国际戏剧文化元素和符号相勾连，体现了传统、现代、国际化三位一体的文化格局。我国各地特色小镇的文化品牌建设可以借鉴乌镇的先进经验，结合本镇文化资源的特色优势，在文化品牌建设实践中不断开拓创新，形成自己的特色模式，建设自己的特色文化品牌。

当然，乌镇特色文化品牌建设经验和模式依然在前行的路上。同时，基于江南自然和文化资源的乌镇特色小镇文化品牌建设也不具有广泛的可复制性。目前，“乌镇样本”存在的主要问题在于在生态环境、产业、服务、文化品牌塑造过程中，有待进一步精细化、智慧化。比如，乌镇戏剧节戏剧节目的艺术含量和文化价值有待进一步提升；镇域游客流量和日常管理需要进一步规范；乌镇生态环境（如镇域内河流被日常生活垃圾污染）亟待“以政府为主导，多元社会主体参与，协商共治”，进行精细化治理；等等。这些问题是我们下一步需要探讨和解决的。

# 第 3 篇

# 城市文脉保护传承与文化空间治理

# 第 10 章

# 历史建筑文化遗产保护传承：上海城市居民认知偏向、参与度与提升战略思考

历史建筑文化遗产是城市文化表征、文化性格和文化精神的基本体现。基于954名上海居民的有效问卷调查，本章分析了上海居民对历史建筑文化遗产及其保护与传承的认知偏向、上海历史建筑保护传承的基本现状及其阻碍因素。比如，城市发展更新的客观需求与历史建筑保护传承的矛盾尚待协调，保护传承的法制建设尚待完善，历史建筑的“保护性破坏”和过度商业化现象严重，城市建筑文脉保护中的公共性不足，有文化自信、文化情怀、文化体验的人才缺乏，等等。基于这些阻碍因素，本章从宏观战略层面探讨了政府（元主体）和企业、社会团体、市民个体（社会主体）等多元主体共同参与，提升上海历史建筑文脉保护传承质量和能力的基本策略与建议。

历史建筑文化遗产是城市文化表征、文化性格和文化精神的体现，对展示城市历史文化内涵，凝聚城市人群认同感、归属感具有重要作用。人们不仅生活在现实生活之中，而且也生活在历史记忆和文化身份、文化价值认同之中。对城市历史建筑的保护传承体现着人们对祖先文化价值理念与生活方式的尊重，对祖先所创造的伟业的敬仰，对祖先所追求的“真”“善”“美”的肯定。[①] 然而，在城市现代化发展过程中，历史建筑与现代建筑、历史文脉保护与现代商业开发的共生中产生了诸多冲突与矛盾。上

① 林志宏. 世界文化遗产与城市［M］. 上海：同济大学出版社，2012：8—9.

海形成了一些具有本地特色和影响力的历史建筑，如石库门、老城厢等。1843年开埠通商之后，上海历史建筑深受欧美建筑的影响，如外滩万国建筑群、基督教堂等。这些历史建筑在当代上海都市化建设中发挥了较大作用。改革开放以来，尤其是20世纪90年代以来，上海经济进入了高速发展期，城市面貌发生了翻天覆地的变化。大批的老建筑被拆掉，一栋栋高层现代化建筑拔地而起，历史建筑与城市现代化建设、经济商业发展的矛盾日益突出。历史建筑文化遗产的现代性意义何在？如何更好地保护传承上海历史建筑文脉？如何使历史建筑文化遗产更好地融入现代城市的发展？这是本章探讨的问题。

## 1. 研究目的、研究方法与文献综述

1982年，全国人大常委会通过了《文物保护法》，为传承中华民族优秀的历史文化遗产，加强对文物的保护，以法律形式对历史建筑等传统文物进行保护。但近年来，为了城市经济发展和商业开发而毁坏历史建筑的案例屡见不鲜。

### 1.1 研究目的

本章基于954位上海市民的问卷调查，了解到目前上海市民对本市历史建筑及其保护传承的认识还存在一些问题，需要改进和提升。近年来，因为交通运输和信息传播媒介的便捷性，城市商业开发和商业利益的渗透，使得“单一的文化全球化”的可能性明显增大，而“保护文化多样性的重要性等同于尊重人的尊严”,[①] 而历史建筑所承载的特殊历史文化正是城市文化特色的重要组成部分，有利于城市文化多样性的维护与传承。保护历史建筑，对延续上海城市文脉，保持城市文化特色，提高城市历史文化品位和综合竞争力，走可持续发展道路，有着重要的意义。

---

① 林志宏. 世界文化遗产与城市［M］. 上海：同济大学出版社，2012：93.

## 1.2 研究方法

学术研究采取什么方式，首先取决于研究对象的特点，其次取决于研究的主观目的。依照本章的研究目的和目标要求，本章主要采用调查研究法、文献分析法和比较分析法。

### 1.2.1 调查研究法

本章采用调查研究法设计“上海城市文脉（历史建筑、历史文物、非物质文化遗产）保护传承问题”的调查问卷，提出了 20 个单选和多选选择题和 1 个开放式问题——“你对上海城市文脉保护传承问题的建议”，通过线下分发和线上调查的方式，发放问卷 1 000 份，回收有效问卷 954 份。除了问卷调查外，还进行了个别谈话，调查部分上海市民和建筑规划部门、文物保护部门工作人员对于上海历史建筑保护和传承方面的认识。

### 1.2.2 文献研究法

本章采用的文献有历史文化名城相关文献、历史城市文化保护相关文献、上海工业遗产保护研究文献，并利用期刊论文数据库的文献，梳理了近五年来关于上海历史建筑与城市文脉保护的相关研究成果，分析其优势和存在的问题，并针对问题给出对策。

### 1.2.3 比较分析法

结合上海历史建筑等文化遗产特点，比较分析日、意、德等国家和国内其他城市对城市历史建筑等文化遗产资源保护与再利用的先进经验，本章提出有效保护与利用上海历史建筑等文化资源、文化遗产的措施和管理对策。

## 1.3 文献综述

本章首先对有效问卷受众进行分析，并通过问卷结果分析上海文脉保护传承的现状和存在的问题。目前，上海历史建筑保护与传承工作存在着下列问题。例如，苗红培[①]认为，该问题的产生是城市更新对土地的客观需求与历史建筑的保护产生了矛盾，是居民对于改善居住环境的强烈要求与现代城市商业化开发之间矛盾的结果。同时，他认为城市管理中存在公共性迷失的问题。张松[②][③]和汤诗旷[④]认为，我国城市历史建筑保护的法制建设不够完善，一是国家层面的专门法令缺失，二是地方法参差不齐。宋颖[⑤]认为，目前历史建筑保护存在问题的原因是城市历史建筑的“保护性破坏”和过度商业化。

张松[⑥]的《历史城市保护学导论》提出，要坚持遗产保护的历史性、原真性和完整性原则。在这三个原则的指导下，政府、社会组织、企事业单位、学校、家庭及个体等社会主体对历史建筑的保护传承负有责任。陈侠[⑦]提出，首先要明确和理顺《保护条例》和其他涉及历史建筑保护的法律法规的关系；其次，明确保护对象的级别、类别，并提出要加大对历史建筑保护传承的投融资力度。宋颖[⑧]认为，社会力量参与历史建筑保护十分有必要。

本章选取日本的典型城市作为可资借鉴的研究对象，孙俊桥[⑨]认为，日本在历史建筑保护传承上做得较好，有四方面经验：充分的制度保障、充足的文脉保护资金保障、对无形文化遗产（建筑工艺技术、城市建筑风貌等）的重视、强调对文化遗产保护意识的培养。王景慧、阮仪三、王林[⑩]认为，上海和日本东京、大阪、名古屋等城市相比，在保护观念、保护体系和保护方法上有一定差距。

在历史建筑保护传承的价值认知方面，美国学者刘易斯·芒福德[⑪]认为，城市是文化的容器，历史建筑是城市的文化“性格特征”。林志宏[⑫]强

---

① 苗红培. 城市更新中的历史文化遗产保护 [J]. 重庆社会科学，2014（8）：79—84.

② 张松. 历史城市保护学导论 [M]. 上海：同济大学出版社，2008.

③ 张松. 中国历史建筑保护实践的回顾与分析 [J]. 时代建筑，2013（3）：24—28.

④ 汤诗旷. 城乡历史建筑遗产保护的相关法律问题研究——试论全国统一立法的必要性及其目标设立 [J]. 南方建筑，2014（5）：82—88.

⑤ 宋颖. 上海工业遗产的保护与再利用研究 [M]. 上海：复旦大学出版社，2014.

⑥ 张松. 历史城市保护学导论 [M]. 上海：同济大学出版社，2008.

⑦ 陈侠. 传承与发展——当前社会经济背景下上海历史建筑保护与改造的策略研究 [D]. 上海：同济大学博士论文，2007.

⑧ 宋颖. 上海工业遗产的保护与再利用研究 [M]. 上海：复旦大学出版社，2014.

⑨ 孙俊桥. 走向新文脉主义 [D]. 重庆：重庆大学博士论文，2010.

⑩ 王景慧，阮仪三，王林. 历史文化名城保护理论和规划 [M]. 上海：同济大学出版社，1999.

⑪ [美] 刘易斯·芒福德. 城市发展史：起源、演变和前景 [M]. 倪文彦，宋俊龄译，北京：中国建筑工业出版社，1989.

⑫ 林志宏. 世界文化遗产与城市 [M]. 上海：同济大学出版社，2012.

调，历史建筑在丰富城市文化旅游业方面具有显著的价值。西班牙学者萨尔瓦多·穆尼奥斯·比尼亚斯①在《当代保护理论》中提出，历史建筑保护的原因在于它能影响人们的行为模式和思维模式；保护历史建筑能“保证其今后作为科学证物”。

## 2. 保护传承上海历史建筑文化遗产的重要意义

### 2.1　保留城市历史记忆，丰富城市文化底蕴

文化是城市的灵魂，任何城市都是文化脉络的层累，历史建筑的保护传承有利于保留城市文化记忆，见证城市曾经的历史与生活方式。在发放的 954 份关于《上海历史建筑文脉保护传承问题》有效问卷中，当问及“您认为历史建筑保护与传承的主要意义有哪些（多选）”时，高达 76.31％的受众选择了“保护城市的历史文化遗产和城市历史记忆”。

上海作为中国首批五口通商的城市之一，其近代历史建筑见证了 1843 年开埠以来中国城市的兴衰与沉浮。如外滩建筑见证了当时背景下上海逐渐成为东亚的商业经济与远东贸易中心，一批西洋建筑见证了国际移民城市和远东国际大都市的繁荣，大批工业建筑见证了中国近代工业的发展，里弄建筑见证了中国近代房地产发展，等等。② 这些建筑中留存着上海甚至整个近代中国的历史记忆，是近代上海乃至中国文脉保护与传承的物质载体。

城市历史建筑可以丰富城市文化内涵，为城市增添文化厚重感。当前，上海现代化发展日新月异，城市面貌快速更迭。上海加速度发展，一方面是“中国速度”“中国现代化”的见证，另一方面却容易丢失城市文化的“魂”与“根”。历史建筑以及其承载的历史文化价值让上海不再是一座“浮城”，而是有着自己文化底蕴与历史记忆、历史故事的城市。这

---

① ［西班牙］萨尔瓦多·穆尼奥斯·比尼亚斯. 当代保护理论［M］. 张鹏等译，上海：同济大学出版社，2012.

② 陈侠. 传承与发展——当前社会经济背景下上海历史建筑保护与改造的策略研究［D］. 上海：同济大学博士论文，2007.

种新的城市面貌与旧建筑文化融合为上海增添了城市文化魅力，成为名副其实的“魔都”。

### 2.2 增强城市文化特色和文化个性标识

文化遗产和文化记忆形成城市的文化特质和个性，每一个城市都有自己的文化特色与个性。这个性是如此强烈，如此充满“性格特征”。[①] 相较于现代建筑的趋同化，历史建筑往往因为承载着不同的历史、文化而成为城市独特的个性标签。在我们问卷的相关问题中，“增强城市文化特色，丰富城市的历史文化内涵”拥有81.55％的支持率。随着现代城市的发展，商场、广场、游乐园、公园越来越普及，但这些建筑与设施未必能够代表一座城市的文化特色。例如，提到迪士尼，有人脑海里浮现的是东京迪士尼，有人想到的是香港迪士尼，并不具有地域文化特色。提到“印象”系列，同样如此。但提到外滩的万国建筑群和东方电视塔，人们都会想到上海，它们就像一座城市的文化烙印，给予一座城市独特的个性标识，不至于落入“千城一面”的窘境。

历史建筑作为城市独特的物质文化载体，一脉传承着城市特有的文化品性或性格。当问及“您认为这些历史建筑能展现上海的哪些城市性格？（多选）”时，排名前三的答案分别是“包容开放”“温婉雅致”“精美时尚”。这些文化品性能从历史建筑的文化价值中找到印证，例如万国建筑群、徐汇天主教堂体现东西文化的交融，体现包容开放的城市品性；豫园、朱家角展现了江南园林玲珑精致的风貌，承载了温婉雅致的城市文化性格；田子坊不仅呈现出浓郁的艺术气息，同时也展示了精美时尚的上海城市性格。

### 2.3 丰富城市文化旅游内涵与文化意蕴

目前，文化与经济的交融日益密切，文化产业成为新的经济增长点。

---

① ［美］刘易斯·芒福德. 城市发展史：起源、演变和前景［M］. 倪文彦、宋俊龄译，北京：中国建筑工业出版社，1989.

文化和经济的演进呈现出同步性和交互性的特点，具体表现为文化和经济发展的互动越来越频繁、交集越来越广阔，文化结构与经济结构在质的规定性上呈现出一种力的同构关系。[①] 2014 年，上海文化创意产业总产值为 9 054.27 亿元，实现增加值 2 833.08 亿元，占全市生产总值的 12%，占全市第三产业增加值比重的 18.6%，对上海经济增长的贡献率超过 20.2%。[②] 在上海文化创意产业比重中，文化旅游是重要的组成部分。尽管上海在自然性旅游方面不占优势，但上海文化旅游业有两大基本看点：一是上海迪士尼、东方明珠等娱乐性旅游；二是外滩建筑、石库门、城隍庙等人文性旅游。

文化资源丰腴的优势只是潜在优势，这种潜在优势不会天然地转变为产业优势，只有通过深入挖掘、系统整合，使之成为具体的文化内容产业，即文化要从宏观和中观的背景转换成约束个体的、主观的、内在的、微观的文化行动，才能转化为市场认可的文化资本，进而实现文化创意产业的发展。[③] 上海历史建筑即本市丰富的文化资源，但这些文化资源本身不会创造经济价值。如果不加以保护传承，甚至可能流失。所以在保护传承的基础上对历史建筑的科学开发利用是文化旅游业壮大的必要前提。历史建筑具有一定的审美价值，加之其衍生的娱乐价值，形成得天独厚的文化旅游资源。上海历史建筑不仅丰富了文化旅游项目，延长了游客的文化旅游路线，而且为上海文化旅游产业注入了文化内涵。不同年龄、地域、偏好、知识水平的游客都能在上海找到属于自己的审美娱乐趣味。通过城市历史建筑和文化记忆的再发掘利用，可以更好地为文化旅游业的发展注入充沛的文化内涵，与其他文化遗产的保护传承相辅相成，成为当地居民与外地游客共同的精神财富。[④] 保护传承上海历史建筑，就要守住上海文化旅游中的精神文化内核。

## 2.4 增强市民文化认同、文化自信和文化归属感

城市居民对自己所在城市的文化记忆、文化认同和文化归属是深层

---

① 胡惠林. 文化经济学（第 2 版）[M]. 北京：清华大学出版社，2014：22.

② 王慧敏，王兴全. 上海文化创意产业发展报告（2015～2016）[M]. 北京：社会科学文献出版社，2016：42.

③ 昝胜锋，郭春森. 创意产业：文化、技术和商业模式 [M]. 福州：福建人民出版社，2013：30.

④ 林志宏. 世界文化遗产与城市 [M]. 上海：同济大学出版社，2012：287.

次的身份认同，也是城市向心力和凝聚力的源泉，也是文化自觉和文化自信的内在动力。市民文化自信来源于城市文化是否开放、内涵是否丰富、氛围是否和谐……城市历史建筑的留存让居民对自己所处的城市文化更有“底气”，更有自信。当代城市文脉保护主义理论提出，保护传承城市历史建筑的原因之一是“保存、传承或提升它对于社会群体的社会、文化意义”。[①] 在我们的问卷中涉及相关问题的回答中，“增强市民文化自信和自豪感”排在前三名。同时，历史建筑所塑造的共同文化记忆可以增强市民对该城市的认同感与归属感。“文化记忆的发扬是在传统建筑与景观保护基础上更深层次的历史保护工作。文化记忆往往与自然、文化或者宗教相关联，涉及抽象的精神世界——象征性的、与宇宙星辰相关的、祭祀性的或者是宗教性的。人们难以把文化记忆、自然景观、江河湖海以及古代城市遗存，同这些抽象的内涵割裂开来。它深深地根植于普通大众的日常生活中，潜移默化地影响着所有人的行为模式和思维模式。”[②] 上海是一座外来人口众多的移民城市，不管是土生土长的“老上海人”，还是移居的“新上海人”，对上海的文化认同与归属感是居民幸福感的重要源泉。而保护传承上海历史建筑，就是塑造市民共同的文化记忆，也是公民隐形的身份象征。上海在建筑文化变迁过程中，形成了独特的“海派文化”风格，这是联结上海人民乃至全国、全世界人民独特的文化纽扣。

### 2.5 为历史、建筑、文化、艺术、科学研究提供实物依据

“民族历史证物”是指那些业已提供、正在提供或预期能提供人种学、人类学、艺术学、建筑学或者历史科学研究原始材料的对象。这些学科门类可能包括许多类型迥异的实物材料。如 19 世纪的工业机械、中世纪的盔甲、不同时代的报纸期刊、古陶瓷碎片、录音机械或 17 世纪的宗教服装等。它们的共同点是对历史学家、科学家和其他研究者有用。[③] 上海历史

---

① ［西班牙］西萨尔瓦多·穆尼奥斯·比尼亚斯. 当代保护理论［M］. 上海：同济大学出版社，2012：155.

② ［西班牙］西萨尔瓦多·穆尼奥斯·比尼亚斯. 当代保护理论［M］. 张鹏等译，上海：同济大学出版社，2012：54.

③ 林志宏. 世界文化遗产与城市［M］. 上海：同济大学出版社，2012：287.

建筑就是“民族历史证物”，作为一种物质文化实体，历史建筑的考古相当于研究上海近现代历史、经济、文化、艺术、社会生活方式的“活历史”。“保存或提升对象的科学意义，在于保证其今后能作为科学证物。”[①] 例如，上海城隍庙是上海城区重要的道教宫观，始建于明代永乐年间，距今已有近600年的历史，城隍庙见证了朝代的兴衰更迭，对其建筑手法、用材、布局、文化、艺术的研究一定程度上可以反映上海自明代至今的历史发展脉络和实况。历史建筑作为科学研究的一手资料，具有极强的学术研究价值。作为一种文化综合体，除了历史、文化、审美、艺术研究外，历史建筑也对建筑学、文学、考古学、地质地貌等学科研究有一定的帮助。保护传承历史建筑，就是保留珍贵的一手研究资料，保留这些学科研究的科学性、原真性、严谨性。

## 2.6　启发现代建筑的艺术设计与创作灵感

历史建筑具有一定的艺术和审美价值，是现代建筑的艺术设计与创作灵感的主要来源。例如，上海特殊的石库门建筑，其门框、黑门板、铜门环都是中国传统建筑的特征，而门上三角形或圆弧形的门楣装饰则多为西式图案。更为重要的是，这种建筑本身非复制任何一种中国传统的居住建筑，也不是对任何一种西方建筑的模仿。它是一种融合了中西建筑特征而产生的一种上海特有的中西合璧新建筑。[②] 这种古典低调、内敛璧合、中西兼容的建筑文脉和风格在现代建筑中并不少见，特别是门环、门框、内部格局、亭子间等设计，对现代建筑作品的艺术创作多有启发和借鉴。此外，我们在一些居民区可以看到万国建筑群的洋楼、洋房，充满西式风格和色彩。可见，上海历史建筑在审美、艺术价值方面造诣颇深，对上海历史建筑的保护传承能为当代建筑艺术设计和创作储备宝贵的精神文化财富。

---

① ［西班牙］西萨尔瓦多·穆尼奥斯·比尼亚斯．当代保护理论［M］．张鹏等译，上海：同济大学出版社，2012：155.

② 陈侠．传承与发展——当前社会经济背景下上海历史建筑保护与改造的策略研究［D］．上海：同济大学博士论文，2007.

# 3. 上海居民认知偏向、参与度与保护传承现状

## 3.1 基于上海居民受众的调查分析

### 3.1.1 被调查者基本情况及其了解、参观历史建筑现状分析

本次调查针对被调查受众的基本情况，共涉及 5 个大问题。在回收的 954 份有效问卷中，男性 444 份，女性 510 份，男女比接近，被调查者的性别较为合理。

#### 3.1.1.1 被调查者年龄、职业、受教育程度和在上海生活的时间跨度

被调查者的年龄主要集中在 19～50 岁，总占比将近九成，其中年龄在 26～40 岁的被调查者占总人数的 44.65%。被调查者的学历在大学和研究生及以上的比重分别为 70.86%和 20.75%，受过高等教育的被调查者超过九成，学历为小学的仅占 0.42%，初中和高中的占比分别为 1.47%和 6.5%，这部分受调查者在未来也可能会接受高等教育。中学生的占比为 28.93%，已经参加工作的超七成。其中政府公务员占 20.75%，其他职业占 50.31%，涵盖医务工作者、律师、会计、文员等职业，被调查者的职业呈多样化。被调查者中在上海生活时间超过 30 年的将近三成，生活了 10～30 年的超过三成，在上海生活不到 1 年者不到一成，可见本次调查样本在上海生活的时间都比较长。

#### 3.1.1.2 被调查者游览历史建筑（街区）的情况

针对被调查者游览历史建筑（街区）的情况，本次调查问卷共设计了三个问题，分别统计被调查者游览过的著名历史建筑（街区）的数量、游览原因和了解途径。

本次调查共列出 17 个历史建筑（街区），由图 10－1 可知，游览过城隍庙的被调查者占 84.07%，游览人数超过 60%的历史建筑（街区）还有：新天地石库门、田子坊、外滩万国建筑群、静安寺和七宝老街。游览人数低于 30%的历史建筑（街区）有：武康大楼、武康路花园洋房、新华路花园洋房、马勒别墅和沐恩堂，其中，圣三一基督教堂仅有 9.64%的被调查者游览过，是游览人数最低的历史建筑（街区）。部分被调查者还列出了自己游览过的其他历史建筑（街区），包括崇明瞻园、宋庆龄故居、1933

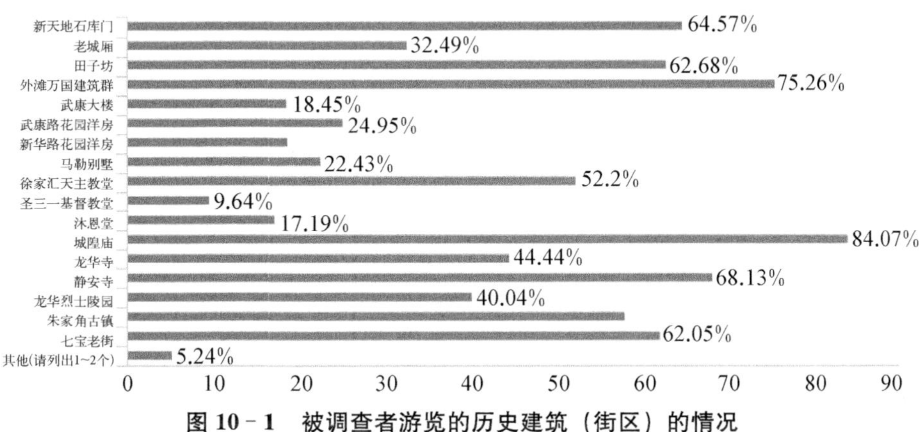


**图 10－1　被调查者游览的历史建筑（街区）的情况**

老场坊、广富林遗址、松江醉白池、愚园路、思南公馆、召稼楼、佘山天主教堂、海伦路、李白故居，等等。

在多项选择题中，谈及游览上海历史建筑的原因，历史建筑（街区）的知名度和历史文化特色（占比 67.09%）、特有的上海味儿（占比 68.55%）是被调查者参观游览它们的主要原因，对历史建筑和历史文化的兴趣（占比 43.19%）及陪同他人游览（49.69%）也是促使被调查者参观历史建筑（街区）的重要因素，而因为从众和闲逛（13.84%）进行参观的人数并不多，另有少数人给出其他理由，包括工作或学习需要，学校组织的集体出游，等等。

调查发现，通过自己游览参观来了解历史建筑（街区）的被调查者占比最高，为 65.62%；电视报纸等传统媒体，同学朋友告知，QQ、微博、微信等新媒体，以及长辈告知也是被调查者了解历史建筑（街区）的重要途径，占比分别为 49.48%、45.07%、42.77%、34.59%。通过学校教育了解历史建筑（街区）的被调查者占 19.92%，比重不高。部分被调查者还表示，自己通过研究专著了解部分历史建筑（街区）。由此可见，电视报刊、新媒体和人际传播是市民了解并游览本市历史建筑（街区）的主要渠道。

### 3.1.2　被调查者对保护传承上海历史建筑（街区）的价值认知

#### 3.1.2.1　被调查者对历史建筑展现上海城市文化特色与文化品性的价值认知

城市是文化的容器。为了解被调查者对上海历史建筑（街区）的文化价值认知倾向，本问卷共设计了两个问题，了解被调查者对“历史建筑展示上海城市文化特色和文化品性”的文化价值认知。

56.18％的被调查者认为，历史建筑对承载和传承上海城市文化的作用非常大；认为比较重要的占36.69％，两者超过九成。仅有1.47％的被调查者认为它不太重要，没有被调查者认为它不重要。可见，被调查者对历史建筑在上海城市文化中的价值认知是正向度的，比较认同历史建筑在传承城市文脉、展现城市文化特色中的重要作用。

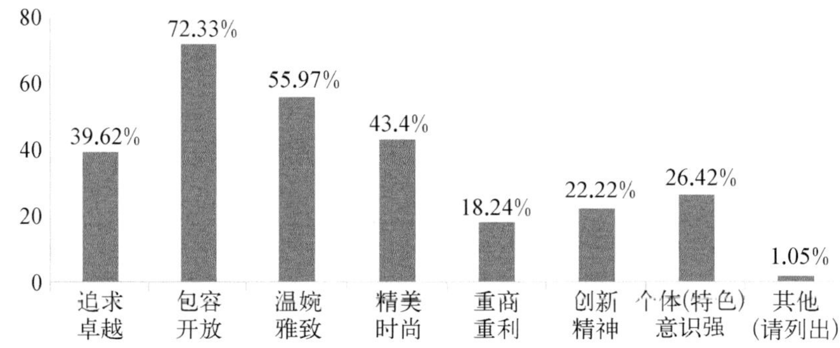


**图10-2　被调查者对历史建筑展现上海城市文化特色与品性的价值认知**

由图10-2可知，72.33％的被调查者认为历史建筑能够展现上海“包容开放”的城市文化品性，占比最高。认可历史建筑能够展现上海“温婉雅致”“精美时尚”“追求卓越”城市文化品性的占比分别为：55.97％、43.4％、39.62％。除“个体（特色）意识强（占比26.42％）”“创新精神（占比22.22％）”“重商重利（占比18.24％）”外，还有少数被调查者认为，历史建筑能够展现上海“贯通古今”“与时俱进”“开拓的文化视野”“江南文化特色”“历史文化传承性强”的城市文化品性。

3.1.2.2　被调查者对保护传承上海历史建筑（街区）的价值认知

由图10-3可知，81.55％的被调查者认为，保护传承城市历史建筑可以增强城市文化特色，丰富城市的历史文化内涵；76.31％的被调查者认为，保护传承城市历史建筑有利于保护城市的历史文化遗产和城市历史记忆；60.38％的被调查者认为，保护传承上海历史建筑能够增强市民文化自信和自豪感；同时，50.52％的被调查者认同保护传承上海历史建筑对于现代城市建筑的艺术设计和创作具有借鉴和启示意义；45.7％的被调查者认

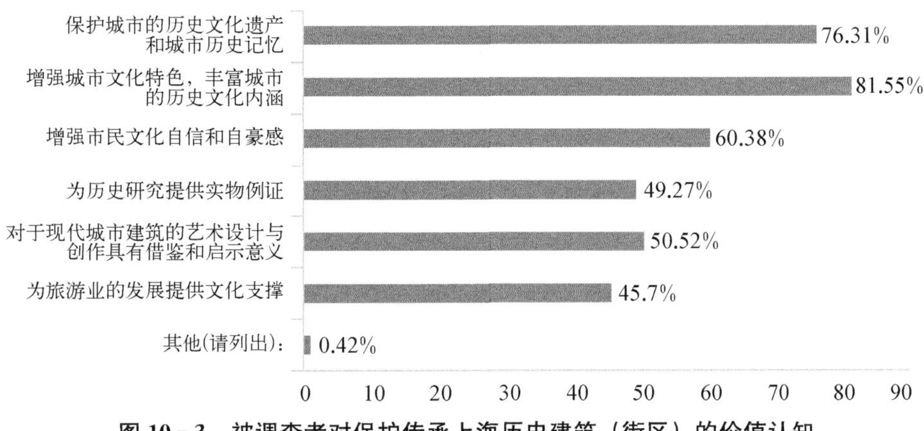


**图 10－3　被调查者对保护传承上海历史建筑（街区）的价值认知**

为，为旅游业的发展提供文化支撑亦是保护上海历史建筑的重要意义；还有部分被调查者认为，保护历史建筑可以解决城市居民的思维困惑和为城市保留无价的精神文化财富。

### 3.1.3　被调查者对保护传承上海历史建筑（街区）的认知态度倾向

为了解被调查者对保护传承历史建筑（街区）的态度认知，本次调查问卷共设计六个问题，了解被调查者所倾向的城市历史建筑保护传承方向，受众参与历史建筑保护活动的支持意愿，对拆除历史建筑的看法，对宣传普及上海市历史建筑及责任主体意识的认知，以及对妨碍城市历史建筑保护的因素和保护历史建筑措施的价值观念和认知倾向。

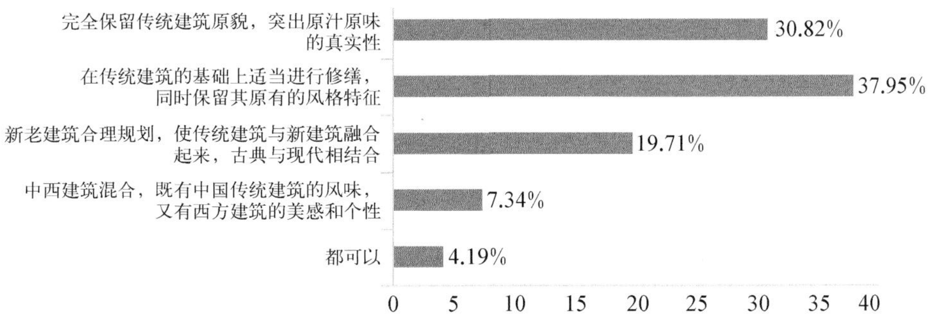


**图 10－4　被调查者对保护传承上海历史建筑（街区）的认知态度倾向**

由图 10－4 可知，68.77％的被调查者认为，传统建筑应该保留或完全保留其原貌和本真性，保留原有的建筑风格和特色；19.71％的被调查者希望通过新老建筑合理规划，使传统建筑与新建筑融合起来，古典与现代相结合；喜欢中西建筑混合，既有中国传统建筑的风味，又有西方建筑的美感和个性的被调查者占比仅为7.34%；另有4.19%的被调查者没有特别的价值偏好，认为各种建筑样态和风格均可。

调查发现，54.93%的被调查者表示支持保护传承上海历史建筑的活动，且愿意参与此类活动。36.69%的被调查者表示支持这类活动但不参加，作为城市市民个体的保护主体意识有待加强。抱有不是很支持或无所谓态度的仅占7.76%，更有0.63%的被调查者认为此类活动没有意义，显示出其公共意识比较欠缺。

在城市现代化发展过程中对历史建筑进行拆除的行为，表示无法容忍或比较反对的各占29.98%和55.56%，表示较为赞同或非常赞同的占比仅为2.94%和0.63%，可见，绝大多数的被调查者反对为了城市现代化发展和商业行为而拆除历史建筑的不当或违法行为。

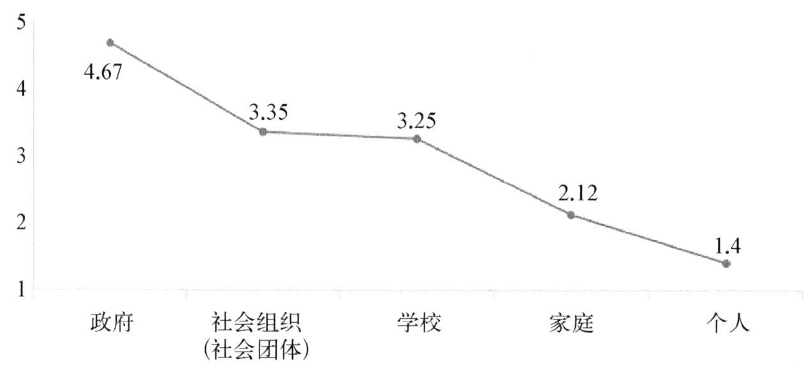


**图10-5 被调查者对宣传普及上海历史建筑的主体责任的认知倾向**

本次调查让被调查者对宣传普及上海历史建筑的主体责任的五大主体进行排序，各主体的综合得分显示其主体责任的重要性，综合得分越高，则表示被调查者认为其责任越重要。由图10-5可知，根据综合得分，五大主体的排序为政府、社会组织（社会团体）、学校、家庭、个人。被调查者认为，政府部门是宣传普及上海历史建筑的最重要的责任主体，其次是社会组织（社会团体），再次是学校，而个体的责任是最小的，说明个体对宣传普及上海历史建筑的主体意识不强，有待唤醒市民个体的文化自觉。

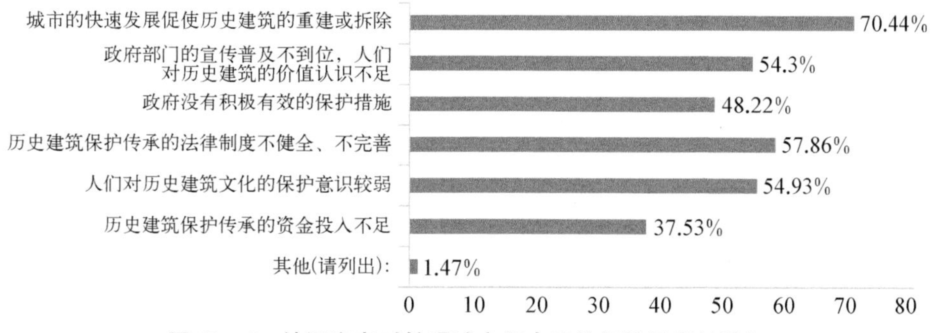


**图 10－6　被调查者对妨碍城市历史建筑保护因素的认知**

由图 10－6 可知，被调查者认为妨碍城市历史建筑保护的最主要因素是“城市的快速发展促使历史建筑的重建或拆除”，历史建筑保护传承的法律制度不健全、不完善，人们对历史建筑文化的保护意识较弱，政府部门的宣传普及不到位、人们对历史建筑的价值认识不足，政府没有积极有效地保护措施也是重要因素。部分被调查者认为，西方文化的侵蚀、城市人口过多、高房价、政府换届导致政策断层、某些利益集团的见利忘义也是妨碍城市历史建筑保护的因素。

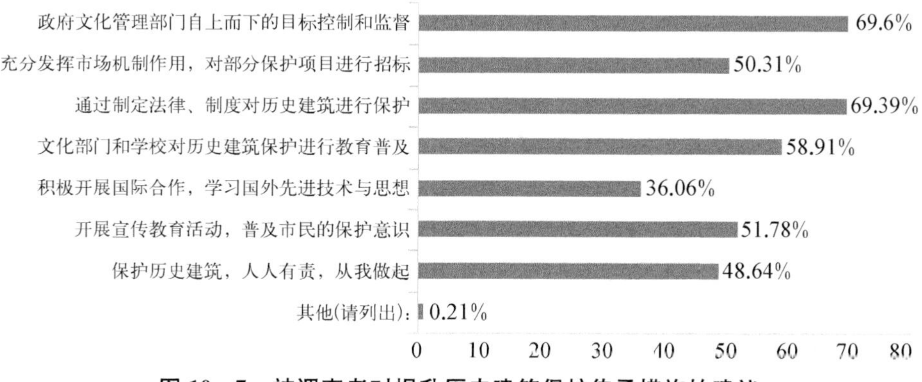


**图 10－7　被调查者对提升历史建筑保护传承措施的建议**

由图 10－7 可知，关于提升历史建筑保护传承措施的建议，分别有 69.6％和 69.39％的被调查者认为，政府文化管理部门自上而下的目标控制、监督与制定法律、制度是非常有效的途径；有 58.91％和 51.78％的被调查者强调文化部门和学校对历史建筑保护进行教育普及，期望政府、社会团体、企事业单位开展宣传教育活动，普及市民的保护意识；50.31％的被调查者认为，充分发挥市场机制作用，通过项目招标等措施扩展融资渠道，以市场的力量促进历史建筑传承；另外，48.64%和36.06%被调查者认为发挥个体作用也是加强历史建筑保护传承的有效手段。

3.1.4　被调查者对当下上海市政府部门历史建筑（街区）保护工作的满意度

基于与国内其他典型城市比较的视角，本次问卷调查设计了两个问题以了解被调查者对上海市政府部门历史建筑（街区）保护工作的满意度。

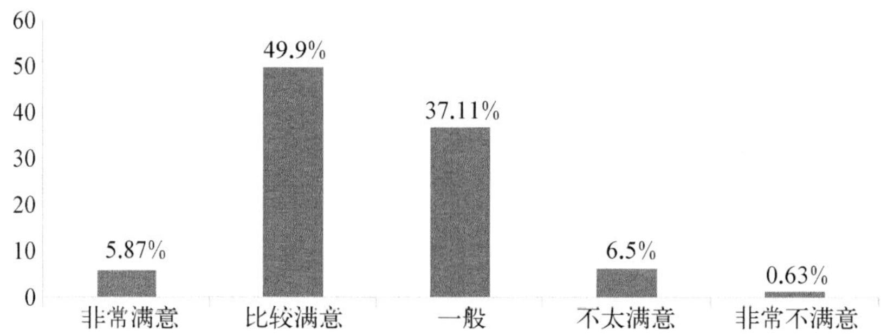


**图 10-8　被调查者对上海市政府部门历史建筑（街区）保护工作的满意度**

由图10-8可知，55.77%的被调查者对上海市政府部门在历史建筑保护传承方面的工作表示非常满意或比较满意，有37.11%的被调查者认为其保护传承工作一般，表示不太满意或非常不满意的分别占6.5%和0.63%。可见，被调查者对上海市政府部门历史建筑保护工作的满意度比较理想，政府部门在历史建筑保护方面的工作卓有成效，但需要进一步强化。

与北京、杭州、南京、苏州、西安、成都、纽约、巴黎、罗马、雅典、伦敦等国内外典型城市相比，40.46%的被调查者认为上海历史建筑保护传承工作总体上比其他城市做得好，认为差别不大的占比41.09%，不大了解的占比13.42%，另外有5.03%的被调查者认为上海历史建筑保护工作不如北京、纽约、巴黎、伦敦等城市做得好。总体上看，与国内典型城市相比，上海历史建筑保护与传承工作走在前列，比较令被调查市民满意，与北京和其他国际大城市相比，还有一定差距，有待提升。

总的来说，被调查者游览过的上海历史建筑比较多，游览原因主要是历史建筑的知名度、文化品性与特色。多数被调查者认为上海历史建筑对展示上海城市文化特色和文化品性具有重要作用，它能够展现上海包容开放、温婉精致的城市文化性格。被调查者比较认同历史建筑保护的重要作用，有较多被调查者表示有参与保护历史建筑活动的意愿。他们认为上海市政府是保护传承历史建筑的主体，应该完善相关历史建筑保护传承的法律法规，做好宣传教育和普及工作。对于上海历史建筑保护传承工作，被调查者的满意度基本理想，但一些被调查者认为，北京、纽约、伦敦、巴黎等国际大城市的历史建筑保护工作要好于上海。

## 3.2　上海历史建筑文化遗产保护传承的基本现状

### 3.2.1　待保护传承的历史建筑文化遗产体量大、任务重

历史建筑是城市发展的见证者，是某一特定时期城市经济、社会与文化的集中体现，也是城市变迁中留存的时代记忆。上海作为近代以来的历史文化名城，历史建筑众多，并各具文化特色，颇具保护传承价值。截至 2018 年 12 月，上海市共有 11 座中国历史文化名镇，2 座中国历史文化名村，1 片中国历史文化街区，3 条中国历史文化名街。[①] 同时，上海共有 29 处全国重点文物保护单位，包括孙中山故居、中共一大会址、鲁迅墓、马勒住宅、豫园等。截至 2019 年 4 月，上海共有市级文物保护单位 238 处，区级文物保护单位 423 处，文物保护点 2 745 处，共计不可移动文物 3 435 处。[②] 上海市政府先后于 1989、1994、1999、2005 年公布了四批优秀历史建筑，第一批 61 处（同时为文物保护单位），第二批 175 处，第三批 162 处，第四批 282 处，共计 680 处，包括上海音乐厅、大光明电影院、和平饭店、俄罗斯领事馆、上海邮政局以及众多住宅建筑等。

上海的城市文化精神为海纳百川、追求卓越、开明睿智、大气谦和，其开放与包容精神尤为瞩目，在现代化发展进程中兼顾深厚的历史文化底蕴和时尚先进的现代文化元素。随着城市进一步发展，如何处理历史建筑

---

① 上海学习网. 上海的“中国历史文化名镇名村”增至 13 个！你去过其中几个？[EB/OL]. http://m.sohu.com/a/282492178_559657/. 2018-12-17.

② 上海市文物局. 上海市文物局发布完整清单，黄浦区文物保护点最多 [EB/OL]. http://k.sina.com.cn/article_1914880192_7222c0c00200jvoj.html. 2019-04-06.

与现代化发展的关系成为城市建设者不得不考虑的问题。拥有大量历史建筑的上海，保护传承与合理开发利用历史建筑工作任重而道远，需要多方面的平衡与协调。

### 3.2.2 政府部门保护传承的法律法规效果显著，但仍需完善

政府部门是城市历史建筑保护传承工作的重要责任主体，也是宣传普及上海历史建筑文化、经济、社会价值的首要责任主体。上海市政府部门在历史建筑保护传承工作中付出了心血，尤其是相关法律法规的制定和完善方面卓有成效，走在全国前列。1991 年，市政府颁布了《上海市优秀近代建筑保护管理办法》，这是中国第一部有关近代建筑保护的地方性法规。2002 年 7 月，《上海市历史文化风貌区和优秀历史建筑保护条例》颁布施行。2003 年 10 月，市委、市政府召开城市规划工作会议，通过了一系列城市规划方案，明确要建立“最严格的历史文化风貌区和优秀历史建筑保护制度”。①

“十二五”期间，上海共完成 100 余处文物建筑保护工程，推进文物保护工程项目库数字化建设，完成《近现代文物建筑保护与利用导则》编制。2016 年上海市政府发布的《上海国民经济和社会发展“十三五”规划纲要》中明确指出：“保护传承优秀历史文化。挖掘城市文化资源，将历史文化保护与城市更新相结合，突出城乡整体风貌和特色要素的保护。加大对历史文化风貌区、优秀历史建筑、近现代革命文化遗址、工业文化遗存、名人故居、重要历史遗迹等保护力度，挖掘其历史、艺术和文化价值，启动实施一批国家级历史文化名镇名村和传统村落的保护和改造利用，增强城市文化归属感”，② 将历史建筑保护传承作为政府工作重点之一。

### 3.2.3 市民对历史建筑保护传承工作的认知度

历史建筑的保护传承不仅仅是政府的工作，更是每一个市民的文化责

---

① 毛佳樑. 传承历史、延续文脉，提升城市历史风貌保护水平——上海历史风貌保护规划管理实践 [J]. 上海城市规划，2006 (2)：1—5.

② 上海市人民政府. 上海市国民经济和社会发展第十三个五年规划纲要 [EB/OL]. http：//www.shanghai.gov.cn/nw2/nw2314/nw2319/nw22396/nw39378/u21aw1101146.html. 2016 -02 - 01.

任。在对上海市民的问卷调查中，我们发现民众对上海历史建筑保护传承的认知度呈现以下几个特点。

#### 3.2.3.1　保护传承的主体意识欠缺

在宣传普及保护传承上海历史建筑的主体责任排序中，政府被排在第一位，其次是社会团体、学校等企事业单位，再次是家庭，最后才是个人。但政府主体往往只能起宏观管理的作用，政府部门的宣传普及最终要落实到市民个体，才能取得有效的宣传普及效果。大部分民众将政府的保护传承措施和宣传普及作用视为第一位，将个体作用视为末位，这不仅是主体意识欠缺的表现。当然，政府亦有责任采取多样化的宣传普及手段，提升动员市民的能力，提升市民的主体意识。

#### 3.2.3.2　认识正确，但行动力欠缺

城市历史建筑不仅具有文化价值，更具有商业价值和社会价值。被调查的上海市民中有 56.18％认为历史建筑在构成上海城市文化特色和文化品性中的作用很重要，36.69％认为比较重要，绝大部分民众能够认识到保护传承上海历史建筑的重要作用。但在“是否支持、参加保护传承上海历史建筑的活动”的问题中，只有 55％选择“非常支持并且参加”，其他被调查者不太愿意参与这样的活动。这反映出目前上海部分市民虽然对历史建筑在当下城市现代化建设中的重要价值有一定认知，但认为它与自己的生活关系不大，在保护传承的实际行动上不太愿意付出。历史建筑的保护、传承、更新是城市现代化发展的重要组成部分，不仅是政府、企事业单位和相关社会组织的责任，更需要每个人的积极支持与参与。

#### 3.2.3.3　期望政府部门发挥更多的“元主体”作用

对于历史建筑的保护传承工作，上海市民最看重政府的元主体（首要主体）作用。被调查者认为，政府是宣传普及和保护传承历史建筑的最重要责任主体，并认为政府文化管理部门自上而下的目标控制与监督是保护传承历史建筑的有效手段，强调政府部门通过制定与完善相关的法律和制度、加强管理和监督的手段保护传承历史建筑。但近五成的市民认为，目前政府部门的宣传普及不到位，政府缺乏积极有效的保护措施，从而影响了历史建筑保护传承的效果。民众一方面强调政府主体的力量，另一方面希望政府做得更好，发挥更多的主体作用，对政府主体充满期待。

## 4. 上海历史建筑文化遗产保护传承的主要阻碍因素

在城市现代化快速推进的进程中，城市历史建筑的保护传承，能够更加积极地使人们了解城市文脉、价值理念、生活方式与生活意义。在对城市历史建筑的保护传承过程中，需要重视城市历史建筑的历史性、完整性和真实性。然而，有诸多因素阻碍城市历史建筑保护传承的实现，加大了保护传承难度。在问卷调查中，上海市民认为在城市快速发展中经济利益与建筑文脉保护之间的矛盾、城市历史建筑保护法律法规的缺失、公民薄弱的主体意识等是阻碍城市历史建筑保护的重要因素。

### 4.1 城市现代化更新与历史建筑文化遗产保护传承之间的利益矛盾凸显

改革开放以来，我国城市化进程加快，上海更不例外，受到土地资源的刚性约束，城市现代化与城市更新交织在一起，城市现代化要借助城市更新来完成。当前，城市现代化建设的主流仍然是对旧城区大规模的更新改造和推倒重建。一方面，虽说契合了部分居民改善居住环境的强烈要求，但使政府、企业、居民都将保护历史建筑放到了相对次要的位置；另一方面，不少城市政府部门从“经营”城市的角度对待历史建筑保护和城市更新问题。过于强调历史建筑（街区）的土地价值、地产价值和其他商业价值，却忽略其历史、文化、艺术价值，将大片的历史街区交给房地产商进行开发和经营，企业在利润至上的追求下，往往对历史街区和历史建筑进行大规模拆除，使之变成人口稠密、建筑毫无特色的新城区。然而，历史街区和历史建筑由于其丰厚的历史文化价值而成为城市的公共用品，因此要像建设城市公共设施一样来保护传承历史建筑，政府不应期待从历史建筑的保护与再开发中获得直接的经济回报，再开发是为了更好地保护和为城市居民提供公共物品和服务。[①] 同时，当今城市现代化的实践证明，

① 苗红培. 城市更新中的历史文化遗产保护［J］. 重庆社会科学，2014（8）：79—84.

城市历史建筑文脉的保护与城市经济社会的快速发展之间、文化与经济之间不是对立的，二者是可以协调一致、互相促进的，城市建筑文脉的传承保护可以为经济（商业）的发展进行文化护航，尽管有时候不能带来眼前的、近期的利益，但能带来长远的、终极的利益。

### 4.2　历史建筑保护传承的法律法规建设不完善，且有待进一步具体化

目前，在城市历史建筑再开发过程中仍存在法律法规细节不完善、规划实施不力、保护相对滞后等突出问题。过去，我国的文物保护制度基本上没有考虑近现代历史建筑文化遗产的保护传承问题。一些与近现代历史建筑有关的文物保护单位被列为保护对象更多是考虑到其革命纪念意义。直到 20 世纪 80 年代，近现代历史建筑才被列入文物保护的范围。① 早期主管部门的保护传承工作和保护行动，主要是根据《文物保护法》将城市历史建筑纳入文物保护体系中。在借鉴国外实践经验的基础上，实施地方性保护立法，推动国内城市历史建筑保护的法制建设和实践探索。② 比较其他国家或地区的历史文化遗产保护立法经验，我国缺少全面而完善的文化遗产保护传统和法律法规，对于现阶段的历史建筑保护立法，存在一些法理和建筑理论上的难点，历史建筑保护的法律体系亟待完善。在我国现行文化遗产保护框架下，历史建筑保护政策层面主要面临两个问题：一是国家层面的专门法令不足；二是地方保护法规与规章随着地区差异而存在法理不足和保护标准、强度等参差不齐的问题。这直接导致了历史建筑保护工作实务面临极大的挑战，无法可依的现象时有发生。③

与缺乏完善的文化遗产保护法律法规和各城市因地、因时制宜的配套律令相对应的是，“有法难依”或难以执行有力的现象也比较突出。在巨大的短期经济商业利益诱惑下，在城市现代化过度追求表面的市容美观表

---

① 张松. 历史城市保护学导论［M］. 上海：同济大学出版社，2008：172—184.

② 张松. 中国历史建筑保护实践的回顾与分析［J］. 时代建筑，2013（3）：24—28.

③ 汤诗旷. 城乡历史建筑遗产保护的相关法律问题研究——试论全国统一立法的必要性及其目标设立［J］. 南方建筑，2014（5）：82—88.

征下，在城市摊大饼式的盲目扩张效应下，在政府官员政绩考核 GDP、经济权重至上的刺激下，文化管理与监督部门的话语权和法律法规执行权屈屈于经济发展部门话语权力和执行权力之下，短期的经济发展权力膨胀，长期的文化与社会效益被弱化，城市经济发展与文脉保护被割裂的现象时有发生。

### 4.3 城市历史建筑的“保护性破坏”和过度商业化开发

由于城市历史建筑保护传承的法律法规和治理体制机制不够完善，也由于部分人的建筑遗产保护法律法规意识和主体自觉责任意识淡薄，更重要的是，受经济或商业利益驱动，一些城市历史建筑在修缮保护与传承过程中，经济利益与文化社会利益之间，经济权力与文化、社会公共权力之间，弱势部门、弱势群体与强势部门、强势阶层之间，出现了一些矛盾、冲突与不协调现象。比如，人造历史建筑景点、仿制建筑及其设施、建筑遗产在修缮中被破坏等，导致城市历史建筑被篡改，甚至面目全非，形成中国特色的“保护性破坏”。然而，城市历史建筑保护传承，首先必须保护它的原真性及其周边环境的原生态性，才能够保护历史建筑的文化、艺术、科技价值。[①] 除了“保护性破坏”之外，历史建筑被开发成文化旅游景点或文化创意产业园区后，面临着过度商业化和消费化的问题。在强势的商业化消费主义时代，过于追求炫耀式文化消费，追求商业化的宏大叙事（高、大、洋、新、气派、美观等），不求文化的细节、深度和持久力，创意设计的建筑产品在消费社会中被大规模复制、大批量生产的仿真产品所代替。由于批量生产的仿制历史建筑成本更低，导致国内大大小小的文化旅游景点、历史街区、历史建筑，以及文创园区内商铺所出售的设计作品或特色产品大同小异。

不仅如此，过度商业消费化还会直接破坏城市历史建筑原貌，损毁其文化本真性。以上海的文化创意园区 1933 老场坊为例，老场坊的商业吸引力主要来自历史建筑本身的文化特色魅力。然而，现在老场坊的文化空间中塞满了各种店铺、会所和其他机构，原有的统一、静穆、幽深

---

① 张松. 历史城市保护学导论［M］. 上海：同济大学出版社，2008：172—184.

的文化空间效果被改造后的拥挤而凌乱的店铺、五花八门的装饰材料和五颜六色的广告所打破。城市历史建筑"修缮、改造再利用"的关键在于，为历史建筑遗产让渡原真的文化空间，找到适合其文化特色的现实用途。对历史建筑中重要结构的改造需要被降低到不影响其原真性的最低现度，最好能够被还原，从而最大限度地保存、再现和传承。目前，老场坊复杂、静穆、幽深的文化空间效果被改变，不仅大幅度地改变了建筑空间结构，而且无法复原其本真面貌。从某种程度上说，老场坊——典型的上海工业遗产建筑在过度商业化开发和商业化消费下，已经失去了其原有的文脉和灵魂。

"保护性破坏"和过度商业化开发的现象在全国商业化开发的城市历史建筑中普遍存在。如何保护城市历史建筑的"原真性"、如何把握好商业化的"度"、如何引导健康的文化消费，如何构建历史建筑的文化和艺术氛围，如何促进历史建筑的文脉持续发展，值得我们的思考。[①]

### 4.4　城市建筑文化遗产保护传承中的公共性不足

在我国的城市文化管理和历史建筑保护传承中，政府担负着元主体责任，起主导作用。然而，政府追求的城市发展目标是多元化的，包括塑造城市良好的文化形象和文化精神、发展城市经济与贸易、建设与完善城市文化基础设施、提供城市公共文化产品、提高城市居民生活水平等。同时，在政府官员政绩考核和升迁的驱动下，城市政府部门、官员个体也有自己的利益追求，由于片面追求 GDP 增量和政绩考核中的经济权重过大，导致地方政府出现了城市文脉保护传承上的非理性行为，比如，热衷于推倒重建、招商引资、拍卖地产等，助长了相关企业的商业权力。再者，城市历史建筑保护传承的成本较高、建设周期较长、见效比较慢，对城市经济发展的提升更多的是起长远的间接作用而非短期的直接作用，使得城市政府部门、部门官员的短期利益诉求挤压了公共利益、公共文化的空间，造成了城市文化治理公共性的迷失。

体现在城市历史建筑保护传承方面，公共性迷失导致的非理性行为不

---

① 宋颖. 上海工业遗产的保护与再利用研究［M］. 上海：复旦大学出版社，2014：98—114.

仅直接伤害城市历史建筑，还挤压城市历史建筑保护传承的经济和发展资源，导致保护资金投入不足、保护传承之投融资动力不明显等。然而，城市历史建筑所承载的巨大文化和社会价值非税收和经济产值可以衡量，它能为城市经济发展带来长远的文化、经济和社会效益。同时，它对城市文化形象、文化精神、文化气质和文化灵魂的塑造，对城市文化价值的提升和带来的间接的经济或商业价值都是非常巨大的，忽视这些长远的价值而片面追求短期的直接的经济增长和商业利益无疑是短视的。这要求主导城市文化治理的政府机构和政府官员对城市历史建筑的保护、对城市文脉的保护应有清醒的认识，完善更加科学合理的城市文化治理机制和城市历史建筑保护机制，运用各种媒体进行多样态的宣传、教育与普及，动员社会组织、企事业单位和每一个市民，共同保护城市历史建筑、传承城市文脉。

## 4.5 有文化自信、文化情怀、文化体验的历史建筑文脉保护传承人才匮乏

当前，我们不缺乏建筑师和建筑工匠，缺乏有文化自信、文化情怀、文化体验的建筑师和建筑工匠，“建筑师想要真的对社会有所贡献，必须要变成一个文化战士”，[①] 然而，一方面，我们的建筑人才教育缺乏基本的哲学、社会、伦理、文化教育，缺乏批判精神，缺乏思想的力量，只受过职业技术服务的短期功利性教育；另一方面，建筑尤其是历史建筑与人们的生活方式密切相关，如果没有传统历史建筑的文化体验，就无法感知和理解传统历史建筑，遑论修复和完善。传统文脉的保护传承必须落实到具体的历史建筑或其他文化遗产中，否则，关于城市文脉传承的讨论容易从宽泛走向虚无，最后沦为符号化的、人造的假古董、伪文化。“一座现代化的写字楼能否与其文化精神相结合，这个问题的解答一定不取决于写字楼上是否有仿古屋顶。当传统被简化为装饰符号强加在现代建筑的表面

① 王澍. 让文化力量重返乡村［EB/OL］. http：//www.360doc.com/content/16/0127/07/30417605_530826347.shtml. 2016-01-27.

上时，也恰恰是扼杀了传统真正的意义。"[1] 可是，我们的建筑教育常常与历史建筑本身脱离，与建筑生态环境脱离，与施工现场脱离，与建筑工匠脱离，与居民生活方式脱离，乃至沦为办公室的"图纸世界"。

事实上，书本上的传统建筑知识往往是苍白的，建筑的重大秘密掌握在建筑工匠手里。建筑文化遗产，不是藏在博物馆里的器物或物件，也不是仅供展示的历史建筑，而是掌握在工匠手里的活的文化记忆和文化能力。日本《文化财保护法》在实施过程中首先认定"重要无形文化财产"项目并对"人间国宝"命名。如"建筑工艺技术"，一是指定技术本身，二是指定拥有技术的具体匠人。目前，在历史建筑的修复与文脉传承方面，我们尤其缺乏有传统建筑文化实践经验的建筑工匠。以故宫博物院为例，原故宫博物院院长单霁翔说："故宫现有木、瓦、油、画、石等各项作业的专业技师大都具有30年以上的从业经历，专业技能高超，实操经验丰富，但绝大多数已经接近或达到退休年龄。仅2016年，修缮技艺部退休的古建技师就有7人"，"2010年，故宫古建筑修缮队伍解体……造成一系列保护和传承方面的问题。如此下去，'故宫官式古建筑营造技艺'将面临'人去艺亡'的严峻局面"。[2] 上海历史建筑修复与保护传承的工匠人才亦面临严重匮乏的局面，有文化实践经验和文化感知情怀的优秀建筑人才青黄不接，难以为继，需要采取措施培育和保护这类人才。

## 5. 提升上海历史建筑文化遗产保护传承能力的战略思考

历史建筑文化遗产不仅是城市文化的容器、智慧的结晶，也是城市居民对所居住城市的文化认同感和身份归属感的体现。正如美国建筑学家简·雅各布斯所云，保护对象就像一个蛋糕，"我们不可能在吃掉文化蛋

---

① 王澍. 让文化力量重返乡村［EB/OL］. http://www.360doc.com/content/16/0127/07/30417605_530826347.shtml. 2016-01-27.

② 古建筑修复"人去艺亡"，故宫用北京户口留住工匠［EB/OL］. http://xw.qq.com/news/20170208029617/NEW2017020802961700. 2017-02-08.

糕的同时还拥有它，这只是我们现在吃还是将来吃的问题”。[①] 那么，如何动员政府（元主体）和企业、媒体、社会团体、市民个体（社会主体）等多元主体共同参与，提升上海历史建筑文脉保护传承之质量和政府（元主体）和其他社会主体的保护传承能力？基于宏观层面和政府治理视角，主要侧重于以下方面。

### 5.1 在保护中传承发展，在传承发展中保护，在保护中提高，在提高中保护

以城市历史建筑文化遗产的文化叙事和文化记忆为纽带，辨析历史建筑的遗产价值、经济价值、工具价值和社会价值，探讨保护、传承和发展的内在逻辑关系，重在如何协调和平衡城市扩张权力（行政权力、资本权力、知识权力）与文化遗产保护传承、长远利益与近期利益之间的冲突，走出观念误区。建筑文化遗产的保护和传承、发展，在主位和客位层面都存在悖论，在实践中常常徘徊于保护、传承与发展之间，保护只是一种手段而不是目的，虽然它有助于延续文脉但无益于增强其生命力和活力；传承与发展是终极目的，具有生机活力，是基于保护传承的发展。保护、传承和发展三者在文化维度、资本维度、权力维度、权利维度、利益维度上平衡和协调才能达致理想状态。

当前，我们要厘清和确立以下理念：一是保护第一、利用第二，在保护中利用、在利用中保护；一切利用都要以保护为前提；一切利用都要建立在对建筑文物历史、艺术、科学价值深入研究、准确把握的基础之上；一切利用都要以服务公众为目的；一切利用都要尊重科学精神、遵守社会公德。二是坚持建筑文化遗产保护与传承发展并重，在保护中发展、在发展中保护。建筑文化遗产保护与传承，以其遗产价值为核心，以人为本，以发展为目的，以社会生活为载体，因此，需要进一步提升历史建筑文化遗产保护传承与民众日常生活、社会发展的关联度，提高建筑文化遗产的表现力和传承发展能力，提高民众的文化生活质量，只有如此，才能提升

① ［西班牙］西萨尔瓦多·穆尼奥斯·比尼亚斯. 当代保护理论［M］. 张鹏等译，上海：同济大学出版社，2012：187.

社区居民和市民的参与度，实现建筑文化遗产保护传承的可持续性。三是树立保护传承的质量理念，在提高中保护、在保护中提高。“只有不断提高传承水平，才能增强文化遗产的表现力和吸引力，维护和拓展文化遗产的生存与发展空间，鼓励和吸引更多的人，尤其是年轻人加入保护传承行列，实现可持续的保护传承。”①

### 5.2　坚持制度性保护传承，保障城市历史建筑文脉保护传承的可行性和有效性

1982 年，中国出台了《中华人民共和国文物保护法》并于 2002 年进行了修订。2011 年，出台了《中华人民共和国非物质文化遗产法》，确立了“保护为主、抢救第一、合理利用、加强管理”的物质文化遗产保护方针和“保护为主、抢救第一、合理利用、传承发展”的非物质文化遗产保护方针。2014 年 6 月，上海市出台了《上海市文物保护条例》，2015 年 12 月出台了《上海市非物质文化遗产保护条例》，这些法律法规的出台，为中国和上海市依法保护传承城市建筑文化遗产奠定了坚实基础，但这些法律法规具有宏观性、总体性、原则性、指导性强的特点，缺乏针对性，不够具体化，具体到操作层面还比较困难。因而，需要进一步完善上海历史建筑等文化遗产保护传承的制度性、政策性细则，予以配套实施，以提升上海城市建筑文脉保护传承的力度、强度及针对性和有效性。当前，主要的配套制度性措施有：一是开展精准的建筑文化遗产调查统计和记录，明确国家级、市级、区级和待确定等级的四级建筑文化遗产名录体系；二是确立历史建筑遗产清单制度，重点在于确立郊区卫星城镇的建筑文化遗产登记与清单制度；三是确立历史建筑文化遗产保护传承的文化伦理原则，结合上海区域建筑文化特色，强调社区、群体和个人的保护传承权利和责任；四是完善文化遗产保护的法律法规培训制度，定期对文化部门专业人员和普通从业者、非专业人员进行培训。

---

① 项兆伦. 中国保护文化遗产的实践与经验——2006 年 8 月项兆伦副部长在第三届爱丁堡国际文化峰会上的讲话 [EB/OL]. https://mp.weixin.qq.com/s?_biz=MzA5OTcxMzEwNg==&mid=2666420331&idx=2&sn=7fde0f25c59439c8404a15e9386053e8&scene=1&srcid=09081pvV6qpoNgj7jwNSpQeq&pass_ticket=GrR%2F1Wi9IjMCnZIqu1ZwSHdHvHKfiNmN7O%2FFMWa1ziH4tAJRAph%2BIQSLxNH97YLL#rd. 2016-09-08.

## 5.3 立足历史建筑（街区、风貌区）文化特色，坚持整体性、多样性保护传承

建筑文化遗产及其文脉是多样化的、真实而鲜活的、延续发展的，既凸显文脉的本真性、整体性、时空延续性、公共性和社会性，又兼顾文脉发展的现代性、审美感，在合乎现代人文化性格、审美需求和生活方式的同时，需要防范过度时尚化、资本化、商业化、媚俗化、消费化、西化。自 2007 年起，我国先后在历史文化积淀丰厚、存续状态良好、文化遗产价值突出、特色鲜明的区域，设立了 18 个国家级文化生态保护实验区，支持地方政府把文化遗产及人文环境一起保护，促进文化遗产与经济的可持续发展。当前，上海需要立足各个文化生态区，形成自己的保护传承特色，使各个文化生态区真正成为文化遗产丰富、氛围浓厚、特色鲜明、民众受益的区域。比如在郊区传统乡镇、村落建筑文化遗产保护传承中，特别强调保留原住民和他们的生活方式，避免传统村落、老街区变成只有建筑和商铺、没有原住民的空心遗址，避免建筑文化遗产失去传承基因、环境和土壤。当前，文化遗产类型多样，文脉保护传承和利用的方式、目标、程度会有不同，因此，尽管历史建筑遗产保护传承有普遍适用的原则，但是具体到上海各区各具文化特色的历史建筑保护传承则是区别于其他区的“这一个”。因此，在强调整体性保护的同时，应突出多样化保护传承，探索确立分类指导、精准治理、全民参与的多样化保护传承措施。

## 5.4 坚持抢救性保护传承、生态性保护传承、生产性保护传承和生活性保护传承并重，提升保护传承质量

鉴于城市现代化建设扩张过程中，因注重经济、商业开发而导致历史建筑等文化遗产被破坏或“保护性破坏”，对于那些濒危的历史建筑文化遗产要采取抢救性保护传承的基本策略。同时，历史建筑文化遗产保护传承需要生产性保护传承和生活性保护传承并重。生活性保护传承，本质上是在社会性参与机制基础上，推动历史建筑文化遗产日常样态、日常审美习惯的传承创新及现代化转型。一是强调生态性保护承，提升城市建筑文

化遗产保护传承的文化关联度、文化亲近度。建筑文化遗产与文化环境息息相关，失去了时代的、区域的特定文化环境，便失去了建筑文脉赖以生存的土壤和条件。因此，应把建筑文化遗产及其得以孕育、滋养的文化、人文、社会环境一起保护。二是重视生产性保护传承，推动传统建筑文化工艺振兴。尤其是针对泥瓦、墙体、传统建筑材料等建筑工艺类文化遗产，实行生产性保护传承措施，在社会生产实践中激发遗产自身的生机和活力。三是重视生活性保护传承。让建筑文化遗产走进现代生活，以人为本，以历史建筑内原居民生活方式为基本参照。提高建筑文化遗产保护与民众日常生活的关联度，通过提高传统建筑艺术的表现力和传统建筑工艺的设计、利用水平，将提高市民和游客的保护传承能力与提高生活质量联系起来，让社区民众更积极、更广泛地参与建筑文化遗产保护传承与再创造。

### 5.5　平衡协调历史建筑遗产保护传承中文脉主义与商业主义、文化利益与经济利益中不同行为主体之间的利益与矛盾

美国耶鲁大学建筑学院院长罗伯特·斯特恩将后现代主义建筑特征归结为文脉主义、隐喻主义和象征主义，其中隐喻和象征是后现代建筑常用的表现手法，而文脉主义则是后现代主义建筑的表现内核。① 文脉主义追求建筑对环境的亲昵，“建筑必须依靠和植根于环境之中”，② 新建筑的设计必须来源于场地特点与历史文化及其风格。与文脉主义相对应的是商业主义，或者说商业主义在历史建筑等文化遗产开发利用过程中的过度膨胀。目前上海还有不少历史建筑等文化遗产，在修复改造过程中搞大拆大建的“休克式”更新改造，经济、商业权力压制文化权力和民众的文化权益，破坏了商业主义与文脉主义之间的平衡。

目前，上海中心城区历史建筑改造更新的主要模式有：政府与开发商联手修缮改造与开发利用的新天地模式，政府让权、开发商主导运作的 8 号桥模式，政府引导、居民自主、自下而上的田子坊模式，等等。在历史

① Robert A. M. Stern, RAM & Davidson, CC. *Architecture on the Edge of Postmodernism: Collected Essays, 1964－1988* [M]. Yale University Press, 2009: 22.

② 刘先觉. 现代建筑理论 [M]. 北京：中国建筑工业出版社，1999：42.

建筑等文化遗产的改造利用方向上，从商业主义之开发利用转向文化遗产的文化创意产业经营发展，从政府主导趋向政府引导；在资本参与主体上，从政府主导转向企业、民间资本支持，从破立式“休克疗法”转向渐进式微循环改造，逐步走向科学化、合理化。我们主张“保护第一、渐进式微循环改造”的基本原则，优化政府职能——由主导到引导，主张专家学者、企业、社会组织与民众广泛参与，强调原住居民自主、“一户一议”、自下而上的“多元主体协商共建”保护传承与利用模式，在这种保护传承与合理利用文化遗产的原则和模式下，政府行政权力、企业经济商业权力、专家学者知识权力与市民的文化经济权益之间容易达致平衡。

## 5.6 构建“政府为元主体，多元主体共同参与”的保护传承机制，唤醒各社会主体保护传承的主体性意识，促进多元主体共同参与

注重“以政府为元主体，企业、媒体、社会团体和市民个体（突出青少年群体）等多元主体共同参与”的多元主体保护传承历史建筑文化遗产的社会责任、文化自觉和激励、奖惩机制，强调“政府为元主体，多元主体共同参与”保护传承机制，建构多元化保护传承的主体网络。发挥社会组织、中间组织作用，调动和促进企业保护传承历史建筑遗产的文化自觉和社会责任。“目前，社会组织特别是民间组织尚在发育中，大多数自身实力不强，人才短缺，结构较为松散，稳定性差。”① 尽管政府异常重视，但企业、社会团体和市民个体的积极性、参与性不足，多元主体的文化责任和文化主体性自觉意识有待提高。为此，一是加强建筑文化遗产资源的产权保护，在强调社会公共财产权的同时，注重社群产权、私人产权和“保护、传承与发展权转移”，需要建立传统建筑文化资源的产权认定机制、利益分配机制、保护传承机制，保护传统建筑文化资源的本真性、亲和性和可持续性。二是充分利用信息、网络等新技术，运用虚拟现实、3D 场景再现等手段创新建筑文化遗产展陈形式，创新文化遗产数字产品传输方式，建立互动体验、即时共享平台，拉近建筑文化遗产与

① 励小捷. 文物保护不能没有社会力量［J］. 中州建设，2017（7）：61.

社会大众的距离，强调建筑文化遗产的数字传播、智慧传播，提升企业、社会团体、社会群体和市民个体的文化认知度和文化自觉度，充分发挥保护传承的主体责任和文化自觉，切实促进多元主体参与和数字化、智慧化保护传承。

# 第 11 章
# 保护传承城市历史建筑文脉的“多中心”治理策略

现代“多中心”治理理论强调政府不是唯一的权力中心，而是与市场、社会、公民共同参与公共事务的治理过程，打破了传统的或政府或市场的单一治理方式，构建了政府、市场、社会与公民协同共治的框架。基于现代“多中心”治理理论的视角，作为城市历史建筑文脉保护传承的元主体——政府及其相关部门的治理策略主要有：多元主体共同参与，构建和完善制度政策体系；动员多媒体、新媒体、全媒体等媒体主体力量，全方位宣传教育、普及历史建筑知识及保护传承能力；平衡协调历史建筑遗产保护传承与合理利用、文脉主义与商业主义、文化利益与经济利益中不同行为主体之间的利益与矛盾；拓展民众参与渠道，优化民众参与机制；培育历史建筑遗产专业人才，储备和守护城市历史建筑文脉保护传承中的人才主体力量。

传统的城市历史建筑文脉保护传承主体是政府，政府包揽一切，其他社会主体的能动性不足，政府很累而管理效果却不好，社会组织、企事业组织、家庭和市民等社会主体作为旁观者和被动接受者的主体意识和主体性作用没有发挥出来，造成“管理者一边火热忙着，市民群众一边冷眼骂着”的社会现象。在现代治理社会中，城市文化治理不同于文化管理，它是一种“政府+社会”的多元主体共同参与的治理模式。这种治理模式的特点和先进性在于政府让渡部分权力，即一定程度上赋权企业、社会团体（行业协会等非政府组织）、学校、家庭、民众等社会主体，并不意味着政府对社会控制力的下降，这恰恰是为了腾出政府忙碌的手，更高效地做好自己份内的事儿，发挥社会主体的能动性，借助社会组织、企事业单位、家庭、民众之手，降低政府文化执政风险、提高城市文脉保护传承之效率。

1995 年，全球治理委员会在《我们的全球伙伴关系》报告中定义：“治理是各种公共的或私人的个人和机构管理其共同事务的诸多方式的总和。”① 这种强调主体多元化的治理理念与西方学者“多中心”② 治理的理念在本质上具有一致性。美国公共选择学派创始人奥斯特罗姆夫妇在此基础上，通过系统的理论分析和大量的实证研究，创立了“多中心”治理理论。文森特·奥斯特罗姆将“多中心组织”界定为一种组织模式，在此许多独立的要素能够相互调适，在一般的规则体系之内归置相互之间的关系。埃莉诺·奥斯特罗姆在《公共事务的治理之道——集体行动制度的演进》一书中指出：“极少有制度不是私有的就是公共的——或者不是‘市场的’就是‘国家的’。许多成功的公共池塘资源制度，冲破了僵化的分类，成为有‘私有特征’的制度和有‘公有特征’的制度的各种混合。”③ 这一观点充分体现了其“多中心”治理的思想。“‘多中心’意味着有许多在形式上相互独立的决策中心，它们在竞争性关系中相互重视对方的存在，相互签订各种各样的合约，并从事合作性的活动。”④

目前，借鉴和运用“多中心”治理理论论述城市历史建筑保护传承的相关研究文献很少，但与城市历建筑保护、传承、利用相关和“多中心”理论视角下城市治理模式及实践的相关研究文献则有一些。林志宏的《世界文化遗产与城市》一书基于联合国教科文组织文化政策，介绍世界遗产

---

① 全球治理委员会. 我们的全球伙伴关系［M］. 牛津：牛津大学出版社，1995：2. 参见：俞可平. 治理与善治［M］. 北京：社会科学文献出版社，2000：4.

② “多中心”理论是由英国学者迈克尔·博兰尼在《自由的逻辑》一书中首次提出的。他在该书中总结了两种社会秩序，即“唯一中心的计划”秩序与多中心的自发秩序。在他看来，多中心的自主、自发的秩序更为合理。他用“负重（六边形）框架上各顶点的相互移动”表示“多中心性”。这些移动的总体，即体现了一种多中心秩序。参见［英］迈克尔·博兰尼. 自由的逻辑［M］. 冯银江，李雪茹译，长春：吉林人民出版社，2010：161.

③ ［美］埃莉诺·奥斯特罗姆. 公共事务的治理之道——集体行动制度的演进［M］. 余逊达，陈旭东译，上海：上海三联书店，2000：31.

④ ［美］奥斯特罗姆，帕克斯，惠特克. 公共服务的制度建构——都市警察服务的制度结构·序言［M］. 宋全喜，任睿译. 上海：上海三联书店，2000：11—12.

保护国际合作计划，以及欧亚重要历史文化名城——法国巴黎、雷恩，西班牙圣地亚哥和中国曲阜的文化遗产保护传承实践，思考城市文化多样性保护与城市发展和谐性，进行政策指导和具体的操作建议。[①] 郑时龄的《上海的城市更新与历史建筑保护》一文认为，上海初步建立了城市历史建筑遗产的分级保护制度和保护机制，并根据建筑的类型和质量，结合上海的实际情况，采取多元的保护方式，坚持使用与保护相结合，在使用中保护。[②] 周琦的《城市建筑遗产保护中的“左”与“右”》一文认为，在作为文化资源的历史建筑和作为经济资源的历史建筑中间，在激进的“破旧立新”的“左”与保守的“原封不动”的“右”之间，为城市的发展需求寻找一个合理的平衡点，让近代建筑遗产保护能够从单纯的行政监管问题还原为通过建筑专业设计方法重新整合资源的社会问题。[③] 陈侠的博士论文《传承与发展——当前社会经济背景下上海历史建筑保护与改造的策略研究》提出了上海历史建筑保护与改造的基本策略——寻求平衡，强调政府要发挥能动性策略完善相应的法律法规、出台针对性的政策，并且把政府能动性作为天平的支点来寻求当前社会经济背景下历史建筑保护与改造的平衡点。[④]

关于城市治理中的“多中心”治理范式研究文献，黄徐强的《美国城市治理结构的模式演进及其对中国的启示》一文指出，20 世纪 50 至 90 年代，美国城市治理主要着力于引入市场机制以迫使地方政府相互竞争，“多中心”治理模式得以成型；认为以政府为主导、引入市场和社会的参与建立起灵活多样的合作网络，是完善我国城市治理结构的必然之举。[⑤] 唐亚林的《当代中国大都市治理的范式建构及其转型方略》一文认为，当代中国大都市治理范式是集共有权利、共有设施、共有规则、共有形态、共有绩效以及共有知识体系于一体的新型大都市治理范式，呈现了基于共享的统筹式治理模式、基于 ICT 的智慧型治理形态、政府主导下的“多中

---

① 林志宏. 世界文化遗产与城市［M］. 上海：同济大学出版社，2012：1—353.

② 郑时龄. 上海的城市更新与历史建筑保护［J］. 中国科学院院刊，2017（7）：690—695.

③ 周琦. 城市建筑遗产保护中的“左”与“右”［J］. 建筑与文化，2012（9）：27.

④ 陈侠. 传承与发展——当前社会经济背景下上海历史建筑保护与改造的策略研究［D］. 上海：同济大学博士论文·摘要，2007：5.

⑤ 黄徐强. 美国城市治理结构的模式演进及其对中国的启示［J］. 广东行政学院学报，2015（6）：11—16.

心”治理机制“三新”特征。[①] 程佳旭的《多中心治理视角下城市更新模式转变研究》一文指出，“多中心”治理的实践改变了以往单中心的治理模式，但又未能形成完全的“多中心”，而倾向于政府统筹下的多主体参与模式。由此，政府角色的转变成为关键，政府需要由单一主导者的角色向统筹者、协调者、监督者等多重角色转化，其核心在于平衡多方利益。[②]

综合前人研究文献，基于“多中心”治理理论研究城市历史建筑保护传承的相关成果付之阙如。本章基于“多中心”治理理论视角，强调以政府相关部门为“元主体”“多元社会主体参与、协同共建共享”的城市历史建筑文脉保护传承理念。

## 1. 多元主体协同参与，完善城市文脉保护传承的制度体系

### 1.1　强调法律法规制定中的多元主体参与，加大学术、技术支持与监督力度

我国历史建筑等文化遗产保护政策是由文化、城市规划、城乡住房与保障、文物部门等相关机构提出议案，提请人大常委颁布施行。专家学者的学术支持和技术监督前置于文化、城市规划、城乡住房与保障部门的政策草案中。在政策法规制定过程中，相关部门各自为政、缺乏沟通和协调，以致出现政出多门，政策交叉重叠，甚至互相矛盾的现象。比如，由国家《文物法》指导下的文物保护和地方法规《上海市历史文化风貌区和优秀历史建筑保护条例》指导下的优秀历史建筑保护，两套体系长期共存，造成了概念众多、层次不清、政出多门的状况，一些职能部门、新闻媒体和社会公众误用或自创保护名词，造成了一些混乱。[③] 为理顺各政府

① 唐亚林. 当代中国大都市治理的范式建构及其转型方略 [J]. 行政论坛，2016 (4)：19—24.

② 程佳旭. 多中心治理视角下城市更新模式转变研究 [J]. 现代管理科学，2013 (10)：87—89.

③ 陈侠. 传承与发展——当前社会经济背景下上海历史建筑保护与改造的策略研究 [D]. 上海：同济大学博士论文，2007.

管理部门之间政策法规的良性关系，理顺中央—地方涉及历史建筑保护传承法律法规的脉络，保持政策的连贯性和持续完善的能动性、协调性，加大对城市建筑文化遗产保护传承的学术支持和技术监督，可仿效日本经验，由地方政府文化、文物、城市规划、城乡住房与保障等部门联合设立“政策法规制定审议会（或协调会）”，作为法定的常设咨询与协调机构，由专家学者提供学术、技术支持，为政府决策提供高层次的政策咨询服务，将行政法规的制定与学术、技术支持和有效监督相融合。如设立政府多部门联合参与的城市规划地方审议会、城市景观审议会、特色乡镇传统建筑保存审议会等，邀请政府机构权威人士、社会组织、专家学者、企业代表、市民代表等共同参与政策法规的制定和完善。

### 1.2 完善城市历史建筑文脉保护传承相关法律法规，在具体措施上进一步提升可操作性

“推行保护、重在措施”是国际社会保护文化遗产的基本经验。比如，日本文化遗产保护传承已形成比较完善的法律保护体系，且具有针对性和可操作性。1966 年，日本制定《古都历史风土保存特别措施法》，提出针对古都历史风土的具体保护措施。同时，与文化遗产保护工作相关的法令每年都进行修改，整体上不断得到补充和完善。日本地方自治体在城市规划法基础上制定了城市建筑景观条例和相关地方法规，与 1966 年的《古都保存法》和 1975 年后修改的《文物保护法》一起，形成了严密的、多层次的法律体系。但我国这方面比较欠缺，且有的地方法规的针对性和可操作性有待加强。比如，2002 年 7 月，上海市通过了《上海市历史文化风貌区和优秀历史建筑保护条例》，2010 年 9 月修订，该条例尽管确立了上海市历史文化风貌区和优秀历史建筑保护的法律依据，但所提供的是基于原则性、普遍性和低限度的法律法规保护，一方面，保护对象的认定和数据库不清晰；另一方面，需要有操作性强的细则配套。其一，确定历史建筑认定标准，进行科学认定；其二，建立市、区（县）两级历史建筑数据库，明确保护对象的分级、分类体系，完善建筑文化遗产保护清单及制度；其三，细化保护性修缮措施，如物业资质的管理、对普及与保护传承历史建筑先进主体的奖励措施等；其四，需要对构建保护历史建筑的理论

体系、规章制度以及培养高素质的管理主体队伍作出原则指导，对破坏优秀历史建筑、不履行保护义务的行为，制定具体措施，加大处罚力度；其五，由于该条例的原则性、普遍性，不针对特殊情形，各保护主体（尤其是政府和企事业主体）需要针对具体的历史建筑，分类细化保护传承历史建筑的具体措施；等等。

### 1.3　构建城市建筑文脉保护传承的伦理原则

一般而言，体制、机制、制度、政策、法规、法令的激励与奖掖、规训与惩罚是建立于社会道德伦理水平之上的一般性、原则性、通用性话语或行为的激励与约束。它们的激励与约束尺度与人性、道德水平及其前置的假设密切相关。人们道德水平的高低决定体制、机制、法律、法规与人们话语、行为之间的信任度高低，也决定了人们的话语或行为的被激励、被约束尺度（标准设置）。因此，伦理道德的力量在文化遗产保护传承中必不可少。对城市建筑文脉保护传承而言，由于其公共性和公益性较强，需要动员和激发全社会的力量，方能取得行之有效的保护传承效果。仅有法律、法规、制度层面的建设还不够，还需要赋予伦理道德的力量，唤醒社会行为主体的主体性保护意识，激发其保护传承能动性。联合国教科文组织为充分发挥社区、群体和有关个人在文化遗产尤其是非物质文化遗产保护传承中的作用，于 2015 年 11 月 30 日至 12 月 4 日召开的政府间委员会第十届会议上通过了 12 条原则。[①] 该《原则》提升了历史建筑和其他文化遗产社区、群体和个人的主体性保护传承地位，重申“尊重社区、群体和个人意愿并使其事先知情和认可”的权利，及其在城市文化遗传保护传承中的道德伦理责任和义务。我们在借鉴联合国教科文组织《保护非物质文化遗产伦理原则》基础上，立足于中华文化传统儒家文化精髓“仁爱”“诚”和“仁、信、智、礼、义、恕”等基本伦理道德精神，立足于社会主义核心价值观，针对城市市民伦理道德发展水平和历史建筑保护传承的现状与发展趋势，有针对性地构建城市建筑文脉保护传承的伦理道德原

---

① 联合国教科文组织. 保护非物质文化遗产伦理原则［EB/OL］. http://www.crihap.cn/2016-10/31/content_27228556.htm. 2016-10-31.

则，以道德伦理的力量规制与治理城市历史建筑文脉保护传承中社会组织、企事业单位、社区群体、市民家庭与个人等行为主体的言行，尤其在强化市民的主体性保护意识、责任和文化自觉方面，道德伦理规制和教育的力量会更有效。

## 2. 凸显媒体的参与力度，提升民众的历史建筑遗产知识与价值认知度

不少时候，城市居民对本市历史建筑文脉保护传承的法律法规不太熟悉，甚或没有认知；对历史建筑遗产价值缺乏一定的认知，甚至没有明显的保护传承主体意识，这需要政府相关部门做好宣传教育和知识普及工作，引导城市居民形成保护传承历史建筑文脉的主体性意识，并促使其转化为实际行动。城市历史建筑文化遗产的保护传承要充分动员媒体的社会主体力量，运用报刊、电视、广播、音像等传统媒体、网络新媒体和 QQ、微博、微信等社交媒体进行立体化、网络化的宣传与知识普及。在传播内容和形态上，力求与时俱进，文字、视频与解说等形态多样化，传播内容生动形象；在传播语言上，可用普通话和英文等语言形态进行宣传普及。此外，还特别需要在以下几方面着力进行宣传、普及与教育。

### 2.1 历史建筑主题形象的提炼与宣传普及，做到以点带面、重点突出

从文化旅游的角度来说，历史建筑主题文化形象是历史建筑风景区（点）文化特色识别和文化理念的集中体现，并将贯穿于建筑文化旅游产品设计、宣传定位、包装广告、文化形象、促销服务等经济活动中，将历史建筑文化的潜在价值转化为现实的文化旅游价值，构建历史建筑景区（点）文化形象。历史建筑文化主题形象需要有文化意蕴，能反映历史建筑的文化特色和个性，体现其审美艺术价值。同时，其文化主题形象要集中有力、朗朗上口，便于受众记忆。以上海为例，当前，既需

要针对上海外滩、近代民国历史建筑的共同文化特质提炼主题文化形象，又需要针对上海重点历史建筑、历史风貌区，提炼景区（景点、历史风貌区）主题文化形象，并向本市企事业单位、市民和外来游客进行重点宣传普及，以点带面、重点突出，达到历史建筑文化形象的宣传普及效果。

### 2.2 历史建筑遗产知识与价值认知的宣传普及，提升民众的价值认知和文化情怀，唤醒其主体性保护意识和参与自觉

与自然遗产、自然景观具有较高的视感愉悦度、审美快感和身心舒适度相比，历史文化遗产具有较高的文化价值和遗产价值。前者与人的感官体验、身体、自然物质环境密切相关，对人们的文化素养要求不高，更容易受到受教育程度低、文化素养不太高的受众青睐；后者对受众的文化知识与素养要求高，更侧重于文化遗产的价值体验与心灵、精神的审美愉悦。因而，在宣传普及历史建筑文化遗产的保护传承方面，更应强调文化遗产的价值认知与文化审美，以提升市民的文化素养、文化情怀和文化能力。然而，当前在城市历史建筑文化遗产及其保护传承知识的宣传普及中，一方面，历史建筑文化知识的宣传普及度不够，多数历史建筑文化知识的宣传普及依然局限于社会知识精英阶层、大中学生和周边社区居民等有限受众，普通市民被普及的机会不多，历史文化遗产知识走进寻常百姓家还有待提高；另一方面，被宣传普及的历史建筑等文化遗产知识内容与表达形式不太接地气，与普通市民的文化亲近度不够，特别是在历史建筑文化遗产的价值认知教育与宣传、文化亲近度的表达和受众文化情怀的培育等方面仍有较大的提升空间。

具体到对文化遗产价值认知的宣传普及方面：一是基于专家学者的科学认定，在具体的历史建筑等文化遗产空间场所和各种宣传普及物中表达文化遗产的历史价值、文化价值、建筑价值、艺术价值、审美价值、科学价值等，价值认知宣传普及形态需要具体、生动、活泼，切忌空泛干涩；二是注重历史建筑等文化遗产宣传普及与受众的文化距离和文化亲近度，以及受众的接受度，可以针对不同的受众人群、针对不同形态的媒体，制作不同内容、表现形态的宣传普及物；三是文化遗产知识的宣传普及及其

价值表达需要深入、再深入，除了在大众媒体、网络媒体宣传普及外，应与特定的市民、外来居民等精准对接，如在其家庭信箱、个人邮箱、手机客户端媒体上推广普及；等等。

### 2.3 加强历史建筑文化遗产的保护传承教育，提升民众的建筑文化遗产知识素养和文化自觉

历史文化遗产具有突出的社会和文化教育功能。历史建筑文化遗产保护传承教育要从娃娃抓起。1999 年 10 月，国际古迹遗址理事会第十二届全体大会于墨西哥通过的《国际文化旅游宪章》中云："为了鼓励居民的介入与参与，应开展一项始于学龄儿童并针对全体公众的普遍性的信息项目。应当向所有涉及遗产的行业提供专门的培训。"① 目前，世界各国普遍重视中小学生参与文化遗产保护传承的知识教育，如历史文化遗产大国意大利在中小学生课堂开设文化遗产及其保护传承的课程，在文化、艺术、历史课教学中加大文化遗产知识比重，并把文化遗产现场感知和体认作为"第二课堂"。一方面，在中小学生纯洁的心灵里植入文化遗产保护传承知识，提升其保护传承的主体性意识和参与度；另一方面，培育其地方性文化知识，提升他们的乡土文化情感和文化认同。

世界各国注重对社区公民进行文化遗产的保护传承教育，提升居民的文化素质和保护传承之主体性自觉。比如，设置文化遗产节日或文化遗产周，集中宣传普及文化遗产保护传承的知识和技艺，定期开展保护传承文化遗产的纪念性活动，在门票价格上实行减免优惠或者免费，等等。我国于 2006 年设立文化遗产日，中宣部、教育部每年 9 月启动文化遗产传承月活动，强化中小学生的文化遗产保护传承教育，并通过散发传单，举办各种专题讲座、知识竞赛、文化娱乐等活动唤起民众保护传承文化遗产的主体性自觉。但目前存在的主要问题有：一是历史建筑等文化遗产知识及其保护传承教育还没有深入普及，仍处于节日或纪念活动笼罩下的"非常态"，重经济效益、抬高历史文化遗产旅游的门票价格，公益性不强，群

---

① ICOMOS. *International Cultural Tourism Charter: Managing Tourism at Places of Heritage Significance* [R]. Adopted by ICOMOS at the 12th General Assembly in Mexico, 1999-10.

众缺乏对历史建筑等文化遗产的现场感知体验和文化行为实践；二是有组织、有计划、操作性强、效果明显的文化遗产保护教育普及活动不多，民众参与度有限，需要进一步改进和提高。

## 3. 平衡协调文脉主义与商业主义下不同利益主体之间矛盾

在当今城市现代化建设迅猛发展背景下，城市经济或商业权力扩张、房地产经济权力膨胀，和城市文脉保护传承的权益产生矛盾和冲突，如何以城市历史建筑等文化遗产的文化叙事和文化记忆为纽带，维护其文化价值、遗产价值、经济价值和社会价值，平衡历史文化遗产保护传承与合理利用之间的关系，协调和平衡城市扩张中的行政权力、经济权力与市民的文化权益，协调长远利益与近期利益之间的冲突，是城市历史建筑等文化遗产保护传承面临的主要挑战。

### 3.1　历史建筑文脉的保护、传承与发展、利用之间的矛盾与平衡

城市历史建筑文脉的保护和传承、发展在主位和客位层面存在悖论，在实践中常常徘徊于保护、传承与发展之间。事实上，历史文化遗产保护是一种手段而不是目的，虽然它有助于延续文脉但却无益于增强其生命力和活力；“传承”介于保护与发展之间，具有主体意识性和合目的性；“发展”和“利用”是目的，它具有生机活力，是基于保护、传承之上的“发展”，是让历史文物、建筑等文化遗产“活”起来的关键。在文化遗产意识形态上，科学合理地处理好保护、传承与发展、利用之间的辩证关系，是让文化遗产“活”起来的前提。2002 年，我国修订的《中华人民共和国文物保护法》确立了“保护为主、抢救第一、合理利用、加强管理”的文物保护工作方针，2011 年出台的《中华人民共和国非物质文化遗产法》提出了“保护为主、抢救第一、合理利用、传承发展”的非物质文化遗产保护工作方针。“‘保护为主、抢救第一’是基于文化遗产自身的脆弱性和濒危状态而提出的。‘合理利用’强调发挥文化遗产在现当代社会应有的作

用。针对文物（物质文化遗产）的“加强管理”和针对非物质文化遗产的‘传承发展’是对‘合理利用’的补充，体现了物质文化遗产和非物质文化遗产两者的差异。物质文化遗产强调对遗产本体的保护，非物质文化遗产强调传承和再创造。”①

在文化遗产保护传承方面，我们有一种普遍的文化焦虑，因为保护和抢救正是基于一些文化遗产被破坏、被依附和被边缘化的文化表征，“保护为主、抢救第一”的策略是特定阶段针对文化遗产自身的脆弱性和濒危状态提出的一种权宜选择，它治不了“传承之本”“发展之本”，发展的逻辑在于文化遗产价值的可利用性，文化遗产只有被合理利用才具有传承和发展的价值。因而，科学合理地发展、利用文化遗产才是王道。过去的文化实践中，我们常常把保护和利用对立起来，多讲利用就会影响保护，为了利用而保护；多讲保护就影响利用，为了保护而保护；事实上，保护、传承和发展、利用是辩证统一的。1964 年 5 月，联合国教科文组织通过的《威尼斯宪章》（第五条）即主张“为社会公用之目的的利用古迹永远有利于古迹的保护。因此，这种使用合乎需要，但决不能改变该建筑的布局或装饰。只有在此限度内才可考虑或允许因功能改变而需做的改动”。② 不可否认，抢救与保护永远是第一位的，但保护的第一位并不意味着传承、发展与合理利用不重要，问题的关键在于如何合理利用。如今，在城市现代化迅猛发展、房地产趋热的态势下，城市文化遗产被过度商业开发，造成利用不当的现象，突出表现在：一是以文化旅游的名义，进行盲目的过度利用；二是经济、商业利益至上，文化、社会效益被边缘化；三是对文化遗产的利用出现简单复制、仿造、移植等不合理现象，造成趋同化、假古董、伪文化的庸俗化利用。因此，首先必须端正文化遗产保护、传承与发展、利用的辩证态度；其次，在城市文化遗产保护、传承与发展、利用的文化实践行为中贯彻执行。

---

① 项兆伦. 中国保护文化遗产的实践与经验——2006 年 8 月项兆伦副部长在第三届爱丁堡国际文化峰会上的讲话 [EB/OL]. https://mp.weixin.qq.com/s?_biz=MzA5OTcxMzEwNg==&mid=2666420331&idx=2&sn=7fde0f25c59439c8404a15e9386053e8&scene=1&srcid=09081pvV6qpoNgj7jwNSpQeq&pass_ticket=GrR%2F1Wi9IjMCnZIqu1ZwSHdHvHKfiNmN7O%2FFMWa1ziH4tAJRAph%2BIQSLxNH97YLL#rd. 2016-09-08.

② 联合国教科文组织. 威尼斯宪章（国际古迹遗址保护与修复宪章）[EB/OL]. 国家文物局法制处译本，http://www.tlf.gov.cn/info/6155/82075.htm. 2013-04-04.

### 3.2　城市文脉主义与商业主义之间的矛盾与平衡

国内一些学者将文脉定义为“文明演化的历史血脉”,[①] 更多地从历史角度探究文脉的保护传承问题，从文学、文物、艺术品的角度来进行研究。国外学者不仅将文脉等同于历史，还衍生提取了其抽象的内核含义，认为“文脉的基本核心是由历史衍生及选择而成的传统观念，尤其是价值观念，文脉体系是人类活动的产物”,[②] 聚焦于文脉所体现的城市集体记忆的价值观念。对于历史建筑文脉而言，“每一个建筑，都作为历史、文化的反映而有机地进入环境之中，一栋建筑的功能和意义，要通过时间和空间的文脉来体现，反过来又能支配文脉”。[③] 美国后现代建筑学家查理斯·摩尔提出了“特定化＋都市化”的概念，认为所有建筑都应该在符合城市现有文化脉络的基础上，与城市特有的历史、文化、价值、风俗相融合。[④] 自 20 世纪 60 年代以来，文脉主义成为西方众多建筑师的追求。

与文脉主义相对应的是商业主义，或者说商业主义在历史建筑等文化遗产开发利用过程中的过度膨胀，它以经济或商业价值为核心，对历史建筑等文化遗产的修缮、开发与利用围绕着“经济利益或商业利润”的指挥棒，特别是城市商业中心，乃城市经济最发达的地段，通常要求建筑有很高的功能性设置。但不少时候，城市商业中心或老城区的历史建筑传统遗留与新商业中心的发展要求格格不入，给商业中心历史建筑的保护与再开发带来不少挑战，突出表现在：一是“功能至上”的过度追求。比如，将商业聚集区周边的传统小吃街改造为酒吧文化街，将传统住宅改建为纪念品商店，从商业利润角度看，它的商业价值的确高于传统历史建筑的遗产价值，但在商业化改造过程中，这些历史建筑中原有的文化特色、风格与脉络却容易被消耗。二是“千城一面”的机械化复制或仿造。为了追求功能性而改变原有的建筑文化遗产生态和原住民居住业态，将原住民外迁导致集体记忆的缺失，而拆除、重建历史建筑则直接导致城市失去文化集体记忆、文化符号识别，成为机械化复制技术下的“大众

---

① 国风. 文脉的传承——中国人的文化世界［M］. 北京：东方出版社，2007：1.

② 马定武. 城市美学［M］. 北京：中国建筑工业出版社，2007：167.

③ 刘先觉. 现代建筑理论［M］. 北京：中国建筑工业出版社，1999：41.

④ Moore C. W，Allen G. *Dimensions: Space，Shape & Scale in Architecture*［M］. Architectural Record Books，1976：78.

化、脸谱化城市”。三是建造性破坏愈演愈烈。在改建城市历史建筑或在历史建筑周边环境再开发的过程中，破坏了历史建筑文脉的原有表达，导致其原有文化传统流失。目前，上海的新天地历史建筑改造更新，营造了历史建筑间隔与现代商业环境互存、文脉主义与商业主义平衡的成功范例，还有静安寺商圈边缘的愚园路、常熟路住宅区、陕西南路商圈边缘的思南路住宅，以及衡山路商圈的老洋房等，这些商业中心区段的历史建筑经过修缮和保存，仍然保存了旧有风貌，成为改造后的新式住宅，在城市现代化、商业化的进程中仍然向商业中心传输历史集体记忆。

### 3.3 政府行政权力、企业商业权力、专家学者知识权力与市民的文化经济权益之间的矛盾与平衡

历史建筑等文化遗产的保护、传承和发展、利用在文化维度、资本维度、权力维度、权利维度、利益维度上保持平衡和协调才能达致理想状态。在文化遗产保护传承与合理利用理念与模式上，日本的经验值得借鉴，他们的做法：一是改变大规模的、以单一或少数功能活动为内容的城市历史建筑等文化遗产改造战略，代之以中小规模为内容的渐进式改造；二是积极支持中小规模的商业、旅游、文化、服务等项目开展，以减少经济、商业增长对现存城市与历史建筑等文化遗产的压力，同时使城市文脉保护具备可靠的经济基础；三是加强城市历史建筑等文化遗产整体环境的整治，完善基础文化设施，使城市历史建筑等文化空间成为安全宜人的活动场所。比如，日本京都十分注重保留老城区的传统价值，同时增加绿地空间，从整体上提升历史建筑等文化遗产的空间环境质量。从保护传承的方法上来看，日本遵循《威尼斯宪章》和《文化财产法》的规定，即最大限度地保存文物建筑的原有部分，尽量避免增添和拆除，采取必要的措施，使用具有可逆性和可识别性的保护方法。我国的城市历史建筑等文化遗产的保护传承虽然基于《威尼斯宪章》主导精神，但是在具体保护传承做法上还存在某些偏离，例如规模化重建、恢复古建筑之风盛行，对现存历史建筑偏好整修一新，这与历史建筑的材料特征、传统审美情趣以及民众心理习惯等因素密切相关，其效果不可一概而论。但需要反思和提升保护传承的基本策略与具体改造、更新、利用模式。

在“多元主体对话协商”的保护传承与合理利用模式方面，目前，日本已建立起一套涉及立法、资金、机构、官员等较为完整的保护体系。这套体系在城市历史建筑等文化遗产的保护管理中得到全面体现，其中最重要的是，它使自上而下的保护约束和自下而上的保护要求能够在一个较为开放的空间中互相接触和交流，并经过多次反馈而达成共识。民间自发的保护意愿能够通过一定的途径转变为具体的保护参与。目前，我国则基本上处于自上而下的单向度保护阶段，城市居民往往把政府主体放在历史建筑文脉保护传承的第一位，把个人放在最后一位，民众的主体性保护传承自觉和参与力量不足，其中一个重要原因在于其话语权不够，利益诉求和表达机制不健全。当前，在历史建筑等文化遗产保护传承的主体权力和权利平衡中，民众的力量特别需要引起重视：一方面，强调原住民的自主性和表达权、话语权、监督权，以及利益获得权。比如，在旧城更新主导模式的田子坊试验中，政府部门与学术界、媒体和陈逸飞、老 W 等艺术家的权力维度与价值维度趋向平衡，取得了较好效果。对政府主体而言，在文化遗产保护区域和开发区域的“发展权转移”和原住民文化权益保障的平衡度是历史风貌街区保护的关键。另一方面，健全民众尤其是原住民和保护传承区域周边居民的话语权力与利益共享的机制，增强其被尊重感和文化情感认同、文化归属感。由于我们在历史建筑、历史街区等文化遗产的更新改造中常常着眼于城市文化面貌、文化表征、文化旅游的符号意义和象征意义等宏大述事，服务于更大范围或更大区域的居民，而忽视了本地居民和原住民的文化情感和文化权益，比如，因为历史建筑的保护更新和周边环境改造提高了居民文化活动、文化消费成本，阻碍中低收入居民的文化参与，在文化认同方面难以使保护更新区域的原住民和本土居民达致和谐，当地居民的文化需求得不到满足，如何构建原住民、当地居民的文化活动、文化消费空间和文化有机社区，让利于民，需要引起重视。

### 4. 拓展社会不同主体力量参与渠道，优化民众参与机制

人民群众是文化遗产的创造者，也是文化遗产的保护者、传承者。现

代治理理论强调政府、非政府组织、企业组织、社区组织、公民个体等多元主体共同参与，主张多元主体的协商与对话、合作与认同，公民参与的程度决定政府在文化遗产保护传承中的价值理念、制度设计以及文化资源、文化利益之调配与协作的治理能力，意大利、日本、英国、法国、美国等西方国家在城市文化遗产保护的公共参与方面积累了丰厚的经验，他们特别注重非政府公益组织和公民组织的参与力量，采取诸多措施积极鼓励公民参与。当前，我国历史建筑等城市文化遗产的保护传承急需提升全民的保护主体意识和文化自觉，鼓励民众力量的参与。但公民参与需要政府元主体的积极扶持和制度激励，政府管理部门应积极优化民众参与的体制机制，扩展民众参与渠道，保障历史建筑等文化遗产保护传承与合理利用的可持续性。

## 4.1 立法保障民众知情权、参与权、监督权与救济权，健全民众参与制度

长期以来，在文化遗产保护传承方面，政府主导力量与民众参与效果的反差较大，缺乏民众参与的良好机制，民众参与意愿不高。据一份调查统计："我国公众参与文化遗产保护的程度较低，以情感性参与行为为主，工具行参与行为较少，直接性参与行为更少""文化遗产法律政策、参与文化遗产保护的渠道是影响公众参与的重要社会情境因素，而公众对其满意度并不是很高"，① 整体上处于由"没有参与"到"象征性参与"② 的过渡阶段。这说明民众对文化遗产保护传承的情感态度与参与行为不太一致。为彰显民众参与的重要性，需要立法保障民众参与文化遗产保护传承制度，拓展民众参与渠道，保障民众参与的知情权、对话协商权、监督权和救济权。一是通过传统媒体、官网等网络媒体，以及微信、QQ、微博

① 张国超. 我国公众参与文化遗产保护行为及影响因素实证研究［M］. 东南文化，2012（6）：26.

② 1969年，美国建筑规划师谢里·阿恩斯坦提出了"公众参与的阶梯"理论，将公众参与文化遗产保护传承的程度从低到高依次划分为"没有参与"（包括"被控制""先教育后执行"两个层级）、"象征性参与"（包括"提供信息""征询意见""政府让步"三层级）和"公民权力"（包括"伙伴关系""权利代表""公民控制"三层级）三个一级指标层级和八个二级指标层级。参见［美］谢里·阿恩斯坦. 市民参与阶梯［J］. 美国规划师学会会刊，1969（7）：32—45.

等社交媒体和市场调查、座谈、访谈等渠道，确保文化遗产管理、规划部门的政务公开、信息公开，包括相关制度、法律、法规、教育、技术、规划、行政、财政与资金措施的信息公开、咨询和民众获取信息、咨询的权利，以及获取该信息而不受公权力妨碍与干涉的权利，立法保障民众知情权；二是拓展民众参与渠道，通过各种听证会、报告会、网络媒体等渠道构建多元主体参与沟通、[①] 对话与协商的机制，定期召集利益攸关方代表和专家学者、非政府公益组织、市民代表，在对话协商中参与，在对话协商中信任，在对话协商中取得广泛的文化认同；三是以立法的工具性手段强调民众保护传承文化遗产的文化使命与责任、权利与义务，辅之以行之有效的物质和精神激励措施；四是在法律制度建设、文化遗产的认定与清单、征询与建议、规划与实施、管理与监督（事前、事中与事后监督）、行政执法、诉讼与救济、可持续保护与传承发展等各环节进一步完善民众参与制度，将民众参与权贯穿文化遗产保护传承与合理利用始终。总之，应针对民众参与文化遗产保护传承的短板，以具体化和可操作的法律与制度工具，从法律、制度层面完善民众参与文化遗产保护传承的知情机制、表达机制、对话协商机制、诉讼机制和救济机制，降低政府的管理成本、决策成本、信任成本，降低民众参与的时间成本、机会成本、利益侵害成本，促进民众从情感层面的参与态度向有效地参与行动转化。

### 4.2　优化专家学者、建筑师、建筑工匠等社会群体的技术参与机制

在历史建筑（街区、风貌区）等文化遗产保护传承过程中，保护思路、规划及其管理与实施，需要技术路线支撑，需要相关专家学者和建筑师、建筑工匠的智慧，如何搭建有技术支撑和技术管理的有效平台？如何

---

① 德国社会理论家哈贝马斯曾提出关于“沟通行动”理论。他以此为基础对当代资本主义社会进行批评，认为它是更加民主社会的基础。该理论启发了历史建筑等文化遗产的规划与设计“沟通行动理论”灵感，强调人际沟通的关键就是采取行动，提出理想的沟通模型（理想的话语情景）。20 世纪 90 年代，塞杰（1994）提出了“沟通规划”理论与英尼斯（1995）提出的“沟通行为”理论进一步强调应当将所有受环境变化影响的社会群体纳入规划沟通范围，对话协商，以提升规划的有效性。参见［英］尼格尔·泰勒.1945 年后西方城市规划理论的流变［M］. 李白玉，陈贞译. 北京：中国建筑工业出版社，2006：116.

保障技术与历史建筑文脉、文化现场、文化实践的协调？需要政府决策与管理体制的转变和配合，需要纳入政府元主体的管理体系中。比如，规划部门管理的文化遗产保护传承规划和由文物部门、专家学者、建筑师提供文化遗产保护技术、法规与措施，以及其他政府部门的执法实施、民众的权益表达与监督等，需要政府部门提供统一的协调管理机制。在历史街区（风貌区）保护传承的实际工作中有一种雷同现象，即对文脉浓郁的历史建筑片区（街区或地块）等，不顾其内部个体差异性和每一旧居院落、每一历史建筑、每一历史街道的文化差异性，却按照文化旅游开发的思路进行描述与设计，有些专家学者、建筑师们则以是否具有“地道的文化味儿”作为历史建筑（街区）文化价值的判断尺度，等等。事实上，专业技术层面需要考虑历史街区（风貌区）的建筑立面、物质性要素及其空间布局与组合特征，对历史建筑空间要素及其构成关系进行定性和定量分析，构建科学的空间与文化肌理，这需要在技术路线方面进行细节、个性化表达，以及在可行性、可操作性上加强事前、事中、事后管理与监督。因此，一方面要积极鼓励专家学者、建筑师、建筑工匠等提供技术路线和技术支持；另一方面要把它纳入文化遗产保护传承项目的规划（包括编制、提取、协调、决策、实施与长效管理等环节）管理体系中，优化技术参与机制，在从自下而上到自上而下的技术与管理框架范畴内，在严格技术规范、标准、程序的基础上实现专业技术支撑和技术性成果的有效转化，实现技术与文化的协调与融合。

### 4.3 优化多元社会资本参与机制，加大历史建筑文脉保护传承的多元社会主体投融资力度

当前国外一些吸引民间资本投入的激励政策，如税收减免、资金补助、容积率转移和建立周转资金、精神荣誉奖励等措施可资借鉴。以日本为例，日本文化遗产保护的资金来源主要有补助金、贷款和公用事业费。在国家法律许可的情况下，日本为动员民众参与，吸纳民间资本，发行“历史文化城镇保护奖券”或者“文物保护奖券”，将所获资金用于历史建筑等文化遗产的保护。日本保护资金的筹集方式和使用分配方式根据保护对象实际情况由所在地居民决定。一般由当地居民参加的文化保护财团具

体管理这方面的事务，这些文化保护财团接受补助金、贷款，利用这些资金进行城市文化设施建设、征购空房以及景观保护所需的土地和停车场、住宅等，有计划地进行资金筹措和分配，进而借助财团信用替私人做转借、债务担保，为城市历史建筑等文化遗产保护活动灵活筹措资金。此外，日本还通过文化遗产资金筹备和居民经营的捆绑办法，发动居民广泛参与。如地区居民经营或参与经营的种种城市便民设施和相关文化产业收入作为财团进行各种文化遗产保护活动的资金来源。这种资金筹资渠道不仅使地区居民广泛参与整个地区的文化遗产保护，有力提升本地居民的文化遗产保护参与度，而且有利于制定符合本地区实际情况的有效保护措施。同时，日本在税收方面制定了优惠政策，免除与历史文化遗产相关的固定资产税、遗产税、城市规划税等，激发企业和当地居民的文化遗产保护热情和有效参与度。

我国目前还没有形成历史建筑遗产保护传承的经费保障机制，激励措施不够，社会融资渠道有待拓展，但有这方面的尝试，如《上海市历史文化风貌区和优秀历史建筑保护条例》第一章第六条指出：“历史文化风貌区和优秀历史建筑的保护资金，应当多渠道筹集。其来源可以是：（一）市和区、县财政预算安排的资金；（二）境内外单位、个人和其他组织的捐赠；（三）公有优秀历史建筑转让、出租的收益；（四）其他依法筹集的资金。”“专项资金由市和区、县人民政府分别设立专门账户，专款专用，并接受财政、审计部门的监督。”① 一方面，政府需加大对保护传承历史建筑文脉的资金投入，并做好资金分配与流向的监督工作；另一方面，要探索多元化、多途径、市场化的资金投入机制；同时，制定具体的鼓励与奖励措施，吸引社会资本投入历史建筑文脉的保护传承工作中来。

### 4.4　建立“一事一议”“一户一议”制度，提升原住民、周边居民的有效参与度

我们知道，体制、机制、法律、法规、政策主要针对一般性、普遍

① 上海市第十三届人民代表大会常务委员会. 上海市历史文化风貌区和优秀历史建筑保护条例（2010 年修正本）[EB/OL]. http://fgk.chinalaw.gov.cn/article/dffg/201009/20100900336950.shtml. 2010-09-17.

性现象或行为、事件，无法针对特殊性、差异性较大的现象、行为和个案。它是一种基于社会平均道德水平之上的、对人（们）行为的普遍性鼓励与约束，甚至强制与惩罚。文化遗产保护传承的对象往往差异性较大，有其文化的原真性、特殊性、个体性和非通用性。在这种情况下，它就无法适应于通用的、原则性的规训或惩罚、奖励或约束机制。因而，在历史建筑等文化遗产的保护传承与合理利用方面，需要基于利益攸关方（尤其是原住民、历史建筑等文化遗产场所的周边居民）的正外部性利益，针对差异性明显的具体历史建筑、具体文化遗产，以及差异性明显的具体保护规划、项目，汇聚原住民、周边居民参与力量，以对话协商为主要手段，建立"一事一议""一户一议"的参与协商、论证、规划、保护与传承机制。

在"一事一议""一户一议"多元主体参与机制中，不仅要构建政府部门管理者、专家学者、相关企业、原住民、周边居民等利益攸关方的多元主体参与机制，还应有社会组织、民众代表等社会主体捍卫文化遗产保护更新的正外部性力量，他们参与沟通、协商。过去，我们常常依靠政府管理者、专家学者、建筑师的行政、学术力量和话语构建，然而，不少时候，他们缺乏具体的文化遗产实践体验和原生态文化感知，以所谓的"地道与不地道"来表达传统文化、以"有无文化味儿"作为历史街区（风貌区）保护更新的裁量标准，以致一些仿古建筑、假古董和不伦不类的作品充斥其中，那些原真性、完整性的文化遗产及居民生活方式反而被遮蔽。因此，政府部门管理者、专家学者、建筑师必须深入历史建筑街区和文化现场，深入原住民、周边居民家庭体验本真文化，与当地居民沟通协商，针对每一栋具体建筑、每一院落"一事一议""一户一议"，接准文化现场地气，采取个性化、具体化的保护更新方案，构建渐进式、微循环式[①]的历史建筑等文化遗产保护更新模式。

---

① 单霁翔认为，"微循环式"保护与更新，即根据居民生活实际需要和历史街区保护规划而定，不求一律，不求同时，不求全部。强调小规模的、连续的渐变，采用适当的规模和合适的尺度。这需要深化、细化和具体化历史文化街区规划，做到在保护与更新过程中，建筑主体始终是平缓朴实的传统民居院落；居民主体始终是和睦相处的老邻居们；生活环境始终是自然和谐的传统风貌。参见李斌，罗晓光等. 这张习总极为重视的"金名片"，这三年北京做的咋样？[EB/OL]. http://www. haijiangzx. com/2017/0208/1655658. shtml. 2017-02-08.

# 5　培育和发挥历史建筑文脉保护传承中的人才主体力量

“中国建筑既是延续了两千余年的一种工程技术，本身已造成一个艺术系统，许多建筑物便是我们文化的表现，艺术的大宗遗产。”① 然而，我们却不时为历史建筑及其文脉的破坏而痛心疾首。历史建筑文脉的消逝，首先是文化人（包括管理人才和历史建筑等文化遗产规划者、设计者、工匠等）的匮乏。不管是政府、大学、中小学，还是其他企事业单位，都肩负有培养文化遗产人才的重任，其中，政府作为元主体，在文化遗产人才培养方面肩负主导性责任。

## 5.1　倡导高校、中专、职业教育学校设置建筑文化遗产保护、传承与发展方面专业和课程，技、道结合，建筑设计与日常文化实践结合

政府在政策导向、财政补贴、物质与精神奖励方面予以倾斜，培养历史建筑等文化遗产保护与传承之专门人才。培养教育对象不仅包括大中专学生，还应包括相关政府部门领导和工作人员、保护传承者和文化企业的相关人员等。如法国大学专门设置自然和文化遗产保护管理专业，培育专门人才。目前，上海的同济大学建筑设计学院、上海工艺美术学校等高校在专业设计、建筑知识基础和文化辅助方面已经形成优势。当前大学历史建筑等文化遗产专业教学明显的不足：一是理论与技术分离，偏具体的建筑与工艺技术，轻建筑基本理论和人文社科知识素养教育；二是建筑设计与文化日常实践分离，重建筑设计规划，轻文化实践体验和现场文化感知。因此，其一，在人才培养过程中要坚持技、道结合，提升培养对象人文社科知识和文化素养，尤其是加强哲学、历史学、建筑学、艺术学教育，把哲学思想、人文艺术和具体的建筑设计、技术融于一体；其二，深入历史文化遗产现场，体验历史建筑原住民生活方式，向建筑工匠学习技

① 梁思成. 中国建筑史·序言［M］. 天津：百花文艺出版社，2005：1.

艺，把建筑设计理论、书本知识与日常文化体验结合起来；其三，注重文化感知、文化体验、文化自信、文化情怀和主体性保护传承意识的培育。比如，知名建筑设计专家王澍的建筑文化体验既得益于其丰厚的建筑哲学和文化知识修养，又得益于他扎根建筑现场的文化体验与实践。至2015年年底，王澍已深入调查200多个传统村落建筑，具体到每一村落的人口状况、居住面积、经济模式和传统建筑材料系统，用于新建筑创作。①

### 5.2 倡行“师徒传授制”的人才培养模式

历史建筑等文化遗产的民间传承方式主要是技艺传授，由师傅向徒弟口传心授，这种技艺型人才培养模式目前已成为国际社会的共识。为“师徒传授制”人才培养模式设计激励机制、规划培养目标和保驾护航是政府元主体和教育、培训部门的文化责任。比如，2016年3月，英国文化、媒体与体育部时隔50年后再次发布《英国文化白皮书》强调文化产业界与文化遗产保护传承行业所需要的职业技能与知识技术。英国政府认为，“学徒制提供了获得技能的绝佳途径，且特别适用于文化创意产业的特殊需求，因此提供严格且弹性的途径，透过学徒制和新的专业文凭使人才进入文化业界。预计于2020年将增加学徒人数至三百万人，期望透过引入对企业开征‘学徒捐’之计划，使所有英国大型文化机构能够雇用学徒，且促进工作场所的多样性和包容性”。② 这种人才培养模式和政府激励措施值得借鉴。长期以来，我们在专业人才培养方面由拥有丰富理论知识和设计经验的专家掌控，而具体熟练的建筑工匠处于失语状态，他们的文化实践经验常常被忽视，这种状况需要改变，他们亦可以专家、工匠身份走向演讲台和课堂，传授其文化体验、文化实践、文化能力。

### 5.3 健全人才保护与可持续发展机制，守护专业人才

针对历史建筑文脉保护传承的人才培养弊端和专业技术工匠流失的现

① 王澍. 让文化力量重返乡村［EB/OL］. http：//www. 360doc. com/content/16/0127/07/30417605_530826347. shtml. 2016-01-27.

② 英国文化、媒体与体育部. 英国2016文化白皮书与文化发展方向［EB/OL］. http：//info. trueart. com/info_39878_2. html. 2016-07-29.

状，政府部门需要健全人才培养、人才保护机制，培育、守护和留住人才。一是在目前倡导工匠精神的社会背景下，将历史建筑修缮工匠视作人才，提升到建筑文化遗产的专业人才层面，其中优秀者理应享受相关的人才待遇。比如，类似故宫的“历史建筑修缮工匠中，受过专业技术培训的不足 1/10，修缮队伍技术水平普遍下滑。由于修缮队伍缺乏专业知识与基本技能，在施工操作中表现出种种不规范，不但与故宫官式古建筑修缮工程的应有质量相差甚远，而且使传统营造技艺传承难以为继”。[①] 为此，一方面需要给建筑技术精湛的优秀技术工匠以事业编制，解决其户口、待遇和子女上学问题；另一方面，制订历史建筑等文化遗产保护传承人才培养计划，让年轻学徒随同资深工匠师傅到施工现场边干边学，充分发挥他们的“传、帮、带”作用。二是设立历史建筑等文化遗产保护传承人才教育与发展基金，鼓励与奖掖人才成长。三是扩展文化管理部门、城市规划与历史建筑保护等部门与高校、文化企业、业界培训部门的沟通与合作渠道，以包容开放的态势构建人才合作与协调机制，等等。

① 古建筑修复“人去艺亡”，故宫用北京户口留住工匠［EB/OL］. http：//xw. qq. com/news/20170208029617/NEW2017020802961700. 2017 - 02 - 08.

# 第 12 章
# 从米歇尔·福柯的治理术到托尼·本尼特的文化治理性
## ——兼论公共图书馆的文化治理性

在当今党和国家强调治理能力现代化的中国特色社会主义新时代，研究治理性和文化治理性等治理的“元问题”，并应用于公共图书馆的文化治理实践分析，具有重要的理论和现实意义。20 世纪 70 年代末期，米歇尔·福柯关于治理性概念的深入阐释不仅标志着他本人思想的治理转变，也标志着西方学术界对于（文化）权力形式的理解发生了根本性转变。英国文化研究学者托尼·本尼特将米歇尔·福柯的治理性理论进一步转向文化领域，进而开辟了文化治理性这一文化研究的新范式。本章拟将米歇尔·福柯的治理性理论和托尼·本尼特的文化治理性理论应用于公共图书馆的文化治理实践分析中，探讨公共图书馆的文化治理性，以及不同社会主体在其中发挥的重要作用。

党的十八届三中全会把“完善和发展中国特色社会主义制度、推进国家治理体系和治理能力现代化”确立为全面深化改革开放的总目标。

## 1. 研究背景与文献回顾

20 世纪 70 年代末期，米歇尔·福柯在法兰西学院演讲期间提出治理术等概念，标志着米歇尔·福柯的政治思想发生了重要转变。米歇尔·福柯集中于“治理”这一问题域，调整自己的研究方向，从司法权力、规训权力转向以引导为标志的权力形式的探讨。① 在治理术概念提出后，已有若干学者如托马斯·莱姆克、彭树涛、李建强、茹婧、宋侃等，对米歇尔·福柯的治理理论进行深入的分析和批判。比如，托马斯·莱姆克认为，有人把治理术的概念看成米歇尔·福柯作品的一个核心概念，“因为它以不同方式在他的权力分析论中起着决定性作用。实际上，治理的概念使从另外的角度而不仅仅从以共见为中心或从以暴力为中心的角度来理解权力成为可能，而且它把自我管理技术和统治技术、主体的构成和国家的形成联系在一起”。② 彭树涛、李建强认为：“米歇尔·福柯以‘治理术’的‘规训权力学’为中心，在历史主义中讨论生命政治的结构演变史，从微观视角揭示资本主义阶级关系的新变化，这是生命政治的隐学暴力构序。”③ 茹婧把米歇尔·福柯治理的演进逻辑放在西方国家与社会的现代性进程加以审视，认为“米歇尔·福柯将治理放置于西方现代性进程中加以检视，认为西方治理理念经历了教的牧领式治理到国家理性治理的演化逻辑，治理技术经历了以外交－军事管理为主到以公共管理为主的演化”。④ 宋侃则认为：“米歇尔·福柯提出了现代社会中两大权力技术围绕身体的规训和人口的调节，它们处在不同的层面而相互支撑，构成现代社会权力机制的两个序列。在规训和调节两大权力技术的演变脉络中，展现出社会治理方式产生了从统治到治理的重要转向，现代的生命性政治逐渐颠覆传统的领土性政治。”⑤ 这些分析集中于米歇尔·福柯治理理论的政治学语境，而非将之引入文化领域加以讨论。

托尼·本尼特在与斯图亚特·霍尔共同推动英国文化研究学派吸纳葛兰西的文化霸权理论进行研究之后，敏锐地察觉到葛兰西霸权理论的不足，转而采用米歇尔·福柯的政治思想系统，开创了文化研究的新范

---

① 参见［法］米歇尔·福柯．安全、领土与人口［M］．钱翰等译，上海：上海人民出版社，2010.

② ［英］托马斯·莱姆克．不带引号的马克思——福柯、规治和新自由主义的批判［J］．陈元译．现代哲学，2007（4）：31.

③ 彭树涛，李建强．从福柯的“治理术”到阿甘本的“原始结构”——生命政治现代性构序的暴力双曲线［J］．上海交通大学学报（哲社版），2017（6）：21.

④ 茹婧．“治理”的演进逻辑——福柯治理理论述评［J］．西华师范大学学报（哲社版），2016（4）：79.

⑤ 宋侃．论福柯的“治理术”．经典中的法理（第 5 卷）［M］．北京：法律出版社，2013：143.

式——文化治理性理论。[①] 由于该理论较为新颖，因而目前的研究成果较少，较早借鉴托尼·本尼特的“文化治理”进行研究的成果见 2003 年台湾学者王志弘的论文《台北市文化治理的性质与转变：1967—2002》，但其对文化治理概念的理论史涉及甚少。近年出现一些探讨托尼·本尼特文化治理性及其在具体领域应用的研究者，如王乐、金莉、吴理财、尹凯等。王乐借鉴托尼·本尼特的博物馆治理理论，阐释博物馆的内在运作机制及其政治话语，以及知识和权力在博物馆治理中的体现。[②] 金莉认为：“‘米歇尔·福柯思想’特指以自由主义政府理论为基础的‘政府治理性’思想。托尼·本尼特发现米歇尔·福柯与葛兰西很相似……认为西欧国家经历的是从司法国家转向规训进而转向权力的治理形式的过程。”[③] 吴理财在阐述文化治理的社会面孔时，认为托尼·本尼特“将文化视为一组独特知识、专门艺术、技术与机制——透过符号系统的技艺与权力技艺建立关系，以及透过自我技艺的机制——并作用在社会之上，或与之建立关系”。[④] 尹凯偏重于博物馆在大众教育方面的治理技术。他认为：“从‘构成主义’角度来说，博物馆与社会文化发展具有同构性，共同经历了一系列的意识形态与观念的变迁——大众教育的治理术、人类学的他者观、边缘文化（人群）的表征以及‘诗学与政治学’的解构与反思。”[⑤]

近年来，文化治理性理论在具体文化实践领域运用的成果较为少见。托尼·本尼特本人在《文化与社会》中开辟有专章探讨博物馆与治理的问题，[⑥] 对博物馆政治及其文化治理性研究进行了深入阐释。国内学者徐小

---

① 参见［英］托尼·本尼特. 文化与社会［M］. 王杰等译，桂林：广西师范大学出版社，2007. ［英］托尼·本尼特. 文化、治理与社会［M］. 王杰等译，上海：东方出版中心，2016.

② Wang Le. An Analysis of Tony Bennett's Museum Studies [D]. Chengdu: School of Foreign Languages, University of Electronic Science and Technology of China, 2013: 1.

③ 金莉. 本尼特“文化治理性”的理论逻辑与价值意蕴——从“葛兰西方法”到“福柯思想”［J］. 文艺评论，2017（2）：5.

④ 吴理财. 文化治理的三张面孔［J］. 华中师范大学学报（人文社科版），2014（1）：62.

⑤ Kai yin. Humanity and rationality: The poetics and politics of museum display [J]. *Modern Anthropology*. 2015 (3): 21.

⑥ 参见［英］托尼·本尼特. 文化与社会［M］. 王杰等译，桂林：广西师范大学出版社，2007. ［英］托尼·本尼特. 文化、治理与社会［M］. 王杰等译，上海：东方出版中心，2016. 另见 Wang Le. An Analysis of Tony Bennett's Museum Studies [D]. Chengdu: School of Foreign Languages, University of Electronic Science and Technology of China, 2013.

霞等从作为治理技术的博物馆角度进一步解读了托尼·本尼特的博物馆文化政治思想。[①] 在党的十八大提倡“推动国家治理体系和治理能力现代化”的治理目标背景下，对公共文化服务治理理论、方式和路径的探讨出现些许成果。比如，颜玉凡、叶南客从公众日常生活层面探析公共文化治理的使命——引导和规范群众的公共文化生活，认为“英国学者托尼·本尼特从公众日常生活方式所蕴含的价值意义这一基本维度提出了文化治理概念。文化政策应被视为文化治理的一部分，因为‘文化始终是一门改革者的科学’”。[②] 解胜利、吴理财基于政治和权力维度，“以湖北省图书馆新馆为例，力图对公共图书馆做文化政治分析，通过探寻公共图书馆在空间表征中蕴含的文化治理的意图，分析在读者的表征空间和空间实践所体现出的文化治理的效度”。[③] 他们或将文化治理理论放在公共文化服务的环境下加以讨论，或将该理论应用在具体的公共文化服务场所内；或侧重于理论分析，或侧重于具体实践分析，但缺少理论应用于文化实践的治理过程与机制分析。

本章首先讨论米歇尔·福柯治理术与托尼·本尼特文化治理性理论的形成过程与发展脉络，进而讨论它们在公共图书馆文化空间的实际应用，探讨公共图书馆的文化治理性，以及不同社会主体在其中发挥的重要作用。

## 2. 米歇尔·福柯：从统治到治理、治理术

米歇尔·福柯对权力形式的反思集中体现在他的《疯癫与文明》《规训与惩罚》等著作中。在《疯癫与文明》中，米歇尔·福柯发现人们在对待麻风病人时的隔离与排斥方法在对待疯癫时同样被运用，古典时代的人

① 徐小霞. 作为治理技术的博物馆——托尼·本内特的博物馆政治思想［J］. 上海大学学报（社会科学版），2016（1）：128—140.

② 颜玉凡，叶南客. 政府视野下公共文化治理的三重使命［J］. 浙江社会科学，2016（3）：92.

③ 解胜利，吴理财. 公共图书馆的文化治理学——对一个省级图书馆的文化政治分析［J］. 湖北社会科学，2014（9）：70.

们不再友好地对待疯癫患者，他们通过禁闭的方式治疗疯癫。譬如1656年被敕令建立的巴黎总医院即是“一个准专制主义的权力，剥夺上诉权的司法权力，一个无法抗拒的行政命令。总之，总医院是国王在警察和法院之间、在法律的边缘建立的一种奇特权力，是第三种压迫秩序”。[①] 米歇尔·福柯指出，禁闭出现之初绝非是出于医疗的需要，“在人们赋予禁闭以医疗意义以前，或者说，至少在人们以为它具有这种意义以前，之所以需要禁闭，不是出于治疗病人的考虑，而是出于完全不同的考虑”。[②] 这是米歇尔·福柯对于司法权力的思考。

在《规训与惩罚》中，米歇尔·福柯通过对监狱起源的追溯而生发了对于规训权力的思考。在比较了达米安的酷刑经过和巴黎少年犯监管所两种惩罚形式后，米歇尔·福柯发现，对于惩罚技术的运用发生了质的变化，“惩罚从一种制造无法忍受的感觉的技术转变为一种暂时剥夺权利的经济机制”，[③] 惩罚施加于罪犯的权力机制表现为“权力的微观物理学”，而随之向整个社会渗透，规训权力也就覆盖了整个社会，其中主要包括三种规训手段，即层级监视、规范化裁决和检查。权力变得更为隐蔽，却能牢牢地控制每一个社会成员乃至整个社会人群，这标志着规训社会新的权力技巧开始形成，它具有生产性。“实际上，权力能够生产。它生产现实，生产对象的领域和真理的仪式。个人及从他身上获得的知识都属于这种生产”，[④] 这里，米歇尔·福柯精准地捕捉到了现代规训社会权力实施的知识与技术基础是如何形成的。

《规训与惩罚》之后，米歇尔·福柯在对政治理论进行进一步反思的基础上提出了治理性概念。该概念是米歇尔·福柯在司法权力、规训权力之外发现的另一对权力关系，其内容集中反映于1977—1978年间米歇尔·福柯在法兰西学院所作的演讲“安全、领土与人口”（后出版为书）中。治理性是米歇尔·福柯将有关政治理性的国家谱系学及与伦理相关的主题

---

① ［法］米歇尔·福柯. 疯癫与文明——理性时代的疯癫史［M］. 刘北成等译，北京：生活·读书·新知三联书店，2003：37—38.

② ［法］米歇尔·福柯. 疯癫与文明——理性时代的疯癫史［M］. 刘北成等译，北京：生活·读书·新知三联书店，2003：42—45.

③ ［法］米歇尔·福柯. 规训与惩罚——监狱的诞生［M］. 刘北成等译，北京：生活·读书·新知三联书店，2003：7.

④ ［法］米歇尔·福柯. 规训与惩罚——监狱的诞生［M］. 刘北成等译，北京：生活·读书·新知三联书店，2003：218.

谱系学相勾连的概念，而这两者恰是米歇尔·福柯自《规训与惩罚》一书出版后的研究旨趣所在。“它（治理性——引者注）能有效将微观层面的自我技术和宏观的统治技术、国际构形与主体构成结合起来，表明米歇尔·福柯晚期著作开始从微观权力转向对宏观政治的思索。”[①] 治理性概念的提出与完善不仅意味着米歇尔·福柯本人学术思想的深化，更意味着西方政治理论出现了从统治到治理的转变。

自 1978 年开始，米歇尔·福柯在法兰西学院演讲中分析 16 世纪末和 17 世纪初发生的社会秩序和规则断裂，此断裂标志着从中世纪继承下来的治理艺术转向另一种治理艺术，即治理术。它并非全然否定前者，“不能把这个‘国家理性’理解为强制性地终止从前存在的规则，而应该把它理解为一种新的合理性模型，它和法律型君主无关，也和马基雅弗利的《君主论》模式无关”,[②] 这也意味着，米歇尔·福柯在阐发治理这一权力关系之前所讨论的司法权力、规训权力与治理性本身是不矛盾的。米歇尔·福柯在《安全、领土与人口》书中对治理术（即治理性）有如下说明：

> “治理术”一词有三个意思：(1) 由制度、程序、分析、反思、计算和策略所构成的总体，使得这种特殊而复杂的权力形式得以实施，这种权力形式的目标是人口，其主要知识形式是政治经济学，其根本的技术工具是安全配置。(2) 很久以来，整个西方都存在一种趋势和战线，它不断使这种可被称为“治理”的权力形式日益占据了突出地位，使它比其他所有权力形式（主权、纪律等）更重要，这种趋势，一方面形成了一系列治理特有的装置，另一方面则导致了一整套知识的发展。(3)“治理术”这个词还意味着一个过程，或者说是这个过程的结果，在这一过程中，中世纪的司法国家，在 15 世纪和 16 世纪转变为行政国家，逐渐“治理化”了。[③]

---

① 徐晓霞. 简析福柯的“治理性”概念 [J]. 文化与传播，2013 (6)：64.

② [法] 朱迪特·勒薇尔. 福柯思想辞典 [M]. 潘培庆译，重庆：重庆大学出版社，2015：74.

③ [法] 米歇尔·福柯. 安全、领土与人口 [M]. 钱翰等译，上海：上海人民出版社，2010：91.

从米歇尔·福柯上述表述来看，治理性的概念至少包括四个方面的含义，即经过计算与分析达到的使治理得以成立的路径；保证治理实践得以进行的技术装置；使得治理实践成为可被接受的知识体系；使司法国家转变为行政国家的治理化过程。这四个方面含义在两个基本范畴——即国家谱系学与主体谱系学——之间发生关联。因而，“治理技术既涉及教育的治理，也涉及转变个体的治理。正因为这个原因，米歇尔·福柯在分析针对他人的治理术之外，再加上治理自我的分析：‘统治他人的技术和自我技术的结合，我把这叫做“治理术”’。”①

但更为重要的是，米歇尔·福柯在讨论治理性概念的同时，促成了政治学话语从统治到治理的转变。根据米歇尔·福柯的考证，西方关于治理术的话语流行起来的时段是在16—18世纪，但在18世纪以前，治理术在广度和深度上都是有限的，其原因在于“这个阶段的权力分析所围绕的中心，还是统治权力，治理术实际上受到统治权力的阻碍”。② 而治理性这一概念的重要性，就在于它超越了传统的从共识、暴力的角度对权力形式的理解，它是一种“既非处罚关系又非司法关系的权力形式”，“建基于主体共识基础上的、自觉自愿的、远距离管理的新的权力形式”。③

米歇尔·福柯指出：“只要统治权还是一个核心问题，统治权行使的优先性（同时作为一个理论问题和一个政治组织原则）就还是阻碍治理艺术的根本原因。只要统治权是一个主要问题，只要统治权制度还是基本制度，只要权力运用还是在行使统治权的范围内反思，治理艺术就不可能以一种特殊的、自主的方式发展。”④ 正是由于统治权力是强调统治和命令的，它不必然呼唤治理，而真正的治理是与去除至高无上的君权或统治权力相伴随的，因而只要缺乏约束的统治权力依然存在，真正的治理就很难达成。

在米歇尔·福柯看来，统治与治理有着本质的不同。统治的目的是维护君权或主权，君主在他的王国内是唯一的，并占据一个外在的和超越性

---

① ［法］朱迪特·勒薇尔. 福柯思想辞典［M］. 潘培庆译，重庆：重庆大学出版社，2015：75.

② 陈培永. 福柯的生命政治学图绘［M］. 北京：中国社会科学出版社，2017：112.

③ 徐晓霞. 简析福柯的“治理性”概念［J］. 文化与传播，2013（6）：65.

④ ［法］米歇尔·福柯. 安全、领土与人口［M］. 钱翰等译，上海：上海人民出版社，2010：86.

的位置，正如马基雅维利在《君主论》中所讨论的那样。而治理的内容和实践形式是多种多样的，君主与他的国家之间的关系只是其中一种模式。治理的对象既非领土也非臣民，而是由人和东西构成的复合体；统治权力通过法律来实现其目的，所运用的手段是法律、法令、规章等，然而治理则更加灵活，其所运用的是包括法律在内的一系列策略，法律并非其主要工具。“对于主权来说，能使它达到它的目标（即遵循法律）的手段，就是法律自身；法律和主权绝对不可分割。而对于治理来说，问题并不是把法律施加于人，而是处理东西，运用策略而不是法律，或者把法律用到极限，使它也变成一种策略；采用一些特别的手段达成这种或那种目标。”①

当然，即使统治与治理之间存在这样的区别，也不意味着两者可以截然割裂开来。治理是与统治有明显区分的权力技术，但治理术的出现不代表统治就不再发挥作用，不能认为治理术的出现替代了统治权力的作用或是缩小了统治技术所能够运用的范围，两者在权力的范畴下互相配合，相辅相成。“可以说，国家主权或政治权力或统治权力采用的形式包括法律与治理两种……统治与治理的不同就在于，统治是统治权力的统治，而治理是生命权力的治理。他要说明的是，通过治理术，权力不再作为社会和个人的外在的力量，而是逐渐内化到社会与个人之中。”②

## 3. 托尼・本尼特：从治理性到文化治理性

20 世纪 60—70 年代，在法国阿尔都塞的结构主义传入英国大陆后，文化主义与结构主义成为英国文化研究的两大主流研究范式，前者重视经验和主体能动性，而后者克服了前者的“无理性”。面对文化主义与结构主义的范式之争，托尼・本尼特和斯图亚特・霍尔在 20 世纪 70 年代末到 80 年代中期共同推动了文化研究的“葛兰西转向”。直至 90 年代中期，托尼・本尼特受米歇尔・福柯影响，“对葛兰西那种注重文化与意识形态

① ［法］米歇尔・福柯．安全、领土与人口［M］．钱翰等译，上海：上海人民出版社，2010：84．

② 陈培永．福柯的生命政治学图绘［M］．北京：中国社会科学出版社，2017：114．

宏观分析与研究的路径产生怀疑”。[①] 托尼·本尼特认为，“在文化研究中，由于解构主义和话语理论的当代发展而扩展的短语‘重新思考葛兰西’，已经导致了经典马克思主义的基础性假定达到和超越了它们的极限”，[②] 其理论范式在应对当代西方政治现实语境中文化与权力关系的复杂性时难以做出有效合理的分析，而米歇尔·福柯的治理性视角“更能有效洞察现代社会中权力—文化关系的作用”[③]。因而，托尼·本尼特很快将研究视角转到了米歇尔·福柯的治理思想，并以此为基础开创了一种文化研究的新范式，即文化治理性理论。

应该指出，托尼·本尼特思想从“葛兰西方法”到“米歇尔·福柯思想”的转变并不意味着对“葛兰西方法”的全盘抛弃，因为两者本身就不是互相矛盾的理论范式。托尼·本尼特更加强调对葛兰西和米歇尔·福柯理论的融合，因为两者都深入剖析了政治与文化权力的微观结构，虽然托尼·本尼特更为实用主义的理论风格及其文化治理性理论显然是受到了米歇尔·福柯思想的影响。有学者进一步认为，米歇尔·福柯思想对“葛兰西方法”的调和关系可能是托尼·本尼特追随米歇尔·福柯的重要原因，“治理性与葛兰西的意识形态霸权概念存在一定的关联性，两者不是对立关系，而是深层机制与效果之间的关系……本内特（即托尼·本尼特——引者注）并未否定葛兰西霸权，而是对葛兰西霸权范式的深化：探究霸权的深层机制如何运作的问题”。[④]

托尼·本尼特的文化治理性理论是对米歇尔·福柯的治理思想在文化研究领域具体语境下的运用，从而重新审视其治理的路径以及各类文化机构的权力运作过程，在具体运用过程中考察不同的文化政策、文化机构，以及知识分子通过何种方式影响社会关系和人类行为。正如托尼·本尼特所云：“如果把文化看作一系列历史特定的制度下形成的治理关系，目标是转变广大人口的思想行为，这部分地是通过审美智性文化的形式、技术和规则的社会体系实现的，文化就会更加让人信服地构想。”[⑤] 这充分显示

① 李艳丰. 走向文化治理：托尼·本尼特文化研究理论范式的转型［J］. 华南师范大学学报（社会科学版），2017（3）：168.

② ［英］托尼·本尼特. 文学之外［M］. 强东红等译，北京：人民出版社，2015：265.

③ Tony Bennett. *Culture: A Reform's Science* ［M］. Sydney：Allen and Unwin；London and New York：Sage，1998：62.

④ 徐晓霞. 简析福柯的“治理性”概念［J］. 文化与传播，2013（6）：66.

⑤ ［英］托尼·本尼特. 文化与社会［M］. 王杰等译，桂林：广西师范大学出版社，2007：163.

了托尼·本尼特是从米歇尔·福柯的治理思想中生发出文化治理性理论。“简言之，文化治理性理论就是利用随着‘现代’阶段产生的知识和专门技术等具体文化形式的发展而产生的各种文化手段作用于塑造人类总体。”①

文化符号在托尼·本尼特的文化治理性理论中处于极其重要的地位。他认为：“文化是一套系统的知识、技术和组织，它通过与权力技术相关的符号技术系统所发挥的作用以通过自我技术的机制的运用——以一种独特的方式对社会交往起作用，并在这种关系中与其结合。”② 由于文化符号成为施加社会以权力技术和自我技术并发生作用，构成治理实践的关键要素，因而，文化政策、文化机构和知识分子就成为文化治理的重要构件。

同时，治理性作为直接继承自米歇尔·福柯治理思想的重要概念，也在托尼·本尼特的文化治理性理论中扮演着重要角色。“在文化和社会交往之间插入治理性意味着我们不得不以新的方式考虑这两者之间关系的发展史。”③ 文化权力通过文化机构的运转，运用特定知识和技术分类，整理、展示文化资源及其所生发的文化产品与服务，成为作用于社会个体的生产与消费行为方式。换言之，此种对社会文化产生作用的“治理”，从根本上说，是通过文化机构（文化组织）的文化运作而完成的。

托尼·本尼特文化治理性理论的显著特征是它推动文化研究向实用主义的方向转化。有别于传统的文化研究范式，如以威廉斯为代表的文化主义、阿尔都塞为代表的结构主义以及葛兰西的文化霸权理论，他们都侧重于理论分析和文化批评，而忽视文化研究的实用功能和文化权力的运作机制。实用主义者的“文化研究的愿望是培养能够争夺主要权力关系的知识分子，（使之）能够以某种方式有组织地让激进集体成员活跃起来的读者”。④

文化治理性理论改进了传统马克思主义理论在阶级分析框架下讨论权

---

① 金莉. 本尼特“文化治理性”的理论逻辑与价值意蕴——从“葛兰西方法”到“福柯思想”[J]. 文艺评论，2017 (2)：7.

② [英] 托尼·本尼特. 文化与社会 [M]. 王杰等译，桂林：广西师范大学出版社，2007：214.

③ [英] 托尼·本尼特. 文化与社会 [M]. 王杰等译，桂林：广西师范大学出版社，2007：214.

④ [英] 吉姆·麦克盖根. 文化政策研究 [M]. 参见金莉. 本尼特“文化治理性”的理论逻辑与价值意蕴——从“葛兰西方法”到“福柯思想”[J]. 文艺评论，2017 (2)：8.

力关系的做法，对权力在文化领域中的运行做了更为深入的分析。在托尼·本尼特看来，权力的运行“表现为复杂的博弈性、融合性和辩证性”，[①] 阶级之间的文化冲突及其权力表征是在“均势妥协”的状态中发展变化的，即意味着阶级性的政治、文化与审美趣味是在历史化的过程中不断被解构与建构的。

托尼·本尼特的文化治理性强调审美教育在文化治理中的重要作用。受米歇尔·福柯强调政府治理与自我治理的双重治理性思想的启发，托尼·本尼特意识到美学在人的主体性生成及国家政治之间的内在关系。“托尼·本尼特看到了审美非功利性话语的矛盾性，艺术作品一方面在学校被视为教育的工具，另一方面又被体制化为纯粹自律的存在。”[②] “正是艺术与社会的矛盾关系使得艺术自律观念被视为是审美教育计划的重要部分，如果需要实现艺术协调个体与社会的能力的话，相应的，就需要这种审美教育。”[③]

此外，米歇尔·福柯的话语理论也被托尼·本尼特置于文化治理的重要地位。托尼·本尼特的《邦德及其超越》一书，即是他将米歇尔·福柯的话语理论用于文化研究的典型案例。托尼·本尼特认为，邦德的形象并非电影的直接产物，而是被众多话语建构出来的一个社会文本。“如同米歇尔·福柯所指出的，话语实践并不只产生作为表征的话语。在影响他们并为其辩护的技术、制度、行为方式、传播和普及以及教育方式中，他们得到构建。”[④] 托尼·本尼特所指的“符号系统技术”事实上主要指话语技术，他认为：“任何对身体、灵魂、思想与行为方式的影响都必须通过话语的方式展开，任何文化实践都必须借助于话语的表征才能获得最后的实现。”[⑤]

托尼·本尼特还将治理置于文化与社会之间，文化成为话语表征、专

---

① 李艳丰. 走向文化治理：托尼·本尼特文化研究理论范式的转型［J］. 华南师范大学学报（社会科学版），2017（3）：173.

② 李艳丰. 走向文化治理：托尼·本尼特文化研究理论范式的转型［J］. 华南师范大学学报（社会科学版），2017（3）：173.

③ ［英］托尼·本尼特. 文化与社会［M］. 王杰等译，桂林：广西师范大学出版社，2007：50.

④ ［英］托尼·本尼特. 文化与社会［M］. 王杰等译，桂林：广西师范大学出版社，2007：207.

⑤ 李艳丰. 走向文化治理：托尼·本尼特文化研究理论范式的转型［J］. 华南师范大学学报（社会科学版），2017（3）：174.

业技能、技术装置的独特系列，并通过特定的方式对社会交往产生作用并与之相关联。在托尼・本尼特看来，文化通过社会交往与文化治理的方式融入社会，文化治理的具体实践则推动文化与社会的融合。文化隐含在具体的政治、经济、审美生活实践之中，成为一种实用的治理技术。“文化贯穿我们全部生活模式，我们的民族，我们的结构，我们的礼仪和常规，不仅解释我们的世界而且形成这个世界。”①

总的来看，托尼・本尼特提出的文化治理性理论，从传统的注重文化社会的单纯批判转向文化技术的实践，强调文化既是治理的工具又是治理的对象，在治理性理论视域下既要影响主体又要影响社会，进而实现文化与社会的双向繁荣与发展。

## 4. 城市公共图书馆的文化治理性分析

如前文所述，文化治理性不同于传统文化研究范式的重要特点在于它具有实用主义的特点，因而能够在具体文化权力运用语境下指导文化实践分析。这里，我们应用托尼・本尼特的文化治理性理论，讨论公共图书馆——这种文化实践空间的文化治理性问题。

由于治理与统治本身是不相冲突的权力形式，因而在公共图书馆的治理性中，不尽然是通过治理的方式达成文化权力的扩张，其中不乏若干通过规训方式完成的文化治理。这里援引英国法理学家杰里米・边沁的“全景敞视监狱”设计：“借助这种全景敞视监狱，监管人员可以在任何角度、任何时候、任意地、有效地对每一个囚犯进行监视和控制……以往的监狱有三个功能即封闭、剥夺光线和隐藏，而全景敞视监狱只保留了封闭这个功能，消除了另外两个功能。这就意味着在全景敞视监狱里，囚犯在监视者的目光之下，任何隐私都暴露无遗。”② 在米歇尔・福柯看来，“充分的

---

① ［英］托尼・本尼特. 文化与社会［M］. 王杰等译，桂林：广西师范大学出版社，2007：204.

② 胡颖峰. 规训权力与规训社会——福柯政治哲学思想研究［M］. 北京：中央编译出版社，2012：104.

光线和监督者的注视比黑暗更能有效地捕捉囚禁者，因为黑暗说到底是保证被囚禁者的。可见性就是一个捕捉器”。[①] 米歇尔·福柯将这种“全景敞视监狱”推而广之，应用于整个社会时发现，“全景敞视监狱”正是现代“规训社会”的一个缩影。“现代社会最终成为一个监狱型的社会，因为监狱与工厂、学校、兵营和医院彼此相像，一个纪律严明的兵营，一所严格的学校、一个阴暗的工厂，与监狱没有实质的差别。生活在现代社会的每个人都在被监视，没有一个人能够逃脱……自由的个体是自由的，他只能选择从一个规训机构到另一个规训机构。”[②] 全景监视往往是制度、权力和技术相结合的结果。当今美国的全球政治霸权，在很大程度上就是通过一系列制度（规则）、情报和技术手段，全景监视全球各主要国家权力精英、社会精英的话语和行动，达到规训和霸权的目标。当华为5G技术等高科技手段在技术上妨碍其全景监视的目标时，就成为其忌恨和坚决打压的对象。

既然现代社会处处充满规训与监视，那么它自然会体现在公共图书馆的技术装置和权力规训中，这是公共图书馆空间治理性的重要体现。在任意一个图书馆中，处处布满摄像头，它们对准书桌、书架甚至走廊和公共区域，甚至整个图书馆空间内的动向情况都能够在监控室里被看得一清二楚。在这种情况下，读者无论身处图书馆的哪个方位，都会有一种仿佛身处“全景敞视监狱”的被注视感和被监视感，因为他们的一举一动都可能正在安保人员的监控之中；再如，竖立在图书馆出入口的检测仪，同样的装置也可以在诸如报刊区、音像制品区的门口见到，此类设施的目的是在读者进出图书馆或该区域时产生被规训的感觉，一旦身上携带有未经借阅的书刊，警报就会响起，这也构成了一种无形的监视。值得注意的是，“全景敞视监狱”并非是依靠人（监视者）的力量保证监狱的运行，而是依靠制度和技术完成监视，即使“全景敞视监狱”中央的高塔中没有人，每一个囚犯也会因自觉暴露在监视者的目光之下而不敢轻举妄动。在图书馆空间的具体语境下，即使监控探头或检测仪都无法正常工作，但基于图书馆的制度和监控技术，读者仍然会记得过往被监视的感觉。于是，公共

① ［法］米歇尔·福柯．规训与惩罚——监狱的诞生［M］．刘北成等译，北京：生活·读书·新知三联书店，2003：225.

② 陈培永．福柯的生命政治学图绘［M］．北京：中国社会科学出版社，2017：60.

图书馆构成了一个现实中的“全景敞视监狱”。

作为一种来自政府、社会和图书馆等方面的制度，文化政策在文化治理中具有特殊的功能。对文化政策的研究要从政策视域来阐释文化与权力的关系，以便促使政府和文化机构内的知识分子更加有效地联结与合作。文化政策对公共图书馆文化治理性的促进作用是显而易见的。比如，湖北省图书馆曾花费数年将图书馆从原址迁到现址，这一方面向受众表明，在未来的一段时间内图书馆将是不可使用的；另一方面也表明，政府机构准备建设一个比现在的图书馆条件更好的新图书馆，由此而完成了一种对个体的文化权力信息传递，每个个体对这种信息做出反应，从而完成了整个文化治理的过程。这种情况也反映在各地公共图书馆不同的文化政策之中，假设某图书馆宣布将采购一批新书，那么它就向外传递出某种文化权力的符号：该馆将有一批新书入库，通过此种方式刺激读者，并逐渐扩散到更多的社会成员中，显示出政府机构发展公共文化服务的信心。

文化机构是文化知识和技能的孵化器、文化传播和主体塑造的主要物质机制，更是文化治理性理论研究范式的核心要素，托尼·本尼特对此给予了高度重视。文化机构在公共图书馆中应当承担起文化传播的重要责任。图书馆的管理部门在文化治理中，一方面这些管理部门需要让读者能够方便地查找到他们所需要的书籍的位置，这需要管理者能够时刻解决读者在寻找书籍过程中产生的疑惑，例如在图书馆的公共空间设置电脑以供读者查阅书籍的编号，在书籍的醒目位置标示出不同编号所代表的书籍类别以及所在的楼层等。在读者不能寻找到他们所需要的书籍时予以帮助，这些都能够维持图书馆的正常秩序，并提高读者的公共素养，使之更能够适应图书馆的运行状态。另一方面，图书馆的管理部门还需要承担起规训和纠正错误行为的责任，这也是文化治理的重要步骤，如发现有读者利用相机大量拍摄书籍内页，或发现有读者利用复印机大量复印书籍，或读者在图书馆中有其他违规行为，都需要进行劝阻（规训），这有利于维护图书馆内正常的阅读秩序，促进读者群体提升文化素质。

知识分子或文化精英在文化治理中发挥了重要作用，其作用事关文化治理性发挥作用的成败。托尼·本尼特认为，不管知识分子愿意与否，都必须利用当前政府所提供的自由空间来为底层人民谋利、促进文化转型发展。在公共图书馆中，知识分子或文化精英所起的作用是不容忽视的，如图书馆定期开办的讲座、讲坛等，既可以吸引更多读者入馆，使其在良好的文化氛围下提高文化素养，也可以通过知识分子的文化影响力带动图书馆文化的发展。例如，上海图书馆邀请葛剑雄、易中天、郭齐勇等文化名人举办讲座，就能够迅速吸引大量读者，同时还可以通过名家讲座本身传递文化知识和学问之道。政府机构中知识分子的作用更为重要，他们在对图书馆建设进行考察的基础上形成的各项意见，通过行政权力的运作，最终会作用于图书馆本身，从而在图书馆的文化治理外部创造先决条件，改变外部环境，其意见的正确与否直接关系到图书馆对于读者的文化治理是否能够成功。总的来看，知识分子在图书馆文化治理中，更多地发挥着引导作用，它代替了传统统治中的共识作用，成为图书馆文化治理的应有之义。

在文化治理当中，不仅存在着制度政策、组织机构、知识分子、社会精英对他人（即读者）的治理，也存在着受众的自我治理、自我规训。“与治理性相关的主体不仅仅包括规训权力下（统治权力）的驯服的身体，还包括自我管理建构的主体。”① 如在公共图书馆的文化语境下，当读者在明亮洁净的图书馆内看到“禁止吸烟”“禁止大声喧哗”“禁止吐痰”等标语时，其实内心已经在进行自我治理，即告诫自己小声说话，不能吸烟，不能随地吐痰；读者在离开图书馆前看到“未借阅的图书请先办理借阅手续再离馆”类标语时，也会首先提醒自己检查书包里是否有未办理借阅手续的书籍；当看到放置古籍的厚重书架上写着“古籍贵重请小心取放”的标语时会下意识提醒自己不要损坏古籍。这样一系列的心理过程并非完全是在“全景敞视”的监视之下进行的，并非是出于被监控的情境之下被迫做出的选择，而是带有读者自身主观能动性的自我治理。这种自我治理是规则、制度被内化于心的文化约定俗成和自觉行为。

与此同时，从更广泛的角度看，公共图书馆的文化治理还存在着一定的等级差异。如托尼·本尼特所云：“人们通常把文化理解为与外在于它的事物（自然、混乱）相对立，或者就其内部而言，也有所区分（高级文化对大众文化，或国家文化对区域文化）。但是这些区分极少是中性的。

① 徐晓霞. 简析福柯的“治理性”概念 [J]. 文化与传播，2013 (6)：66.

相反，它们引起的分裂典型地导致了文化领域的不同成分之间的关系的等级级别。”① 比如，在某一公共图书馆中，能够凭借身份证进入该馆的是大多数人，即使这些人都能够进入图书阅览区，他们所能够接触到的文化内容也是有差别的，例如其中只有一部分人能够进入古籍阅览区（是能够，而非可能），在这些人当中又只有少数人能够获得准许借阅古籍，同样的情况还会发生在外文书籍阅览室中，可见图书馆的这种文化治理本身就是带有等级差异特征的。而这种等级差异，一方面是文化阅读层次的区隔；另一方面是文化身份、地位以及付出的金钱多寡之别。

第一，米歇尔·福柯的治理性思想是其晚期的重要思想。它的提出和完善建立在对疯癫和监狱的考察，进而对司法权力和规训权力的详细探讨之上，在米歇尔·福柯的政治理论中占据了重要的地位。“‘治理’意指‘行为实施（the conduct of conduct）’，即一组被反思、计算过的用以形塑、引导或影响个体、他人行为的活动，涵盖知识形式、权力策略和主体形成样态的互动。”② 而治理性则是治理的路径所在，它至少包含前文所述的四个方面的含义。在理解治理性思想时，既要将之放在米歇尔·福柯本人的思想谱系中加以观照，更要将之放在西方政治理论的大背景下加以考量，即治理性是从统治向治理转变的关键概念。

第二，托尼·本尼特的文化治理性思想，是托尼·本尼特在与斯图亚特·霍尔共同推进了文化研究的“葛兰西转向”之后，敏锐地察觉到了葛兰西理论中的不足之处，转而采纳米歇尔·福柯的治理性理论，开创了文化治理性这一全新的文化研究场域。托尼·本尼特将治理性置于文化与社会之间，使得文化符号和治理性本身在这一文化治理理论中扮演了重要的角色，权力关系是文化治理性理论重新审视的一个重要关系。此外，审美教育和话语也在文化治理性理论中发挥重要的作用。该理论相较于其他文化研究理论的重要特点在于，具有鲜明的实用主义色彩和文化实践性，托尼·本尼特本人示范了该理论在博物馆领域的应用。

第三，本章在米歇尔·福柯的治理理论框架下，运用托尼·本尼特的文化治理性理论范式解读公共图书馆的文化治理性。重点考察了“全景敞

① ［英］托尼·本尼特. 文化与社会［M］. 王杰等译，桂林：广西师范大学出版社，2007：181.

② 徐晓霞. 简析福柯的“治理性”概念［J］. 文化与传播，2013（6）：64.

视监狱”在公共图书馆中的文化治理实践应用，说明规训权力是如何促使读者自我规训的，并探讨了文化政策、文化机构、知识分子分别在公共图书馆文化治理中所发挥的主体作用。将视野从公共图书馆对他者的治理收回到读者自我治理的范畴内，讨论了公共图书馆是如何通过某些文化装置促使读者进行自我治理的，并说明了公共图书馆文化治理中存在的等级差异及其原因。总的来说，在公共图书馆的文化治理实践中，由于其规训权力的作用和受众自我治理的作用不会产生较大的变化，图书馆治理过程中已然存在的等级差异在短期内亦不会有缩小的趋势，所以，如何发挥好文化政策（制度）、文化组织、知识分子（或社会精英）这三种治理主体的作用，以及如何处理好三者之间的主体关系将会对图书馆的文化治理效果产生重要的影响。

# 第 13 章
# 城市博物馆文化空间的治理性与治理策略

博物馆文化空间收藏着众多优秀的文化遗产和艺术展品，具有文化展演、教育、审美和活态文化再现等治理功能。当下，博物馆已成为一个城市、一个地域的文化地标，成为展示城市文化、区域文明的重要场所。博物馆空间通过收藏和展览，以及空间设计和一系列技术装置，为大众提供接近文化艺术的机会，并借此对大众言行进行"监督"和"规训"，让受众对自身的行为方式进行自我监督、自我治理，以提升其文化知识素养，养成良好的行为习惯，达致文化治理的效果。本章依据托尼·本尼特的博物馆治理理论，分析博物馆文化空间的文化治理性；同时，依据现代"多中心"治理理论，探讨博物馆文化空间的多元治理主体——政府职能部门、企事业单位、社会组织、市民（受众）等在博物馆文化空间治理实践中的主体性作用，并给出相应的对策建议。

作为开放性、公益性的文化场所，博物馆已成为世界各国公共文化服务的重要组成部分。博物馆作为历史文化遗产的保护者和见证者，也是文化资源及意识形态的载体，是意识形态和制度的物化形态。它承载着教育、审美、文化与社会治理等功能，彰显着博物馆文化空间的治理性。文化的治理性是"利用随着'现代'阶段产生的知识和专门技术等具体文化形式的发展而产生的各种文化手段作用于塑造人类总体"，[①] 因为文化本身

① 金莉. 本尼特"文化治理性"的理论逻辑与价值意蕴 [J]. 文艺评论，2017 (2)：7.

是“一套系统的知识、技术和组织，它通过与权力技术相关的符号技术系统所发挥的作用以及通过自我技术的机制的运作——以一种独特的方式对社会交往起作用，并在这种关系中与其结合”。[①] 无论是博物馆文化空间对文化遗产的保护传承、文化产品与服务的开放展览、文化知识与技能的诠释与传播方面，还是它对公众参与、社会共享、文化教育的促进方面，都体现了它以一种独特的方式对文化交往和社会关系发生作用。那么，博物馆文化空间的治理性源于何处，通过何种手段或方式得以实现？在当代，博物馆文化空间发展遇到了一些挑战，哪些社会主体需要积极投入博物馆文化空间治理，具体有何治理措施？深入研究博物馆文化空间的治理性及“政府＋社会”的多元主体协商治理策略，对于充分发挥博物馆文化空间的治理作用、提升其公共文化服务质量，具有重要的理论借鉴与现实意义。

## 1. 博物馆作为公共文化空间的治理性

从博物馆发展历史来看，“博物馆起源于公元前 500—前 450 年的希腊，发展于 14 世纪以前的罗马，成型于 16—17 世纪意大利文艺复兴时代”。[②] 最初，博物馆是王室收藏奇珍异宝的场所，是王权的象征。后来，有王室将藏品展示给贵族大臣，但仍只有极少数人才能够参观，博物馆成为展示王权的手段。直到法国大革命爆发，“为‘新真理’‘新理性’的出现创造了条件，由此一种新机构即公共博物馆的新功能出现了”，[③] 新的共和政体“以人民的名义没收王室、贵族和教会的收藏品，废除那些与王室和地主相联系的、能以其不良影响威胁共和体制的项目，根据理性主义的分类原则安排遗留物的展览，法国大革命把博物馆从专制权力的象征转变成教育公民而服务于国家集体利益的工具”。[④] 此后，在长期发展过程中，

① [英] 托尼・本尼特. 文化与社会 [M]. 王杰等译，桂林：广西师范大学出版社，2007：214.

② 崔若光，丁壮. 浅析博物馆的发展与创新 [J]. 科教导刊，2013 (11)：40.

③ Eilean，Hooper-Greenhill. The museum in the disciplinary society [A]. See Pearce J (ed)，*Museum Studies in Material Culture* [M]. Leicester：Leicester University Press，1989：63.

④ [英] 托尼・本尼特. 文化、治理与社会 [M]. 王杰等译，上海：东方出版中心，2016：279.

博物馆逐渐走上了“公共”的道路，至少在名义上，属于全体公民的公共文化空间，为公众提供文化服务。国际博物馆协会2007年修订的《国际博物馆协会章程》将博物馆定义为：“一个为社会及其发展服务的、向公众开放的非营利性常设机构，为教育、研究、欣赏的目的征集、保护、研究、传播并展出人类及人类环境的物质及非物质遗产。”[①] 国务院2008年发布的《博物馆条例（征求意见稿）》（以下简称《条例》）第一章第二条对博物馆概念所做的界定为：“本条例所称博物馆，是指为研究、教育和欣赏的目的，收藏、保护、展示人类活动和自然环境的见证物，向公众开放的非营利性社会服务机构，包括博物馆、纪念馆、美术馆、科技馆、陈列馆等。”[②] 由此可见，公共性、开放性、文化保护传承的公益性是博物馆文化空间的基本特征。

就建筑空间层面而言，尽管博物馆建筑空间设计有封闭的围墙，但博物馆文化空间的目标不是隔离大众，而是将先前在公众视野中被隐藏的物品置于开放与公共的语境中。与监狱式建筑不同——“它的取向是把监狱建设成封闭的空间，从而使行为可以受到不断监控；这种建筑主要在于它着眼于监狱内部空间之中权力关系的组织化，而不是着眼于权力的外部展示意义上的象征”，[③] 博物馆在19世纪中叶就从私人的、排他的领域变成公共的领域。

18世纪出现的现代展览群如自然博物馆、历史博物馆、国际展览会、拱廊街、商场等（托尼·本尼特统称之为“展览综合体”），这些以治理性（如凝视视角的技术权力修辞、景观和监控等）为基础的“展览综合体”与以规训权力为原则的监狱机构同时作用于个体行为与社会肌体，但它们运行的领域不同，权力技术也不同，两者相互补充影响。现代资本主义权力—知识的运作，既需要监狱这样的规训机构以驯服人们的身体，更需要博物馆这样的自我治理机构容许人们自觉规范自身。这意

① 参见郭俊英，王芳. 博物馆：以教育为圆心的文化乐园［J］. 广州：暨南大学出版社，2011：155.

② 国务院. 中华人民共和国博物馆条例（征求意见稿）［EB/OL］. http://news.xinhuanet.com/legal/2008-02/29/content_7692799.html. 2008-02-29.

③ Robin Evans. *The Fabrication of Virtue: English Prison Architecture, 1750-1840* ［M］. Cambridge: Cambridge University Press, 1982: 189.

味着，“如果不遵循博物馆权力的自我规范和教诲，那么后果将是监狱的惩罚”。[①] 同时，现代博物馆政治理性的生成源于资本主义民主、公平、自由的政治修辞与治理理性实际运作的排他性、区隔性之间的矛盾张力，正是这种矛盾断裂空间衍生出现代博物馆的政治理性问题。具体来说，现代博物馆的政治理性和相应的改革话语主要集中在两个基本目标修辞上：公众权利允诺博物馆对所有人平等开放；充分表征，博物馆视所有文化形式具有同样价值，可以充分表现不同文化。但是，“博物馆治理权力技术的实际运作和手段有自身的权力逻辑和理性。它主要以区隔大众为主要手段，其有限的空间和性别、阶级、种族等排他性权力逻辑不能充分表征各种不同文化，难以实现人类普遍主义这一目的修辞，于是不断有改革的政治话语来调和政治目的与实施手段间的裂缝”。[②]

博物馆作为一种公共文化空间，是向大众展现各种文化艺术品形态的载体，也是政治与权力的集中体。在现代博物馆不断发展过程中，这种空间逐渐可以反映一个区域文化自治程度。博物馆文化空间对参观者的行为举止与思想意识产生影响，参观者从进入博物馆的那一刻起，就为社会规范与行为准则所约束——自觉地进入一种公共性和私密性相结合的行为与思想状态，其目标是学习、分享、交流与共建。但是，这不会剥夺参观者在博物馆体验方面具有的自主性和私密性，相反，它需要参观者自己去调动所储备的信息与知识积累，与展品及其他信息进行连接，唤醒记忆，生发知识，形成判断。即便如此，参观者在博物馆文化空间里的参观和阅读也绝对不是随意的。因为博物馆文化空间可以按照一定的设计形态、展示顺序和文化装置主动地影响参观者的参观顺序及接受的内容。“从展品是什么到展品的展出形式与位置，再到背景信息、辅助展示与诠释，以及空间设计、展场氛围的营建等，博物馆既要体现一种文化的选择性，也要提供某种规定性和关系——总之，博物馆总是在有意无意地主导观众的参观和阅读，让观众体会到历史、科学和艺术本身的说服力。”[③]

---

① Tony Bennett. *The Birth of the Museum: History, Theory, Politics* [M]. London and New York: Rutledge: 1995: 176.

② 徐小霞. 作为治理技术的博物馆——托尼·贝内特的博物馆政治思想 [J]. 上海大学学报（社会科学版），2016（1）：135.

③ 曹兵武. 为历史、科学与艺术塑像——博物馆空间及展览论 [J]. 东南文化，2013（4）：8.

从展品内容及其服务来看，呈现在博物馆里的历史、科学和艺术既是抽象的，也是具体的。一般来说，呈现在博物馆空间中的展品是历史的物件或故事，但这故事必须以科学的方式来讲述，始终贯穿着科学性和科学精神，并且时时处处体现出文化性和艺术性。也就是说，博物馆是艺术性、科学性的结合，即便是纯粹的艺术展览，也需要符合科学与历史的原则。因此，博物馆文化空间在公众心目中是一个权威化、仪式化的存在，是集艺术与科学、理性与感性，独特的、体制性的、权威的发言机构，虽然博物馆自身并没有这样的有意识定位，但它们在这种权威的仪式化空间里，做着持续性的建构，包括对历史、艺术、科学的阐述，对艺术家观念的阐释，潜移默化地对参观者进行观念与思维的引导。与此同时，公众作为博物馆文化空间中至关重要的组成部分，也对博物馆文化空间产生着深刻影响。博物馆既是历史、科学与艺术的权威建构者，又引导公众共同参与这样的建构。这正是博物馆作为公共文化空间的独特性之一。

“博物馆不仅建构了一种文化区分的空间，而且也建构了一套文化区分实践的场所，其目标是筛选出与公众集会地方相联系的公共行为方式，而调节场景功能的新建筑手段帮助实现了这样的目标……虽然在壮丽的外观上，19 世纪的博物馆仍然保留了它象征的建筑符号功能，但内在建筑空间形态改变了，构成空间与视觉之间的一套新关系，其中，公众不仅看到为了审视而安排的展览物品，而且同时还看到了自身，因而使建筑限制了任何粗鲁化的原始倾向。”① 如今，博物馆的建筑空间在时代变迁中早已经历了翻天覆地的变化，空间与视觉之间的关系也一代代更迭，但博物馆通过空间设计形态和展品摆放秩序想要达到的治理效果，始终都在通过种种方式干涉参观者的公共行为方式。现代博物馆通常以空旷的立体空间使公众流动起来，并提升公众的优越位置。在参观过程中，公众不仅成为控制观赏的主体，还在空旷的空间中成为被监视的透明客体，进行着自我监督与审视。

---

① ［英］托尼·本尼特. 本尼特：文化与社会［M］. 王杰等译，桂林：广西师范大学出版社，2007：230—231.

## 2. 博物馆作为政治话语实践的治理性

作为现代城市重要的文化机构——博物馆已经越来越普及。从文化治理的角度来看，博物馆承担了什么样的角色，又能起到什么样的作用？“作为任何社会不可或缺的想象场所和空间，博物馆是政府治理术的重要工具、载体。米歇尔·福柯曾在《规训与惩罚》中将博物馆与监狱并置。他认为，虽然博物馆与监狱是两种不同形式的治理术，但它们却具有相同的效力与目的，即以一种修辞手法将人们融入国家权力的进程中。”[①] 在托尼·本尼特看来，博物馆是一种与社会支配性意识形态紧密相关的“展示综合体”的一部分，它“致力于组织自愿进行自我约束的公民的文化性技术”。[②]

最初，博物馆是王室的私有物，作为权力的象征，只服务于少数人，法国大革命促成了公共博物馆的诞生。从19世纪起，公共博物馆成为一种新的文化技术——为视觉艺术教化功能的实现助力。这里主要是指艺术博物馆组织的那些艺术活动，提供了一种“新情境化”，正如卡罗尔·杜肯和阿兰·韦勒克所指出的：“艺术博物馆提供了一种被规划的体验；访问者不是如早期的王室收藏一样被当作主题，而是使其扮演理想公民的角色——理想化的‘公众’的成员，并且继承了理想的、文明化的过去。”[③] 公共博物馆自诞生起，就伴随着以下两个矛盾，由此也造成了博物馆关于空间的高度复杂性。托尼·本尼特提出了“博物馆政治”的概念，对博物馆文化空间进行了解析，在博物馆、展览品与公众之间构建起一系列新的关系，进而使博物馆能更为充分地发挥其“作为有利于民主多元化社会的自我展示的工具”[④] 的作用。

---

① 马萍，潘守永. 从“仪式性”看纪念馆的“文化展演”空间实践［J］. 东南文化，2017 (2)：116.

② Tony Bennett. *The Birth of the Museum: History , Theory, Politics* ［M］, London: Routledge, 1995: 14 - 18.

③ ［英］托尼·本尼特. 文化、治理与社会：托尼·本尼特自选集［M］. 王杰等译，上海：东方出版中心，2016：212—213.

④ ［英］托尼·本尼特. 文化、治理与社会：托尼·本尼特自选集［M］. 王杰等译，上海：东方出版中心，2016：298.

博物馆的第一个矛盾是由理念与实践的冲突造成的：在理念上，博物馆倡导全人类的普遍主义，而在实践中，任何博物馆的特定的展出都是不充分（相对全人类的普遍性而言）、不完整的。这一矛盾生发了博物馆“基于表征充分原则的政治需求”。随着博物馆政治化程度的不断加深，它既要扩展自身表征的相关范围，把一些不常见的、边缘化的材料纳入进来以满足“普遍性”的要求，又要在新的语境下，对新纳进来的材料进行熟悉，使它们表征的是它们本身所代表的那些边缘团体的文化，而不是主流文化。博物馆的第二矛盾在于它平等地向所有公众开放，但在实际中又区分了大众。具体而言，博物馆“组织和面对的是形式平等的公众，而同时它通过把博物馆空间构建成与大众集会截然不同的区域文化标志与（目标在于纠正参观者的行为的）调控技术混合起来，区分了大众。当然，许多最初所做的支持博物馆开放的论证，也是基于对把大众置于博物馆逐渐加强的影响下给政府带来的累积收益的评估，而不是基于公众权利原则”。[①] 基于此，博物馆就成了以这种原则为基础的政治的目标。在博物馆的参观群体中，社会阶级、收入状况、职业构成、受教育程度等都是重要变量。总有一部分群体，很少进入博物馆。由此，博物馆构建的文化空间，虽然是属于大众的，但实际上并不完全是他们的。在上述变量中，受教育程度尤为重要，教育体系造就了大众在知识与文化上的区分，并将被区分的参观者输送到了博物馆的门前，进与不进，是被区分后的大众的选择或被选择。

在政治层面，博物馆作为一种公共文化机构，实际上在行使着或者说象征着国家权力。一种社会制度，包含着社会法律、规范、准则等社会意识形态方面的内容，以及支撑这些规范、准则运作和维持的组织机构、空间场所等物质载体。这些组织机构和空间场所通过载体的符号系统、权力技术和自我技术发挥政治、文化、社会的治理作用，“符号系统允许我们使用符号、意义、象征或含义”，[②] 但它们只有被政府技术地组织在一起才能被理解。正如米歇尔·福柯所说：“它们在具体‘权力技术’的关系之

① ［英］托尼·本尼特. 文化、治理与社会：托尼·本尼特自选集［M］. 王杰等译，上海：东方出版中心，2016：300.

② Michel Foucault. Technologies of the self［A］. L. H. Martin, H. Gutman, eds. *Technologies of the Self: A seminar with Michel Foucault*［M］. London: Tavistock, 1988: 18.

中才能发挥作用。这些‘权力技术’决定了个体的行为，以及使他们从属于某种目标或控制，一种主体的客观化。”[①] 在这一过程中，它们得以形成同社会交往之间的具体模式。文化则通过这种“自我技术”机制发挥治理功能，“它允许个体以他们自己的方式或在别人的帮助下对自己的身体和精神、思想、行为以及存在方式发挥各种作用，以至于为了维护一定的幸福、纯洁、智慧、完美或者不道德的状态而改变自己”。[②] 博物馆文化空间就是这种作用机制的典型代表。在博物馆与民众的关系中，托尼·本尼特认为：“与其说博物馆具体化了‘目的在于将人民规训成臣服状态的’异己和强迫的权力原则，不如说它把人民作为公民和市民的目的在于诱骗民众成为权力的共谋，这是通过将民众置于权力的这一边，让民众以为权力是属于自己的而做到的。”[③] 虽然博物馆号称属于人民，但这个权力实际掌握在统治阶级手中。实际上，博物馆成为统治阶级把民众笼络为“自己人”（或者说公民和市民）的手段。

从某种程度上说，“公共博物馆将访问者置于一种新的权力关系中，使他或她‘成为公民因而成为政府的股东’。也就是说，公共博物馆成为向现代公民传输一种权力（将这种权力表征为属于他们自己的）的工具。因此，博物馆在将访问者带入与它所显示的权力同谋的关系之中时，可以被视为一本教科书”。[④] 博物馆文化空间在治理语境中，不仅是一种载体、一种辅助工具，还是大众传播的核心助推者。雷蒙·威廉斯在《文化与社会》中谈到，“艺术的第三阶段则着意把艺术和共同生活重新结合起来：这种努力的核心是‘传播’一词。”[⑤] 博物馆同样拥有一个传播的主要功能体，这种传播是政治话语和权力话语的工具，由政治、文化、权力共谋和构建，在博物馆文化空间对文明物证展出、解说、保护、传承的一系列动作中，在历史文化与公众之间搭建起一座政治、权力话语传播的桥梁，使

① Michel Foucault. Technologies of the self [A]. L. H. Martin, H. Gutman, eds. *Technologies of the Self: A seminar with Michel Foucault* [M]. London: Tavistock, 1988: 18.

② Michel Foucault. Technologies of the self [A]. L. H. Martin, H. Gutman, eds. *Technologies of the Self: A seminar with Michel Foucault* [M]. London: Tavistock, 1988: 18.

③ [英] 托尼·本尼特. 文化、治理与社会：托尼·本尼特自选集 [M]. 王杰等译，上海：东方出版中心，2016：288.

④ [英] 托尼·本尼特. 文化、治理与社会：托尼·本尼特自选集 [M]. 王杰等译，上海：东方出版中心，2016：215.

⑤ [英] 雷蒙·威廉斯. 文化与社会 [M]. 高晓玲译，长春：吉林出版集团，2011：312.

其文化治理性更为凸显。

此外，从空间角度看博物馆的文化治理，还能发现博物馆在权威发声方面的作用。博物馆的空间形态、展品布局及其隐藏的意识形态和价值观念，生产与组织了知识和艺术，它的公共空间让受众被动地消费知识、艺术，二者之间的对立生成了被博物馆权威文化声音所支配的独白式话语。“为了瓦解这种权威话语，有必要把馆长的角色从专门知识的源泉——其作用是组织一种表征，给予知识一种身份，转向技能的处理者，以帮助博物馆之外的集群利用博物馆的资源在其内部作出权威声明。”① 比如，一些博物馆给予原住民或地方居民重新设计他们自己展览材料的权力，以便他们做出自己的陈述。“如果博物馆空间成为更充分的对话对话，如果这种声明不是从博物馆的官方声音中说出的，因此不会潜在地被官方声音回收，那么这样的重新设计所体现的原则需要被普及，这样就会使博物馆空间作为一个宣告多元的、不同的声明的场所发挥作用，使它作为公众争论的工具而发挥作用。”② 博物馆通过权威发声而对大众产生话语影响，是博物馆文化治理性的一大特征。这不仅仅在于它使参观者受到知识、艺术的熏陶和精神感化，还在于它能够转变参观者的公共行为方式，并形成更深层的精神与文化转变。

## 3. 博物馆文化空间治理术：规训公共行为方式

托尼·本尼特在《文化、治理与社会》一书中，将博物馆视为“展示权力的工具”。③ 最初，博物馆的作用是在节庆活动或贵族阶级之间，对君王权力进行展示。从米歇尔·福柯的《规训与惩罚》一书中可看出，那些血淋淋的断头台、惩罚场景的公开展示是君主对民众进行权力展示的直接

---

① ［英］托尼·本尼特. 本尼特：文化与社会［M］. 王杰等译，桂林：广西师范大学出版社，2007：234.

② ［英］托尼·本尼特. 本尼特：文化与社会［M］. 王杰等译，桂林：广西师范大学出版社，2007：234.

③ ［英］托尼·本尼特. 文化、治理与社会：托尼·本尼特自选集［M］. 王杰等译，上海：东方出版中心，2016：285.

工具。在18世纪的法国大革命后，博物馆逐渐取消了惩罚场景和展示权力的功用，其“设计重点逐渐从为了王室、贵族或学者的私人愉悦而组织的封闭展览空间转移出来，而致力于让博物馆作为公众教益的工具而发挥作用的空间和景观的组织”。①

米歇尔·福柯曾把教堂和博物馆称作神圣化的异质空间，“于其中，世俗的、现代主义式的前进时间观被区分于外，人们经验着非常不同的时间感”。② 这种时间感由何而来？主要是依据博物馆物件、文本的排序方式。托尼·本尼特把它称为“公共博物馆的话语空间”，“博物馆的诞生与一系列新知识的出现相一致并给后者的出现提供了重要的机构条件，这些系列知识（地理学、生物学、考古学、人类学、历史学和艺术史）的每一种在博物馆学的运用中，都把物品安排为进化序列（地球史、生命史、人类史和文明史）的组成部分，这些物品通过相互作用形成了一个彻底历史化的物与人的总体秩序”。③ 实际上，在博物馆文化空间中，所有的历史事物都被一定的秩序所排列，而人在进入这种空间时，同样也在感知这种秩序和被这种秩序所影响。

“博物馆的定位是展现和讲述，因此民众可以观看和学习。”④ 通过对物（物质和非物质的文化遗产）的展示，让民众在参观中学习和受教育，从而对其精神、情感、行为产生影响。比如，詹妮·弗汉森-格吕克利希曾指出：“美国大屠杀纪念馆具有这样一种力量，通过仪式化的参观体验后，观众会对历史事件有了更新性的认识、反思。”⑤ 在参观美国大屠杀纪念馆后，民众会认识和反思那段历史的残酷性，从而强化民众对美国公民价值中民主、宗教宽容观念的认同。同样，以色列亚德·瓦谢姆纪念馆则固化了参观者对以色列新建国家合法性的认同。在这方面，博物馆通过采取不同的叙事方式、不同的时空安排、不同的展品展项布置等，体现本国

---

① ［英］托尼·本尼特. 文化、治理与社会：托尼·本尼特自选集［M］. 王杰等译，上海：东方出版中心，2016：287.

② Michel Foucault. *Of Other Space: Utopias and Heterotopies* ［M］. Diacritis 16 (Spring), 1986：22－23.

③ ［英］托尼·本尼特. 文化、治理与社会：托尼·本尼特自选集［M］. 王杰等译，上海：东方出版中心，2016：289.

④ ［英］托尼·本尼特. 文化、治理与社会：托尼·本尼特自选集［M］. 王杰等译，上海：东方出版中心，2016：291.

⑤ Jennifer Hansen-Glucklich. *Holocaust Memory Reframed—Museums and the Challenges of Representation* ［M］. Rutgers University Press，2014：113－115.

主流文化意识形态对待历史记忆的不同态度，进而使民众在参观后产生综合性的观念认知体系和文化认同。

过去，展示权力主要依赖惩罚场景的公共演出，由此产生了一个极大的问题，即演出现场可能出现的骚乱和危险。而博物馆为此提供了“技术解决手段”。托尼·本尼特认为：“通过将权力展示（即指挥和安排对象的展示的权力）与骚乱危险分离开来，它也为把群众转化为合乎秩序的、理想的、自我规范的公众提供了一种机制。”① 怎样的群众才算是“合乎秩序的、理想的、自我规范的公众”？博物馆空间能够一下子将群众转化为“合乎秩序的、理想的、自我规范的公众”吗？当然不能。当惩罚场景逐渐从公众视野中消逝，博物馆就承担起了教化公众的职能，并渐渐成为教育民众的主要手段。

从某种意义上说，博物馆能够引导公众的行为方式发生转变，或者说是纠正公众外在的、已经外现的行为举止方式。这是如何实现的呢？“博物馆明确地把大众身体当作改革的对象，这是通过要求身体举止标准的转变的各种惯例和技术做到的。”② 这些要求公众行为举止做出改变的“各种惯例和技术”，往往与公众集会的地方所联系的那些行为方式相排斥，比如，禁止大声喧哗、禁止触碰展出物品、禁止随地吐痰等，还有一些成文或不成文的关于衣着装扮的规定，以及其他的社会约定俗成。一般来讲，鲜少有人会衣着暴露或不得体地进入博物馆文化空间，这样的人无法被允许进入博物馆；而一些衣衫褴褛的流浪汉、乞讨者等，或许没有进入博物馆的意愿，或许囿于衣着身份而不愿进入，或许根本不被允许进入。尽管博物馆文化空间的本意是平等地对全体公民开放，但因为博物馆空间固有的对公众举止的约束，反而造成了一种非正式性的不平等——对部分人群（主要是社会底层人群）的排斥和歧视。

对现代的工人阶级来说，博物馆提供了一个模仿的空间。在博物馆空间中，普通工人阶级可以从优雅的艺术中获取愉悦的享乐，而非通过

---

① ［英］托尼·本尼特. 文化、治理与社会：托尼·本尼特自选集［M］. 王杰等译，上海：东方出版中心，2016：293.

② ［英］托尼·本尼特. 文化、治理与社会：托尼·本尼特自选集［M］. 王杰等译，上海：东方出版中心，2016：294.

泡吧、喝酒或打麻将、赌博等方式放纵地享乐。博物馆文化空间产生的教育效益在于“允许工人阶级在没有形式差别的领域内与中产阶级互相融合”,[①] 普通工人阶级和底层民众通过模仿中产阶级，在博物馆文化空间的规训中，学会一种新的行为举止，并逐渐自发地把这些新的行为方式内化为自己的行为方式和社会生活习惯。由此，博物馆空间就建构起了一个用以区分文化层次和社会人群的空间，在区分的同时，它也在建构“一套文化区分实践的场所”，而这些实践是为了“筛选出与公众集会地方相联系的大众举止方式”。[②] 那么，如何筛选这些所谓的大众举止方式呢？博物馆文化空间通过一些新的建筑手段，比如，对空间与视觉进行重组、构建，调节文化遗产（物品）展示场景的同时，调控民众的行为举止方式。在新的博物馆建筑景观中，“公众不仅看到为了审视而安排的展览物品，而且同时还看到自己，因而使建筑限制了任何容易粗鲁化的原始倾向”。[③]

从米歇尔·福柯的“全景敞视主义”观点来看，博物馆文化空间不仅使得参观者成为控制参观博物馆的主体，也使得他们成为被监视和观赏的客体。正如卞之琳的诗“你站在桥上看风景，看风景的人在楼上看你”所言，这是一个对立统一的整体。博物馆文化空间把“全景敞视”的主要目标进一步具体化，在民众自己控制的凝视与被凝视下，空间变得更加透明。在对空间、视觉关系进行重组建构后，博物馆为置身其中进行参观的民众提供了“自我监视”的位置，由此，“使它自身直接构建和维持公众行为规范”。[④] 同时，在情感方面，博物馆也会给人以滋养和教育。卡罗尔·邓肯曾说：“观众在离开纪念馆、美术馆时会带有一种启蒙的感觉，或者是一种精神上被滋养、更新的感觉。”[⑤] 劳拉简·史密斯则认为：“人

① ［英］托尼·本尼特．文化、治理与社会：托尼·本尼特自选集［M］．王杰等译，上海：东方出版中心，2016：294.

② ［英］托尼·本尼特．文化、治理与社会：托尼·本尼特自选集［M］．王杰等译，上海：东方出版中心，2016：295.

③ ［英］托尼·本尼特．文化、治理与社会：托尼·本尼特自选集［M］．王杰等译，上海：东方出版中心，2016：295.

④ ［英］托尼·本尼特．文化、治理与社会：托尼·本尼特自选集［M］．王杰等译，上海：东方出版中心，2016：297.

⑤ ［美］卡罗尔·邓肯．仪式的文明化：内观公共艺术博物馆［EB/OL］．王文婷译，朱橙校，中央美术学院美术馆网站．http：//museum．cafa．com．cn/cn/Other/OtherDetails _ qt _ 169．2018-01-06.

们去博物馆是去表达或感受情感，或在某个他们认为具有特别的历史或文化叙事的博物馆或遗产地进行感情投资。”①

博物馆文化空间作为一种治理民众行为举止的技术，通过它形成的既对大众进行区分又使精英与大众融合的形式，组织了一种“新的社会凝聚方式”，利用业已标准化的规范行为举止的机制，影响着参观者的行为举止。亨利·科尔对博物馆文化空间的教育潜能十分称道，认为博物馆可以教会小孩子尊重所有权和举止文雅。现在，对参观者而言，“去博物馆不仅是一个观看和学习的问题；它也是公民修养的练习，这是因为博物馆既是看的地方，同样也是被看的地方”，② 在“全景敞视”的环境中，民众将新的行为内化为自身监督，逐渐提升了自身修养。

## 4. 多元主体协商共治，提升博物馆文化空间的治理活动

在文化治理当中，不仅存在着组织机构、制度、知识分子和社会精英等主体对他人（读者）的治理，也存在着个体受众的自我治理、自我规训。“与治理性相关的主体不仅仅包括规训权力下（统治权力）的驯服的身体，还包括自我管理建构的主体。”③ 现代“多中心”治理理论强调政府不是唯一的权力组织者，而要与市场、社会、公民共同参与公共空间的构建与治理过程，这打破了传统的或政府或市场的单一治理方式，构建了政府、市场、社会与民众协同共治的框架。当下，博物馆作为主导性治理主体，在空间及展品材料的设计、组织、构建与治理中出现了一些问题。比如博物馆文化空间管理不太完善，服务人员相对不足，对年轻受众的文化影响力、吸引力不足，博物馆文化空间的文化治理功能趋向弱化，等等。作为博物馆治理主体之外的“他者”治理主体——政府元主体与企事业单位、社会组织、市民等，理应承担起相应的文化治理责任，多元主体共同

① ［澳］劳拉简·史密斯. 游客情感与遗产制造［J］. 路芳译，贵州社会科学，2014（12）：14.

② ［英］托尼·本尼特. 文化、治理与社会：托尼·本尼特自选集［M］. 王杰等译，上海：东方出版中心，2016：298.

③ 徐晓霞. 简析福柯的“治理性”概念［J］. 文化与传播，2013（6）：66.

参与，平等协商，共建、共治、共享博物馆文化空间，强化其文化治理功能，共同构建文明和谐的社会秩序。

### 4.1 作为元主体的政府职能部门治理

博物馆作为文化机构，实际上是政府组织治理的重要手段。在博物馆文化空间的治理过程中，政府相关部门责无旁贷，要发挥重要的治理元主体作用。

第一，高度重视博物馆等文化机构的作用。博物馆被托尼·本尼特视作“市民实验室”，可作用于市民管理。而博物馆等文化机构提供的艺术活动，作为一种工具，能够“以一种积极建设性的方式改善一般大众的特殊精神和行为品行，并且可以成为培养公民计划的一部分”。[①] 博物馆可以为公众提供“一种被规划的体验”，能对民众的行为举止进行约束和督导，使民众实现自我监督和治理。正所谓物质决定意识，意识对物质具有反作用。在对博物馆文化空间进行治理的过程中，政府首先需要意识到博物馆文化空间治理的重要性，高度重视博物馆文化空间的治理作用，这对实施后续的治理举措具有重要意义。

第二，推进文化政策的合理设计和生产。文化政策对于推动文化和社会的发展具有重要作用。托尼·本尼特将文化政策引入文化研究之中，一反过往西方传统文化研究领域的学者对政府权力的抵制和批判态度，他积极倡导文化研究者与政府部门合作，主动参与政府治理下的制度创新和政策改造。在构建博物馆文化空间的过程中，政府主体需要广泛吸收不同社会主体的智慧，科学合理设计文化政策，并推进有效政策的实施，为博物馆空间的文化治理提供政策支持和制度保障。

第三，重视博物馆文化研究和应用人才的培养。一方面，重视对博物馆文化治理相关理论的研究，培养在博物馆的文化渊源和治理方面具有相当理论水平的“智囊”，以便实时从理论中汲取科学知识，应用于博物馆文化空间的治理实践。另一方面，重视对博物馆管理、文物修复和服务人

① ［英］托尼·本尼特. 文化、治理与社会：托尼·本尼特自选集［M］. 王杰等译，上海：东方出版中心，2016：212.

才的培养。在治理实践中，博物馆治理主体需要依靠自身的管理、服务，在空间设计和展品排列、展品文化意蕴方面，提升他们的理论水平和职业素养，提升其管理和服务水平。

第四，逐步完善博物馆管理和服务评估机制。“评估工作是博物馆管理乃至所有非营利组织机构管理工作中的重要环节，是促进组织机构管理效率和业务水平不断提高的有效方法之一。”① 目前，美国的博物馆评估机制相对完善，在博物馆项目评估中，博物馆基金会、政府主管部门以及行业协会均参与其中，也有对博物馆非营利性性质的评估机制，这为其他国家提供了良好的博物馆治理经验。当然，随着时间的推移，评估工作需要在实践中不断探索、改进和完善，政府部门需做好引导工作，完善评估机制，为博物馆文化空间的治理和发展营造良好的环境。

### 4.2　企事业单位——博物馆文化空间治理主体的中坚力量

在博物馆文化空间的治理主体中，博物馆既是治理的主体，又是治理的客体，博物馆作为企事业单位的治理主体，可以从以下几个方面提升治理能力：

第一，倡导互动理念，积极与观众互动。针对目前博物馆与观众关系的分离状态，在博物馆文化空间和展览设计中，不仅要强调知识的权威性建构，更要关注知识和观众的互动，争取在文化空间布局和展览设计中体现出观众的主体性。为此，除了在理念上重视与观众互动外，在文化空间治理实践中，要探索更为丰富多元化的空间设计与展示形态引导受众参与互动。从展览主题、展览设计和相关装置都要体现出互动精神，多方面整合展览文化资源，优化展品表达形态，开展专家讲座、观众座谈会等一系列互动实践活动，加强与观众的双向交流，提升观众的参与感和参与度，引发观众的思考和主动学习，激发观众的主体性意识，充分实现博物馆文化空间的教育、审美与规训等治理功能。

第二，重视对新兴多媒体数字技术和新媒体技术的引进与利用。在当今数字经济时代，一些传统空间设计、展览形态和展品表达方式缺乏吸引

① 李林. 博物馆评估方法浅析——以美国慈善机构导航的博物馆评估为案例［J］. 中国博物馆，2008（1）：94.

力，为此，博物馆可以引进4D影院、全息影像、VR、AI等数字技术，设计更多互动性、体验性强的展览装置，为观众提供更加美好的参观体验。当然，技术装置的科学性、先进性或高昂的价格，并不能成为影响博物馆文化空间治理的决定因素。因此，在引进数字技术的同时，更要重视对本身空间设计、展品表达，以及与观众互动实践的探索，数字技术与空间表达、展览形态的结合要因地制宜。在新媒体技术方面，可以为博物馆开通微博、微信等社交媒体账号，利用时下流行的传统媒体、新媒体和社交媒体形态，全方位、全景式宣传、推介博物馆文化空间，提升其知名度、美誉度和文化、社会影响力。

第三，注重情感表达，引入移动情境感知服务。与符号技术系统和权力技术、自我技术不同，文化是有温度、有情感的，其规训受众行为方式的力量常常是温润的。博物馆文化空间对“文化情结”（或文化情感）运作的认同，“只有通过不同的方式，使用不同的专门知识，将之转化为技术形式，从而产生与自我的各种具体关系模式……通过对文化情结和社会交往之间的关系进行各种具体的管理性调整，才能使这些自我管理和发展得到有效地促进”。[①] 随着移动智能手机的普及，人们获取和使用信息的方式发生了根本性变化，为博物馆文化空间的信息展示和宣传教育提供了新途径——开发博物馆App。“以移动终端为载体，将移动情境感知技术应用到博物馆信息展示与服务中，系统通过感知情境对用户进行卫星定位、路线推荐、语音提示等服务，并根据用户偏好、浏览历史等为用户推荐相应的藏品信息、互动活动和特色展馆，真正做到智能化、个性化，打造为每一位用户量身定制的‘掌上博物馆’。”[②] 在如今博物馆服务人员相对不充分，为公众提供服务的时间和空间相对有限的情况下，利用博物馆App能够让观众更为即时、便捷地获取相关文化信息和服务，提高博物馆的智能化治理质量。

### 4.3 社会组织治理主体——沟通政府与社会治理的纽带

博物馆作为公共文化机构，其性质一般是公益性的、非营利性的，需

① ［英］托尼·本尼特. 本尼特：文化与社会［M］. 王杰等译，桂林：广西师范大学出版社，2007：213.

② 周玲元等. 移动情境感知服务在博物馆中的应用探究——以苏州博物馆App为例［J］. 南昌航空航天大学学报（社科版），2016（2）：26.

要一些公益组织、慈善机构参与治理。此外，社会教育、培训机构和社区，亦能够在博物馆文化空间治理中发挥社会主体的参与治理作用。

第一，基金会、协会、慈善等社会（团体）主体助力博物馆文化空间的治理。作为非营利性机构，博物馆文化空间一般是免费开放，没有了门票收入的支持，博物馆的日常运营、文化装置和空间装置、藏品表达都需要依靠政府部门的拨款以及社会组织、个人的资助。以美国的“博物馆与图书馆服务协会”为例，它是美国最大的政府博物馆基金会，自 1996 年成立起，对美国博物馆项目赞助颇多。2016 年，该协会预算中用于博物馆项目的资金达 3 621.8 万美元，为全美上万余所博物馆提供了资金支持。由此可见，基金会、协会等社会团体（社会组织）可以为博物馆文化空间建设和治理作出突出贡献。

第二，学校、社会培训等教育机构与博物馆主体的教育合作。博物馆拥有丰富的文化遗产和教育、审美资源，而学校、教育培训机构等则拥有丰富的受众资源。因此，馆校合作能够达致双赢。双方可以平等协商，制订共建计划，为博物馆文化空间的治理功能与校园的艺术、审美和学生行为教育相结合提供制度保障和资金支持。学校、教育培训机构可以定期或不定期地组织一些馆校联谊活动，通过观看展览、听宣讲会等形式让博物馆文化教育资源走进校园。高校可以充分调动相关师资人员的积极性，让具有丰富知识内涵和授课技巧的老师，以博物馆文化空间为实践教学基地，现场将博物馆理论知识与具体实践相结合，传递给同学们，从而使博物馆文化空间达到更好的治理与规训效果。

第三，社区积极组织相关活动，鼓励居民主动参与博物馆文化活动与文化治理。社区主要是指居住在一个共同地理区域内，拥有相对趋同价值追求的社会群体，同一社区内群体在阶级、收入、受教育程度等方面具有一定相似性，更利于开展博物馆文化活动。“现代博物馆与社区之间的关系是紧密的，博物馆既向社区群体提供藏品展览，也鼓励社区群体参与博物馆活动，从而赋权给社区居民，以促进社区的自我发现和发展。”① 因此，充分发挥社区治理主体的力量，促进社区居民积极与博物馆开展合作，共治共享，既有利于博物馆文化空间的健康可持续发展，又能够充分

① 张朋. 托尼·本尼特文化理论研究［D］. 济南：山东大学硕士论文，2013：116.

发挥其文化治理作用，促进社区居民自我规训与治理能力的提升，从而有利于构建更加文明和谐的社会秩序。

### 4.4 受众（参观者）主体参与治理的主体性自觉

对于参观受众而言，积极参与博物馆文化空间治理，主要体现为两种主体身份：一是学习、参观、访问者；二是投身其间的建设者。两种主体性身份意识和主体性自觉的觉醒，能够激发他们积极参与到博物馆文化空间的协商共治中。

第一，积极主动参观、访问博物馆，接受博物馆文化空间的规训、教育和熏陶，为博物馆文化空间建设建言献策。“博物馆凝聚着人类文化遗产的精华，叙述着人类历史发展的进程，展现着人类整体文明与智慧，具有独特的教育资源优势。”① 受众（市民是受众主体的主要构成）积极主动走进博物馆文化空间，参观高雅的、艺术的、历史的展品，与博物馆文化空间积极互动。在参观过程中，接受博物馆文化空间的规训，约束自身的行为举止，并内化为自己的日常行为习惯。同时，受众可以根据自身的参观体验，或者依据自身的学识和文化知识认知，对博物馆文化空间存在的问题提出自己的意见或建议，促进博物馆文化空间的改善和有效治理。

第二，担任博物馆文化志愿者，为博物馆的实际建设贡献自己的力量。“西方在博物馆开发、利用社会人才资源工作方面已有成熟惯例，招募和建立青少年志愿者组织助力博物馆事业已经成为风气。”② 不少市民，尤其是青少年群体有投身博物馆当文化志愿者的愿望和热情，加入一些公益性社会志愿组织，担任博物馆义务志愿者，协助博物馆管理和服务人员组织引导观众、为游客做志愿讲解，收集受众对博物馆评价意见；还可以参与博物馆文化活动的策划、筹办和宣传推介，参与博物馆藏品的空间布局、陈列、修复、清洁、整理、收藏；等等。当然，博物馆要充分发挥社会志愿者组织的参与治理作用，为志愿者搭建学习交流和服务的平台，组

① 刘春霞. 博物馆作为青少年教育资源的优势与策略探讨［J］. 中国科技纵横，2016(7)：255.

② 刘春霞. 博物馆作为青少年教育资源的优势与策略探讨［J］. 中国科技纵横，2016(7)：256.

织一些技能培训和知识讲座，提升志愿者的个人知识素养和治理服务质量。

博物馆作为非营利性的公共文化机构，在传承文明、展览、教育方面具有不可替代的作用。博物馆作为一种文化治理的技术，承担着重要治理职能。当博物馆文化空间的可持续发展、治理能力和服务水平遇到困难时，政府、企事业单位、社会组织和市民需要积极主动地发挥治理主体作用，提升主体性意识和主体性自觉，积极参与治理，各治理主体之间平等协商，共治共享，有效提升博物馆文化空间的治理能力和治理质量。

# 第14章

# 城市博物馆受众的文化获得感及其提升策略

## ——以上海博物馆、上海科技馆、上海自然博物馆为例

博物馆中展出的代表自然和人类文化遗产的物品，向公众提供知识、教育，满足其精神文化需求，具有公共文化服务的功能。本章以上海博物馆、上海科技馆和上海自然博物馆作为样本研究对象，运用米歇尔·福柯治理术和托尼·本尼特文化治理性理论，指出政治和文化权力对于博物馆文化治理的重要意义。本章从受众角度出发，通过问卷与访谈，实地调研了上海博物馆、上海科技馆和上海自然博物馆受众对城市博物馆的认知态度和评价，从认知度、参与度、满意度和认同度四个维度考察受众的文化获得感。本调查问卷共发放304份问卷（其中收回有效问卷293份），基于调查样本数据，分析受众对上海城市博物馆的认知度、参与度、满意度和认同度，探究受众满意度和认同度的影响因素及影响程度。最后，提出相应的对策建议，为上海城市博物馆完善服务设施、提升治理水平和服务质量提供咨询参考。

博物馆承载了人类文明的历史记忆，向人们展示人类发展历程中创造的物质与精神文明成果，在文化的传播和延续上具有重要意义。“作为当今社会最重要的文化殿堂之一，没有一种机构像博物馆这样负有如此之多的神圣的、公益性的使命——人类生存及其环境见证物的收藏、保管、保

护、科研、信息传播、展示、公民教育等。”① 博物馆及其文化空间作为一个城市文化积淀的重要载体和文明进步的重要标志，承担着社会教化和传播知识的功能。随着政府对公共文化服务的重视，越来越多的博物馆和纪念馆被建设，面向社会大众开放，而受众的文化获得感是衡量博物馆、纪念馆类公共文化设施质量的有效指标。分析受众的文化获得感对于推进博物馆建设具有重要意义，受众的认知和评价是博物馆提升治理能力和服务质量的重要参考。

## 1. 研究背景与研究意义

### 1.1　研究背景

上海作为历史文化名城，在 2011 年提出建设“社会主义国际文化大都市”的战略目标，近年来一直致力于打造“上海文化”品牌，提升城市精神建设，打造高识别度的国际文化大都市。博物馆作为城市历史底蕴、人文内涵和城市精神的重要载体，一直是上海文化建设的重点领域。

目前，全市博物馆设施规模总量约为 78 万平方米，藏品总量达 204.48 万件。② 2017 年，上海新建世博会博物馆、上海历史博物馆和上海无线电博物馆三家博物馆，进一步丰富了上海的博物馆文化建设内容，不断满足民众日益增长的精神文化需求。据 2017 年上海博物馆年报，上海城市博物馆参观人数逐年增加，从 2010 年到 2017 年，参观人数从 1 114 万人次增长到 2 268 万人次，实现翻倍增长（见图 14－1）。③

博物馆作为公共文化服务场所，主要功能和作用是文物展示、知识教育、文化服务和文化治理，在向民众展示独特历史和文明时，满足民众的

---

① Brent W. Ritchie. *Managing Educational Tourism*（*Aspects of Tourism*）［M］. Channel View Publications. Multilingual Matters，2003：129.

② 上海市文化广播影视管理局，上海市文物局.2017 上海博物馆年报［EB/OL］. http：//wgj.sh.gov. cn/node2/n2029/n2033/n2118/u1ai155142. html. 2018－05－15.

③ 上海市文化广播影视管理局，上海市文物局.2017 上海博物馆年报［EB/OL］. http：//wgj.sh.gov.cn/node2/n2029/n2033/n2118/u1ai155142. html. 2018－05－15.

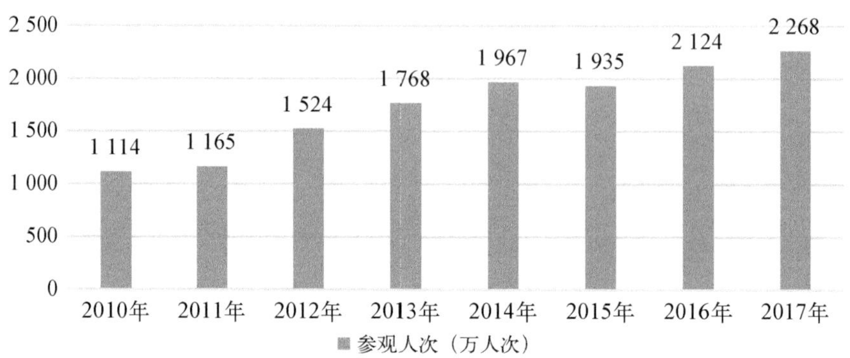


**图 14－1 上海城市博物馆参观人数（2010—2017 年）**

知识教育和精神文化需求。上海在博物馆文化基础设施、馆藏物品、专业服务、宣传教育、传播普及等方面所做的努力是否真正提升了受众的文化体验？上海城市博物馆参观人数逐年增长是否意味着现有博物馆已经真正满足了受众的公共文化需求？受众对于上海城市博物馆的文化获得感情况如何？这些都是博物馆文化建设和文化资源开发利用过程中必须要面对的问题。只有受众的文化获得感提高了，才能发挥博物馆文化治理和公共文化服务的功能和作用。

### 1.2 研究意义

首先，理论层面。本章运用米歇尔·福柯的治理术和托尼·本尼特的文化治理性理论，强调运用政府和社会、市场的力量共同进行博物馆文化建设，并试图把博物馆作为政治文化空间，诠释政治权力对于博物馆的重要意义。博物馆文化发展在依靠政府支持的同时，也彰显着政府力量。米歇尔·福柯治理思想和托尼·本尼特文化治理理论的运用，有助于丰富和深化博物馆文化研究，同时也为治理和文化治理理论提供了新的实践案例，对于博物馆文化建设的理论研究和实践应用具有积极的影响。

其次，方法和技术层面。本章从受众角度出发，通过问卷调查和受众访谈，实地调研了受众（市民和游客）对上海城市博物馆的认知和评价，从认知度、参与度、满意度和认同度四个维度解释受众的文化获得感。运用软件建立受众对上海市博物馆文化的满意度和认同度的回归方程，探究受众的文化满意度和认同度的影响因素及影响程度。在研究方法上的创新，拓展和延伸了目前学术界关于博物馆文化的相关研究，为博物馆受众的文化获得感研究提供了新的方法和思路。

再次，实践层面。受众的文化获得感对于博物馆文化建设具有重要意义，受众的文化评价和认知是博物馆文化建设的重要参考指标。2017 年 12 月，上海市委、上海市人民政府印发了《关于加快本市文化创意产业创新发展的若干意见》。该《意见》指出："要加快推进博物馆、等文化项目建设，完善布局，为相关产业发展提供空间。"① 提高博物馆文化建设水平也是加快上海文创产业创新发展、增强上海文化软实力的基本要求。研究博物馆受众的文化获得感，可以优化博物馆文化基础设施建设，提升博物馆文化治理和服务质量，促进博物馆文化的健康可持续发展，丰富民众的公共文化生活，为民众提供更优质的公共文化服务。

本章通过问卷调查和访谈，了解受众对上海城市博物馆公共文化服务的文化认知现状和文化评价，分析上海城市博物馆文化建设的优势和不足，为上海城市博物馆完善文化基础服务设施、提升公共文化服务质量开辟思路，以推动上海城市公共文化服务建设和文化产业繁荣发展，增强上海城市文化软实力。同时，本章通过对博物馆受众文化获得感影响因素和影响程度的实证研究，对其他城市博物馆文化建设更有质量地实现公共文化服务目标具有借鉴意义。

## 2. 研究文献综述

### 2.1　关于博物馆职能、文化空间和博物馆受众的研究

对于博物馆扮演的文化角色以及所起的功能作用，研究者们普遍认为，当代博物馆不仅是一个简单的文物陈列场所，它有丰富的文化内涵，

---

① 中共上海市委，上海市人民政府. 关于加快本市文化创意产业创新发展的若干意见 [EB/OL]. http://www.sh.xinhuanet.com/2017-12/15/c_136827333.htm?from=timeline. 2017-12-15.

具有文化展示意义、文化名片意义、精神性意义、主题性意义等多重意义。[①] 项秉仁、吴云一[②]和李海娥[③]认为，博物馆正逐渐成为富有深刻文化意义和生命力的城市意象空间与人们的精神家园，体现了城市的象征经济，这也要求对博物馆进行内涵、功能的再定位，博物馆在文化空间生产、区域文化传承中承担重要角色，成为组织城市空间的手段和大众文化的消费场所。而博物馆的全球扩展也引起了一些学者的兴趣。徐贲认为："在全世界范围内，博物馆的普遍作用是规范有用知识，提供全球秩序意向，又构筑具有民族国家群体意义的集体身份。"[④]

从博物馆的公共空间角度来看，苏伟在《博物馆（美术馆）的文化语境》中阐述美术馆艺术系统和中产阶级的现代主义文化，并分析了博物馆与公众趣味的对抗、艺术民主与艺术自治的矛盾。[⑤] 李志成介绍了博物馆公共空间使用后评价（POE）的方法，并对公共空间的定义、服务设施、空间设计、观众组成等概念做了辨析。[⑥] 杨天论述了新旧空间构成模式和空间场景组织特点，运用倒叙插叙手法构建好故事中的公共空间，并把空间形态流线整合。[⑦] 陆晓曦基于公共空间视角，以大英博物馆为案例，分析该博物馆将资源供给方式与内容、受众需求反馈与满意度、市场手段与筹款、社会动员机制等工作方面密切与公众相结合，使得博物馆功能既成为实在的有形空间，又成为一个虚拟的公众文化空间。[⑧] 张弘驰分类论述了中国博物馆公共空间的建构形式、类型特征、虚拟构成，并梳理了欧洲场景的营造特征、手法和组织模式，基于国内外比较的视角，给出了中国

① 庞学臣. 当代大中型博物馆公共空间的多重性意义研究［A］. 中国博物馆协会博物馆学专业委员会. 中国博物馆协会博物馆学专业委员会 2013 年"博物馆建筑与功能"学术研讨会论文集［C］. 中国博物馆协会博物馆学专业委员会，2013：8.

② 项秉仁，吴云一. 当代博物馆建筑与城市文化［J］. 建筑学报，2009（2）：81—85.

③ 李海娥. 基于文化空间理论的博物馆旅游优化研究——以湖北省博物馆为例［J］. 武汉科技大学学报（社会科学版），2015（2）：222—226.

④ 徐贲. 全球化、博物馆和民族国家［J］. 文艺研究，2005（5）：43.

⑤ 苏伟. 博物馆（美术馆）的文化语境［J］. 当代艺术与投资，2011（6）：94—95.

⑥ 李志成. 博物馆公共空间使用后评价［D］. 北京：北方工业大学硕士论文，2014.

⑦ 杨天. 对博物馆改扩建的新旧公共空间关联性的分析［J］. 现代交际（学术版），2017（18）：190.

⑧ 陆晓曦. 实体空间到文化空间：大英博物馆的功能嬗变［J］. 上海文化，2013（6x）：114—120.

博物馆公共空间设计以及博物馆建设的对策建议。[①]

上海作为我国公共文化事业及文化产业发展领先的城市，博物馆文化建设走在全国前列。有关其博物馆文化的研究文献也有一些。王玲认为，博物馆作为公共文化空间，不仅是文化教育和知识传播的空间场所，而且是旅游行为发生的空间载体，是新的城市公共生活领域，博物馆的免费开放大大提升了其产品的消费非排他性，更进一步加强了博物馆旅游的公共产品属性。她还从公共文化空间的视角阐述了上海城市博物馆的旅游开发现状，指出上海城市博物馆旅游开发存在着与旅游业融合度不够、旅游产品市场占有率较低、旅游经济附加值低、旅游开发个性不足、各博物馆开发差距悬殊等问题。[②] 俞文君对上海都市博物馆的空间布局与区位条件、周边环境与配套设施、管理方式与专业人员、展览活动与游客服务、参观者等做了阐述，认为上海都市博物馆已成为上海公共文化设施中的代表场馆，并在国内、国际市场具有一定的影响力和号召力。同时，上海都市博物馆存在着整体特色不明显、管理体制欠缺、可达性差、藏品数量及质量有待提高、经营和活动单调等问题，建议完善法律法规、丰富博物馆类别、加强国际交流、创新经营思路。[③]

关于博物馆的受众获得感研究，目前学术界尚无相关研究成果，仅有新闻报道提到博物馆的服务质量、活动影响市民的获得感。[④] 与博物馆受众获得感相关的间接文献主要分两个方面：

在认知体验方面，周婧景探究美国“9·11”国家纪念博物馆如何运用具身认知理论阐释展览，并从中寻绎出认知逻辑中的形象思维、重视观众的物理身体、强调观众的环境体验以及构建阐释系统，模糊认知边界作为运用该理论阐释展览的原则，可以促成观众在观展时获得强烈的穿越感和逼真的沉浸体验。[⑤] 王静等基于旅游认知理论，从游客需求角度分析博

---

① 张弘驰. 当代欧洲博物馆公共空间设计手法研究［D］. 大连：大连理工大学硕士论文，2016.

② 王玲. 基于公共文化空间视角的上海市博物馆旅游发展研究［D］. 上海：复旦大学博士论文，2010.

③ 俞文君. 上海都市博物馆研究［D］. 上海：华东师范大学硕士论文，2005.

④ 王嘉. 数量多 质量优 活动新 博物馆提升市民获得感［N］. 成都日报，2017-12-17（005）.

⑤ 周婧景. 具身认知理论：深化博物馆展览阐释的新探索——以美国 9·11 国家纪念博物馆为例［J］. 东南文化，2017（2）：109—114.

物馆文化旅游服务的特殊性，认为北京博物馆文化旅游服务存在游客游前资源认知度偏低、体验功能有待完善、游后信息传播自觉性不明显三方面问题，并提出对策建议。① 朱娅阳认为，“数字博物馆＋物联网＋云计算”式智慧博物馆的核心是人，其受众体验分为感官体验、娱乐体验、审美体验和文化体验，形成因素包括感受、情感、理解、联想、领悟等诸多心理成分，经过受众直观感受促使情感产生，进而促进受众理解与联想，最终产生领悟与意义。② 尹卫国认为，数字博物馆的“零距离”互动体验带来的“获得感”很可能超越现场参观。③

在受众满意度方面，李志勇基于“双因素理论”，发现博物馆旅游者满意度的影响因素可以分为保健因子和激励因子，只有激励因子与博物馆旅游的整体满意度、重游意愿、推荐意愿有直接显著的正相关关系。④ 谢礼姗等经过实地调研后发现，在博物馆服务环境中，服务公平性的交往公平性、程序公平性、结果公平性和信息公平性成分对顾客感知的满意感有直接或间接的影响，同时，顾客满意感也直接影响组织形象。⑤

## 2.2 关于文化治理理论的研究

博物馆及其文化建设在保障文化环境整洁有序、文化展品排列有序、文化秩序（文化权力等级秩序）规范、唤醒文化记忆、强化文化身份认同、构筑民族国家共同体等方面具有明显的文化治理作用。作为文化与政府治理结合的场所，博物馆文化建设需要强调其文化治理功能。本章所研究的博物馆受众的文化获得感属于文化治理的重要组成部分。目前，关于文化治理、博物馆文化治理性及其文化治理功能的研究文献不少，主要分为以下几个方面：

---

① 王静，王玉霞. 北京博物馆文化旅游服务质量提升研究［J］. 北京联合大学学报（人文社会科学版），2017（3）：26—30.

② 朱娅阳. 智慧博物馆视阈下南京博物院的受众体验研究［D］. 武汉：华中师范大学硕士论文，2017.

③ 尹卫国. “互联网＋博物馆”增加获得感［N］. 中国文化报，2016-03-23（001）.

④ 李志勇. “双因素理论”分析框架下的博物馆旅游满意度影响因素［J］. 社会科学家，2014（12）：74—80.

⑤ 谢礼珊等. 服务公平性、服务质量、组织形象对游客行为意向的影响——基于博物馆服务的实证研究［J］. 旅游学刊，2007（12）：51—58.

在文化治理理论方面，关于米歇尔·福柯治理术和托尼·本尼特文化治理性理论的阐释很有影响力。关于米歇尔·福柯的治理理论研究，汪民安将其空间理论与列菲弗尔、哈维的进行比较，认为米歇尔·福柯更多的是重点讨论空间和个体关系，认为空间具有强大的管理和统治能力，现代社会就此“监狱化”：空间对个人具备一种单向的生产作用，它能够创造出一个独特的个体。对个人而言，空间对人的统治借用有密闭空间特征的建筑技术，成为社会统治技术的一个基本手段。[①] 王丰龙、刘云刚从地理学的视角梳理了米歇尔·福柯等西方学者的治理术论述，总结了西方地理学对治理术的主要应用，指出用西方治理术理论解释中国单位制度和户口制度、阶级斗争和空间非均衡发展、分税制和城市规划等方面的重要意义。[②] 王丰龙、刘云刚基于米歇尔·福柯对权力关系和不正常的人的研究，以异端空间的生产为切入点，提出了异端空间与权力交互作用的理论框架。他归纳了四个异端空间生产原型，并将四个原型应用于中国日常政治地理现象的解释，阐明了异端空间生产对理解权力关系的重要意义，并揭示了“知识—权力”与空间生产过程相辅相成的关系。[③]

托尼·本尼特的文化治理理论深受米歇尔·福柯的影响，但也与米歇尔·福柯的治理术有所区别。罗昔明提出，托尼·本尼特利用米歇尔·福柯关于文化与政府间关系的一整套视点，尤其是关于自由民主政府的策略，以及文化作为管制人口的一种资源的用途的视点，历史地、理论地、现实地应用于文化研究。[④] 周海玲、张志强从文化政治美学角度分析米歇尔·福柯和托尼·本尼特的文化治理理论，指出米歇尔·福柯治理理论是一个趋向美学分析的文化政治概念，而托尼·本尼特从治理性视角考察博物馆的文化政治，基于理论与实践两方面进行博物馆文化政治研究，在对博物馆内部权力属性、运作方式的把握和对博物馆社会功能的理解方面，文化治理理论成为当代博物馆研究的基本理论之一，产生了世界性的影响

---

① 汪民安. 空间生产的政治经济学［J］. 国外理论动态，2006（1）：46—52.

② 王丰龙，刘云刚. 治理术与地理学：研究述评与展望［J］. 人文地理，2015（5）：1—8.

③ 王丰龙，刘云刚. 异端空间的生产——福柯对中国政治地理学研究的启示［J］. 人文地理，2017（2）：1—8.

④ 罗昔明. 托尼·贝内特及其政治文化观念［D］. 北京：北京语言大学硕士论文，2006.

力。[①] 张玉勤归纳了托尼·本尼特的马克思主义美学研究的三个基本视野：在“历史语境”中审视文学、文化与审美，在“社会维度”内给予大众文化以足够的重视和深入的阐释，在“实践领域”内对知识分子进行类型划分与功能界定。[②] 苏红基于托尼·本尼特对艺术与艺术活动的文化、富有政治性的大众文化、作为社会机制的文化三方面文化内涵的重新解读，阐释了托尼·本尼特政治性的文化观，并讨论了教育和塑造公众、文化与政府治理性、文化研究与知识分子三方面的文化职责。[③] 托尼·本尼特认为博物馆的形成与政府关系密切，段吉方汲取葛兰西的“文化霸权”理论，并融合米歇尔·福柯的“政治理性”观念，认为博物馆是要求无差别对待公众，又有区分大众、改变大众行为方式的作用，凸显了具体文化研究的政治性与意识形态性，同时将它与具体文化机构和文化体制研究结合起来。[④]

在托尼·本尼特的博物馆文化治理理论中，博物馆具有多元化的文化功能。罗昔明[⑤]和王乐[⑥]从博物馆的政治潜在话语和权力运作角度，指出博物馆作为管制、区分人口的工具发挥作用，它历史地展示了对当时正出现的中产阶级的控制，以及文化价值与社会规范对它的笼络，是投射国家权力和权威的场所；空间上，博物馆有隐藏空间和公共空间之分，分别秘密生产知识和提供给公众进行文化消费。王乐认为，博物馆的历史文化空间与权力话语机制相谋和，过去的历史被选择性回忆和建构，使得博物馆的内部空间变成可读的意识形态，具有民族叙事和记忆的功能。[⑦] 徐一超在梳理文化治理的学理背景后，分析了托尼·本尼特的博物馆“示范”与“规范”两种文化治理理论路径：“示范”式是通过“展示与讲述”吸引个体作为主体参与到博物馆客观的知识与权力表征体系中，同质化与区别化

---

① 周海玲，张志强. 文化政治美学视野下的治理理论研究——从福柯的政治治理到托尼·本尼特的文化治理 [J]. 韩山师范学院学报，2014 (2)：43—47.

② 张玉勤. 历史·社会·实践：托尼·本尼特马克思主义美学研究的理论维度 [J]. 北方论丛，2010 (3)：117—120.

③ 苏红. 托尼·本尼特的文化理论研究 [J]. 北方文学 (中)，2013 (6)：241.

④ 段吉方. 理论与经验：托尼·本尼特与 20 世纪英国文化研究 [J]. 马克思主义美学研究，2009 (1)：114—126.

⑤ 罗昔明. 托尼·贝内特及其政治文化观念 [D]. 北京：北京语言大学硕士论文，2006.

⑥ 王乐. 论托尼·本尼特的政治博物馆 [J]. 北方文学旬刊，2012 (5)：232—232.

⑦ 王乐. 记忆与叙事——论托尼·本尼特对博物馆的机制研究 [J]. 剑南文学：经典阅读，2012 (7)：394.

平衡地作用于公众，以此推动主体有更高追求；“规范”式则是将人作为被监督规范的客体，观看他人时也反观、审视自身，进而实现自我管理。而“示范”与“规范”都是通过必要的身体物质文化治理，深刻影响观众的精神结构。①

在文化治理理论与实践结合方面，李艳丰指出，托尼·本尼特在反思文化治理理论的同时，从博物馆的政治、文化政策、文化改革、批评理论的介入性、阅读构型等方面对博物馆文化治理实践展开深入思考，强化了文化治理的实践性与应用性。② 王前从宏观、中观和微观三个层面把握西方学者的文化治理理念，认为“文化治理”作为一种集理念、制度、机制和技术于一体的治理形式与治理领域，既涉及文化功能的重新发掘，又涉及文化组织方式的革新，还涉及个体文化能动性的彰显。③刘莉认为，应该注重文化的物质技术层面和精神层面的有机结合，分析文化治理中文化发挥作用的具体机制，同时应关注文化治理与政治、经济、社会的接域与冲突。④ 徐一超认为，应该注重文化的物质技术层面和精神层面的有机结合，分析文化治理中文化发挥作用的具体机制，同时应关注文化治理与政治、经济、社会的接域与冲突。⑤ 曹成竹另辟蹊径，以米歇尔·福柯的治理性概念和西方现代博物馆文化理论为参照，将民歌看作是中国历史文化的活态博物馆，将之作为一种文化治理手段，分析其重要价值。⑥

前人研究文献的主要成就：一是充分研究了米歇尔·福柯的治理术和托尼·本尼特的博物馆文化空间治理性理论，为更具体的文化空间治理理论研究和实践应用奠定了扎实的理论基础；二是从学理层面阐释博物馆的本质、扮演的角色和所起的作用，使博物馆的空间治理性与具体空间的文

---

① 徐一超. 聚焦“文化治理”：问题史、理路与实践 [J]. 中国文化产业评论，2014 (1)：137—149.

② 李艳丰. 走向文化治理：托尼·本尼特文化研究理论范式的转型 [J]. 华南师范大学学报（社会科学版），2017 (3)：168—177.

③ 王前. 理解“文化治理”：理论渊源与概念流变 [J]. 云南行政学院学报，2015 (6)：20—25.

④ 刘莉. 治理文化抑或文化治理？——文化治理研究的回顾与展望 [J]. 浙江社会科学，2016 (9)：89—95.

⑤ 徐一超. “文化治理”：文化研究的“新”视域 [J]. 文化艺术研究，2014 (3)：33—41.

⑥ 曹成竹. 民歌的文化治理性——兼谈西方博物馆理论的启示 [J]. 广西科技师范学院学报，2014 (3)：1—4.

化治理性相辅相成，具有理论性、思想性和实际应用价值；三是结合博物馆文化治理的实践，选取具体的博物馆案例，从不同角度深入论述博物馆及其文化空间发展现状、存在的问题以及解决策略。前人研究文献的不足之处：一是学理性、思想性与实践性结合不够，米歇尔·福柯的治理术和托尼·本尼特的博物馆文化治理性理论，这些理论欠缺与中国博物馆具体治理实践相结合的案例分析；二是现有研究成果中尚未有对上海城市博物馆受众的文化获得感现状、影响因素及其作用机理的研究，仅有两篇报纸上的新闻报道简单涉及；三是定性分析博物馆文化建设现状的文章较多，定量研究的文献很少，缺乏基于样本数据的定量分析，论述缺乏数据和事实支撑，缺乏深层说服力。

本章将借鉴前人成果，并针对其研究的不足之处发力。本章强调博物馆受众的文化获得感，主要体现在受众对博物馆文化的认知、认同、参与、满意四方面，增强上海博物馆受众的文化获得感应在以上四方面予以观照。本章的主要特色和优势：基于对米歇尔·福柯的治理术和托尼·本尼特的博物馆文化治理性理论，将理论运用于问卷设计和访谈，运用因子分析法对调查、访谈样本进行数据分析。然后，基于数据分析和实证研究，分析上海市博物馆受众的文化获得感现状、影响因素、作用机理与提升路径。

## 3. 理论依据与研究方法

### 3.1 研究理论依据

#### 3.1.1 米歇尔·福柯的治理术与空间治理性

米歇尔·福柯的治理理念是以国家安全配置的基础为核心，以“主权—纪律—治理”的三角为架构，以人为主要目标的实践艺术，[①] 其治理理论的核心是“把自我管理技术和通过技术、主体的构成和国家的形成联

① 黄成亮，茹婧. 个体、权力与秩序重构：福柯治理理论的空间表达［J］. 学习论坛，2016（2）：47.

系在一起”。[①] 空间作为国家治理的具体场景，不仅是权力、知识、主体运作的基本条件，也规制和定义了个体，进而完成了社会秩序的重构。[②] 个体按照审美内在需求完成对自我的治理。自我审美的治理需要知识、技术，同样是政府管辖之下的治理，只不过这种知识不再表现为生理学和人口学知识，而是伦理和美学知识。

米歇尔·福柯主张，新近的即“现代的”社会控制方法——建立疯人院和进行监狱禁闭，把有问题的人放到公众看不见的地方不仅是为了惩戒，而且还包括另一个方面——用引人注目的展示让公众观赏过去看不见的东西，这样的展示包括博览会和博物馆。实际上，这是通过教育调控来确保秩序的手段。“政府治理为我们提出了制度、程序、分析、计算的方式，特定的政府机器构建出个体自我反射行为和伦理能力的知识。”[③] 在此，政府或多或少都发挥了对这些部门机构与自治性的“生活的技术”之间冲突的协调关联作用。依据米歇尔·福柯和托尼·本尼特的观点：“当今社会的文化越来越需要放在治理的视域下来理解，因为文化不仅仅关于表征和社会意识形态，还是有关机制实践、管理程序和空间知识组织安排。”[④]

“空间对个人具备一种单向的生产作用，它能够创造出一个独特的个体。对个人而言，空间具有强大的管理和统治能力。物理性的空间凭着自身的构造可以构成一种隐秘的权力机制，这种权力机制能够持续不断地进行监视和规训。”[⑤] 在一个密闭空间内部的监视和规训可以将个体锻造成一种新的主体形式。[⑥] 建筑本身并无所谓压迫或解放，也无所谓控制或自由，相反，它随时势而定，一个建筑空间只有在被实践和操作时才能起到压迫或者解放的作用，也就是说，只有被有意地运用到统治技术中时，建筑才能发挥控制和规训的功能。因此，如果人们按照截然相反的方式来操作的话，建筑本身甚至能够获得截然相反的效果。米歇尔·福柯在这里强调的

---

① ［英］莱姆克. 福柯与马克思［M］. 陈元译，上海：华东师范大学出版社，2007：8.

② 何智文. 博物馆的空间规训与空间权力——以国家博物馆为例［J］. 大众文艺，2016（20）：37—38.

③ Chris Barker. *The SAGE Dictionary of Cultural studies*, London: Sage Publications, 2004: 78.

④ Chris Barker. *The SAGE Dictionary of Cultural studies*, London: Sage Publications, 2004: 8.

⑤ 高峰. 空间的社会意义：一种社会学的理论探索［J］. 江海学刊，2007（2）：46—47.

⑥ 高峰. 空间的社会意义：一种社会学的理论探索［J］. 江海学刊，2007（2）：46—47.

是内在于空间或建筑的意图性。空间是任何公共形式和权力运作的基础，研究空间是为了明确人们在空间中特定的定位、移动的渠道化、符号化以及它们的共生关系。这种政治性的空间既可能是统治的权力工具，也可能有助于人们的政治权力反抗。“博物馆作为典型机构位于城市的中央，它们既在物质上表达着，也象征着一种‘展示和叙事’的权力，此权力在一个新建构起来的开放的公共空间中展开，并寻找一种修辞方法将人民融入国家的进程中。”①

在米歇尔·福柯看来，空间是权力争夺的场所，也是权力实施的媒介，空间生产实际上体现为对空间的规训实践，而这一过程往往是通过话语的空间化途径实现的。在米歇尔·福柯早期所设想的空间规训体系中，权力关注的是酝酿着重大事件或生产事实的空间形态，尤其是以监狱、学校、广场、纪念馆为代表的政治空间或资本生产空间，空间规训首先体现为对这些空间形态的可见性生产。社会化媒体语境下的空间规训过程更加凌厉而彻底，开始对空间进行各种形式的“去仪式化”改造。② 显然，社会化媒体有意地对那些“有某种创造幻觉空间的作用”的现实空间进行“去空间化”处理，以此消解传统仪式对空间的极度依赖。虚拟博物馆正是借助社会化媒体进行“去空间化”处理，成为未来可能的空间权力的改造形式。③ “当一切可能的空间形态进入社会化媒体的规训体系中，我们时代最后残存的隐蔽状态、黑暗状态、野蛮状态和非理性状态将被摧毁殆尽，这在文化后果层面引发了空间意义上的审美经验转向：由古典性审美向现代性或后现代性审美的转向。”④ 基于米歇尔·福柯的治理理论分析，在面对复杂局势的全球化进程中，国家文化治理应注重社会结构变迁的空间秩序，治理要追求以人为主体的工具性与价值性的统一，在社会分化背景下，注重多元空间的平衡，从而达成社会总体的善治目标。可以说，博物馆承担了一部分国家空间治理的职能。

---

① ［澳］托尼·本尼特. 作为展示体系的博物馆［J］. 马克思主义美学研究，薛军伟译，2012（1）：155.

② 徐梦可. 博物馆的空间权力［J］. 大众文艺，2015（3）：59.

③ 李佳一. 从展场到展览——中国当代艺术博物馆展览空间研究［D］. 上海：上海大学博士论文，2017.

④ 刘涛. 社会化媒体与空间的社会化生产：福柯“空间规训思想”的当代阐释［J］. 国际新闻界，2014（5）：57.

### 3.1.2　托尼·本尼特的博物馆文化治理性

托尼·本尼特在米歇尔·福柯治理理论的基础之上开拓出新的文化治理性理论。他认为，引入治理的命题是要将文化研究导向社会现实，从文本形而上学的研究走向社会化文本的研究。托尼·本尼特不再将文化视为政治的对立面，认为文化本身就是与社会历史紧密黏合，与审美和人文实践交相辉映的整体性结构存在。“文化总是一种在场，并且是第一位的，存在于经济、社会和政治实践中，还从内部建构它们。”① 就此而言，托尼·本尼特的文化治理理论具有明显的实用主义特征。

托尼·本尼特汲取了葛兰西的文化领导权理论和米歇尔·福柯的治理理论，将文化与权力结合起来。对权力在文化世界的运作进行深入分析后，托尼·本尼特认为：“阶级权力的运行并非如传统马克思主义所认为的那样，是简约化的、历史决定论的、本质主义的，而是表现为复杂的博弈性、融合性与辩证性，而阶级性的政治、文化与审美趣味都是在历史化的过程中不断获得解构与建构。”② 文化分析并不局限于阶级政治，而是转向多元、分散的权力结构。

托尼·本尼特研究文化治理性时，探讨了多种文化治理的实践形式，博物馆的审美治理是其中的重要部分。他对博物馆空间的文化分析，主要体现在将文化融入社会的理论与实践当中。他认为：“博物馆把知识、权力铭刻在个体中，通过改造和规训个体，使其成为符合某种统治秩序和利益要求的特定社会主体，最终达到治理人们的目的。”③ 在托尼·本尼特看来，博物馆的诞生及其文化功用的转变，同整个社会的政治、知识与话语及权力运作范式转变密切相关。托尼·本尼特从文化治理性的角度把握博物馆的文化政治，审视博物馆内在的权力、知识生产、主体建构、社会关系及其相互间的复杂关联机制，提出了两个著名论断：现代博物馆是塑造现代市民的自我治理技术，即个体通过与博物馆相关时各类知识实践，使个体能够作用于自我及身体践行，并由此改变社会关系，以适应社会性治理的需求和目的；从社会功能的意义而言，博物馆又是改造社会关系的

---

① ［英］托尼·本尼特．本尼特：文化与社会［M］．桂林：广西师范大学出版社，2007：204．

② 李艳丰．走向文化治理——托尼·本尼特文化研究理论范式的转型［J］．华南师范大学学报，2017（3）：6．

③ 刘燕．博物馆的政治传播功能释读［J］．东南文化，2018（1）：100．

“市民实验室”。①

## 3.2 研究方法

### 3.2.1 文献分析法

本章通过对现有相关文献和资料进行搜集、选择、甄别、梳理、总结分析、提炼升华，从文献中发现目前研究成果的优势和不足，借鉴其研究优势，传承创新，针对其不足之处下功夫。目前，资料来源主要有两类：第一类是关于文化治理理论的相关文献，内容主要涵盖米歇尔·福柯的治理术和托尼·本尼特的博物馆文化治理性理论等，从学术角度把握博物馆及其空间的文化治理性，为上海城市博物馆受众的文化获得感研究提供理论基础；第二类是关于博物馆文化建设的分类研究，从学理层面进一步论述博物馆的文化本质、扮演的文化角色和所发挥的作用，使得博物馆的文化空间治理性与前者的文化治理性相辅相成，力求有理论性和思想性。同时，结合博物馆文化治理实践，选取上海博物馆的具体案例，定性分析和定量分析相结合，深入论述上海博物馆文化建设现状，为本章提供思路借鉴。

### 3.2.2 调查研究法

本章采用了调查研究和访谈法，通过问卷调查和数据分析等多种方式对“上海城市博物馆的受众的文化获得感”这一问题充分调研、深入了解、总结分析。需要指出的是，上海市文化广播影视管理局、上海市文物局发布了《2017 上海博物馆年报》，上海科技馆、上海自然博物馆、上海博物馆在“2017 年度参观人数排名”中排在前三位，分别为 399.0 万人次、239.0 万人次和 210.9 万人次，与排在第四位的嘉定博物馆 87.1 万人次拉出了相当大的差距，② 可见游客比较集中于这三家博物馆，这三家博物馆的参观者的文化获得感一定程度上可以代表上海城市博物馆受众的文

① 徐小霞. 作为治理技术的博物馆——托尼·贝内特的博物馆政治思想［J］. 上海大学学报，2016（33）：128.

② 上海市文广局，上海市文物局. 2017 上海博物馆年报［EB/OL］. http：//wgj. sh. gov. cn/node2/n2029/n2033/n2118/u1ai155142. html. 2018－05－15.

化获得感的总体水平，本章将以这三家博物馆为研究的具体案例。首先，设计出“上海城市博物馆受众的文化获得感”调查问卷，共设置 23 道选择题、3 道量表题和 1 道开放性问题。问卷设置的题目集中于衡量受调查者对上海城市博物馆的文化认知度、文化认同度、文化参与度、文化满意度。同时还调查了受众对网上虚拟博物馆的看法。本次问卷在 2018 年 6 月 3 日 9：00—17：00、6 月 17 日 9：00—17：00、6 月 21 日 9：00—16：00 于上海博物馆、上海科技馆和上海自然博物馆现场发放，共收集了 304 份问卷，其中有效问卷 293 份。为了保证问卷的真实性，还随机抽取了几位博物馆受众进行线上回访。

#### 3.2.3　定量与实证分析法

本章基于统计软件 Sata13.1，运用 OLS 多元线性回归模型进行实证分析，从获取的数据中定量分析受调查者对上海城市博物馆的文化认知度、参与度、满意度、认同度。从科学角度交叉分析变量间是否存在相关性，如对博物馆展品满意度高的受调查者与博物馆总体满意度是否存在正相关性，不同性别、学历、年龄等个体因素是否影响受调查者的文化获得感，等等。

通过文献分析、调查访谈、定量与实证分析等研究方法的综合运用，使得本章的研究方法更加全面，研究成果更具有真实性、科学性，得出的结论和相应的建议更真实可靠，且具有较高的现实针对性和实践中的可操作性。

## 4. 上海城市博物馆受众的文化获得感调查分析

### 4.1　调查目的和主要内容

#### 4.1.1　调查目的

本调查问卷分为三个目的：第一，了解上海城市博物馆受众的基本情况，包括参观者性别、年龄、职业、学历等；第二，了解受众（参观者）

对上海城市博物馆的文化获得感，从文化认知度、文化参与度、文化满意度和文化认同度等四个维度衡量受众的文化获得感；第三，了解受众（参观者）参观上海城市博物馆的原因及再次参观的意愿、推广意愿，以及博物馆文化建设需要改进之处等。

#### 4.1.2 调查的主要内容

本章使用的数据主要依靠问卷调查和访谈的方法获得，问卷设计包括内容、提问、回答方式以及指标的选择。问卷采用现场发放和网上问卷相结合的形式，主要调查对象为上海博物馆、上海科技馆、上海自然博物馆的参观人群。问卷一共有 27 道题，分为六个部分。

第一部分：参观者简单的个人资料，包括性别、年龄、学历、职业等。这一部分采用单项选择的方式，由受访人依据个人实际情况作答。

第二部分：参观者关于上海城市博物馆参观的基本情况，包括到达博物馆时间、参观次数、参观原因、博物馆门票收费情况、是否愿意再次参观及向他人推广等。

第三部分：受众的文化参与度调查，包括受众对博物馆讲解员的讲解方式、参观博物馆的类型偏好、是否愿意参与互动、是否愿意为博物馆文化建设出力等问题。

第四部分：受众的文化认知度调查，采用多选题和矩阵量表题的形式调查受众对上海城市博物馆文化的认知情况。由受访者根据自己在参观过程中的文化体验作答。

第五部分：受众的文化满意度调查，采用矩阵量表题形式，调查受众对上海城市博物馆馆藏品、基础文化设施、周边文化环境等方面的满意度。

第六部分：受众的文化认同度调查，采用矩阵量表题形式，调查受众对上海城市博物馆的文化、社会功能的认同度。

### 4.2 调查样本构成与其参观博物馆的基本情况

根据 2017 上海博物馆统计年报，2017 年上海城市博物馆累计参观人数达 2 268.32 万人次，其中上海博物馆、上海科技馆、上海自然博物馆三个博物馆参观人数分别为 398 万人次、239 万人次和 210 万人次，占总参观人数的 37.3%。[1] 因此本次调查选取上海博物馆、上海科技馆、上海自然博物馆三个博物馆作为研究样本。问卷调查和访谈将现场调查和线上调查访谈相结合，共计发放问卷 304 份，收回问卷 304 份，删除无效问卷 11 份（填写问卷时间不足 60 秒和超过 900 秒），共收回有效问卷 293 份，问卷回收的有效率为 95.8%。

#### 4.2.1　调查问卷样本构成

受调查者和访谈人员构成如表 14－1 所示，其中男性共 147 人，占比 50.17%；女性共 146 人，占比 49.83%，男性比例略高于女性。在年龄构成中，受调查者多集中在 19～25 岁和 26～35 岁，人数总计 190 人，占比为 32.42%、32.4%，36～45 岁受调查者有 58 人，占比 19.8%，46～60 岁、18 岁以下、60 岁以上的受调查者分别为 24、18、3 人。

在学历方面，研究人员将学历分为：初中及以下、高中或中专、本科或大专、研究生及以上等 4 个选项，其中研究生及以上 39 人，占比 13.31%；本科或大专 199 人，占比 67.92%；高中或中专 46 人次，占比 15.70%。

受调查者的职业构成方面，将受调查者职业分为国家公务员，企事业主、高管或管理人员，企事业职员，教师，学生，农民，离退休人员，个体从业人员，进城务工者，科技或教育或文化人员（不含教师），失业、下岗或无业 11 个选项，并添加其他项作为补充。其中，学生、企事业职员分别为 84、73 人，累计占比达到 53.58%（见表 14－1）。

**表 14－1　上海博物馆、上海科技馆、上海自然博物馆受调查者性别构成**

单位：人

| 博　物　馆 | 男 | 女 | 总　　计 |
|---|---|---|---|
| 上海博物馆 | 40 | 49 | 99 |
| 上海科技馆 | 47 | 52 | 99 |
| 上海自然博物馆 | 50 | 45 | 95 |
| 总　　计 | 147 | 146 | 293 |

① 陈晨.2017 年上海市博物馆接待 2 268 万人次　红色展馆成为亮点［EB/OL］. https://www. qianzhan. com/analyst/detail/220/180628-bee5af14. html .2018－06－28.

4.2.2 调查受众参观博物馆的基本情况

博物馆位置的可达性是参观者考虑的一个因素，根据调查结果，114位参观者到达博物馆的时间需要1小时至2小时，其次为半小时至1小时（77人）、2小时至3小时（45人），大于3小时人群（37人）或小于半小时（20人次）比例较少。因此，靠近生活区、居民能在可接受的时间、路程内到达博物馆场所，是博物馆受众考虑的重要地理因素。

第一次来博物馆参观的受众占比居多（170人，占58.02%），来博物馆参观2～3次的受众有101人，超过3次的受众比例较小（22人，占7.33%）。这说明，博物馆与受众的黏性度不高。

在受众参观后，会再次来参观（见图14-2）和会向他人推荐（见图14-3）的比例分别占78.8%和86%，三个样本博物馆能吸引受众再次参观并向人推荐，侧面反映出受众对这三个博物馆的满意度和认同度。向他人推荐的比例略大于再次参观，博物馆可以利用口碑扩散效应吸引更多受众，扩大自身影响力。

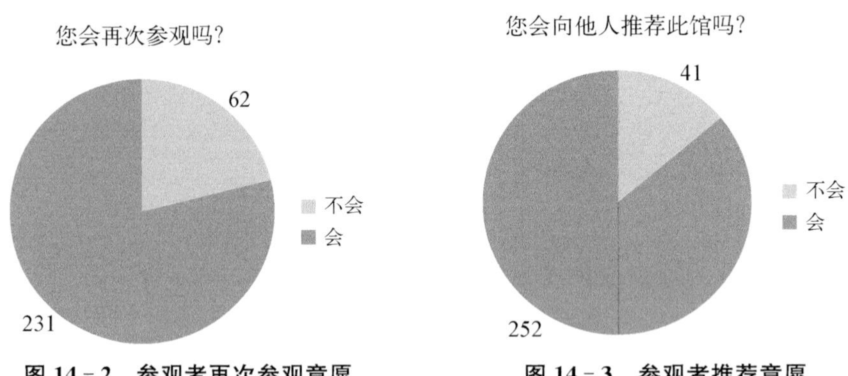


**图14-2 参观者再次参观意愿** **图14-3 参观者推荐意愿**

受众参观博物馆的主要原因有：交通便利（141人）；场馆藏品丰富，实物有知名度、美誉度（130人）；场馆周边环境好，可以休憩娱乐（117人）等。也有相当一部分受众是出于自己有兴趣、博物馆设计布局合理、票价合理、增长见识等原因。参观学习、增长见识和自身有兴趣分别有106人和100人。相比之下，因做志愿者或社会实践服务（19人）和单位、社团或学校等组织参观（26人）到博物馆的受众较少。为鼓励更多人来博物馆，以便博物馆更好发挥教化功能，单位或学校可以多组织参观博物馆等有教育意义的活动，并鼓励大众来博物馆做志愿者或社会实践。

由图14-4可知，分别有138人和125人认为交通不方便和空闲时间不足是阻碍参观博物馆的主要因素。博物馆的宣传推广不足，没听过（101人）；藏品太少，知名度不高（110人）、门票超出心理预期（83人）也是影响参观人数的不容忽视的原因。同时也需要注意场馆的参观环境及周边环境和工作人员的服务质量，约16.38%的受众认为场馆内环境压抑，其他因素为在其他城市不方便、人太多。

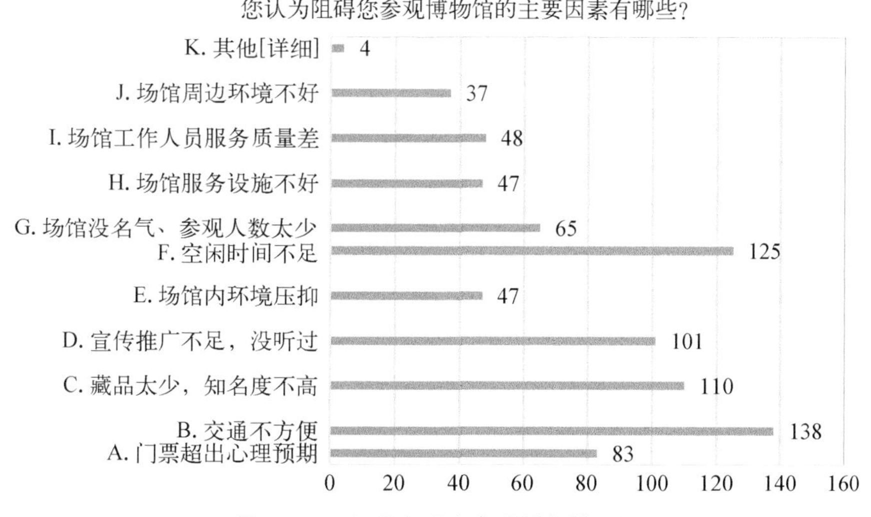


**图14-4 阻碍参观者参观博物馆原因**

由图14-5可知，31～50元区间的门票为大多数受众（28.67%）能接受的范围，其次为51～100元（21.16%）。选择30元以下的占比25.94%。同时有26人（8.87%）选择“如果收费就不去了”选项，说明参观票价是影响受众参观博物馆的重要因素。在本次调研，研究人员选择的三个样本博物馆中，上海自然博物馆成人票价30元，上海科技馆成人票价60元，上海博物馆免费。上海科技馆的门票价格相对较高，高于本次调研结果中大部分人能接受的范围。但上海科技馆还是很受欢迎，票价不是影响参观者流量的唯一因素，博物馆本身的馆藏和质量对参观者来说才是最为关键的。

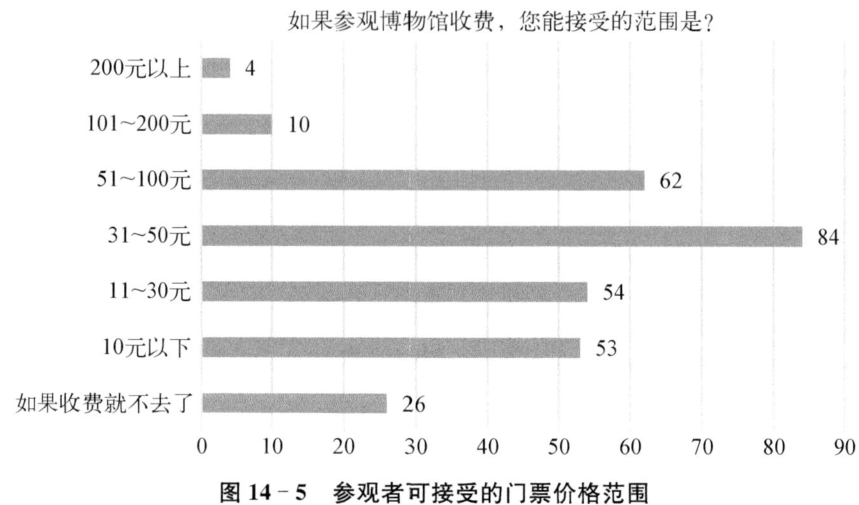


**图 14－5　参观者可接受的门票价格范围**

## 4.3　上海城市博物馆受众的文化参与度基本情况

本章从参观者对博物馆的情感偏好及互动意愿两方面衡量其文化参与度情况，其中博物馆情感偏好包括喜欢的博物馆类型、偏好博物馆的讲解方式两方面；互动意愿包括对博物馆互动设施和线下活动的参与意愿，以及参与博物馆建设三个方面。

### 4.3.1　参观者博物馆类型偏好

本次调查问卷设置了以下博物馆类型：社会历史类（历史考古、革命史、纪念类、民俗类），自然科学类（天文、地理、生物、化石、海洋等），文化艺术类（书画、雕塑、建筑、文学），并提供“其他”选项以进行补充。参观者可进行多项选择。

调查结果如图 14－6 所示，在 293 位受调查者中，有 201 人偏爱参观自然科学类（天文、地理、生物、化石、海洋等），占比高达到 68.60％。偏爱社会历史类（历史考古、革命史、纪念类、民俗类）的受调查者有 146 人，占比 49.83％；有 130 人（占比 44.37％）偏爱文化艺术类（书画、雕塑、建筑、文学等），1 位受调查者在其他选项中补充填写了手工创意类。通过数据分析可以看出，社会历史类、自然科学类是参观者较为偏好的博物馆类型。

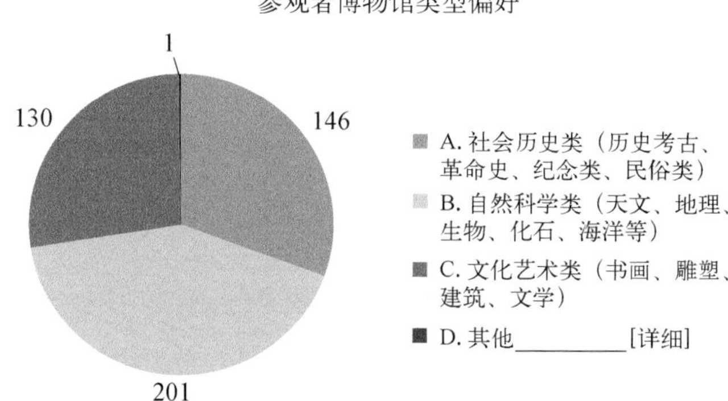


**图 14－6　参观者博物馆类型偏好**

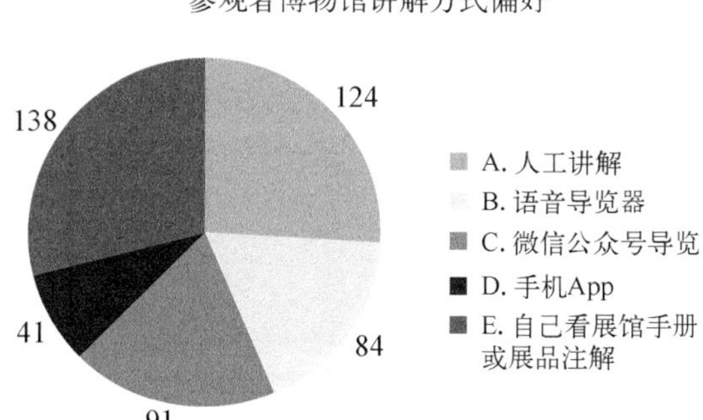


**图 14－7　参观者博物馆讲解方式偏好**

本次调查问卷设置人工讲解、语音导览器、微信公众号导览、手机 App、展馆手册或展品注解等作为参观者对博物馆讲解方式偏好的备选选项，受调查者可以进行多项选择。结果如图 14－7 所示，人工讲解、展馆手册或展品注解、微信公众号导览这三种讲解方式的偏好人群均超过 1/3，分别有 138 人偏好展馆手册或展品注解，124 人偏好人工讲解，91 人偏好微信公众号导览。选择语音导览器的有 84 人，占比 28.46%，偏好手机 App 的也有 41 人。通过分析可以看出，展馆手册或展品注解、人工讲解等传统讲解方式仍受参观者欢迎。同时，随着移动互联网的发展，微信公众号导览、手机 App 越来越受到参观者的欢迎。

4.3.2　上海城市博物馆参观者互动参与意愿

参观者通过参与博物馆线下活动可以更好地了解博物馆及馆藏内容，加深对博物馆文化的记忆与理解，为了解参观者对于博物馆线下活动的参与意愿。本调查设置“您是否愿意参加实体博物馆举办的线下活动（比如博物馆亲子互动、博物馆摄影、博物馆讲座等）”的问题，将参观者参与意愿分为非常不愿意、不愿意、视情况而定、很愿意、非常愿意五个等级，供参观者选择。

根据调查结果（见图 14－8），分别有 26 位和 181 位参观者表示非常愿意、很愿意参加线下活动，占七成以上；有 12 位参观者表示视情况而定，他（她）们主要考虑时间、费用、活动质量等因素。有 74 人表示不愿意或非常不愿意参与线下活动。由此可见，大部分参观者表示愿意参与博物馆举办的线下互动项目，博物馆可通过举办线下活动来宣传推广博物馆及其文化，吸引更多游客前来参观，扩大博物馆的知名度、美誉度和社会影响力。

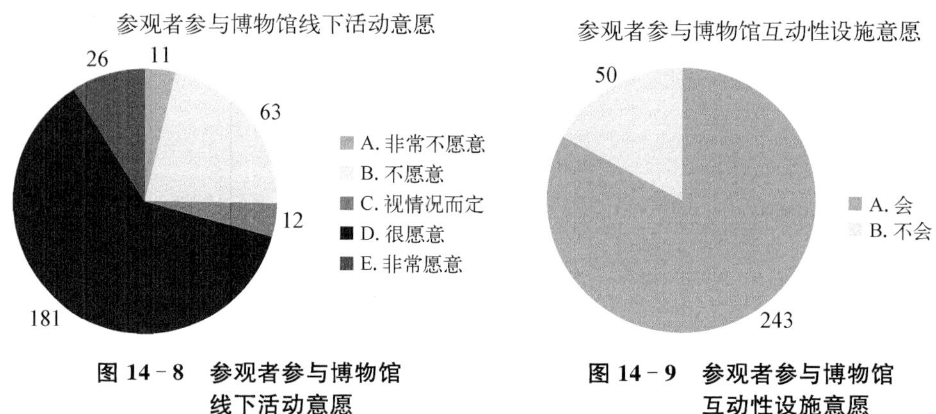


**图 14－8　参观者参与博物馆线下活动意愿**

**图 14－9　参观者参与博物馆互动性设施意愿**

除了线下活动之外，本次调查还设置了“您会使用博物馆的互动性设施吗？如 VR 设备体验、可触摸视屏幕等”的问题。根据调查结果（见图 14－9），243 人表示会使用互动性设施，占比达到 83%；只有 17%的参观者（50 人）不愿意使用。可以看出，参观者对于博物馆电子化互动设施的使用意愿比较强，因此，博物馆可以在电子化、信息化领域不断探索，将现代技术融入博物馆文化建设中。

参观者在参与博物馆文化活动的同时，可以通过各种反馈机制参与到博物馆文化建设中去，这样能够形成参观者和博物馆方面的良性互动，更好地推进博物馆文化建设。为了解参观者对博物馆文化建设的参与形式，本次调查设置“您愿意采取以下哪些方式为博物馆文化建设出力”的问题，设置了建言献策、做志愿者、捐赠、宣传推广博物馆等选项供参观者选择，并设置“其他”作为补充。调查结果显示（见图 14－10），有 150

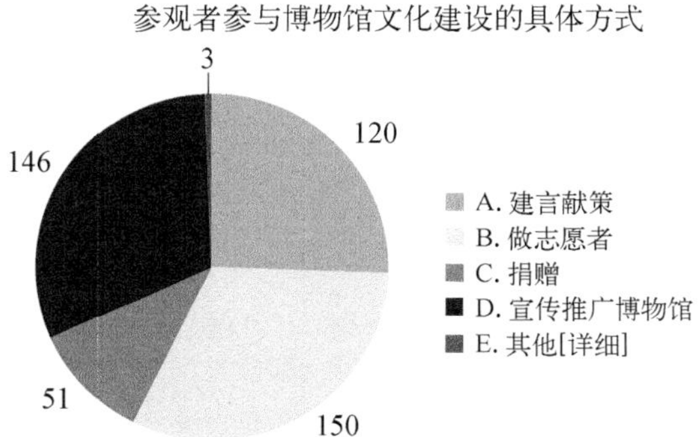


**图 14－10　参观者参与博物馆文化建设的具体方式**

人（超过 50%）愿意通过做志愿者的形式参与博物馆文化建设，有 146 人（49.83%）愿意对博物馆进行宣传推广，以扩大博物馆的社会影响力；分别有 120 人和 51 人，选择通过建言献策和捐赠的形式参与博物文化建设；此外，有 3 人选择其他方式参与博物馆文化建设，包括带亲人、朋友参观，等等。由此可见，近半数参观者愿意通过做志愿者、宣传推广、建言献策等形式参与到博物馆文化建设当中。因此，博物馆应开辟建言献策的绿色通道，参考参观者建议，招募志愿者，举办更多的线上线下文化活动。

## 4.4　博物馆参观者的文化认知度

为考察参观者对上海博物馆、上海科技馆、上海自然博物馆各方面的文化认知度，问卷基本涵盖三个方面：了解博物馆的途径和程度；对虚拟博物馆的认知；对上海城市博物馆的整体认知。从这三个方面测量上海城市博物馆参观者的文化认知度，帮助改善博物馆的文化空间功能和公共文化服务质量。

### 4.4.1　参观者了解博物馆的途径和程度

为探究受众对博物馆了解的途径和程度，本调查问卷设置了“参观之前您选择哪些途径了解博物馆”“以下知识信息，您知道的有哪些”“参观后您对该博物馆的了解程度”三个问题。

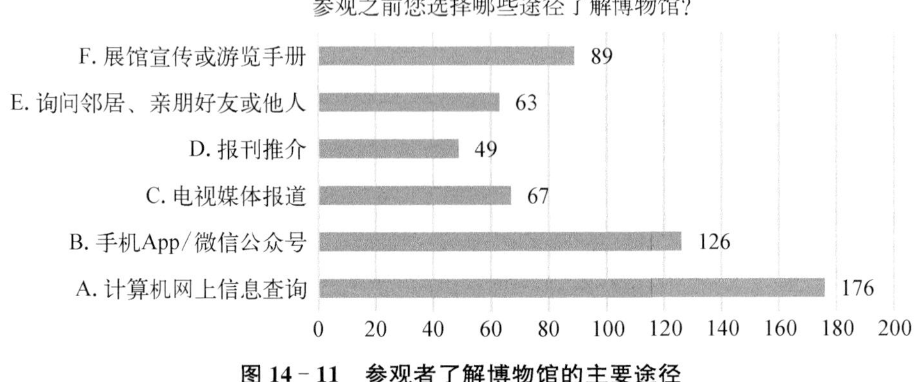


**图 14-11 参观者了解博物馆的主要途径**

由图 14-11 可知，从了解博物馆的途径看，大部分参观者通过计算机网上信息查询（176 人）和手机 App/微信公众号（126 人）来了解博物馆，通过展馆宣传或游览手册了解博物馆文化的参观者位居第三（89 人），报刊推介和电视媒体报道（49 人）的了解途径，参观者表现不明显。将来，博物馆可以利用多途径、多方式媒体形态，使参观者全面了解博物馆。当下，参观者较依赖网络和手机客户端、微博、微信等信息来源途径，博物馆可以考虑增加在这些方面的推介力度。

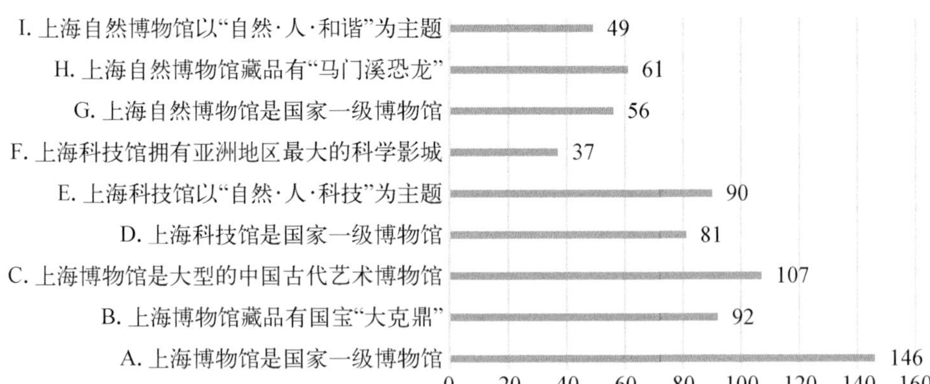


**图 14-12 参观者对博物馆知识信息的了解情况**

由图 14-12 可知，从整体来看，参观者对上海博物馆的相关知识比较了解。其中，知道上海博物馆是国家一级博物馆的人最多，为 146 人，占总人数的 49.83%；了解上海博物馆是大型的中国古代艺术博物馆和藏品国宝“大克鼎”的分别有 107 人、92 人；参观者对所参观的上海自然博物馆和上海科技馆是否是国家一级博物馆的认知度较低（分别为 56 人和 81 人），而对于博物馆中的展品或者主题文化认知度较高。相对而言，上海博物馆的展品及场馆宣传推广更为出色，注重场馆整体文化空间及其藏品的介绍。而上海自然博物馆、上海科技馆的参观者更关注两馆的实物藏品。

**表 14－2　参观者参观后对博物馆藏品及其文化空间的了解程度**

| 题目＼选项 | 非常不了解 | 比较不了解 | 一般了解 | 比较了解 | 非常了解 |
|---|---|---|---|---|---|
| 上海博物馆 | 4.04％ | 14.14％ | 53.54％ | 27.27％ | 1.01％ |
| 上海自然博物馆 | 1.01％ | 15.15％ | 55.56％ | 23.23％ | 1.01％ |
| 上海科技馆 | 2.02％ | 10.10％ | 62.63％ | 24.24％ | 1.01％ |

由表 14－2 可知，大部分（超过半数）参观者参观后，对三个博物馆藏品及其文化空间的了解选择了“一般”，认为自己“比较了解”的约占四分之一，觉得自己非常了解的非常少。认为参观后还是不了解的也有一定比例，如上海博物馆所占比例最高，为 4.04％，上海自然博物馆占比 1.01％，上海科技馆占比 2.02％。可能由于因为缺少讲解员讲解，大多数游客走马观花式参观，在参观结束后并没有对博物馆藏品及其文化空间留下深刻的印象。或者只是把博物馆作为打发时光，陪伴家人、朋友游览的一种去处，参观者并未有强烈的意愿了解博物馆藏品及其文化空间构成。

4.4.2　参观者对网络虚拟博物馆的了解情况

由图 14－13 可知，调查显示，有 37.88％（111 人）的参观者认为，网上虚拟博物馆很新奇，想要尝试一下。与此同时，有 37.54％（110 人）的参观者不喜欢网络虚拟博物馆或者持一般态度。有 15.02％（44 人）的参观者没有听说过虚拟博物馆。使用或浏览网络虚拟博物馆的人群相对很小，只有极少数参观者使用网上虚拟博物馆。总体来说，大众对虚拟博物馆还是持乐观态度。因此，博物馆需要加大力度普及虚拟博物馆的相关知识，把控未来发展趋势。

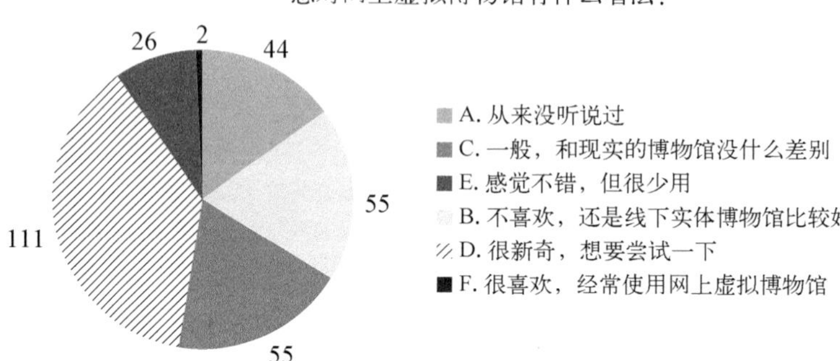


**图 14-13 受访参观者对网络虚拟博物馆的了解情况**

4.4.3 受访参观者对上海三家博物馆的认知水平

本调查以人流量最大的三个博物馆作为抽样样本，在具体测度三个博物馆的参观者文化获得感外，本问卷设置了“上海众多博物馆中，您还知道以下哪些博物馆?”和“您比较喜欢参观的博物馆有哪些”来大致衡量大众对博物馆的文化认知度（本问卷选取 12 个博物馆或纪念馆），见表 14-3。

**表 14-3 参观者对上海主要博物馆的了解程度统计表**

| 题目\选项 | 没听说过 | 听说过但没去过 | 去过 1 次 | 去过 2 次及以上 |
|---|---|---|---|---|
| A. 上海博物馆 | 11（37.54%） | 67（22.87%） | 174（59.39%） | 41（13.99%） |
| B. 上海自然博物馆 | 29（8.98%） | 124（42.32%） | 115（39.25%） | 25（8.53%） |
| C. 上海科技馆 | 21（7.17%） | 105（35.84%） | 127（43.34%） | 40（13.65%） |
| D. 嘉定博物馆 | 15（51.54%） | 97（33.11%） | 41（13.99%） | 4（1.37%） |
| E. 中共一大会址纪念馆 | 64（21.84%） | 118（40.27%） | 99（33.79%） | 2（4.10%） |
| F. 上海纺织博物馆 | 13（46.08%） | 128（43.69%） | 28（9.56%） | 2（0.68%） |
| G. 上海中华印刷博物馆 | 157（53.58%） | 98（33.45%） | 37（12.63%） | 1（0.34%） |
| H. 陈云纪念馆 | 161（54.95%） | 104（35.49%） | 25（8.53%） | 3（1.02%） |
| I. 上海世博会博物馆 | 24（8.91%） | 137（46.76%） | 117（39.93%） | 15（5.12%） |

续表

| 题目 \ 选项 | 没听说过 | 听说过但没去过 | 去过 1 次 | 去过 2 次及以上 |
|---|---|---|---|---|
| J. 上海鲁迅纪念馆 | 99（33.79%） | 144（49.15%） | 45（15.36%） | 5（1.71%） |
| K. 土山湾博物馆 | 207（70.65%） | 73（24.91%） | 11（3.75%） | 2（0.68%） |
| L. 韬奋纪念馆 | 222（75.77%） | 60（20.48%） | 10（3.41%） | 1（0.34%） |

针对上海博物馆、上海科技馆、上海自然博物馆，参观者去过 1 次或 2 次及以上的占比较大，可能因为这三个博物馆的知名度较高，位于上海城市博物馆接待游客量排行榜前列。在当今科技大发展时代，上海自然博物馆和上海科技馆知名度更高，只有少部分人群（分别为 8.98%和 7.17%）从没听说过。对一般参观者而言，区域性较强的博物馆或专业领域的博物馆知名度不高，近一半参观者未听说过（如上海中华印刷博物馆、嘉定博物馆等）。同时，这类博物馆，参观者去过 2 次及以上的比例远远小于上述三家博物馆，对一般参观者的吸引力相对较弱。因此，专业性、区域性较强的博物馆，一方面需要加强宣传推广力度，另一方面改善场馆设施，提升藏品知名度，增强自身的文化吸引力和服务能力，让普通参观者愿意参观访问。

**图 14 - 14　参观者比较喜欢参观的博物馆**

由图 14 - 14 可知，上海博物馆、上海科技馆、上海自然博物馆，参观者偏好程度较高（分别为 185、157、136 人），中共一大会址纪念馆（56 人）成为未实地调研的博物馆中受众偏爱程度最高的场馆。而区域性较强的博物馆或专业领域博物馆（如土山湾博物馆、上海纺织博物馆等），被提及的较少，对普通参观者的吸引力不强。

总体来看，参观者对自己所参观的博物馆的文化认知度较高，对其他博物馆也有所了解，知道一些相关的博物馆文化知识。在参观完后，大部分参观者对博物馆有一定的文化感知和了解，参观者对网络虚拟博物馆的发展趋势比较乐观。同时，区域性和专业性较强的博物馆存在知名度不高、吸引力弱的问题，需要引起重视。

### 4.5 博物馆受众的文化满意度

受众满意度是影响其文化获得感的重要因素。为考察受众对上海博物馆、上海科技馆、上海自然博物馆场所空间、展品质量、经营水平、服务能力和质量等方面的满意度，问卷采用五级李克特量表题目，现场询问受众对博物馆的文化满意度，根据受调查者“非常不满意”“不满意”“一般”“满意”到“非常满意”的回答，分别赋值1～5分，并求得每个受调查者对该博物馆的平均满意度，以代表总体满意度。所调查内容涵盖以下四个因子：

一是展示性：展品的数量和种类、展品的质量（知名度、美誉度）、展品展出形式、展览的数字互动（电子显示屏对展览的介绍、互动小游戏等）、展览信息介绍（宣传栏、宣传册等）、工作人员服务专业度（讲解员讲解的知识是否专业）；

二是空间性：空间环境设计、参观路线设计、场馆周边和整体环境；

三是商业性：展馆门票价格、展馆内文化创意产品及其衍生产品；

四是人性化：便民服务设施（座椅、扶梯、物品寄存、空调、卫生间、WiFi等）、中英文指示牌、工作人员服务态度（是否认真热情）、停车空间及其设施。

随着科技发展和人们文化需求的不断提升，博物馆的文化功能也相应地发生了变化。但无论怎么变，其藏品的文化展示功能是不可或缺的。吕芳青指出：“博物馆建筑作为叙事空间是将其具有围合性的外壳与其内部展品尤其是建筑物共同视为有形的媒介，沟通了大众和物质环境的交流，传递文化。”[①] 由此可见，博物馆文化空间的重要性。商业性是博物馆在当

---

① 吕芳青. 媒介的力量：博物馆建筑作为叙事空间融合展品——解读大英博物馆中爱奥尼克雕带［J］. 华中建筑，2015（9）：182—185.

今市场化竞争中生存发展的必要条件，考察受众的文化满意度，可以为博物馆文化空间的商业性活动分析及调整提供参考。人性化更是博物馆文化建设和服务过程中需要强调之处，这直接关系到受众参观博物馆的文化体验和认知，以及受众对博物馆的文化满意度。

4.5.1 不同特征受众群体的文化满意度

经过交叉分析，我们绘制了如下统计表（见表 14 - 4），可以较为清晰地看出，上海博物馆、上海科技馆、上海自然博物馆这三家博物馆的参观者中，不同群体的平均满意度。其中，调查样本中，60 岁以上的参观者只有 2 个，不纳入比较范围。

**表 14 - 4 三家博物馆不同特征受众群体的总体满意度**

| 变量 | 受众群体类型 | 博物馆 | | | 总计 |
|---|---|---|---|---|---|
| | | 上海博物馆 | 上海科技馆 | 上海自然博物馆 | |
| 性别 | 男 | 3.89 | 3.72 | 3.84 | 3.82 |
| | 女 | 3.98 | 3.85 | 3.82 | 3.88 |
| 年龄 | 18 岁以下 | 4.26 | 3.76 | 3.54 | 3.94 |
| | 19～25 岁 | 3.91 | 3.83 | 3.79 | 3.86 |
| | 26～35 岁 | 3.91 | 3.69 | 3.92 | 3.82 |
| | 36～45 岁 | 3.92 | 3.90 | 3.79 | 3.86 |
| | 46～60 岁 | 3.85 | 3.81 | 3.92 | 3.87 |
| | 60 岁以上 | 3.47 | 3.53 | / | 3.50 |
| 学历 | 初中及以下 | 5.00 | 3.90 | 3.42 | 3.99 |
| | 高中或中专 | 4.09 | 3.87 | 3.70 | 3.85 |
| | 本科或大专 | 3.90 | 3.82 | 3.86 | 3.86 |
| | 研究生及以上 | 3.75 | 3.59 | 4.14 | 3.76 |
| 总计 | | 3.94 | 3.79 | 3.83 | 3.85 |

由表 14 - 4 可知，在上海博物馆 99 个受调查者中，18 岁以下、初中及以下学历样本只有 2 位，过少不具代表性，所以不纳入比较。由该统计表可知，女性、19～45 岁、高中或中专的参观者满意度较高；在上海科技

馆 99 个受调查者中，女性、36～45 岁、高中或中专的参观者满意度更高；上海自然馆博物馆的 95 个受调查者中，26～35 岁、本科或大专的参观者满意度更高。

将所有样本按照人口群体特征进行分类，从性别角度看，男、女性群体对三个博物馆的总体满意度相差不大，女性群体（3.88）略高于男性群体（3.82）；从年龄角度看，18 岁以下的受众群体是所有年龄段参观者中对博物馆满意度最高的群体；从学历角度看，研究生及以上的参观者对博物馆的总体满意度较差。这可能是因为高学历者的文化知识储备与见识更丰富，对博物馆文化及其空间，以及经营和服务水平等方面要求更高。

除 45 岁以上和研究生及以上学历的受众群体外，不同性别、不同年龄段、不同学历的受众群体，对博物馆整体的文化满意度较高。

### 4.5.2 参观者对上海三家主要博物馆的文化满意度

为了更清楚地分析受调查者对三个博物馆各个方面的满意度，我们根据调查结果，绘制如下统计表，参见表 14-5：

**表 14-5 参观者对上海博物馆、上海科技馆、上海自然博物馆的文化满意度**

| 博物馆各方面 | 博物馆 | | | 总计 |
|---|---|---|---|---|
| | 上海博物馆 | 上海科技馆 | 上海自然博物馆 | |
| 展品的数量和种类 | 4.13 | 3.69 | 3.99 | 3.94 |
| 展品的质量（知名度、美誉度） | 4.09 | 3.77 | 4.05 | 3.97 |
| 展品展出形式 | 3.97 | 3.79 | 3.84 | 3.87 |
| 展览的数字互动（电子显示屏对展览的介绍、互动小游戏等） | 3.76 | 3.78 | 3.76 | 3.76 |
| 展览信息介绍（宣传栏、宣传册等） | 3.92 | 3.91 | 3.78 | 3.87 |
| 工作人员服务专业度（讲解员讲解的知识是否专业） | 3.98 | 3.87 | 3.87 | 3.91 |
| 空间环境设计 | 3.88 | 3.89 | 3.85 | 3.87 |

续表

| 博物馆各方面 | 博　物　馆 | | | 总计 |
|---|---|---|---|---|
| | 上海博物馆 | 上海科技馆 | 上海自然博物馆 | |
| 参观路线设计 | 3.67 | 3.78 | 3.73 | 3.72 |
| 场馆周边和整体环境 | 4.05 | 3.98 | 3.96 | 4.00 |
| 展馆门票价格 | 4.43 | 3.65 | 4.00 | 4.03 |
| 展馆内文化创意产品及其衍生产品 | 3.92 | 3.57 | 3.52 | 3.67 |
| 便民服务设施（座椅、扶梯、物品寄存、空调、卫生间、WiFi 服务等） | 3.73 | 3.89 | 3.91 | 3.84 |
| 中英文指示牌 | 3.89 | 3.72 | 3.73 | 3.78 |
| 工作人员服务态度（是否认真热情） | 3.87 | 3.80 | 3.88 | 3.85 |
| 停车空间及其设施 | 3.75 | 3.72 | 3.60 | 3.69 |
| 平均满意度 | 3.94 | 3.79 | 3.83 | 3.85 |

从表 14-5 中可知，从展示性角度看，上海博物馆是三个博物馆中受众文化满意度最高的，尤其是“展品的数量和种类”“展品的质量（知名度、美誉度）”和“展品展出形式”，都与上海科技馆拉开了差距；受众对上海自然博物馆“展览信息介绍（宣传栏、宣传册等）”的满意度与另外两个博物馆拉开了差距。但在“展览的数字互动”方面，三个博物馆都差强人意。

在博物馆的文化空间性方面，受众对三个博物馆的“场馆周边和整体环境”最为满意。但对上海博物馆“参观路线设计”的满意度低于其他两个博物馆，这也是参观者对上海博物馆空间性最不满意的地方；而“空间环境设计”方面，三个博物馆的受众满意度相差不大。

商业性方面的受众满意度，三个博物馆差别较大。无论是“展馆门票价格”，还是“展馆内文化创意产品及其衍生产品”，上海博物馆的受众满意度较高，其中文化创意产品及其衍生产品的受众平均满意度（3.92）与上海自然博物馆（3.52）相差了 0.4，远高于三者的平均值（3.67）。原因在于，上海博物馆是三者中唯一免费开放的博物馆，而三者中，门票价最高的上海科技馆，受众的满意度较低。另外，三个博物馆的文化创意产品及其衍生产品在数量与质量方面的差异，是受众对其商业性满意度拉开差距的主要原因。

在博物馆的人性化空间设计与服务方面，上海自然博物馆的“便民服务设施”最令受众满意，而上海博物馆的受众满意度在三者中最低。“中英文指示牌”和“停车空间及其设施”方面，上海博物馆最令受众满意。“工作人员服务态度”方面，三者相差无几。

总体来看，参观者对以上三个博物馆的“展馆门票价格”“场馆周边和整体环境”“展品的数量和种类”“展品展出形式”和“工作人员服务专业度（讲解员讲解的知识是否专业）”比较满意，在“展馆内文化创意产品及其衍生产品”“停车空间及其设施”“参观路线设计”“展览的数字互动（电子显示屏对展览的介绍、互动小游戏等）”“中、英文指示牌”和“便民服务设施（座椅、扶梯、物品寄存、空调、卫生间、WiFi 等）”等方面，三家博物馆的平均得分低于受众的平均满意度（3.85），有待改善。

直观地比较三家博物馆的受众的文化满意度，可见图 14－15。

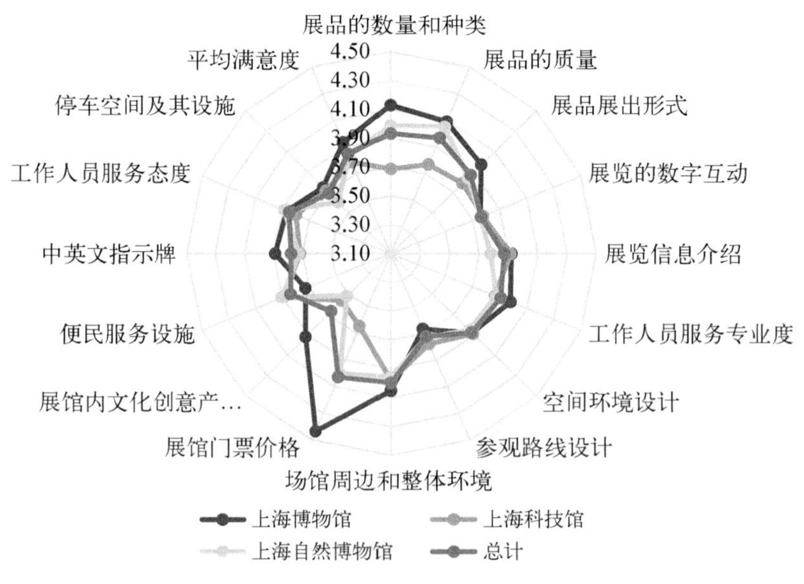


**图 14－15　受众对上海博物馆、上海科技馆、上海自然博物馆的平均满意度统计图**

### 4.5.3　三家博物馆文化展品、设施与服务方面的受众满意度

为比较三个博物馆文化展品、设施与服务方面的受众满意度，我们绘制以下三表（见表 14－6、表 14－7、表 14－8）：

**表 14－6　上海博物馆文化展品、设施与服务的受众满意度**

| 博物馆文化展品、设施与服务 | 满意度 | | | | |
|---|---|---|---|---|---|
| | 非常不满意 | 不满意 | 一般 | 满意 | 非常满意 |
| 展品的数量和种类 | 1.01% | 0.00% | 14.14% | 54.55% | 30.30% |
| 展品的质量（知名度、美誉度） | 1.01% | 3.03% | 15.15% | 47.47% | 33.33% |
| 展品展出形式 | 0.00% | 1.01% | 22.22% | 55.56% | 21.21% |
| 空间环境设计 | 2.02% | 3.03% | 25.25% | 44.44% | 25.25% |
| 参观路线设计 | 0.00% | 8.08% | 32.32% | 44.44% | 15.15% |
| 展馆门票价格 | 0.00% | 2.02% | 5.05% | 40.40% | 52.53% |
| 展馆内文化创意产品及其衍生产品 | 0.00% | 3.03% | 25.25% | 48.48% | 23.23% |
| 中英文指示牌 | 1.01% | 1.01% | 26.26% | 51.52% | 20.20% |
| 展览的数字互动（电子显示屏对展览的介绍、互动小游戏等） | 2.02% | 2.02% | 28.28% | 53.54% | 14.14% |
| 便民服务设施（座椅、扶梯、物品寄存、空调、卫生间、WiFi 等） | 3.03% | 6.06% | 22.22% | 52.53% | 16.16% |
| 工作人员服务态度（是否认真热情） | 1.01% | 2.02% | 27.27% | 48.48% | 21.21% |
| 工作人员服务专业度（讲解员讲解的知识是否专业） | 0.00% | 1.01% | 23.23% | 52.53% | 23.23% |
| 展览信息介绍（宣传栏、宣传册等） | 0.00% | 2.02% | 23.23% | 55.56% | 19.19% |
| 场馆周边和整体环境 | 0.00% | 1.01% | 15.15% | 61.62% | 22.22% |
| 停车空间及其设施 | 0.00% | 3.03% | 31.31% | 53.54% | 12.12% |

由表 14－6 可知，上海博物馆在“展品的数量和种类”“展品的质量（知名度、美誉度）”“展馆门票价格”和“场馆周边和整体环境”四

方面的满意度最高，选择“满意”或“非常满意”的受众占了相当高的比例，但“参观路线设计”“空间环境设计”“停车空间及其设施”“展览的数字互动（电子显示屏对展览的介绍、互动小游戏等）”等方面的文化设计、设施与服务有待改善。

**表 14－7　上海科技馆文化展品、设施与服务的受众满意度**

| 博物馆文化展品、设施与服务 | 满意度 | | | | |
|---|---|---|---|---|---|
| | 非常不满意 | 不满意 | 一般 | 满意 | 非常满意 |
| 展品的数量和种类 | 1.01% | 3.03% | 33.33% | 51.52% | 11.11% |
| 展品的质量（知名度、美誉度） | 0.00% | 3.03% | 28.28% | 57.58% | 11.11% |
| 展品展出形式 | 0.00% | 1.01% | 28.28% | 61.62% | 9.09% |
| 空间环境设计 | 0.00% | 5.05% | 17.17% | 61.62% | 16.16% |
| 参观路线设计 | 0.00% | 4.04% | 27.27% | 55.56% | 13.13% |
| 展馆门票价格 | 1.01% | 5.05% | 34.34% | 47.47% | 12.12% |
| 展馆内文化创意产品及其衍生产品 | 0.00% | 7.07% | 38.38% | 45.45% | 9.09% |
| 中英文指示牌 | 1.01% | 2.02% | 30.30% | 57.58% | 9.09% |
| 展览的数字互动（电子显示屏对展览的介绍、互动小游戏等） | 0.00% | 5.05% | 23.23% | 60.61% | 11.11% |
| 便民服务设施（座椅、扶梯、物品寄存、空调、卫生间、WiFi 等） | 0.00% | 2.02% | 26.26% | 52.53% | 19.19% |
| 工作人员服务态度（是否认真热情） | 0.00% | 3.03% | 25.25% | 60.61% | 11.11% |
| 工作人员服务专业度（讲解员讲解的知识是否专业） | 0.00% | 2.02% | 24.24% | 58.59% | 15.15% |
| 展览信息介绍（宣传栏、宣传册等） | 0.00% | 1.01% | 21.21% | 63.64% | 14.14% |
| 场馆周边和整体环境 | 0.00% | 2.02% | 18.18% | 59.60% | 20.20% |
| 停车空间及其设施 | 1.01% | 4.04% | 26.26% | 59.60% | 9.09% |

由表 14 - 7 可知，上海科技馆在“空间环境设计”和“场馆周边和整体环境”方面的受众满意度较高，而“展品的数量和质量”“展品的质量（知名度、美誉度）”“展馆门票价格”方面不太令参观者满意，有 30%以上的受众选择了“一般”及以下的满意度。

**表 14 - 8　上海自然博物馆文化展品、设施与服务的受众满意度**

| 博物馆文化展品、设施与服务 | 满意度 | | | | |
|---|---|---|---|---|---|
| | 非常不满意 | 不满意 | 一般 | 满意 | 非常满意 |
| 展品的数量和种类 | 0.00% | 0.00% | 15.79% | 69.47% | 14.74% |
| 展品的质量（知名度、美誉度） | 0.00% | 2.11% | 12.63% | 63.16% | 22.11% |
| 展品展出形式 | 0.00% | 1.05% | 25.26% | 62.11% | 11.58% |
| 空间环境设计 | 0.00% | 0.00% | 32.63% | 49.47% | 17.89% |
| 参观路线设计 | 0.00% | 4.21% | 26.32% | 62.11% | 7.37% |
| 展馆门票价格 | 0.00% | 0.00% | 25.26% | 49.47% | 25.26% |
| 展馆内文化创意产品及其衍生产品 | 1.05% | 9.47% | 32.63% | 50.53% | 6.32% |
| 中英文指示牌 | 0.00% | 1.05% | 32.63% | 58.95% | 7.37% |
| 展览的数字互动（电子显示屏对展览的介绍、互动小游戏等） | 0.00% | 2.11% | 27.37% | 63.16% | 7.37% |
| 便民服务设施（座椅、扶梯、物品寄存、空调、卫生间、WiFi 等） | 0.00% | 1.05% | 24.21% | 57.89% | 16.84% |
| 工作人员服务态度（是否认真热情） | 0.00% | 1.05% | 24.21% | 60.00% | 14.74% |
| 工作人员服务专业度（讲解员讲解的知识是否专业） | 0.00% | 1.05% | 24.21% | 61.05% | 13.68% |
| 展览信息介绍（宣传栏、宣传册等） | 0.00% | 1.05% | 28.42% | 62.11% | 8.42% |
| 场馆周边和整体环境 | 0.00% | 0.00% | 17.89% | 68.42% | 13.68% |
| 停车空间及其设施 | 3.16% | 2.11% | 30.53% | 60.00% | 4.21% |

由表 14－8 可知，与上海博物馆相似，上海自然博物馆的受众满意度较高的方面也是“展品的数量和种类”“展品的质量（知名度、美誉度）”和“场馆周边和整体环境”，85%的参观者表示“非常满意”或“满意”，其中“展馆门票价格”最令受众满意。而在“空间环境设计”“展馆内文化创意产品及其衍生产品”“停车空间及其设施”“参观路线设计”方面，至少有 30%的参观者认为，只能达到“一般”，有待改善和提升。

以上三馆的受众满意度差异，主要与三个博物馆的自我定位、区位环境、发展阶段与发展水平差异有关。自我定位方面，上海博物馆定位于中国传统艺术博物馆，藏品丰富且年代久远，其中镇馆之宝“大克鼎”最为有名；上海自然博物馆以自然标本为特色，标本收藏量近 27 万件，又有镇馆之宝——马门溪恐龙骨架，展品的受众满意度相对较高；而上海科技馆则展示现代科学技术，展品的可观赏性略有先天弱势。三者不同的区位环境也使得各自场馆周边和整体环境、停车场服务的受众满意度有所差异；三个博物馆的发展阶段与发展水平则影响了各自的文创产品、门票价格、参观路线、数字互动等。

### 4.5.4 受众文化满意度各因子对总体文化满意度的影响

本次问卷将李克特量表中被调查者对 15 个方面的满意度回答“非常不满意”“比较不满意”“一般”“比较满意”“非常满意”，分别赋值 1～5，再取 15 项的平均值，作为因变量“上海城市博物馆受众平均满意度”。运用 Sata13.1 软件，建立方程，进行多元线性回归，函数式为：

$$y = \alpha + x\beta + \varepsilon$$

其中 $\alpha$ 为常数，$x$ 为自变量，$y$ 为因变量，$\beta$ 为自变量的系数，$\varepsilon$ 为误差。

在回归方程中，根据所考察的内容将 15 项满意度分为展示性、空间性、商业性和人性化四个因子，分别与因变量回归，并控制性别、年龄、学历和职业等人口特征变量。

**表 14－9　受众文化满意度实证数据均值和标准离差统计值**

| 变　　量 | 上海城市博物馆受众平均文化满意度样本量（293） |
|---|---|
| 满意度：展示性 | 3.886（0.495） |
| 空间性 | 3.864（0.554） |
| 商业性 | 3.848（0.653） |
| 人性化 | 3.789（0.553） |
| 性别：男性 | 0.502（0.501） |
| 年龄：18 岁以下 | 6.14% |
| 19—25 岁 | 32.42% |
| 26—35 岁 | 32.4% |
| 36—45 岁 | 19.80% |
| 46—60 岁 | 8.19% |
| 60 岁以上 | 1.02% |
| 学历：初中及以下 | 3.07% |
| 高中或中专 | 15.70% |
| 本科或大专 | 67.92% |
| 研究生及以上 | 13.31% |
| 职业：国家公务员 | 4.78% |
| 企事业主、高管或管理人员 | 12.29% |
| 企事业职员 | 24.91% |
| 教师 | 4.44% |
| 学生 | 28.67% |
| 农民 | 0.34% |
| 离退休人员 | 1.37% |
| 个体从业人员 | 11.95% |

续表

| 变　　量 | 上海城市博物馆受众平均文化满意度样本量（293） |
|---|---|
| 进城务工者 | 3.41% |
| 科技或教育或文化人员（不含教师） | 5.80% |
| 失业、下岗或无业 | 0.34% |

注：展示性包括展品的数量和种类、展品的质量（知名度、美誉度）、展品展出形式、展览的数字互动（电子显示屏对展览的介绍、互动小游戏等）、展览信息介绍（宣传栏、宣传册等）、工作人员服务专业度（讲解员讲解的知识是否专业）；空间性包括空间环境设计、参观路线设计、场馆周边和整体环境；商业性包括展馆门票价格、展馆内文化创意产品及其衍生产品；人性化包括便民服务设施（座椅、扶梯、物品寄存、空调、卫生间、WiFi 等）、中英文指示牌、工作人员服务态度（是否认真热情）、停车空间及其设施。

分析表 14－9，在参观者特征方面，主要参观人群年龄集中在 19—35 岁，占比为 64.82%；学历水平集中在本科或大专学历，占比 67.92%；职业主要为学生，企事业职员，企事业主、高管或管理人员和个体从业人员等文化知识含量较高的人群，占比分别为 28.67%、24.91%、12.29%、11.95%。参观者对上海城市博物馆展示性、空间性、商业性、人性化四个方面的平均满意度都低于 4，未达到满意的水平，且相差无几，其中人性化因素略低一些。经过回归分析后，得出以下两个表 14－10 与表 14－11。

**表 14－10　参观者在上海城市博物馆四个方面的满意度对总体满意度的影响**

| 因变量<br>自变量 | 上海城市博物馆受众平均满意度 | $R^2$ 伪拟合优度 |
|---|---|---|
| 展示性 | 0.887*** （0.0197） | 0.878 |
| 空间性 | 0.702*** （0.0280） | 0.690 |
| 商业性 | 0.538*** （0.0285） | 0.559 |
| 人性化 | 0.739*** （0.0250） | 0.756 |
| 样本量 | 293 | |
| 其他控制变量：性别、年龄、学历、职业 | | |

注：博物馆受众的平均满意度：非常不满意＝1，不满意＝2，一般＝3，满意＝4，非常满意＝5。样本为上海博物馆、上海科技馆、上海自然博物馆回收的 293 份调查问卷，回归模型为 OLS 线性回归模型，表中括号内数字为标准误差，*** 表示该系数在检验水平 1%水平下显著，** 表示该系数在检验水平 5%水平下显著，* 表示该系数在检验水平 10%水平下显著。下文中，表格括号内的数值与星号代表意义与此表一样。

由表 14－10 可以看出，四个具体因子中，对上海城市博物馆受众平均满意度影响最大的因子是展示性，也就是说，受众最看重的还是博物馆最基本的展示功能。但是，每增加一个单位的商业性满意度，博物馆受众的总体满意度增长 053.8%。商业性的受众满意度对受众总体满意度的影响最小，受众参观博物馆的主要目的还是感受博物馆文化展品的魅力。

**表 14－11　四个因子对上海市三大博物馆受众满意度的影响**

| 因变量<br>自变量 | 平　均　满　意　度 | | |
|---|---|---|---|
| | 上海博物馆 | 上海科技馆 | 上海自然博物馆 |
| 展示性 | 0.859*** (0.0372) | 0.902*** (0.321) | 0.883*** (0.0390) |
| 空间性 | 0.691*** (0.0472) | 0.695*** (0.0503) | 0.682*** (0.0480) |
| 商业性 | 0.597*** (0.0576) | 0.553*** (0.0505) | 0.548*** (0.0476) |
| 人性化 | 0.703*** (0.0428) | 0.768*** (0.0412) | 0.724*** (0.0481) |
| 样本量 | 99 | 99 | 95 |
| 其他控制变量：性别、年龄、学历、职业 | | | |

对比三家博物馆的四个因子对受众满意度的影响，由表 14－11 可以看出，展示性、空间性和人性化影响较大的是上海科技馆，而商业性影响较大的是上海博物馆。结合前文的结论，可知上海科技馆的展示性是三者中不太令人满意的，这给受众的总体满意度造成了一定的负面影响；但上海科技馆的空间性在三者中表现优异，弥补了展示性方面的不足。上海博物馆的免费参观和相对高质量的文创产品开发则助推了受众的文化总体满意度。

通过调研参观者对上海城市博物馆的文化满意度情况，本研究认为，上海三家博物馆在受众满意度方面还存在着以下两个问题：其一，基础设施差强人意。尤其是“停车空间及其设施”“中英文指示牌”和“便民服务设施”等基础设施的受众满意度偏低。其中，上海市博物馆的基础设施存在较大的问题，直接影响了参观者的参观体验，甚至影响受众的参观意愿。其二，博物馆的商业性有待加强，经济收入渠道有待拓展。除了免费的上海博物馆外，受众参观其他两个博物馆需要门票收费，且文创产品及其衍生品开发的受众满意度不高。这意味着上海市的博物馆主要停留在“门票经济”，收入来源较为单一，且经济效益增长潜力不足。上海市博物馆的文创产品及衍生产品具有非常大的市场，如若能精心设计，吸引受众进入馆场参观后进行二次消费，可以改进展馆的经济收入来源，以此提高博物馆文化的经济效益，改善博物馆空间的文化基础和服务设施，从而更好地促进博物馆文化高质量发展。

## 4.6 上海城市博物馆受众的文化认同度

受众的文化认同度是影响其文化获得感之重要因素。与受众文化满意度的测量方法类似，本研究对受众文化认同度的测量也选用五级李克特量表，问卷将“您认同下列关于博物馆（上海市）的说法吗”作为受众对博物馆文化认同度的衡量尺度，从历史记忆功能、文化教育功能、公共文化服务功能、城市文化地标功能、政府支持对博物馆文化建设的重要性五个维度进行测度，1～5 分别代表非常不认同、不认同、一般、认同、非常认同。我们知道，博物馆作为文化与政府治理结合的场所，具有教育和塑造公众、[①] 凸显文化研究的政治性与意识形态的作用，[②] 体现了历史文化空间与权力话语机制的共谋。博物馆空间不仅是一个简单的文物陈列场所，它还具有丰富的文化内涵，具有展示意义、名片意义、精神性意义、主题性意义等多重意义，[③] 是城市的公共生活空间。基于博物馆丰富的文化内涵和教育品质、文化治理功能，本研究从五个维度分别调查受众对博物馆在历史文化空间、教育公众、城市公共空间、名片地标、文化治理等方面的文化认同度。

### 4.6.1 不同类型受众的文化认同度

由表 14 - 12 可知，整体上看来，男性、36～45 岁、研究生及以上

---

① 苏红. 托尼·本尼特的文化理论研究［J］. 北方文学：中，2013（6）：241.

② 段吉方. 理论与经验：托尼·本尼特与 20 世纪英国文化研究［J］. 马克思主义美学研究，2009，12（2）：114—126.

③ 庞学臣. 当代大中型博物馆公共空间的多重性意义研究［A］. 中国博物馆协会博物馆学专业委员会. 中国博物馆协会博物馆学专业委员会 2013 年“博物馆建筑与功能”学术研讨会论文集［C］. 中国博物馆协会博物馆学专业委员会，2013：8.

学历受众的总体文化认同度较高，分值分别为 4.27、4.24、4.21。其中，上海博物馆男性、36～45 岁、初中及以下学历的受众的文化认同度较高；上海科技馆男性、60 岁以上、本科或大专学历的受众的文化认同度较高；上海自然博物馆男性、18 岁以下、研究生及以学历的受众的文化认同度较高；上海博物馆是三家博物馆中文化认同度较高的场馆。从性别来看，男性参观者对上海博物馆的总体文化认同度略高于女性参观者，男女相差 0.2。在三家博物馆中，上海博物馆和上海科技馆男女受众的文化认同度相差较大，差值皆为 0.27，而上海自然博物馆则几乎没有差异。从年龄来看，整体上 36～45 岁受众的文化认同度较高，60 岁以上受众的文化认同度较低。从学历来看，受众的文化认同度整体上与学历高低成正比，研究生及以上学历的受众的文化认同度较高，分值为 4.21。

**表 14 - 12　三家博物馆不同类型受众的文化认同度**

| 变量 | 类型划分 | 博　物　馆 | | | 总计 |
|---|---|---|---|---|---|
| | | 上海博物馆 | 上海科技馆 | 上海自然博物馆 | |
| 性别 | 男 | 4.43 | 4.17 | 4.19 | 4.27 |
| | 女 | 4.16 | 3.90 | 4.16 | 4.07 |
| 年龄 | 18 岁以下 | 4.29 | 3.93 | 4.27 | 4.22 |
| | 19～25 岁 | 4.27 | 3.93 | 4.06 | 4.13 |
| | 26～35 岁 | 4.31 | 4.04 | 4.25 | 4.18 |
| | 36～45 岁 | 4.40 | 4.18 | 4.22 | 4.24 |
| | 46～60 岁 | 4.30 | 4.02 | 4.05 | 4.08 |
| | 60 岁以上 | 4.00 | 4.20 | 4.00 | 4.07 |
| 学历 | 初中及以下 | 5.00 | 3.70 | 4.20 | 4.16 |
| | 高中或中专 | 4.20 | 3.51 | 4.10 | 4.02 |
| | 本科或大专 | 4.30 | 4.15 | 4.14 | 4.20 |
| | 研究生及以上 | 4.27 | 4.00 | 4.56 | 4.21 |
| 总　计 | | 4.33 | 3.98 | 4.18 | 4.15 |

在博物馆受众的文化认同度这一问题中，涉及历史记忆功能、文化教育功能、公共文化服务功能、城市文化地标功能、政府支持对博物馆文化建设的重要性等，都是具有一定文化含量的问题，拥有一定知识阅历和文化水平的受众，才能体验到博物馆的这些文化功能，因而，文化认同度较高的受众群体多为高学历的中年男性。

#### 4.6.2 三家主要博物馆受众的文化认同度

通过比较上海博物馆、上海科技馆、上海自然博物馆三馆在历史记忆功能、文化教育功能、公共文化服务功能、城市文化地标功能、政府支持对博物馆建设的重要性五个维度的受众文化认同度的差异，我们发现，上海博物馆的五个维度都高于其他两个博物馆，上海自然博物馆位居第二，上海科技馆排名最后。主要原因在于，上海博物馆是三者中规模最大、藏品最丰富的场馆，其知名度和吸引力远高于上海科技馆和上海自然博物馆，所以受众对其文化认同度也相应较高。在表 14 - 13 中可以看到，上海科技馆的历史记忆功能认同度较低，仅为 3.82，与其他两个博物馆存在显著差距。该馆因为多展示现代性科技藏品，缺少历史文化底蕴，因而历史文化记忆功能较弱。

**表 14 - 13 参观者对上海博物馆、上海科技馆、上海自然博物馆的文化认同度**

| 变　量 | 博　物　馆 | | | 总　计 |
|---|---|---|---|---|
| | 上海博物馆 | 上海科技馆 | 上海自然博物馆 | |
| 历史记忆功能 | 4.19 | 3.82 | 4.06 | 4.02 |
| 文化教育功能 | 4.34 | 4.14 | 4.23 | 4.24 |
| 公共文化服务功能 | 4.28 | 4.13 | 4.20 | 4.20 |
| 城市文化地标功能 | 4.27 | 4.05 | 4.17 | 4.16 |
| 政府支持对博物馆文化建设的重要性 | 4.38 | 4.07 | 4.20 | 4.22 |

#### 4.6.3 博物馆受众文化认同度的具体体现

由表 14 - 14 可知，在总体文化认同度上，历史记忆功能、公共文化服务功能、文化教育功能、城市文化地标功能、政府支持对博物馆文化建设的重要性五个维度的认同比例都大于 80%，而文化教育功能的认同度比例较高，为 89.76%，博物馆通过藏品展示、互动体验、宣传推广活动拓展了受众的知识和视野，具有一定的文化教育功能；历史记忆功能的认同度比例相对较低，为 83.28%；上海科技馆和上海自然博物馆多为现代藏品和科技的展示，历史文化含量相对不足，因而在历史记忆功能上，参观者的文化认同度相对较低。

**表 14－14　受众文化认同度的具体体积**

| 认同度类别 | 非常不认同 | 不认同 | 一般 | 认同 | 非常认同 |
|---|---|---|---|---|---|
| 历史记忆功能 | 0.34% | 0.68% | 15.7% | 62.8% | 20.48% |
| 文化教育功能 | 0.34% | 0 | 9.9% | 54.95% | 34.81% |
| 公共文化服务功能 | 0.68% | 0.34% | 9.9% | 55.97% | 33.11% |
| 城市文化地标功能 | 0.34% | 1.37% | 11.6% | 54.95% | 31.74% |
| 政府支持对博物馆文化建设的重要性 | 0.68% | 0.34% | 9.9% | 54.61% | 34.47% |

#### 4.6.4　博物馆受众文化认同度各因子对总体文化认同度的影响

本研究关于博物馆受众的文化认同度测量分为两部分：第一部分是探究受众对博物馆历史记忆功能、文化教育功能、公共文化服务功能、城市文化地标功能、政府支持对博物馆文化建设的重要性五个方面的文化认同度对总体文化认同度的影响；第二部分是探究上述五个方面对上海博物馆、上海科技馆、上海自然博物馆三座博物馆的影响。两部分分别构建多元线性回归模型，观测“历史记忆功能、文化教育功能、公共文化服务功能、城市文化地标功能、政府支持对博物馆文化建设的重要性”对受众文化认同度的影响。函数式为：

$$Y_1 = \alpha + x_1\beta + \varepsilon$$

其中 $\alpha$ 为常数，$x_1$ 为自变量，$Y_1$ 为因变量，$\beta$ 为自变量的系数，$\varepsilon$ 为误差。回归方程中，自变量为下列五个变量：历史记忆功能、文化教育功能、公共文化服务功能、城市文化地标功能、政府支持对博物馆文化建设的重要性，因变量则是受众对这五个因子的平均文化认同度。表 14－15 为受众文化认同度实证数据关键变量的均值和标准离差统计：

**表 14－15 受众文化认同度实证数据均值和标准离差统计值**

| 变　　量 | 上海城市博物馆受众平均文化认同度样本量（293） |
| --- | --- |
| 认同度：历史记忆功能 | 4.024（0.649） |
| 文化教育功能 | 4.239（0.650） |
| 公共文化服务功能 | 4.205（0.682） |
| 城市文化地标功能 | 4.164（0.703） |
| 政府支持对博物馆文化建设的重要性 | 4.218（0.688） |

通过分析表 14－15，我们发现，在上海城市博物馆的受众认同度五个方面，文化教育功能最高，历史记忆功能最低，分别为 4.239、4.024，五个方面总体文化认同度都比较高且相差不大。这与前文“博物馆受众文化认同度的具体体现”的结论保持一致。在受众人口特征方面，与受众的文化满意度部分数据保持一致（可参考表 14－9），此处不再重复。

通过建立多元线性回归模型，得到表 14－16 的回归结果。研究发现，“历史记忆功能、文化教育功能、公共文化服务功能、城市文化地标功能、政府支持对博物馆文化建设的重要性”五个因子对上海城市博物馆受众文化认同度有显著的正向影响，影响系数都大于 60％。也就是说，影响博物馆受众总体文化认同度的五个因子中，每个因子每增加一个单位，上海城市博物馆的受众文化认同度将增加 60％。在五个因子中，文化教育功能对上海城市博物馆的受众文化认同度影响较大，影响系数为 0.71，城市文化地标功能影响较小，影响系数为 0.62。受众通过观看博物馆展品、参与博物馆开展的互动性文化活动，对藏品有了更深的文化认知和了解，丰富了自己的历史、科技、自然文化知识。另外，我们在实地调研过程中发现，博物馆参观人群很多是以家庭出行，小孩较多。博物馆丰富的藏品、多样化的文化展示使其成为孩子们拓宽知识视野、增长见识的文化场所。因而，在受众文化认同度的五个因子中，文化教育功能成为影响程度较大的因子。城市文化地标功能对博物馆受众的文化认同度影响较低，是因为相对于上海外滩、东方明珠等沪上著名旅游景点，博物馆文化场所的知名度和影响力相对较低。

**表 14 - 16　五个因子对上海城市博物馆受众文化认同度的影响**

| 因变量<br>自变量 | 上海城市博物馆受众的<br>平均文化认同度 | $R^2$ 伪拟合优度 |
|---|---|---|
| 历史记忆功能 | 0.652*** (0.0315) | 0.724 |
| 文化教育功能 | 0.710*** (0.0266) | 0.615 |
| 公共文化服务功能 | 0.676*** (0.0256) | 0.719 |
| 城市文化地标功能 | 0.620*** (0.0273) | 0.656 |
| 政府支持的重要性 | 0.626*** (0.0288) | 0.637 |
| 样本量 | 293 | |
| 其他控制变量：性别、年龄、学历、职业 | | |

注：博物馆的受众文化认同度：非常不认同＝1，不认同＝2，一般＝3，认同＝4，非常认同＝5。样本为上海博物馆、上海科技馆、上海自然博物馆回收的受众调查问卷。“政府支持的重要性”在问卷中的描述是“政府支持对博物馆文化建设的重要性”，表 14 - 17 与此同。

通过研究回归结果表 14 - 17，发现受众文化认同度五个因子与上海博物馆、上海科技馆、上海自然博物馆的受众平均文化认同度存在显著的正向相关性。对上海博物馆受众的文化认同度影响较大的因子是文化教育功能，影响系数为 0.772，受众对其文化教育功能的认同度每增加一个单位，平均文化认同度上升 72.2%。上海博物馆作为一座大型中国古代艺术博物馆，其收藏、研究、展览和教育以中国古代的艺术品为重点，馆藏文物近 102 万件。① 上海博物馆丰富的文化藏品和展示使其具有强大的文化教育功能。

**表 14 - 17　不同因子对上海三家博物馆受众文化认同度的影响**

| 因变量<br>自变量 | 上海博物馆 | 平均文化认同度<br>上海科技馆 | 上海自然博物馆 |
|---|---|---|---|
| 历史记忆功能 | 0.631*** (0.0553) | 0.676*** (0.0532) | 0.623*** (0.0687) |
| 文化教育功能 | 0.722*** (0.0517) | 0.790*** (0.0425) | 0.602*** (0.0449) |

① 上海博物馆. 本馆概况 [EB/OL]. http://www.shanghaimuseum.net/museum/frontend. 2018 - 06 - 26.

续表

| 因变量<br>自变量 | 上海博物馆 | 平均文化认同度<br>上海科技馆 | 上海自然博物馆 |
|---|---|---|---|
| 公共文化服务功能 | 0.584*** (0.0402) | 0.751*** (0.0441) | 0.668*** (0.0508) |
| 城市文化地标功能 | 0.538*** (0.0535) | 0.706*** (0.0384) | 0.549*** (0.0506) |
| 政府支持的重要性 | 0.556*** (0.0526) | 0.710*** (0.0517) | 0.578*** (0.0468) |
| 样本量 | 99 | 99 | 95 |
| 其他控制变量：性别、年龄、学历、职业 | | | |

对上海科技馆受众文化认同度影响较大的因子也是文化教育功能，影响系数为 0.79，受众对文化教育功能的认同度每增加一个单位，上海科技馆受众的平均文化认同度则上升 79%。其他四个因子对上海科技馆受众的平均文化认同度影响也比较大，“公共文化服务功能、城市文化地标功能、政府支持的重要性”三个因子都超过了 0.7，三个因子的文化认同度每增加一个单位，上海科技馆受众的平均文化认同度增加 70%。上海科技馆是上海市政府为提高城市综合竞争力和全体市民科技文化素质而投资兴建的重大公益性文化项目，提供现代科技展示、科学影城、科技教育活动等文化服务，兼具历史与现代文化教育、城市文化地标功能，因而各具体因子对上海科技馆受众文化认同度的影响系数在三个博物馆中是比较高的。文化教育功能影响系数之所以较高，是因为上海科技馆对青少年吸引力更大，参观者更重视其科技文化展示与教育功能。

公共文化服务功能是上海自然博物馆受众的文化认同度影响最大的因子，影响系数为 0.668，受众对公共文化服务功能的认同度每增加一个单位，上海自然博物馆受众的平均文化认同度上升 66.8%。上海自然博物馆陈列了来自七大洲的 11 000 余件标本模型，拥有 29 万余件藏品，构建了面向各类受众群体、多维立体的文化服务与教育体系，该馆借助了问题导向的文化教育路径、以人为本的自主学习和动态开放的知识体系，儿童、青少年、学生团体、亲子团体成为主要受众群体。[①] 此馆公共文化服务功

① 上海自然博物馆. 关于我们［EB/OL］. http://www.snhm.org.cn/gywm/bwgjj.htm. 2018-06-26.

能影响系数较大的原因在于，它为受众提供了多方面的藏品展览和文化服务，具有明显的公共文化服务特性。

综上所述，不管是受众总体文化认同度，还是每个博物馆受众的具体文化认同度，“历史记忆功能、文化教育功能、公共文化服务功能、城市文化地标功能、政府支持对博物馆文化建设的重要性”五个因子的影响系数都较高，博物馆在公共文化建设与服务方面的功能受到受众的认同，尤其是对上海城市博物馆的文化教育功能和公共文化服务功能普遍认同。由此可见，各博物馆需要加强本馆文化建设，为社会提供更优质的文化展示和公共文化服务。

通过调研和研究发现，博物馆受众文化认同度方面还存在着以下问题。

一是城市文化地标功能不够明显。博物馆作为城市重要的公共文化服务机构，为大众提供了丰富的文化藏品、静谧的文化空间、各式各样的展览和其他文化教育与服务活动，具有很大的社会及文化价值。在彰显上海城市文化厚度、文化品性方面有重要意义。但研究发现，“城市文化地标功能”这一因子的文化认同度效果还不明显（见表 14 - 14），比如，上海城市博物馆的城市文化地标功能还不给力，其知名度、美誉度和影响力还需要进一步加强。

二是历史记忆功能有待强化。除了上海博物馆外，上海科技馆和上海自然博物馆在“文化记忆功能”上的文化认同度不太高（见表 14 - 13），馆内藏品的历史文化底蕴和文化含量有待提升。

三是不同博物馆受众文化认同度有所差异。上海博物馆受众文化认同度总体高于其他两个博物馆，反映出上海博物馆在文化资源分配和建设、文化管理与服务方面具有优势，其他博物馆受众文化认同度有待进一步提高。

四是文化教育功能需要进一步加强和完善。研究发现，受众普遍认同博物馆的文化教育功能，因为其文化藏品和相关文化活动能拓展受众的知识视野，提升其文化素养，特别是对青少年、儿童而言更具有重要的文化教育意义。博物馆需要进一步提升其文化教育功能。

# 5. 提升博物馆受众文化获得感的思考与建议

## 5.1 加强政策和资金扶持力度，完善博物馆公共文化服务体系

### 5.1.1 降门票价格，促进博物馆文化建设与受众文化获得感之间双赢

调研发现，有26位受众表示如果收费就不来了。不论是促使受众参观博物馆还是限制参观博物馆人数，门票价格都成为影响大众文化行为选择的一个重要因素。博物馆门票的合理定价关系到入馆流量及其教化功能的实现，特别是低票价可以降低受众的文化消费门槛，低收入家庭更有可能走进博物馆，享受城市博物馆所提供的公共文化服务。而在博物馆获得藏品、文化服务设施建设和维护中，巨大的文化成本无疑需要分摊到受众身上，政府财政补贴+门票收入能够促进博物馆文化建设和受众之间双赢。在2013年财政部印发的《中央补助地方博物馆纪念馆免费开放专项资金管理暂行办法》中，明确规定政府补助博物馆文化建设的必要性，并将此作为文化惠民工程的重要实现方式。政府为帮助博物馆履行文化教育和服务功能，每年拨款用于补助博物馆的文化建设，鼓励博物馆改善陈列布展，支持重点博物馆提升文化服务能力。博物馆的免费开放吸引了不少市民、游客前往参观，而一些需要付费的博物馆则凭借其高科技的观览设备、有趣的展览内容受到了大众的追捧。政府资金支持、鼓励博物馆（含民办）自行免费或低票价开放，促使博物馆的社会效益实现“井喷”式增长。

### 5.1.2 支持小众博物馆文化建设，健全立体化博物馆公共文化服务体系

小众博物馆多为地域性、专业性较强的博物馆，集中于某些小众领域或盈利困难的民办博物馆，这些博物馆是对传统公共博物馆有益的补充。它们同样代表着地方性、专业性历史文化的保护与传承，承担着提高大众文化知识素质的责任，同样具有公共文化服务的诸多特征。小众博物馆需要维护与保养展品，需要布局或改善文化空间，需要相应的文化服务设施和展览文化活动，这就涉及投入资金的来源问题。实现文化效益、社会效

益与经济效益同步，对小众博物馆而言存在一定的困难。仅仅依靠博物馆自筹资金是不够的，还需要政府的资金扶持和运营。政府部门不能只号召小众博物馆免费向社会开放，同时也要充分考虑到它们的长久生存与发展问题。小众博物馆往往因为其地域、专业类型的局限，对受众进行“无形的筛选”，参观者少、缺少政府资金支持成为小众博物馆的致命缺陷，一些小众博物馆因此倒闭。2017 年，上海城市博物馆相关数据显示，最受欢迎的大型博物馆（如上海博物馆），年接待人数是小众博物馆（如上海玻璃博物馆）的 18 倍。2010 年，国家七部委联合颁发的《关于促进民办博物馆发展的意见》中赋予民办博物馆与国有博物馆同等的法律地位。我们认为，在以博物馆为例的城市公共文化空间构建大体完成之时，政府应该适当倾斜政策、资金、项目等资源给小众博物馆（如民办博物馆和特定专业领域博物馆），支持小众博物馆可持续发展，这不仅是对大众公共文化权利的尊重，更有利于构建多领域、立体化、全方位博物馆公共文化服务体系。

## 5.2　平衡博物馆文化资源布局，满足受众多样化文化需求

### 5.2.1　丰富博物馆类型，满足市民和游客多样化精神文化需求

根据《2017 上海博物馆年报》，上海现有博物馆历史类 41 座，艺术类 6 座，自然科技类 3 座，综合性 12 座，其他主题类型 63 座。[①] 由此可见，上海城市博物馆类型分布不均衡，主要集中在历史类，艺术类、自然科技类、综合性博物馆相对较少。调查数据显示，参观受众更加偏爱自然科技类博物馆，其次是历史类和艺术类。参观受众的偏好与现有博物馆类型之间存在着明显的矛盾。另外，性别、年龄、学历、职业等因素也造成不同受众群体的多样化文化需求。因此，政府要充分发挥博物馆公共文化服务的职能，为民众提供更多样化的博物馆文化类型和相关文化服务设施，满足市民和游客多样化精神文化需求。

从主题类型来看，政府可以根据民众文化需求，适当调整和新建一些

① 上海市文化和旅游局，上海市广播电视局，上海市文物局.2017 上海博物馆年报［EB/OL］. http：//wgj.sh.gov.cn/Attach/Attaches/month_1805/201805150225216282.pdf. 2018－05－15.

不同类型的博物馆。针对上海市历史类博物馆数量较多、其他类型较少的现状，在政策和资金方面给予一定的倾斜，支持和鼓励其他类型博物馆的文化建设和文化服务。针对不同受众群体的参观偏好，政府要考虑不同受众群体的文化需求，特别是老年人、女性、学历较低的人群，要从他们的生活、经济状况和文化需求出发，促进博物馆分布类型兼顾整体性与特殊性、综合性与专题性。

从博物馆级别来看，上海现有国家一、二、三级博物馆 19 座，[①] 其中一级 4 座，二级 7 座，三级 8 座，等级博物馆占全市博物馆比例仅为 9.95%。[②] 目前，等级博物馆建设还存在不足，需要政府进一步加强一级博物馆文化建设的同时，推进二、三级博物馆的文化建设，优化调整博物馆等级分布结构，增加不同等级博物馆的数量，缩小不同等级博物馆与无等级博物馆之间的文化差距。

从博物馆属性来看，上海现有国有博物馆 96 座，占全市总量 77%。[③] 民营和国有、民营共建的博物馆数量偏少。在政策支持和资金投入方面，政府可以适当鼓励私人、民营类博物馆进行文化建设。在不断完善国有博物馆文化管理和服务的基础上，也为私人、民营博物馆营造更好的发展环境，为民众提供类型丰富、质量更高的博物馆文化服务。

### 5.2.2 平衡博物馆区域空间分布，提升受众参观博物馆的便利度

上海城市博物馆目前主要集中在黄浦、徐汇、虹口、静安等中心城区，区域内环分布的数量多且集中，外环分布较分散，覆盖率较低，[④] 空间分布不太均匀，增加了受众参观博物馆的时间和交通成本，一定程度上影响了受众参观博物馆的便利度。调查数据显示，交通是否便利是影响人们参观博物馆的重要因素，大约 1/3 的受众会因为交通不便而放弃参观博

---

① 上海市文化和旅游局，上海市广播电视局，上海市文物局.2017 上海博物馆年报 [EB/OL]. http://wgj.sh.gov.cn/Attach/Attaches/month_1805/20180515022521628 2.pdf. 2018-05-15.

② 周曼妮. 上海市博物馆类型和空间分布研究 [D]. 上海：华东师范大学硕士论文，2017.

③ 上海市文化和旅游局，上海市广播电视局，上海市文物局.2017 上海博物馆年报 [EB/OL]. http://wgj.sh.gov.cn/Attach/Attaches/month_1805/201805150225216282.pdf. 2018-05-15.

④ 上海市文化和旅游局，上海市广播电视局，上海市文物局.2017 上海博物馆年报 [EB/OL]. http://wgj.sh.gov.cn/Attach/Attaches/month_1805/201805150225216282.pdf. 2018-05-15.

物馆。这一结果从侧面反映出上海城市博物馆地理空间分布不均衡的问题。博物馆过度集中于某些区域，往往会影响受众的参观便利度和文化获得感。

在《上海市“十三五”时期文化改革发展规划》中，上海市政府提出要打造“一轴双心、沿江沿河、一环多圈”的城市文化空间布局，博物馆聚集区域建设成为上海市政府公共文化建设的重要举措。但目前由于上海的区域文化差异，需要政府在博物馆总体空间布局上考虑各区经济和人口状况，平衡各区博物馆数量。经济不太发达、文化资源禀赋薄弱的城区和郊区，其公共文化服务供给和消费不如经济发达的城区，政府需要在博物馆文化建设方面给予这些区域重点支持。在城市规划和土地利用方面为博物馆类场馆建设预留一定空间，增加人们的公共文化消费。城区与郊区存在的差异也是需要跟进的。城区博物馆的交通更加便利，受众的时间和交通成本低，能吸引更多的受众参观，但对于郊区的居民和游客来说，社区附近的博物馆因为地方文化特色浓郁、交通便利，可能对其更有吸引力。上海城市博物馆除了需要在数量上平衡空间差异外，还要平衡博物馆不同类型、不同等级、公有博物馆与私有博物馆在地理空间分布上的差异，尽量让不同类型、不同等级的博物馆覆盖不同城区，为人们提供便利的文化服务与文化消费。

## 5.3　增强博物馆的城市文化地标功能，锻造城市文化品牌

### 5.3.1　加强博物馆文化的宣传推广，提升文化品牌知名度

本研究调查显示，上海博物馆、上海自然博物馆和上海科技博物馆的知名度、美誉度远高于上海其他博物馆，一些受调查者甚至表示，从未听过“土山湾博物馆”“韬奋纪念馆”等。知名度、美誉度高的博物馆往往会成为城市的文化地标和文化品牌，但在关于博物馆“城市文化地标功能”的问卷中，很多人对城市文化地标和文化品牌功能的认同度较低。由此可见，上海城市博物馆在宣传推广和文化服务上还需要不断发力。针对博物馆文化知名度较低的问题，可以在全媒体、立体化传统媒体报道和新媒体“两微一端”等平台上多提供博物馆文化知识信息和数字化文化知识服务，提高人们对博物馆文化知识的认知度。比如，政府和社团体、博物

馆方面可以合作开展博物馆文化节、博物馆文化推广季之类的文化节庆和宣传推广活动，培养民众的博物馆文化消费意识。现代网络媒体和社交媒体的兴起为博物馆文化宣传推广提供了更快捷有效的途径，政府可以通过政策、资金、人才等方式帮助博物馆进行数字媒体宣传推广，进而提升媒体曝光度和文化知名度。针对博物馆的城市文化地标、文化品牌功能有待提升的问题，改进文化旅游宣传推广口径不失为一个有效路径。上海每天吸引着无数游客前来观光旅游，但是人们大多只知道东方明珠、外滩、豫园等景点（区），对于博物馆及其文化服务了解不多。政府可以在宣传上海文化旅游形象和旅游景点（区）时，把博物馆纳入城市文化旅游名片，大力推介，吸引市民和游客参观不同类型的博物馆，凸显博物馆的城市文化地标功能，提升城市博物馆的文化吸引力和影响力。

### 5.3.2 注重博物馆文化内涵，提升城市文化地标的区域文化特色

博物馆作为承载所在城市文化记忆的重要载体和城市市民的精神家园，在建设中需要保持自身的区域文化特色。博物馆文化空间设计和所展示的文物藏品能够将城市曾经发生过的历史故事娓娓道来，具有很强的历史记忆和文化再现功能。一座博物馆就是一部物化的文化发展史。在问卷调查中发现，中共一大会址纪念馆受到受众偏爱，其文化知名度和影响力也高于其他一般纪念馆。上海市政府抓住这座城市的红色文化特性，打造中共一大会址文化地标，打造上海红色文化旅游文化品牌。同时，政府职能部门可以与博物馆方面通力合作，利用传统媒体、新媒体、社交媒体宣传推介具有区域文化特色的博物馆，如在人民广场的地铁通道中精心设计“流动的盛宴——地铁中的上海博物馆”，利用交通空间向通行的人们展示上海文化风采。同时，作为城市文化地标的博物馆，其文化旅游活动也可以带来不可忽视的经济效益。随着文化旅游的火爆和文化消费的升级，参观博物馆成了市民、游客青睐的旅游项目，特别是历史文化类、地域民俗类、自然科技类博物馆成为文化旅游中的“新星”，吸引了无数市民和外来游客的眼球。但若博物馆的文化展品空间设置和主题内容千篇一律，各馆文化同质化严重，就会失去一批参观者。因此，只有立足本城市、本区域文化实际，挖掘区域文化资源，提炼区域文化特色，并糅合到博物馆文化建设中，才能为受众带来不同的文化体验，增强受众的文化获得感。同

时，在无形中形成文化口碑效应，铸就城市文化标杆和文化品牌。

### 5.4　丰富馆藏展品与文化活动形式，提高受众的文化参与度

博物馆藏品是博物馆各项文化功能实现的物质基础，丰富的藏品是吸引受众的重要影响因素。调查结果显示，近 50%的受众参观博物馆是由于“场馆藏品丰富、实物有知名度美誉度”。由此可见，场馆藏品的数量和质量是影响受众参观博物馆的关键，丰富的藏品能够吸引受众参观，提高受众的文化获得感。因此，提高受众的文化获得感需要不断丰富馆藏物件的数量和质量，完善博物馆展品的保护和管理体系，最大化挖掘利用库房藏品，让有限的馆藏资源发挥无限的文化作用。

根据《2017 年上海统计年鉴》，上海共有 125 家博物馆，220.62 万件馆藏，其中一至三级藏品 22.37 万件。[①] 上海作为古代农耕文化繁盛地和近现代都市文明发达地，具有丰厚的历史文化底蕴和近现代文明资源，各类馆藏资源十分丰富。单是上海博物馆，就拥有 102 万件馆藏文物，其中珍贵文物 14 万余件。[②] 丰富的馆藏让上海博物馆成为上海的文化地标，吸引了大量市民和中外游客前来参观。同时，一些较大型博物馆，诸如中华艺术宫等，由于时间、空间限制，丰厚的馆藏资源还并没有得到充分利用，很多藏品常年深藏库房无人知，只能借一些滚动的展览活动，偶尔在十天半月的展期里露个脸。而对于一些中小型博物馆来说，馆藏资源比较有限，缺乏珍贵的文物资源，博物馆本身的知名度和影响力也比较小，其馆藏资源和物件仍需要不断丰富。为此，政府和社会团体以及博物馆之间可以进行合作，将大型博物馆部分参展率较低的藏品放置到其他相关的小型博物馆内展出，在不定期换展、借展中交流合作，组织专题展览活动，把一些具有民族特色、地域文化特色的藏品最大化利用，实现合作共赢。

除了上海城市博物馆之间的合作之外，也可以和其他省市甚至国外

---

① 上海统计局：2017 年上海统计年鉴［EB/OL］. http：//tjj. sh. gov. cn/html/sjfb/201801/1001529. html. 2018 - 01 - 10.

② 上海博物馆. 本馆介绍［EB/OL］. http：//www. shanghaimuseum. net/museum/frontend/infomation/introduction. action. 2019 - 04 - 08.

博物馆合作，举办联合展览、巡回展览等。比如，2017 年 6 月，上海博物馆与大英博物馆合作举办“大英博物馆百物展：浓缩的世界史”，将奥杜威石斧、佘盆梅海特内棺、希伯来星盘等 100 件珍贵藏品呈现在参观者面前，吸引了近 40 万人次参观，创下了上海博物馆特展的参观人数之最。

除了藏品本身之外，博物馆还可以通过举办形式多样、内容丰富的文化活动吸引参观受众，让受众主动融入展品展览文化活动当中。例如，举办一些线下文化活动，诸如文物知识竞猜、亲子互动、考古现场模拟、数字体验活动等，增强受众的数字文化体验和现场获得感。问卷结果显示，6 成以上的参观受众愿意参与博物馆的线下文化活动。因此，博物馆常态化开展线下互动型、体验型、参与型文化活动，有利于提升受众的文化参与度，增强受众整体的文化获得感。

### 5.5 提升文创产品及其衍生品开发力度，以文创产品“养馆”

2016 年 5 月，文化部、国家发改委等部门发布了《关于推动文化文物单位文化创意产品开发的若干意见》（以下简称《意见》）。《意见》指出：“深入发掘文化文物单位馆藏文化资源，推动文化创意产品开发，对弘扬中华优秀传统文化，传承中华文明，推进经济社会协调发展，具有重要意义。”[①] 如今，依托博物馆馆藏文化资源、文化藏品开发各类文物创意产品及其衍生品和相关文化服务，获取一定的经济效益，已成为各地各类博物馆的共识。比如，故宫博物院开发了一系列相关文化创意产品及其衍生品，像各类故宫御制用具、服装仿制品，《我在故宫修文物》的现场展示与体验，以及故宫口红、故宫彩妆等衍生品，取得了很好的文化经济效益，其经验值得各地各类博物馆借鉴。当前，上海城市博物馆的文创产品种类还比较单一，相关衍生品开发不到位。已开发的文创产品主要是书签、手机壳、展品模型等小商品，与一般文化旅游景区内的小商品相类似，缺乏纪念和收藏价值，无法激发消费者的购买欲望；或者以简单的方

---

① 文化部等. 关于推动文化文物单位文化创意产品开发的若干意见［EB/OL］. http://www.xinhuanet.com/politics/2016-05/16/c_1118875319.htm. 2016-05-16.

式复制馆藏精品文物加以出售，此类产品一般价格定位过高，购买人群较少。

博物馆的文创产品与一般商品的主要区别在于，它承载着某一博物馆的历史文化底蕴，这也是促使消费者前去购买的主要因素。[①] 上海是江南文化、红色文化和海派文化荟萃之地，也是现代科技文明、都市文明的荟萃之地，上海博物馆有其独特的地域文化特色。文创产品应具有一定的传统文化或现代科技含量，每一款文创产品应具有该博物馆的上海区域文化特色。此外，博物馆售卖的不仅是文创产品，更应是一种文化品牌。因此，增强上海城市博物馆文创产品市场竞争力的关键在于将其独有的历史文化内涵和区域文化特色融入商品价值属性中。首先，上海城市博物馆要走文化品牌战略经营道路，加快推进文化创意产品及其衍生品的研发，开发出能够充分体现博物馆文化资源、文化藏品所蕴含的文化元素，拥有独立自主知识产权，适应市场需求的多品种、多层次的博物馆文化创意产品。同时，搭建电子网络销售服务平台，扩宽销售渠道，进行线上线下联动经营管理。[②] 其次，培育专业的文化创意设计人才。根据博物馆文化特点和文化服务发展要求，积极引进专业的博物馆文化创意人才，完善文创产品设计与开发的人才结构。再次，促进博物馆现有体制内外合作，构建专业文创产业链，如与其他博物馆开展馆际合作、与其他单位开展创意设计合作，优势互补，保护性开发多样化的、高质量的文化创意产品及其衍生品。文创产品既包含创意设计理念，又蕴藏文化藏品的符号价值，知识产权保护尤为重要。因此，需要建立文创产品商标保护体系，各大博物馆馆标、馆藏等应进行系统化注册，以此引导和促进博物馆结合自身藏品开发文创产品，以文创产品及其衍生品的经济效益“养馆”，维持博物馆的管理与服务费用以及相关人员费用开支等。

### 5.6　融合现代科技，促进博物馆实现数字化、智能化文化服务

公共文化事业与文化产业的运行对科技有高度依赖性，现代科技是

① 邓君. 关于博物馆文化创意产品开发的建议［J］. 科技与创新.2017（5）：13.

② 何晓雷. 博物馆文化创意产品开发的特征问题及对策［J］. 学习与实践，2016（12）：130.

文化事业与文化产业发展的驱动力量，文化与科技融合、数字化、智能化是当下公共文化事业与文化产业发展的趋势。科技与文化融合，可以为文化的展示、传播与创新提供新的形式。博物馆是文物、藏品和各种标本、物质材料的主要收藏机构，是展示人类历史、记忆、技艺与智慧的文化场所，起到收藏、展览、教育、研究等作用，博物馆文化空间设计、布局和展品展览活动如若不与现代科技融合，将难以充分且新颖生动地向受众展示与传播人类的历史文化和智慧，难以为受众提供很好的文化体验。

根据调查研究，当下受众对博物馆场所空间比较有趣味的现代科学技术如 VR、AI 体验、可触摸屏等互动性设施的需求非常大，有相当一部分的受众认为虚拟博物馆、数字博物馆十分新奇，系虚拟数字博物馆的潜在受众。目前，上海城市博物馆数字文化表达和智能化文化服务方面还不太令受众满意，应当进一步将现代科技融入博物馆文化空间、文化设施和文化服务建设中，走智慧化、智能化之路，突破传统博物馆的时空限制，让受众充分体验博物馆文化的穿越感、现场感和灵动感，从而提高博物馆公众文化服务的质量和水平，满足受众日益增长的精神文化需求。

具体而言，智能化意味着构建城市智慧博物馆。智慧博物馆“融合了传统博物馆和数字博物馆的优势，既保留了传统博物馆的实体空间与物品，同时借以数字博物馆的技术手段，实现智慧管理、智慧保护、智慧服务”。[①] 当前，上海城市博物馆应当在文物保护系统、受众导览系统、展品展陈系统、互动体验系统和传播推广系统方面继续保持前瞻性，及时更新换代展品展示的新技术，以实体博物馆为载体，构建和完善数字博物馆文化服务，借以云计算、虚拟现实、大数据等新兴技术，提高博物馆受众的文化参与度，优化受众的文化体验感。尤其可以将虚拟现实等技术展示的信息，通过多感官、多层次、立体化的方式呈现给受众，使其仿佛置身于现实博物馆场景中，给受众以身临其境的沉浸式体验，[②]

① 朱娅阳. 智慧博物馆视阈下南京博物院的受众体验研究［D］. 武汉：华中师范大学硕士论文，2017.

② 史小东. 博物馆的虚拟性分析——兼论意大利伦巴第大区集体记忆虚拟博物馆实践［J］. 装饰，2014（9）：109—110.

并为受众提供一个能够分享交流参观体验的平台，以此有效提升受众的文化获得感。

### 5.7　完善配套文化设施，提升博物馆文化服务质量

2017 年 2 月，国家文物局颁发的《国家文物事业发展“十三五”规划》指出：“加强文物保护利用，让收藏在博物馆里的文物等活起来，文物单位公共文化服务功能和社会教育作用更加彰显的目标。”[①] 博物馆作为国家公共文化服务体系的重要组成部分，与之相配套的基础文化设施不可或缺。

根据调查结果，目前，受众对上海城市博物馆的停车空间及其设施、参观路线设计、中英文指示牌、便民服务设施等配套基础设施的满意度较低。一方面，由于上海处于东部沿海发达地区，文化及相关产业发展水平处全国前列，对博物馆公共文化服务最基础的文化服务实施，如参观路线设计与中英文指示牌等，受众心存较高的期待；另一方面，本次受调查的三家博物馆为上海参观人次较多的博物馆场所，参观人数较多，人流量略微超过了停车空间及其设施、座椅等便民服务设施的承载力。尤其是上海博物馆，有相当一部分受众因为座椅已满，只能坐在楼梯边休息。上海城市博物馆的配套基础设施没有跟上参观者的需求，造成受众对博物馆基础设施的满意度较低，负面的心理情绪影响了受众的文化获得感。而场馆基础服务设施不好，会影响受众参观博物馆的意愿与行为。

为此，需要进一步优化和完善上海城市博物馆的基础设施。博物馆方面需要强化资金保障和制度保障体系，将更多的资金和精力投入停车空间及其设施、参观路线设计、中英文指示牌、便民服务设施等配套基础设施建设中，特别要注重博物馆文化空间及其配套基础设施的人性化和便民化，比如以喜闻乐见的形态为老人、儿童等特定人群设计人性化的文化设施，让受众怀着愉悦的心情，有更多精力和兴趣参观博物馆展品，提高所

① 国家文物局. 国家文物事业发展“十三五”规划［EB/OL］. http：//news. china. com. cn/2017-02/22/content _ 40338378 _ 2. htm. 2017 - 02 - 22.

参观博物馆的文化认知度、参与度和认同度、满意度，获得美妙的文化体验。同时，基于现有的博物馆基础设施，可以安排相关工作人员进行引导，提高参观受众的使用效能。

博物馆承载着城市的历史记忆和文明样态，是城市文化的重要载体和标杆，具有文化、艺术、审美教育和文化治理等功能。在现代公共文化服务体系建设中，博物馆具有不可替代的社会文化作用。上海一直致力于将公共文化服务打造成城市文化名片，加强博物馆文化建设、管理与服务是完善该市公共文化服务体系的重要一环。近年来，上海城市博物馆数量、展品质量、空间设计、文化服务设施不断提升和完善，参观人数稳步增长，上海博物馆、上海自然博物馆、上海科技博物馆更是上海城市博物馆中的佼佼者。作为公共文化服务机构，只有参观受众具有较高的文化认知度、参与度、满意度和认同度，博物馆才能真正实现其教化和传播文化知识、提升民众文化素养的功能，真正实现其社会文化价值。本章基于米歇尔·福柯的治理术和托尼·本尼特的文化治理性理论，指出政治和文化权力结构对于博物馆文化建设的重要意义。运用调查法在上海博物馆、上海自然博物馆、上海科技博物馆三个博物馆开展实地调研，了解了受众对于三个博物馆的文化认知与评价情况。为了更好地分析上海城市博物馆受众的文化获得感，本研究交叉分析并建立多元线性回归模型，从认知度、参与度、满意度和认同度四个维度进行解释，运用定性分析与定量分析相结合的方法对受众的文化获得感进行描述、分析与总结。然后，针对上海城市博物馆目前存在的问题，从政府和博物馆角度分别给出了相应的建议，认为政府需要持续完善政策支持，加大财政补贴，平衡博物馆文化资源分配、加强博物馆的城市文化地标和文化品牌建设；博物馆方面需要丰富展品内容与活动形式，融合现代科技，完善配套基础文化设施，促进文创产品及其衍生品的开发，以文创产品及其服务的收益“养馆”，激活博物馆的创新力。

在研究方法上，本研究具有创新性，对上海城市博物馆提升受众的文化获得感有一定的理论和现实借鉴意义。但本研究也存在一些不足，由于样本数量较少，可能缺乏足够说服力；此外，重点选取的三个博物馆可能与上海城市博物馆文化建设整体现状存在一定差距。我们会在后期继续提升样本数据量，进一步增强研究的现实适用性与说服力。

# 第 4 篇

# 城市文化产业园区与网络文化产业治理

# 第 15 章

# 上海文化产业园区治理：现状、问题与对策

在国际文化产业大发展的背景下，包括上海在内的许多国内城市掀起了文化产业园区建设的热潮。文化创意产业集聚区的快速发展在一定程度产生了产业集群效应，促进了上海文化产业的发展。但是由于受到国内文化产业发展阶段和发展条件的限制，在治理、发展历程、组织结构、经济模式上，上海文化产业园区存在着诸多问题。本章将从园区治理的角度，梳理园区规划、准入与运营环节的现状，并分析其中的典型问题，包括管理机构软实力欠佳、园区政府多头管理、特色定位不明确、产业链整合力度弱等。通过借鉴其他国家发展经验并结合中国实际情况，提出一些加强上海文化产业园区治理的措施与建议。

21 世纪以来，在政府主导下，国内城市文化产业园区开始出现并蓬勃发展。目前关于文化产业园区研究的理论基础主要是产业集聚理论，对文化产业园区的研究也主要集中在文化产业集群方面的探讨。而对文化产业园区治理的研究则付之阙如，本章拟不揣浅陋，对上海文化产业园区管理的基本现状、存在的问题和治理策略进行探讨。

# 1. 上海文化产业园区治理的基本现状

## 1.1 园区治理主体的基本类型

文化创意产业涉及工业设计、建筑设计、计算机软件设计、服装设计、旅游品设计、游戏设计、艺术品创作和交易、动漫设计与制作、影视制作、传媒代理等多个领域。

上海文化创意产业园区多本着政府搭台、遵循市场机制的原则，在设计、改造、招商、运行管理等环节以园区、企业为主体，项目也实行招投标制度，引入竞争机制，鼓励有实力的民营企业参与开发利用。从主导规划的机构而言，不同学者有多重分类标准，有人从投资或主导主体的角度将其分为六类，包括体制外企业投资运作、国有企业集团自行运作、大学投资建设、多个大集团合作、街道与经营者合作、行业协会牵头等。本章将其整合为五种类型。

### 1.1.1 业主主导型

由一群艺术家发现并开发利用，由艺术家集聚而自然形成，这是创意产业园区最早的开发方式。此类创意产业园区大多是创意人才和技术人才聚集的区域，高质量的创意产品和创意服务容易吸引更多的消费者和投资者。以田子坊创意产业园区为例，从 1998 年开始，陈逸飞、王劼音、尔冬强等人的工作室先后入驻。2000 年，打浦桥街道办事处利用“田子坊”老厂房资源招商，形成了以室内设计、视觉艺术、工艺美术为主的产业特色。2008 年上海市首个创意产业园区管委会——田子坊管委会正式挂牌成立。该管委会积极加强园区的公共管理和公共服务，拓展园区功能。而政府则在田子坊后期改造中，在整体规划、功能定位、业态调整、环境的改善和建设方面做了大量工作，投入了一定的资金，2009 年卢湾区政府就投资了 1 800 万进行基础设施改建。

### 1.1.2 政府主导型

政府主导型模式就是通过制度传导机制，利用地租减免、税收优惠、提供综合服务等制度工具，促使创意集聚区在城市合适的区域高速发展。政府由此探索出了一种通过创建文化和技术硬件设施，吸引创意人才入驻，从而发展创意集聚区的自上而下驱动模式。如上海同乐坊项目，政府有关部门注意到正在消失的老厂房也是一种宝贵的资源，制定了有关政策，将年代悠久的老厂房加以保护、开发利用。2004 年 6 月起，静安区政府开始对同乐坊地带进行整治。随着综合改造的启动和进展，2004 年 12 月初，静安区政府成立同乐坊开发建设管理委员会，负责协调和管理同乐坊项目。2005 年 2 月中旬，政府按照市场运作原则，招投标成立了上海同乐坊文化发展有限公司。同乐坊文化发展有限公司是一个集资本经营、房产开发、商业策划于一体的企业，同乐坊项目的开发与未来发展由其全面负责，严格控制进驻公司质量。

### 1.1.3　房地产商主导型

随着创意产业的蓬勃发展，近年来有不少房地产投资开发商把目光转移到地理位置相对优越、投资成本相对低廉的创意园区项目上来，并不惜斥巨资投入改建。如“海上海”创意园区，它由上海实业集团发展投资，是上海第一个打破商、住、办边界，打破事业和休闲边界，打破经营和学习边界的“梦工场”。“海上海”创意园区与其他创意园区的生态有所不同，它将“MO 一族”（Mobile Office，移动办公）作为地产项目的目标群体。与其他以租赁为主的创意园区有所不同的是，“海上海”的三幢 LOFT 只卖不租。

### 1.1.4　专业机构主导型

政府提供运作空间，完全委托文化产业运营商进行规划、建设和招商。比较典型的是上海影视文化创意产业园，上海影视文化创意产业园是上海市经济委员会和上海市委宣传部同时给予挂牌的市重点园区，园区物业属万祥镇人民政府全资公司。它委托上海诺商企业服务机构共同招商，诺商企业服务机构具有专业的企业登记代理资质，负责接收影视、广告、动漫、演出、会展、咨询、投资、商务、设计等各类公司的注册。产业园区内后勤服务专业化、社会化、国际化，也成为文化企业的强力后盾。

#### 1.1.5 自发与导向协同型

自发与导向协同型模式是一种多动力推动下市场和制度机制共同作用、多指向的模式。创意产业集聚初期是艺术家、设计师、工程师等创意人员自然的聚集，建立起创意集群的雏形，引起消费市场的关注，那么当创意产业集聚区发展到一定阶段，社会对其创新功能和价值创造有了更多的认同，开发商、投资商、管理者等社会力量就会更多地加盟到集聚区的发展中来，这些不同行为主体出于各自的利益，相互牵制又协同发展，促使创意产业集聚区发展类型和功能多样化。上海的“8 号桥”就是典型的双向协同发展模式。

### 1.2 审批与准入标准

#### 1.2.1 审批部门

2010 年文化部出台的《国家级文化产业示范园区管理办法（试行）》规定：文化部负责国家级文化产业示范园区的申报、命名、管理和考核；省级文化行政主管部门负责本辖区省级文化产业园区的申报、命名、管理和考核，并负责对其指导和监管。但是据 2012 年 5 月 7 日新华网调研，在全国范围内，能够批准设立文化产业园区或为园区授牌的部门实际上有文化部、国家广电总局、国家新闻出版总署以及一些全国性行业协会；中有省级宣传部、发展改革委员会、经济信息化委员会以及文化、广电、出版、工商等部门；下有市（县）级政府及其下属机构。目前，各地园区项目审批权一般在发改委，土地供应在国土部门，规划在建设部门，而文化部门没有决定权。文化产业的核心层新闻服务、出版发行、版权服务、广播电影电视服务和文化艺术服务，分别由新闻出版、广播电视、文化三大系统管理。单一的动漫产业链也由上述三大系统管理，网络游戏行业另增加工信系统管理。2013 年 3 月后，随着新闻出版管理机构和广电管理机构的合并，审批和管理机构得到简化。

#### 1.2.2 准入标准

##### 1.2.2.1 政府文本

2010 年，为规范国家级文化产业示范园区的申报、命名和监督管理工作，文化部出台了《国家级文化产业示范园区管理办法（试行）》，上海在市级层面也出台了《上海市文化产业园区认定办法》《上海创意产业集聚区认定管理办法》《关于进一步促进上海市创意产业集聚区建设的意见》等园区管理制度；此外，还有 93.5%的创意产业集聚区还自行制定管理制度。关于园区界定，在《国家级文化产业示范园区管理办法（试行）》中，园区的定义为“进行文化产业资源开发、文化企业和行业集聚及相关产业链汇聚，对区域文化及相关产业发展起示范、带动作用，发挥园区的经济、社会效益的特定区域”。这是目前我国官方文件中对文化产业园区较为权威的界定。

在准入标准上，《文化部“十二五”时期文化改革发展规划》于 2012 年 5 月初发布，与以往不同的是，该“十二五”规划对公共文化服务体系建设、文化遗产保护利用和传承、文化产业发展、文化产品创作生产引导等多个方面提出了具体的量化指标。在“十二五”时期，国家级文化产业示范园区会严格控制在 10 家左右。同时，文化部对国家级文化产业示范园区设立了退出制度。如有出现“因政策或经营方向调整而改变园区性质”等 8 类行为的园区，文化部将撤销其“国家级文化产业示范园区”的称号。

1.2.2.2　园区准入审批现状

在文化部出台的《国家级文化产业示范园区管理办法（试行）》中，国家级园区的申报标准第七条第三点规定：国家级园区要有丰富的文化内容和明确的文化产业特色，这为上海文化产业园区的特色定位标准制定了标杆。

根据 2010 年《文汇报》沪市政协调研结果，在授牌的 15 家文化产业园区中，7 家以网络、数字多媒体为主题；3 家以“民族、民俗、民间”文化传承与创新为主题；3 家以文化艺术原创和艺术品经营为主题；1 家以演艺产业和影视产业为主题。在授牌的 77 家创意产业集聚区中，也有不少特色主题创意产业园，比如，以动漫文化为特色的宝山动漫衍生产业园，以节能环保技术服务为特色的花园坊，以雕塑艺术为特色的红坊，以建筑设计业为主题的环同济集聚区等。[①] 同时，根据《关于上海文化创意

---

① 文汇报. 上海市政协调研上海文化创意产业园区发展现状［EB/OL］. http：//www.wmsh. gov. cn/xinwen/201201/t20120102 _ 94563. htm. 2012 - 01 - 02.

产业园区发展瓶颈及对策的调研报告》[①] 显示，一些公认的成功的创意产业园区往往都有两个特点：规模化和主题化。在主题化的园区中又以偏于艺术的园区表现为佳。

### 1.3 管理机构的运营方式

近些年来，创意园区的功能从物业管理服务向产业要素服务转变。上海版权交易中心、上海文化产权交易所、上海市动漫公共服务技术平台等一批国家级和市级的专业化创意服务平台先后出现。上海77家创意产业集聚区共建有121个公共服务平台，服务内容涉及产品展示、技术服务、人才培训、政策咨询服务、宣传推广。[②] 下面，以普陀天地软件园与虹口的运动LOFT创意基地等产业园区为例，加以论述。

普陀天地软件园刚刚开园时，也仅仅是充当“房东”“物业”的角色，经过几年的运营，园区管理部门发现，除了当房东外，根据自己的条件，他们还可以提供金融服务、参与园区内企业的发展，从而提升园区运营模式创新和连锁管理。目前，他们不但成立了园区内反担保体系，为园内10多家企业提供了反担保，还建立了自己的多媒体运营平台。

位于虹口花园路的运动LOFT创意基地，也尝试了一种全新的运营模式。运营方德必集团从建设初期就参与了园区设计，为园区添置了篮球馆、运动跑道等硬件设施，让原来的老厂房在改造后动感十足，而入驻者也有了健身的空间。除了考虑硬件外，针对园区内入驻企业以民营小企业为主的情况，运营方还特别在园区里建立了文化创意产业孵化基地，为入驻企业提供园区基础人才产业资源配置与高层交流、投融资、品牌推广、基础法律和政策、财务管理、企业管理咨询等7大增值服务。

金桥网络文化产业基地管委会则定位于打造文化产业链，这是它与其他艺术型园区的一个重要的不同之处，基地内曾经零星分布的文化信息企业已经逐渐聚合，形成了以中国移动手机视频基地、中国电信视讯运营中

---

① 上海市人大代表虹口调研组. 关于上海文化创意产业园区发展瓶颈及对策的调研报告[R].2011—11.

② 文汇报. 上海市政协调研上海文化创意产业园区发展现状 [EB/OL]. http://www.wmsh.gov.cn/xinwen/201201/t20120102_94563.htm. 2012-01-02.

心等为龙头的产业集群。在园区里，上游供货商、下游客户，中间技术服务公司，彼此近在咫尺，为原来单打独斗的企业装上了发展助推器。

徐汇区设计工厂、X2 创意空间、虹桥软件园及静安区 3 乐空间产业园等园区的管理体系则通过了 ISO9001 质量管理体系标准。

## 2. 上海文化产业园区治理中的主要问题

综合以上管理现状，我们不难看出上海文化产业园区管理中存在的问题。

### 2.1　从管理机构和管理模式来看，不同的管理模式各有弊端

在上述四种园区管理模式中，由企业投资运作的园区约占总数的 60%，这类园区的建设运营多为纯趋利的投资行为，运营方通常靠地产开发、收取租金盈利。相对硬件建设来说，园区软件建设仍是“短腿”。不少园区除了日常物业管理外，无法针对大多数企业的需求提供个性化、专业化公共服务。同时，创意产业园区地产运营的市场化逻辑导致一些外部性强、需要外部支持的创意行业（特别是一部分艺术类行业），以及创意型中小企业在高租金面前不得不选择离开，部分创意产业园区正在逐渐失去“创意”内涵。

业主模式得益于艺术家们专业知识的储备，园区的文化艺术价值在开发中被深度挖掘并凸显出来。然而艺术家不是经济实体，开发力度十分有限，缺乏房地产开发和市场运作的相关背景和能力，后期都需要政府的支持和帮助。政府主导模式从社会、经济及文化效益入手，以求各方面均衡，集中资源进行开发，尤其适用于“先天条件”不足的园区，但策划者和实施者往往不具备专业知识，需要专家予以协调。房地产模式开发规模比较大，操作方便，节省人力物力、效率高，但是这种模式往往追求单一的经济效益，以出售为主，具有一定盲目性，需要政府和专家引导。

## 2.2 在准入门槛审批中，政府部门多头管理，谁都有权认定园区

2011年11月，市人大代表和部分虹口区人大代表形成专题调研小组，深度调研上海的文化创意产业园区，并最终形成《关于上海文化创意产业园区发展瓶颈及对策的调研报告》，他们在调研中发现，来自政府管理层和园区的调研对象普遍反映：文化创意产业园区目前存在多头管理现象，在不同区，文化创意产业园区的管理没有统一口径。2010年，全国市以下文化行政主管部门进行整合后，理顺了管理体制，但是在省市一级，各部门职责不清、业务交叉，这样的局面造成管理部门职责不明，相关政策难以落实，园区与企业盲目求助。审批部门过多，给前期规划和后期管理带来诸多不便，这是造成园区过多过滥的重要原因，不利于文化产业统一规划。

同时，多头管理也给了一些园区和企业钻空子的机会，园区、企业齐头并进，向各部门同时报告，既得到了政策支持又得到了税收优惠，对形成良好市场秩序非常不利。在多头管理体制下，文化产业园区很难实现有序发展。

## 2.3 文化产业园区特色定位不明确

“一哄而上”的园区建设及“招商引资”的简单复制，使得创意产业园区的同质化倾向严重，彼此间争夺有限的企业资源，一些园区之间的同质化竞争日趋激烈，租金开始打“价格战”。“大规模的创意产业园区几乎是一夜而起，其中很大一部分是借助创意产业的概念变相发展房地产，而正是这类园区因缺乏统一规划，造成严重的同质化。而严重的同质化造成招商方面的竞争加大，导致产业园招商困难。”① 另一批因租金、地段、管理而导致高空置率的园区无原则招商，更是让艺术产业园区进入一个产业链无法整合、经济效益差的恶性循环怪圈。而公认的比较成功的规模化、主题化文化创意产业园区仅占园区总数的10%左右。

① 许正林. 上海文化产业园区类型及发展难点分析［J］. 声屏世界，2012（9）：55.

此外，“文化创意性”与“经济产业性”二元的统一也有所欠缺。如田子坊园区，其产业化程度高，但是创意质量低，丧失特色。目前园区审批部门主要为发展改革委员会、自然资源部门、建设部门，而文化部门甚至不如文物部门的审核权大。对文化创意产业园区的“文化”“创意”特色审核是保证园区长久发展的本质问题，而文化部门介入权责有限、力不从心，势必导致园区本末倒置，丧失生命力。

### 2.4　产业链整合力度弱

目前在上海，以行政区域划分或行业分割方式构建的创意产业园区，受到传统利益格局和资源配置的影响，往往难以达到理想的要素组合和产业深化。创意产业园区是产业集聚的载体，发展创意产业的核心是构筑创意产业链，并尽量拓展延伸，以形成规模，获得最大经济效益。其主要构成应有相关文化创意设计方面的企业，应有提供高科技技术支持（如数字网络技术）的企业、国际化策划推广和信息咨询的中介机构，还应有从事文化创意产品生产的企业和在文化经营方面富有经验的经纪公司等。但当前，管理机构对产业链整合的重视程度还不够，像金桥网络文化产业基地这样的产业链整合得比较成功的集聚地还太少。

### 2.5　治理文本不统一，准入治理力度不强

在我国，由于文化产业和文化产业园区都属于新生事物，存在着产业概念模糊、准入标准不统一、统计口径混乱等问题。文化产业园区是指文化产业园区还是文化创意产业园区？什么类型的企业该入驻文化产业园区？目前存在的“园区”名称就有：文化产业园区、文化产业基地、文化创意产业园区，文化创意产业集聚区……园区与基地也没有明确区别，究竟是根据企业数量区分，还是根据分局管理机构不同而区分？这些问题在政策文本中并未体现出来。而文化产业园区的产业内容也是五花八门，从文具生产到影视制作，从工艺美术到网游动漫等都被囊括在内。陕西省社会科学院文化产业与现代传播研究所所长王长寿表示，对文化产业的范畴理解存在国际国内不一致、不同行业不一致的现象。比如旅游、体育、会

议、包装印刷、教育培训等是否应计入文化产业一直存有争议，而科技及工业产品的创意部分如何归入文化产业也是一个难题。[①]

然而，除因文本模糊而导致的准入标准混乱外，也存在文化产业园区成为房地产商圈地建房“幌子”的情况，即在成功竞得政府招标的文化创意产业园区用地后改作其他，文化创意园区名存实亡；或者部分高空置率的园区“饥不择食”，毫无原则，只要企业肯交租金就可以入驻园区，不设行业准入门槛。因而造成“主题化、规模化”的园区仅占总量的8%～10%、其余大多数园区特征不明显的局面。《中国联合商报》记者调查了解，目前部分园区的产出效益很低，研发活力不强，如果不靠政府在地租、房租、贷款等方面的特殊政策，很难维持发展，导致很多园区只能靠卖地求生存，从而变成了房地产开发。[②] 因为涉及房地产和圈地，不少文化产业园区笼罩着急功近利的氛围，陷入“圈地、圈钱、圈市场”的怪圈。原江西省旅游局局长王晓峰认为“仅仅有一个产业园，没有相对集聚的产业，没有文化资源的整合，那么这个产业园也是不会有生命力的”。[③] 文化产业园绝对不能建设成单一的主题公园或者是旅游景点。它不仅仅是文化资源的展现平台，更是一个生产基地、研发基地、产业的集聚基地。

## 3. 提升上海文化产业园区治理水平的对策建议

### 3.1 世界其他国家文化产业园区管理实践经验

#### 3.1.1 美国

作为世界上第一个创建文化创意产业园区并利用园区模式成功发展文

① 冯源，赵仁伟，廖君，杨一苗，孔祥鑫. 文化产业园区概念模糊管理多头现象亟待理顺[EB/OL]. http://www.js.xinhuanet.com/zhuanlan/2012-05/11/content_25214709.htm. 2012-05-11.

② 邓丽娟. 文化产业园区困局待破[EB/OL]. http://finance.sina.com.cn/roll/20120525/195512150263.shtml. 2012-05-25.

③ 陈莹莹，倪铭娅. 全国两会代表眼中的文化产业园建设[EB/OL]. http://cul.jschina.com.cn/system/2012/04/27/013229764.shtml. 2012-04-27.

化创意产业的国家，美国在创意产业园区的经营管理方面具有无可比拟的优势和经验。

美国创意产业园区的发展呈现出鲜明的特点，最值得学习的是它在产业园区发展遇到瓶颈时的做法：依靠外来资金维持。

投资主体多元化。美国文化创意企业的投资主体除了政府给予直接和间接的投资外，还有各种非营利机构与组织、经济开发团体、各类地区性开发计划、发展基金、私营企业以及社会团体的多元化投入，占了总投资的近一半。①

形式多样化。目前，美国创意产业园区主要有四种形式：政府主办、私人主办、学术机构主办、公私合营。其中政府主办和私人主办的园区，可以吸引许多科研项目和高级研究人才。还有一部分商业园区，它们能够帮助艺术家实现艺术作品的商业化、帮助少数民族和妇女实现成功、帮助个人建立慈善事业。

建设层次分明。文化创意产业园区可分为四级：项目建设、企业建设、企业升级建设、跨国建设。② 我们可以看出，美国发展文化创意产业园区目标明确，重视培育创意市场，在园区集聚效应、产业链上做得比较成熟，从而形成了一系列产业发展群落。

### 3.1.2　加拿大

不列颠哥伦比亚省位于加拿大西部，温哥华就坐落于此。近年来，哥伦比亚省致力于发展动画及相关产业，一跃成为北美动画产业中心。动漫是个“烧钱”的行业，哥伦比亚省园区内企业一度很“缺钱”。哥伦比亚省动画产业的快速发展与其充分利用发展动画产业的各种优势密切相关。它与许多新媒体和网络公司相邻，本省高科技产业发达，电脑行业人才储备充沛。但是除此以外，更重要的是政府机构的服务、协调以及各种行业协会组织所发挥的职能。

政府机构的服务型治理角色。在加拿大，联邦政府和哥伦比亚省政府采取的是“一臂之距”的政策，分别从不同渠道获得资金，并专门设立非

① 贺培育. 美国文化创意产业园区模式探析［J］. 文化月刊，2010（4）：24.
② 贺培育. 美国文化创意产业园区模式探析［J］. 文化月刊，2010（4）：24.

官方、独立核算的民间服务机构，支持动画产业发展。一方面，对商业动画产业发展，哥伦比亚省规定其除享有哥伦比亚省电影业的各项优惠政策外，还通过半官方机构在创意启动、资金筹措、制作加工、人才、市场、税率优惠等方面为其提供周到的信息服务和资金支持。另一方面，对非商业文化艺术领域的动画制作，哥伦比亚省政府则采取资金申请和核准的办法，大力提供资金协助，鼓励并支持动画艺术家的艺术创新、探索和对外交流。

行业协会的治理功能。由于动画业也是一门新兴的信息产业，与新技术、新设备及新的管理运作和经营方式密切相关。因此，当地各专业协会及会员之间定期邀请各界精英人士和此领域的经营管理者举办讲座，介绍世界上最新产业动态和新产品、新设施及新技术等，并通过午餐会、聚会等形式，密切动画业者和商界及其他相关领域的沟通。协会还通过专门网站向会员和动画业者，定期提供世界各地产业资讯、合作项目等，同时以互联网为交流平台，向动画投资人及制作人推荐当地新创意和新作品，在动画业者和投资方之间架起了畅通的桥梁，建立起了健全的信息沟通机制。

### 3.1.3 韩国

韩国把制造业工业园区建设模式引进文化产业领域，创造了建设文化园区的成功经验。韩国《文化产业振兴基本法》规定，对园区建设业者免除耕地保护负担金及山林、草地复植费，对相关投资给予税收减免优惠，对相关装备、设备进口免除关税。2000 年开始，韩国投资 60 多亿韩元分别在釜山、光州、大田、大邱等地建立“文化创意产业支援中心”，推动文化创意产业在全国的发展。2002 年，文化产业振兴院斥资 32 亿韩元建成“共同制作室”，供资金短缺、无力进行设施建设的中小文化企业使用，从资金、人才方面对其产品开发、制作进行综合扶持。文化观光部还计划投资 450 亿韩元，建成“数码广播共同制作室”，使其成为具有制作流通，培训等多种功能的生产运营中心。①

① 曹世功. 国外如何推动和发展创意产业（二）[EB/OL]. http://news.hexun.com/2007-12-26/102497102.html. 2007-12-16.

## 3.2　提升上海文化产业园区治理水平的几点建议

上海文化产业园区管理中存在诸多问题，是全国性的普遍问题，从园区管理者的角度而言，应做到以下几点。

### 3.2.1　明确角色定位，健全专业治理主体（或服务机构）职能

文化创意产业园区是企业的园区，而非政府的园区。政府应把自己定位于“市场调控者”的角色，发挥市场调节作用，采取政策的、经济的、法律的手段调动业主自主性，园区也要自主整合社会资源，不能单纯依赖政府政策布局。

建议中国政府成立专业的管理或服务组织机构，这种机构既可以由政府来充当公共服务组织，给予文化创意产业园区建设规划和指导，如平台投资建议、运营职责和监督管理方面的政策性引导；同时，也可以由政府授权的符合相应资格的组织承担这一角色，通过高效的运作，实际的辅助，较好的技术支撑，人才输送和培养，产权交易和投资中介等相关专业服务，提高创意产业集群的产业发展效率和速度。比如，园区管理者可协助申办执照，在上海市中心设招商服务中心，配备整套服务机构，业主无须往返园区，快捷办妥全部手续；园区代理申办各类许可证，如广告发布代理、影视制作、演出经纪等；建议园区在上海市中心设纳税通道，专业办理纳税申报等涉税事项；园区招商服务中心提供会计代理、纳税代理、审计代理、工商年检等工商财务管理服务。如是种种增值服务，能大大降低园区商务成本，提供便捷服务，才能真正起到集聚的意义。

### 3.2.2　明确发展定位，加强统筹规划，打造特色品牌

文化产业园区管理在战略层面上需要明确产业导向，目前，上海一些文化产业园区结合各区文化特色和资源优势，走特色化、差异化发展之路，如杨浦区文化创意产业园区以建筑设计业为主，形成了环同济设计产业带；徐汇区以软件信息服务为重点发展集聚区；长宁区积极发挥服装、时尚产业优势，打造时尚产业类集聚区。这种相互接驳的企业集群，构成立体的多重交织的产业链环，对提高创新能力和经济效益都具有实际

意义。

然而很多单个的文化产业园区在规划上并不成功，缺乏特色、创意和竞争力。以田子坊、同乐坊、老码头、1933老场坊等商业休闲娱乐园区为例，在这些园区中，普遍商业比重都要高于50%，商业业态比较丰富，包含商业零售、餐饮休闲、文化娱乐等多种形态，如果不进行详细的园区定位和人群划分，非常容易因趋同而缺乏特色吸引力。比如同乐坊，当以“酒吧+俱乐部”为休闲商业的主打特色，锁定时尚人群，定期举办各类时尚发布、访谈活动；1933老场坊与休闲旅游相结合，聚集人气、提升知名度，同时引入各类时尚活动，形成亮点，塑造品牌；老码头则以特色会所、主题餐饮、创意零售等业态为主，形成一个创意市集……尽管这些文化创意产业都以吸引普通民众、白领、精英为目标，但是吸引不同群体的项目和手段是不同的，各群体所占比例也是不同的，自然而然地形成了差异性竞争。因此建议文化产业园区利用好区位优势，详细分析客群特征，合理分配业态比例，加强特色定位，利用设计和特色活动打造特色风格、塑造品牌效应。

### 3.2.3　完善准入和评估机制

第一，形成相对独立的垂直治理小组。针对纳入城市发展主体框架的创意产业及其园区在上海始终处于“任何部门都能管，任何部门都管不好”的状态，尽管多种政府主体参与有助于全社会参与到园区管理中来，但是必须明确谁是主导性主体、谁是辅助性主体，建议成立园区治理小组或专门性的园区治理部门，整合现有相关行政部门，形成相对独立的垂直治理政府机构。

第二，园区治理人才认证。上海的创意产业园区应有相对严格的准入机制，项目立项前，需由专家把关评审，确认符合条件后再挂牌。根据上海市政协建议，今后将园区运营管理者的职业认证纳入立项前评审。因为园区运营者是战略管理人才，充当着“舵手”角色，他们的个人经历、职业背景和决策思路对园区发展有重大影响。

第三，成立第三方监管机构。上海建立了创意产业园区信息、统计、年审网上报送系统，有些区还创建了集聚区发展评估体系，在一定程度上反映了园区的经营情况。但这些年审或评估架构，有的是企业自行上报，有的是政府执行操作，尚缺少第三方客观、公正的评价，因此很有必要引入第三方绩效评估机制。这样可以有效避免政策文本清晰但执行力度弱的现象。

### 3.2.4　加大财政政策扶持力度，拓宽企业投融资渠道

上海创意产业园区的发展政策引导政府资本、社会资本和私人资本的投资方向、投资趋势和投资重点，向重点园区集中。建议加大财政政策扶持力度，对注册企业提供优惠政策。以税收优惠政策为例，可以依据不同服务行业营业税扶持全额的 35%～50%，所得税扶持全额 10%～20%，且没有纳税额限制；以上百分比指实际纳税额的百分比，非地方所得或者园区所得的百分比。同时要求园区招商服务中心的服务诚信可靠，承诺的奖励政策，明文标示于双方合同中，及时兑现奖励。

同时，扩宽文化企业投融资渠道：第一，上海市政府应成立专项文化创意基金用于一些项目的补贴、新企业的政策优惠、创意奖励和创意活动的举办、符合条件的个体的资金扶持和帮助；第二，以信用交易为主要内容的金融业迅速发展，充分发挥银行信贷资金对文化创意产业发展的重要作用，引进外商投资和国际金融企业资金，积极探索利用外资办文化创意产业的有效途径，推动上海创意产品打入国际市场；第三，鼓励组建各级、各类文化创意产业组织、联盟和文化投资公司，以形成投资控股、金融信贷、资本融资、社会集资等渠道多元的文化创意产业发展的综合性投资和融资格局，建立一个成本最低、效率最高的融资环境，让更多的创意人才和机构来上海融资，让更多的投资者在这里找到科技和文化的发展项目。

### 3.2.5　增强人才意识和人文关怀意识，与高校互动，培育人才

“我们的政府管理层政策意识强、政绩意识强，经济数据意识强，但人才意识和人文关怀意识弱。”[①] 文化创意产业发展中最活跃的因素是人才，政府应一方面通过开放集聚人才资源，通过人文关怀激发创意活力；另一方面积极与高校互动，加快人才培养。创意人才的培养一方面可以依

① 许正林. 上海文化产业园区类型及发展难点分析 [J]. 声屏世界，2012 (9)：55.

托高校、专门教育机构和科研机构，培养学生的基本素养和人文底蕴，在国外，创意产业已经成为一门独立学科，每年培养大量的专业人才，目前，上海文化创意产业学科建设不甚理想，开设相关课程的高校数量还不是很多，学校教育与企业实践没有很好地对接。政府在这方面应该有所作为，可以采取措施促进建立系统的创意知识体系，充分发挥大学的文化辐射作用，鼓励企业与大学联合，建立一批产、学、研一体的文化创意人才培养基地。营造良好的文化生活环境吸引人才，上海应制定一系列的创意人才引进激励优惠政策，放宽落户条件，吸引更多高素质的创意阶层作为上海文化创意产业发展的有力支撑。

当然，政府在文化产业园区管理上既要有所作为，又要有所不为，特别要防止乱作为，比如，由于手伸得太长而对企业管得过宽，从而阻碍企业发展，在园区规划中出现垄断与地区封锁、地主保护主义等种种问题。因此，在强化政府宏观规划和管理、服务职能的同时，应注意政府的角色定位，积极吸纳行业协会、民间团体等社会力量，避免文化产业园区管理政府行为化。

# 第 16 章

# 城市网络文化安全治理的权力与权利基础

葛兰西的“文化领导权”和米歇尔·福柯的“全景敞视主义”理论为城市网络文化安全治理的“文化领导权”和网民的文化权利保障提供了思想源泉与理论基础，用“文化领导权”和“全景敞视主义”理论诠释网络文化安全治理的权力基础和公民隐私权、知情权、文化共享权、文化表达权等文化权利基础，力图更好地解决网络文化安全治理中的困惑，诠释网络文化安全治理权力与民众文化权利基础之间的互动关系，为我国网络文化安全治理提供合法性依据，进而给出解决网络文化安全治理问题的对策建议。

网络是社会舆论热点、焦点问题汇聚的场所，它具有强大的传播力、影响力和全景覆盖作用。目前，我国的城市网络文化存在着种种乱象和嘈杂的声音，比如，各种各样的网络“门事件”层出不穷，网络文化娱乐化、低俗化、媚俗化甚至色情化倾向加剧，一些境内外势力互相媾和，企图渗透、冲淡中华文化的主流价值观，建构所谓西方普世文化价值观……网络文化安全受到了严重的威胁。为了解决我国当前城市网络文化安全存在的问题，我们需要从文化经典理论中寻找网络文化权力和权利的思想根源与理论根基，用“文化领导权”和“全景敞视主义”理论诠释网络文化安全治理和公民隐私权、知情权、文化共享权、文化表达权的合法性，诠释城市网络文化治理权力与民众文化权利的互动关系，可以更好地解决网络文安全治理中出现的理论困惑。本章基于葛兰西的“文化领导权”和米歇尔·福柯的“全景敞视主义”理论，为我国城市网络文化安全的构建提供文化权力和文化权利的合法性治理基础，进而给出一些解决城市网络文化安全治理问题的对策。

## 1. 网络文化、文化安全与网络文化安全

随着互联网、新媒体与移动终端技术的日新月异，以社交网络与新媒体为内容生成来源与信息传播渠道的网络文化正无时无刻不在影响和改变着我们所生活的世界。所谓网络文化，指“人们以网络信息技术为手段、以数字形式为载体、以网络资源为依托，在从事网络活动中创造出来的一种全新形式的文化”。① 网络文化作为一种全新的文化形态，与传统意义上文化的生产与传播方式存在显著不同。首先，网络文化具有跨国界、无边际的开放性，世界各国文化的信息在网络彼此交汇碰撞；其次，网络文化具有高度无序化、难控制、“无政府”“自由化”的特点；再次，网络文化具有去中心化的特质，任何人都被赋予平等参与网络文化活动的权利；最后，网络文化具有极强的娱乐性与后现代特质，它排斥来自传统社会的观念法则，宣扬个性的解放与价值观的多元化。基于网络文化的以上特征，我们既不能否认网络文化对全球化和人类精神需求的贡献，也必须看到隐藏在网络文化背后的技术异化、知识碎片化、价值观多元化、去中心化甚至离散趋势，以及对文化安全及主权等的严峻挑战。其中，尤其值得警惕的便是网络文化以文化全球化为名，对国家文化安全所造成的种种威胁。

关于文化安全，国际学术界通常用“文化多样性”“文化例外”“社会文化安全”“非传统安全”等概念来表达。② 对于当下中国而言，文化安全主要指人们认为自己所属的民族、国家的基本价值和文化特性不会在全球化大势下逐渐消失或退化的安全感。③ 文化安全是一种特殊的安全，它具

① 姚伟钧，彭桂芳. 构建网络文化安全的理论思考 [J]. 华中师范大学学报（人文社会科学版），2010（3）：72.

② 胡惠林. 中国国家文化安全报告 [M]. 太原：山西人民出版社，2005：31—35.

③ 潘一禾. 文化安全 [M]. 杭州：浙江大学出版社，2007：28.

有间接性、隐蔽性和缓和性等特点。上海交通大学教授胡惠林站在国家—民族的角度认为："文化存在遭遇生命的威胁和侵略，必然给一个民族和国家的存在价值、存在意义和它的全部合法性带来深刻的文化危机和民族危机，从而也就构成了一个国家文化安全的全部内容和意义。"[①] 因此，强调文化安全的目的在于防止其他国家、民族文化以及国内某些所谓的"公共知识分子""网络意见领袖"，携网络草根文化对本国、本民族的主流意识形态、价值观念、审美倾向、行为方式和评判标准的异化和重新构建。

网络文化安全作为国家文化安全的一部分，一般可以分为三个层次，即网络物质文化安全（主要包括像防火墙之类的各种网络安全硬件设备和软件产品）、网络制度文化安全（包括各种维护网络安全的法律法规和规章制度）和网络精神文化安全（包括人们对网络安全的意识、心理、理论、价值倾向）。[②] 具体而言，网络文化安全目前存在以下现象：渗透性文化安全、变异性文化安全、侵害性文化安全、腐蚀性文化安全与破坏性文化安全，[③] 分别对应了西方意识形态渗透、非理性价值观蔓延、国外娱乐产品入侵、黄赌毒信息泛滥、黑客攻击与网络病毒猖獗等现象。特别值得警惕的是，西方发达国家的利用自己强势的网络文化对中华民族文化的渗透性威胁，对我国主流意识形态、价值观的变异性威胁；利用网络文化娱乐产品（如游戏产品等）的输出对中华主流文化的侵害性威胁；网络色情、迷信等垃圾文化信息带来的腐蚀性威胁；网络病毒、网络犯罪等带来的破坏性威胁；等等。

## 2. 城市网络文化安全治理的权力基础："协商""收编"与领导权

意大利著名理论家葛兰西提出了"文化领导权"理论。所谓"文化领导权"，指的是某种进行中的状况，它描述了统治阶级通过操纵"道德及

① 胡惠林. 中国国家文化安全论［M］. 上海：上海人民出版社，2005：2.

② 王燕，杨文阳，张屹. 中国网络文化安全发展现状及相关政策研究［J］. 情报杂志，2008（4）：145.

③ 徐龙福，邓永发. 社会信息化发展的网络文化安全［J］. 江汉论坛，2010（11）：18—19.

精神领导权”的方式对社会加以引导而非统治的过程，霸权从来不是简单的自上而下的权力，而是统治阶级和被统治阶级互相“协商”的结果，是一个同时包含着“抵抗”和“收编”的过程。[①] 葛兰西还认为，这种霸权受到为各个阶级代言的“有机知识分子”的操纵。

按照葛兰西霸权理论的观点，城市网络文化作为当代大众文化的重要组成部分，是人们在积极地消费社交网络和新媒体的文本与实践之中产生的。人们通过参与到网络文化的生产与传播过程中，创造出网络文化自身带有的草根性、自由性、多元性、煽动性和易变性特征，也使之成为与我国当前主流意识形态有一定区隔的新文化。不过，通过网络上林林总总文化元素的碰撞与观点、意见的交锋，网络文化的独立倾向将不可避免地被主流意识形态与商业因素所浸润，从而逐渐褪去信息良莠不齐、观点过于偏激、形式难以固定等特点。从葛兰西的霸权理论出发，可以建构网络文化安全治理的权力基础，即通过媒体、公共知识分子以及普通网民之间不断的互动与“协商”，从而实现政府与各阶层民众对网络文化领导权的共享与共治。作为网络文化安全治理的权力基础，文化领导权主要解决的是网络文化的舆论究竟由谁主导、如何主导的问题，关系到网络主流价值观和意识形态的确立与维系。

当前，城市网络文化尤其是网络舆情文化所存在的主要问题，就是各色标榜自由、民主、平等、理性的所谓“公共知识分子”或“公共意见领袖”言论泛滥，极端、片面、非理性甚至煽动性的网络舆论观点层出不穷并且还有大量拥趸。反之，真正体现理性价值、主流价值的声音却被淹没。而与此同时，一些政府主管部门对待网络舆情热点事件尤其是一些社会负面事件，反应过慢、处理态度不好、处理方式不对，甚至有欺骗和蒙蔽网民之嫌，往往导致网络舆论几乎一边倒地站到了政府价值立场、观点的对立面，也使不少网民因此对现行网络文化治理体制、机制产生抵触情绪。而在网络舆情出现如此危机的背后，不仅可以看到网络文化背后所隐藏的社会阶层的对立，也可以发觉国外一些别有用心的人通过少数“公共知识分子”或“公共意见领袖”，在中国互联网上散播西方政治、经济和

---

① ［英］约翰·斯道雷. 文化理论与大众文化导论（第五版）［M］. 常江译，北京：北京大学出版社，2010：98—99.

文化意识形态以及所谓的普世价值观。一些不明真相的民众往往无法对此区分，出现了种种矛盾冲突不断的对立性事件。

说到底，这种情况的发生就在于当前网络文化监督治理部门对网络文化的生成机制还缺乏深刻认识。根据葛兰西的霸权理论，如今网络上大多数来自“公共知识分子”或“公共意见领袖”的言论，很大程度上代表了民间草根阶层对积极参与网络舆论的生成与传播，以及争夺和捍卫自身阶层话语权的渴望，充分体现了网络文化作为大众文化的“抵抗”性特征，其抵抗对象主要是官方主流文化和意识形态。所谓“公共知识分子”或“公共意见领袖”言论的出现，一方面迎合了民众的这种“抵抗性”或“排斥性”需求，另一方面也利用这种需求影响或操纵网络舆论。与之形成对比的是，一些政府主管部门在应对网络舆论热点事件时，却没有把握好自己在社交网络与新媒体平台上的“文化领导权”地位，非但没有利用好自身具有的主流价值文化与舆论优势，而且还没有充分与来自草根、来自“公共知识分子”、来自“公共意见领袖”的网络舆情形成良性互动，没有进行有效的“收编”，导致有限的应对措施和行为如鸵鸟般笨拙、前后不一致甚或混乱，难以真正达到取信于民、说服民众的效果，客观上为非理性网络文化的蔓延起到推波助澜的作用。

对于网络文化主管部门而言，网络舆情的领导权自然是必须要维护的对象。但如何维护网络舆情的领导权是值得深入思考的课题。根据葛兰西的霸权理论，网络文化的生成是一个存在上下阶层间互动和“协商”的过程，不仅有来自民间或草根网络舆论对统治意识形态的“抵抗”，也有来自官方网络舆论对民间草根网络文化的改造与“收编”。要完成这种“抵抗”与“收编”，政府在网络舆情监管与引导方面首先就必须放下身段，以“协商”者的姿态出现，积极掌控网络舆情的领导权，官方网络舆论应当发挥自身权威性强、可信度高的特点，一方面要积极应对社会民众关注的敏感与热点问题，研究分析其发生和发展的机制与环境，选好时机及时正面解释、引导，晓之以理，动之以情，积极主动地防患于未然，才能消除部分民众对政府管理部门的不信任感；另一方面要向民间网络文化学习网络发声形式，力求更贴近民众的接受习惯、接收方式，以吸引和培育一大批对网络理性声音和“正能量”有憧憬的网民，通过他们的人际传播、网络传播扩大官方网络舆论的传播范围与影响，让偏离理性价值和明显具有煽动性的网络舆论被主流意识形态和文化所淹没。除此之外，还不能忽略网络文化主管部门的“防火墙”作用，要坚决捍卫国家文化主权，防止国外意识形态与以“普世价值”的名义对网络文化的渗透，“必须保证社会主义主流文化价值体系以及建立于其上的社会生活制度、语言符号系统、知识系统、理想信念等主要文化要素免于各种力量的侵蚀”。①

## 3. 城市网络文化安全治理的权利基础：“全景监控”与隐私权

“全景敞视监狱”是18世纪英国知名法学家杰里米·边沁设计的一种监狱类型，他坚信这种监狱类型是获取控制人们精神的全新方式。而法国后结构主义思想家米歇尔·福柯则借此提出“全景敞视主义”，他认为“全景敞视监狱”的主要作用在于使置身其内的人自己意识到监控的无处不在，从而主动规范自己的行为，确保权力机制的自动运行，在这其中，每个人都扮演着双重角色——既是控制者，又是被控制的对象。②

如米歇尔·福柯所言，“全景敞视主义”规范的目标是人们的行为乃至思想的“标准化”，监视是权利机制发挥作用的主要方式。如今，我们生活在到处都是监控探头的世界中，而网络文化也几乎处于网络监控的全景覆盖中，仅从美国的“斯诺登事件”中就可见一斑。一方面，合理、合法、适度的监控可以规避不少来自未经加工的网络文化的内容性风险；另一方面，由非法监控带来的网络攻击与网络骚扰却让我们不胜其扰。人们一方面为自己受到无所不在的监控而感到愤愤不平，另一方面又在为打探公众人物或别人的隐私而乐此不疲。从米歇尔·福柯的“全景敞视主义”理论出发，可以建构网络文化安全治理的权利基础，即通过加大政府网络监控的力度和范围，逐步消除网络安全隐患与网络文化乱象，保障每一个网民都在政府保护下享有网络隐私权、知情权、共享权、表达权。作为网

---

① 于东江，王建. 网络文化背景下的高校校园文化安全建设［J］. 西南石油大学学报（社会科学版），2010（11）：69.

② ［英］约翰·斯道雷. 文化理论与大众文化导论（第五版）［M］. 常江译，北京：北京大学出版社，2010：160.

络文化的权利基础，公民的隐私权等权利是政府采取合法监控手段所希望保障的对象，也是网络文化持续健康发展的基本权利。

网络监控可以分为两类：一类是政府通过合法手段对网络文化的信息数据传输安全与内容正当性进行必要、适度的监控；另一类则是不法人士通过网络监控技术手段以黑客攻击、病毒植入等方式非法窃取用户个人隐私与商业机密，或是通过社交网络与新媒体肆意传播反动、色情、暴力、赌博等不良文化信息。也就是说，网络世界的监控是一柄双刃剑，如果用好了可以维护广大网络用户的隐私安全、文化权利安全，反之如果被错误地用在窥探隐私、乱扣帽子甚至罗织罪名、打击异己等邪门歪道上则是对网络文化安全的严重破坏。因此，对于政府网络主管部门来说，将网络文化监控权牢牢控制在自己手中就显得极为重要。

在当下的全景监视机制下，我们每个人经常处于监控和被监控的环境中，我们既承担监视者的角色，又是被监视的对象，网络世界正是因为监视行为而被“标准化”。这既体现了当代网络文化与监视行为的密不可分给人们造成的无奈，也为国家政府主管部门对网络文化的正当监视提供了合法依据。既然全景监视机制是当下社会的普遍现象，那么如何利用好全景监视机制保障网民的隐私权、知情权、文化共享权、表达权等文化权利，以及如何利用网络监控权消弭来自网络的非法监控与不良信息扩散，成为摆在政府主管部门面前的重要课题。

对于城市政府主管部门而言，对互联网的监控权应当以维护网民的隐私安全与文化健康为宗旨。第一，作为维护网络文化安全的行政主体，政府主管部门“应当通过完善制度设计、合理配置资源和明确权责界限等途径，积极推动网络文化治理方式方法的创新，坚持依法管理、科学管理、有效管理，不断赋予网络文化管理新的内涵”。[①] 具体而言，就是要建立和健全网络信息传播的监测和预警机制，通过创新管理方式和提高管理效率的方式进一步规范网络文化安全突发事件应急处理能力。第二，要在技术上加大对黑客攻击与病毒传播的控制力度，“鼓励网络技术人员开发和利用先进的技术手段，提高信息的实际控制能力，并使技术手段成为实施自

① 徐龙福，邓永发. 社会信息化发展的网络文化安全 [J]. 江汉论坛，2010 (11): 20.

律和他律的有力保障”。[①] 第三，对于各种涉及色情、暴力、赌博等不良信息的互联网文化，要加大监控和疏堵结合的力度，一方面要严格监控和查处的力度，另一方面要持续做好宣传和教育引导的工作，推动相关从业人员的自查与自律。第四，要重视各种来自境外的具有渗透性的意识形态和文化价值观，在加大监控力度的同时，予以坚决抵制，以强大的中华主流文化意识形态和价值观予以稀释、消解。第五，社会各方面力量要有所作为，同政府主管部门形成合力，在网络文化的舆论阵地积极传播社会主义核心价值观与正能量，以消除部分消极、负面等不良文化信息的传播力、影响力，让网络文化真正发挥其改善人类精神生活品质、促进全球民众良性交往沟通、推动政府文化治理能力现代化的积极作用。

## 4. 城市网络文化安全治理的权力与权利基础之间的互动关系

文化权力与文化权利之间存在互为依存、密不可分的关系。行使文化权力的目的是为了保障公民文化权利的充分伸展与实现，民众文化权利的保障和实现也能够为文化权力合法、合理、有序的运行提供法理依据和社会支持。网络文化安全的权力基础与权利基础同样存在类似的互动关系。政府官方网络文化通过对民间网络文化的“治理”“协商”和“收编”，确立和巩固其网络文化治理的领导权，同时，这种“文化领导权”也是为了治理和消弭当前民间网络文化所存在的种种不健康或偏颇问题，以维持网络舆论的正常生态和发展环境，保障中华主流意识形态和文化价值观的主导地位，这在一定程度上也保障了民众互联网文化权利的合理、合法、健康、有序行使，保护了民众在网络文化中的隐私安全和其他文化权利安全，从而为网民更好地行使自己的文化权利（如知情权、共享权、表达权、传播权等），为网络文化的健康、可持续发展提供可能。政府主管部门对民众的网络文化权利安全予以正当的监控和保护，也为巩固政府官方舆论的网络文化领导权以及网络文化的可持续发展，提供了良好的发展

① 刘桂珍. 网络传播与文化安全［J］. 高校理论战线，2008（10）：44.

环境。

城市网络文化虽然在形式和内容上与传统文化不同，但这并不意味着网络文化能拥有任何特权，互联网空间并不是无政府主义之地。一个民族、一个国家的政府管理部门对该民族、该国家的网络文化安全治理负有责任，民族、国家对网络文化的领导权，即网络文化安全的权力基础体现在官方主流文化和意识形态对网络文化的领导权，而政府所要保护的民众网络文化权利，即网络文化安全的权利基础则是政府的网络文化治理义务和公民的权利自觉。二者作为网络文化安全的两大基本基础，是相互依存、密不可分的。

目前，西方发达国家如英、美、法、德等国的政府，已经建构了相对完备的网络文化监管体系，他们主要通过立法、行政监控、技术控制、行业自律、公众监督等措施维护和行使“文化领导权”，保障民众的文化权利需求，维护其网络文化安全。我国的网络监控与管理部门应该有所作为，既不能放松自己应有的文化领导权，也不能轻视网络民众所应享有的文化权利。政府管理部门应当重视通过“互动”与“协商”的积极态度，通过立法、行政监控、技术控制、行业自律、公众监督等措施，以积极稳妥的方式推动官方舆论和主流意识形态、文化价值观对民间网络文化“收编”，并通过合理、合法的监控手段维护广大网民切身的隐私权安全与其他网络文化权利，寻找相应的治理网络文化安全的具体解决之策，为未来网络文化的健康可持续发展奠定坚实的基础，让我们网络文化的明天更加美好！

# 第 17 章

# 上海网络视听产业治理结构优化研究

文化治理不同于文化管理，它是一种“政府＋市场或社会”的多元主体共同参与治理的先进治理模式。目前，网络视听产业是上海文化产业的发展重点，为了保持在全国同行业的领先地位，上海市政府治理主体在政策扶持、内容监管、版权治理、优化产业环境等方面有所作为，但上海视听新媒体行业协会、视听企业（网站媒体）、视听用户等社会主体治理职能发挥的作用有限。本章探讨网络视频产业中政府、企业、行业协会及用户等主体的治理职能，该产业治理结构存在的问题，并给出优化上海网络视听产业治理结构的对策建议。

党的十八届三中全会公报指出，全面深化改革的总目标是完善和发展中国特色社会主义制度，推进国家治理体系和治理能力现代化。① 深化文化体制改革，大力发展文化产业，实现从文化管理向文化治理的路径转变，将成为今后一个时期国家文化建设的战略目标和文化产业的实践路径。从文化管理转变为文化治理，即文化治理主体从政府转变为“政府＋市场或社会”，从单一政府主体的文化管理走向多元行业主体参与式文化治理。本章以上海网络视听产业为例，分析政府、非政府组织、企业以及公民这四种治理主体在上海网络视听产业的文化治理功能，它们的治理现

① 中国共产党新闻网. 十八届三中全会公报［EB/OL］. http://cpc.people.com.cn/n/2013/1112/c368480-23518946.htm. 2013-11-12.

状及存在的问题，并就如何优化网络视听产业治理结构，如何提升各主体的治理能力提出一些建设性建议。

## 1. 从文化管理到文化治理

“治理”是个后现代语境中的概念，从某种程度上是对传统“管理”概念及其内涵的解构。关于文化治理的论述，起源于 20 世纪七八十年代法、英后现代学派和伯明翰学派。法国后现代大师米歇尔·福柯在《规训与惩罚》中指出，规训制度受到了杰里米·边沁全景敞视主义建筑的影响，这种建筑模式可以被推广至整个社会。在米歇尔·福柯看来，在这种可见而又无法确知的监视下，个人被按照一种完整的关于力量与肉体的技术而小心编织在社会秩序中，受到权力效应的干预。① 在规训机制后，米歇尔·福柯在《安全、领土与人口》中提出了“安全配置”的理念，米歇尔·福柯支持“安全配置”是因为对人的治理本质上首先应当考虑的是事情的本质而不是人的恶习，对事物的治理首先要考虑人的自由、目的、利益、想法这些相互关联的要素。权力把自己理解为一种调节，它只能通过每个人的自由才能运转。②

英国学者托尼·本尼特在《文化与社会》一书中指出了文化的治理性，文化被构建为既是治理的对象又是治理的工具：就对象或目标而言，术语指涉着下层社会阶级的道德、礼仪和生活方式，就工具而言，狭义文化（艺术和智性活动的范围）成为对道德、礼仪和行为符码等领域的管理干预和调节手段。③ 此外，他还分析了博物馆的治理性，博物馆受众经历了从面向私人贵族到普通大众的转变。博物馆的目的在于诱骗普通民众成为权力的共谋，这是通过将民众置于权力的这一边，权力是属于自己的而

① ［法］米歇尔·福柯. 规训与惩罚：监狱的诞生［M］. 刘北成，杨远婴译. 北京：生活·读书·新知三联书店，1995：243.

② ［法］米歇尔·福柯. 安全、领土与人口［M］. 钱翰，杨薇薇译，上海：上海人民出版社，2010：36—38.

③ ［英］托尼·本尼特. 文化与社会［M］. 王杰等译，桂林：广西师范大学出版社，2007：162—163.

做到的。[①] 博物馆采用了全景敞视机制，它作为一个规训的工具，利用公众的自我监督达到了维持秩序的目的。由于博物馆面向大众，因而它需要扩张表征性，不排除或边缘化群体。博物馆一方面是实施文化治理的规训工具，另一方面它主张大众参与治理，所以它的功能不局限于教导大众或娱乐大众。

台湾地区学者王志宏较早从西方引入文化治理的概念，他将文化治理界定为：借由文化以遂行政治与经济及各种社会生活面向之调节与争议、透过各种程序技术组织知识论述和行动等操作机制而构成的场域。[②] 大陆学者胡惠林教授认为："文化治理是国家通过采取一系列政策措施和制度安排，利用和借助文化的功能，主体是'政府＋社会'，政府发挥主导作用，社会参与共治。治，更突出人、社会与国家的能动性和自主性，具有很强的规训弹性。"[③] 青年学者吴理财教授认为，文化治理有政治、社会、经济三张面孔，在政治上，马克思的阶级统治论和葛兰西等人的文化霸权理论支持了文化具有政治治理功能的论调，拥有统治地位的资产阶级用文化作为意识形态，维护阶级利益。他们为了维护霸权，在与被统治阶级间的交涉中作出"让步"和"妥协"，但这种"让步"和"妥协"是以不破坏统治阶级根本利益为基础的。[④] 同时，他借鉴托尼·本尼特的"社会生活的治理化"和米歇尔·福柯的治理术理论，阐述了文化治理的社会面孔，认为"文化治理的社会面向和政治面向总是相互配合、相互影响乃至交融在一起"。[⑤] 在经济层面上，法兰克福学派指出，以娱乐和信息工业为首的文化工业成为统治阶级驯服、诱惑大众的工具，而这种工业带来的文化经济正在全球蔓延。[⑥]

另外一些学者将文化治理手段的研究焦点集中于公共文化服务领域。毛少莹在《泛娱乐化，如何挑战公共政策》一文中分析了中国泛娱乐化的

---

① ［英］托尼·本尼特. 文化与社会［M］. 王杰等译，桂林：广西师范大学出版社，2007：224.

② 王志宏. 文化如何治理？一个分析架构的概念性探讨［J］. 世新人文社会学报，2010（11）：3.

③ 胡惠林. 国家文化治理：中国文化产业发展战略论［M］. 上海：上海人民出版社，2012：125.

④ 吴理财. 文化治理的三张面孔［J］. 华中师范大学学报，2014（1）：59—61.

⑤ 吴理财. 文化治理的三张面孔［J］. 华中师范大学学报，2014（1）：64.

⑥ 吴理财. 文化治理的三张面孔［J］. 华中师范大学学报，2014（1）：65.

社会现状，提出通过政府、企业、公民之间的互动调整公共政策。“传媒政策作为一种公共政策，应当考虑如何在政府和企业之间引入公民的力量，或许只有借助公民社会力量……才能在社会参与的基础上，释放大众被压抑的心理与文化能量。”[①] 祁艳在《文化治理，何时走出困境?》一文中指出，“文化治理就是分权管理，中央向地方分权，政府向社会组织分权，将地方、社会、市场、个人的主动性和活力都纳入公共文化领域中，用来激发文化的创新意识。”[②] 她认为，国家政策、社会精英以及第三方组织将成为文化治理的重要主体。

总之，文化治理不同于文化管理，它是一种“政府＋社会”共同参与治理的模式。这种治理模式的特点和先进性在于政府部分权力让渡，即一定程度上赋权企业、社会团体、民众，并不意味着政府对社会控制力的下降，这恰恰是为了维护政权，发挥市场权力和权利，借助民众和其他社会组织之手，降低政府执政风险、提高执政效率的表现；无论是政府、文化精英还是媒介都不完全具备控制意识形态、文化生产与消费和人们思维意识的能力，因为民众享有文化知情权、选择权、文化表达和参与权、监督权等文化权利；商业社会媒介缺乏精神信仰和公平、正义等道德底线，政府应激励各社会主体参与文化治理，制止媒介和企业为了纯粹商业利益而采取媚俗、低俗、恶俗的行为；全景敞视机制下的规训社会有助于社会各成员规范自身行为，促进文化健康发展。

从经济学的角度来看，文化治理比文化管理更具有先进性。我们知道，市场具有外部性，外部性是指市场参与者（个人、家庭、企业或其他经济主体）的行为影响到其他人或者公共的利益，而行为人却没有因该行为做出赔偿或得到补偿。网络视听产业具有外部性，网络视听产品或服务的外部性在于：从个人层面看，它可以影响个体的文化消费观、价值观；从企业层面看，个体企业理性的利润追求，既可能给行业集体带来正外部性（提高集体的满意度），也可能带来负外部性（引发集体的抱怨），抄袭、盗版、侵权现象看似符合个体网络视听企业降低成本、追逐利润的市场理性，但增加了行业内的负外部性，引发版权纠纷和不正当竞争，进而

---

① 毛少莹. 泛娱乐化，如何挑战公共政策 [J]. 人民论坛，2007 (2)：21.

② 祁艳. 文化治理，何时走出困境? [J]. 中国美术馆，2013 (3)：127.

影响视频企业广告收入，抬高维权成本和版权交易成本；从国家层面看，它可以影响产品或服务的文化内涵和精神价值，以及国家文化安全和文化软实力。因而，网络视听产业治理需要政府与市场双管齐下。政府在出台针对外部性的公共政策时，主要有两种方式：一是命令与控制政策，即通过治理权力实行管制策略（规定或禁止某些政策）；二是以市场为基础的政策，促使私人决策者自己来解决问题。政府可以通过财政税收金融政策，对市场进行矫正；如果市场力量无效时，政府再发挥作用。网络视听市场具有文化和社会属性，不可能成为一个完全竞争的市场，国企垄断或者地方性垄断对产业发展也是极为不利的。如果竞争市场上存在自由进入与退出机制，新进企业进入市场，会产生产品多样化和抢走业务两种外部性。[①] 因而较为宽松的市场进出环境有利于网络视听产业可持续发展。

文化治理不仅可以保证国家意识形态方向、网络视听产业的精神文化属性，维护文化市场秩序和丰富民众文化生活，而且可以促进网络视听市场长期繁荣。网络视听市场的外部性决定政府既不能放任“市场的手”，也不能过度限制“市场的手”，作为核心的治理主体，政府需要对市场采取部分管制、部分放手的治理手段，企业、社会组织、民众等其他市场治理主体在遵守政府规制的同时，需要有所作为。

## 2. 上海网络视听产业治理结构分析

在互联网时代，随着三网融合、多屏技术的普及，网络视听产业迅速兴起，成为最为活跃的网络文化服务产业和运行在互联网公共空间的“开放式产业花园”。根据艾瑞网发布的数据显示，2012 年 12 月至 2013 年 11 月，中国的网络在线视频覆盖人数基本维持在 4.5 亿。其中，2013 年 11 月在线视频媒体总有效浏览时间为 35.9 亿小时，在有效浏览时间方面继续保持世界领先优势，领先位居第二的 SNS 服务 26.9 亿小时。[②] 上海网络视听

---

① ［美］N. 格里高利·曼昆. 经济学原理（第 5 版）：微观经济学分册［M］. 梁小民等译，北京：北京大学出版社，2009：217—354.

② 艾瑞网.2013 年 11 月网络视频收视数据发布［EB/OL］. http：//news. iresearch. cn/zt/224915. shtml#a1. 2013 - 11 - 12.

产业发展一直走在全国前列。2003 年，上海文化广播影视集团获得全国首批《信息网络传播视听节目许可证》；2005 年，上海文化广播影视集团获得全国第一批手机电视和 IPTV 许可证，成为中国手机电视和 IPTV 的先行者；2008 年获得全国第一批 P2P 视频类许可证；2009 年，上海文化广播影视集团发起创办首届网络视听产业论坛；2010 年，百视通经国家广电总局批准，借壳广电信息整体上市，进行资本运作，从单纯的内容集成播控发展到一云多屏的智能媒体服务。同年，全国首家国家级网络视听产业基地落户上海；2011 年，全国首家省级视听新媒体行业协会在上海诞生。[①] 2011 年，上海网络视听产业整体规模超过 30 亿元，同比增长超过 100%，上海网络视听产业用户覆盖全球，全国覆盖用户占比已超过 60%。6 家网站月度用户覆盖规模超过 3 500 万，其中土豆网月度用户覆盖达 1.77 亿，PPS 客户端月度覆盖用户超过 1 亿。[②] 上海网络视听产业规模位于全国领先地位，发展速度迅猛，但存在以下问题，比如：如何保护网络视听产品及服务的版权，控制抄袭、盗版和侵权现象，维护行业诚信？如何控制虚假信息，淫秽、低俗内容在网络视听产品中的传播？如何提升网络视听产品及服务的文化内涵和精神价值？如何在兼顾市场需求的同时，倡导健康向上的视听内容产品及服务，培育社会主义核心价值观，应对视听网站的媚俗、低俗、庸俗行为？如何营造良好的网络视听产业环境，拓展企业盈利空间，促进行业持续健康发展，等等。

这些问题亟待相关文化主体共同参与治理。治理结构是文化治理的核心议题，它对分配文化治理权力、调节文化治理主体之间互动关系，供给文化市场产品，配置文化市场资源，实现公共利益等都具有决定性影响。治理结构是指“由政府组织、非政府组织、私人企业或个人所构成的治理主体的组织形态，以及这些主体在处理公共事务中依据共同的治理理念所形成的治理规范、治理程序和治理手段”。[③] 具体到文化产业领域，文化治理结构就是文化治理主体之间的关系结构，它规定文化治理主体的权利、

---

① 胡劲军. 上海设立网络视听产业扶持资金［EB/OL］. http：//www. ce. cn/culture/gd/201209/21/t20120921_23701457. shtml. 2012－09－21.

② 上海市政府.2012 年上海市文化创意产业发展报告［EB/OL］. http：//www. shanghai. gov. cn/shanghai/node2314/node2315/node4411/u21ai651565. html. 2012－08－24.

③ 薛澜，张强，钟开斌. 危机管理——转型期中国面临的挑战・导论［M］. 北京：清华大学出版社，2003：5.

责任和相互关系，各种治理主体通过各种制度、规范、程序等治理介质行使治理权利。从产业生态学的角度来看，网络视频产业是一条以内容提供商、内容运营商（网站媒体企业）、技术提供商、分销渠道、广告主、用户，以及产业外部环境等为主要构成的产业链。在一定的网络社会环境中，网络视频产业的良好生态是基于产业各构成要素之间、产业构成要素与外部环境之间，尤其是与治理主体之间相互良性制约而达到的相对平衡的结构。视频产业的主要治理主体构成要素为政府治理主体、非政府组织（行业协会等）、视频产业运营商（企业或视频网站运营者）、用户。其中，政府治理主体在网络视频产业治理结构中占据主导地位，它统帅非政府组织、视频产业运营商、用户等其他治理主体，偏重于刚性治理；行业协会等非政府组织治理主体协助或补充政府治理，是沟通市场、企业、社会治理主体的润滑剂，偏重于柔性治理；视频产业运营商的自治理和他治理是产业市场治理结构中的主体，治理手段偏重于刚柔兼济；用户治理主体处于产业市场治理结构的终端，与视频产业运营商主体互为两翼，其治理功能的发挥对市场起决定性作用。下面我们分析上海视频产业四大治理主体的主要职能，及其治理权力或权利和责任。

### 2.1　上海市政府职能部门的主要治理职能

根据2004年《互联网等信息网络传播视听节目管理办法》规定，国家广电总局负责全国互联网等信息网络传播视听节目的管理工作。2007年，国家广电总局颁发《互联网视听节目服务管理规定》（广电总局56号令），国务院广播电影电视主管部门和国务院信息产业主管部门作为互联网行业主管部门，是网络视听产业的两大政府监督部门。广电部门和信息产业部门的职责在于监管网络视听产业，查处违法企业和违法行为，引导产业健康发展。根据《互联网视听节目服务管理规定》（广电总局56号令），地方人民政府广播电影电视主管部门和地方电信管理机构依据各自职责对本行政区域内的互联网视听节目服务单位及接入服务实施相应的监督管理。[①]

① 国家广播电视电影总局. 互联网视听节目服务管理规定［EB/OL］. http://www.chinanews.com/it/kong/news/2007/12-29/1119451.shtml. 2007-12-29.

按照以上规定，上海市文化广播影视管理局和上海通信管理局系上海市网络视听产业的两大地方性监督管理部门，前者负责监管互联网视听节目服务单位和传播内容，后者负责监管技术板块的接入服务，地方政府部门虽没有制定相关政策的权力，但它可以在市场准入、行业监管、技术管理、扶持产业发展、优化产业环境方面发挥作用。

#### 2.1.1　协助审查"申证企业"资格

法国社会学家皮埃尔·布尔迪厄曾批判电视媒体为了收视率，极力迎合公众趣味而提供粗俗电视节目的犬儒主义行为，提出无论是家长式或是民粹派的电视都不能真正民主地利用大规模的传播工具。他认为，媒介从业者垄断工具，不仅控制普通公民，还控制学者、作家、艺术家等文艺生产者进入人们常说的"公共空间"。商业竞争导致不择手段、抢头条的行为产生，行业间、跨行业的合作能避免这种情况的发生。为了避免在精英主义与蛊惑民众之间做非此即彼的选择，必须维持甚至提高进入文化生产场的入场权。① 对于新兴的且兼具正负社会效应的网络视频产业来说，更需要市场的"入场券"，亦即政府部门的前置审批和资格许可。根据相关条例规定，中国大陆从事网络视听服务需要具备"信息网络传播许可证"，企业在上海申请许可证，须向上海市文化广播影视管理局提交相关资料，该部门对企业资质做出初审意见，再交由国家新闻出版广电总局审批。

#### 2.1.2　整治网络视听节目内容

网络视频产业的最显著特征，是基于互联网媒体信息的交互和分享，"自觉不自觉地构建一种兼具排他性和非排他性的复杂产权结构，提供以信息福利为核心的社会价值，借此创造出一种多种利益边界交杂的混沌价值形态，然后在混沌中将部分社会价值转化为经济价值"。② 而网络视频产品及服务的社会价值集中体现于产品内容。因此，内容监管就成为网络视频产业治理的主要内容，也是政府治理主体的主要责任。2009 年，国家广

---

① ［法］皮埃尔·布尔迪厄. 关于电视［M］. 许钧译，南京：南京大学出版社，2011：67—81，100.

② 周笑. 垄断与创新：网络视频产业观察与研究［J］. 东岳论丛，2012（4）：154.

播电影电视总局发布了《关于加强互联网视听节目内容管理的通知》，进一步加强网络文化的建设和管理，规定各互联网视听节目服务单位对不符合规定的情节要及时删除。① 2012 年，国家新闻出版广电总局发出《关于进一步加强网络剧、微电影等网络视听节目管理的通知》，要求视频网站按照“谁办网谁负责”的原则，对网络剧、微电影等网络视听节目一律先审后播。② 2014 年，国家广播电影电视总局颁发的《关于进一步加强网络剧、微电影等网络视听节目管理的补充通知》中规定，网络剧、微电影等网络视听节目上网播出前应完成节目信息备案；上网播出后，群众举报或新闻出版广电行政部门发现节目内容不符合国家有关规定的，要立即下线。③ 为严格管控网络视听节目内容，中央政府职能部门陆续出台了一系列政策，上海市文化广播影视管理局作为政策执行部门，承担监管本市内企业节目内容，警告或处罚违反规定企业的职责。比如，上海市文化广播影视管理局于 2008 年组织专门力量进行监测，发现并关闭了 12 家传播有害视听节目的网站。④

#### 2.1.3 保护网络视听产品及服务版权

2007 年年底，针对盗版、淫秽暴力节目在互联网上传播的现象，国家广电总局发布了《关于加强互联网传播影视剧管理的通知》，强调用互联网传播的影视剧、动漫画等视听产品，必须符合广播电影电视管理的有关规定，依法取得国家广电总局颁发的“电影片公映许可证”“电视剧发行许可证”或“电视动画片发行许可证”，同时获得著作权人的网络播映授权。⑤ 2009 年 3 月，国家广电总局发布的《关于加强互联网视听节目内容管理的通知》第五条明确规定：“从事互联网视听节目服务的单位要完善

---

① 国家广播电影电视总局. 关于加强互联网视听节目内容管理的通知［EB/OL］. http：//www. gov. cn/gzdt/2009-04/02/content_1275431. htm. 2009 - 04 - 02.

② 国家新闻出版广电总局. 关于进一步加强网络剧、微电影等网络视听节目管理的通知［EB/OL］. http：//baike. baidu. com/view/12521668. htm?fr=aladdin. 2014 - 06 - 28.

③ 国家广播电影电视总局. 关于进一步完善网络剧、微电影等网络视听节目管理的补充通知［EB/OL］. http：//news.163. com/14/0321/11/9NRVRE6K00014JB5. html. 2014 - 01 - 02.

④ 顾金华. 上海查处关闭淫秽网站近 4 000 家严打网络色情［EB/OL］. http：//news. qq. com/a/20080115/001082. htm. 2008 - 01 - 15.

⑤ 国家广电总局. 关于加强互联网传播影视剧管理的通知［EB/OL］. 百度百科. http：//baike. baidu. com/link?url=-q7Mevb0O47ao7e73K3LR6n5-VVkUyP3wad5g0D64TsVsHurFP801IU- 1pJTZxNeKLBAghB6hZHqEf4DKd07CK. 2014 - 06 - 28.

节目版权保护制度，严格遵守著作权法律、行政法规的规定，所播节目应具有相应版权。要采取版权保护措施，保护著作权人的合法权益。”①自 2005 年起，每年上海市政府组织市版权局、市公安局、市文化市场行政执法总队、市通信管理局等六部门，联合开展打击网络侵权盗版专项工作的“剑网行动”，打击范围包括盗版网络音乐、网络视频等。

#### 2.1.4　扶持网络视听企业发展

为扶持市内网络视听企业，表彰和奖励优秀企业，自 2011 年起，政府设立网络视听产业专项资金，每年下拨 1 000 万人民币支持网络视听行业发展。这是中国地方政府为该产业设立的第一笔专项资金。根据 2013 年上海网络视听产业专项资金支持项目和单位数据统计，获得支持的共 39 个项目、11 个单位；支持项目种类包括原创网络短片、创新项目（系统/平台）、重点视听企业和网络视听公共服务活动。其中，获得资金支持的民营企业项目有 31 个，大约占到了总数的 80%。

#### 2.1.5　优化网络视听产业发展环境

为集聚优秀网络视听企业，培育网络视听产业的完整产业链及服务体系，2010 年年底，中国首个国家级网络视听产业基地在上海成立，土豆网、百视通、PPLIVE 等 10 家国内知名企业首批进驻。入驻企业将获得基础服务、上市补贴（由闵行区政府补贴，补贴金额 50～150 万不等）、资质认定、人事服务、平台服务等增值服务。②

为提供和拓展行业内企业交流合作渠道，表彰业内优秀作品，每年由国家新闻出版广电总局和上海市政府共同主办、广电总局网络视听管理司与上海市文广局联合承办的中国网络视听产业论坛在上海举办，至今已经举办了 5 届。出席论坛者包括网络视听企业、电信提供商、投资公司、行业研究公司、社交网络平台商等，涉及整条产业链的从业人员。

---

① 国家广电总局. 关于加强互联网视听节目内容管理的通知［EB/OL］. http：//www. gov. cn/gzdt/2009-04/02/content _ 1275431. htm. 2009 - 04 - 02.

② 中国（上海）网络视听产业基地. 扶持政策［EB/OL］. http：//www. cnvib. com/ _ d275687552. htm. 2014 - 06 - 04.

### 2.2 上海视听新媒体行业协会的主要治理职能

英国学者斯坦利·海曼在其《协会管理》一书中指出："行业协会是由独立的经营单位组成、保护和增进全体成员既定利益的非营利性组织。"[①] 然而，不同于斯坦利·海曼所言的行业协会功能的单向性——为行业协会成员谋取利益。在市场经济时代，行业协会被认为是政府与企业、消费受众之间的纽带。行业协会是介于政府、企业之间，商品生产业与经营者之间，企业与消费受众之间，并为它们服务、咨询、沟通、监督、公正、自律、协调的社会中介组织。[②] 它具有面向政府与企业、消费受众的双重治理和服务功能。

2011 年 8 月，中国网络视听节目服务协会成立，拥有人民网、新华网、中国网络电视台、优酷、新浪、搜狐、腾讯等 260 家缔约单位。该协会的主要治理功能在于制定行业自律规范，促进政府与企业、企业与企业之间的交流与合作。2012 年，在国家新闻出版广电总局推动下，该协会制定了《中国网络视听节目服务自律公约》（以下简称《公约》），《公约》11 款自律条款包括传播积极向上、符合社会主义核心价值观的产品内容，尊重用户隐私，加强业内合作等。同年，协会通过《关于抵制色情暴力等有害视听节目的倡议书》，提出坚持社会主义先进文化前进方向，自觉弘扬优秀文化，传播主流价值；积极生产制作内容健康、形式新颖、生动活泼、贴近受众的网络视听节目；加强自我约束，不制作渲染色情暴力的节目，不为色情暴力等有害内容提供传播渠道；坚守社会责任，加强行业自律；自觉接受社会监督，建立投诉受理机制……[③]五个条款重在强调企业自我监管节目产品内容。

2010 年年末，在上海市文化广播影视管理局的指导下，由上海百视通、土豆网、PPS、PPTV、激动网、分众传媒等 10 家企业发起，成立上海视听新媒体行业协会筹备组。2011 年 12 月，上海视听新媒体行业协会

---

① ［英］斯坦利·海曼. 协会管理［M］. 尉晓鸥等译，北京：中国经济出版社，1985：125.

② 宋阳. 行业协会与香港文化创意产业的发展及其对深圳文化行业协会启示［M］. 中国文化产业评论，2012（2）：122—123.

③ 中国网络视听节目服务协会. 关于抵制色情暴力等有害视听节目的倡议书［EB/OL］. http：//news. xinhuanet. com/video/2012-05/24/c _ 123184502. htm. 2012 - 05 - 24.

成立，创始会员单位有 62 家。[①] 上海视听新媒体协会是政府与视听企业、市场、用户之间的纽带，以与政府互动交流、参与文化治理、促进协会成员企业发展和市场繁荣为重要职能。虽然协会的成立由政府牵头，但是理事单位均为网络视听企业，如 PPTV、PPS、土豆网等。因而从性质上说，上海视听新媒体行业协会是拥有相对自主性、独立性的非政府组织。该协会的职能包括开展视听新媒体业务的信息收集与提供、教育培训、交流研讨、版权保护、咨询服务、行业自律、承担相关单位委托的有关事项等（涉及行政许可的，凭许可证开展业务）。[②] 上海视听新媒体行业协会是中国网络视听产业论坛的协办单位，2013 年，它主办了首届上海微电影大赛。大赛以寻找和培养电影新兴人才为宗旨，以形成微电影创作聚集效应为目标，全方位多角度地寻找"中国第 X 代导演"。[③] 微电影比赛活动发挥了上海视听新媒体行业协会为企业和优秀人才搭建平台、为企业输送人才的职能。

## 2.3　上海网络视听企业的主要治理职能

上海网络视听产业发展走在全国前列，上海网络视听企业分为四类。网络视频类：土豆网、PPS、聚力网、VeryCD（电驴）等全国知名民营企业和东方宽频、新华宽频等从传统媒体向新媒体延伸的国资背景企业；网络音乐类：民营企业九天音乐一枝独秀；IPTV、手机电视、互联网电视类：上海东方传媒集团旗下企业百视通优势明显，发展势头强劲，与其他地区民营企业投资互联网电视情况（如乐视盒子）相比，上海尚未出现有竞争力的民营企业进入网络视听产业市场的情况；公共视听媒体类：民营企业分众传媒、国资企业巴士在线为业界佼佼者。

### 2.3.1　产品或服务内容自查自律

目前，上海网络视听企业对节目产品或服务内容有三方面的审查职

---

① 乔礼. 上海成立全国首家省级视听新媒体行业协会［EB/OL］. http://sh.eastday.com/qtmt/20111208/u1a944688.html. 2011-12-08.

② 上海社会组织网. 上海市视听新媒体行业协会基本资料［EB/OL］. http://stj.sh.gov.cn/NGO_View.aspx?OrgCode=501781917. 2014-06-04.

③ 首届微电影大赛. 大赛简介［EB/OL］. http://zone.tudou.com/2013shwdy/. 2014-06-04.

能：一是对网络音乐和网络剧、微电影内容进行自审。土豆、优酷相关负责人表示，他们遵守政府“谁办网谁负责”的规定，设立相应的审核团队，对网络剧、微电影及其他网络自制节目进行内容审核。[①] 二是对用户上传的 UGC（用户生成内容）进行协助审查，对违反互联网视听行业相关规定的内容进行删除。三是积极维护正版产品的品牌化竞争，自觉抵制盗版、抄袭、侵权等不良现象。

#### 2.3.2 行业规范的维护和自治理

行业自律是国际通用的互联网治理路径之一，加强视频产品制作者和视频企业的法治和自律意识，执行政府治理主体颁布的关于视频产品内容和版权方面的限制性禁令。不涉及法律问题的网络视频产品及服务，企业需要采取灵活的自我监管和治理方式，自觉遵守行业规范，完善自我监督和社会监督，事前自审自查与事后监督相结合，并主动实行举报有奖的策略，增强网络视频内容及服务自我监管的有效性和及时性，为网络视频产业发展营造良好的自治理环境。

#### 2.3.3 满足用户个性化、差异化需求

除内容审查外，上海网络视听企业增加节目资源，扩展节目内容，尽力满足用户多样性、个体化的娱乐文化需求，丰富人民群众的精神文化生活。一方面，向海内外购买优秀版权；另一方面，鼓励用户 UGC，上传原创作品。以土豆网为例，为了提高用户的积极性，吸引更多优秀原创作品，他们在全国率先推出“播客分成计划”，将广告收入按比例分给原创作者，调动了用户参与积极性，效果良好。

### 2.4 上海网络视听用户参与治理职能

澳大利亚学者格雷姆·特纳在《普通人与媒介：民众化转向》中指出，尽管网络媒介赋权大众，创造了生产型用户，但实际上，真正参与其中的

① 韩亚栋. 网络剧微电影先领证才能播 [EB/OL]. http://news.163.com/14/0121/03/9J362C2T00014AED.html. 2014-01-21.

人数量极少且面临小群体过度代表网络民意的状况。[①] 数据显示，2011 年上海网络视听企业全国覆盖用户占比已超过 60%。[②] 2012 年上海网络视听产业营业收入达 42 亿元，继续保持全国六成用户的覆盖率。[③] 网络视听企业不受地域局限，它服务的用户远远不止上海市民，只要是上海网络视听企业产品或服务的用户，就是该产业的用户群体。

上海网络视听产业用户参与治理的主要职能：第一，作为网络视听产业的消费受众，用户拥有两方面治理权利：其一，根据相关规定，对网络视听企业播出的不符合国家规定的内容进行审查举报，经有关部门核实后，违规内容将被勒令下线，企业也有可能面临处罚；其二，用户可以评论或对节目内容、企业服务等提出意见、建议。第二，作为网络视听产业的内容提供者，用户通过 UGC 模式自行生成内容，在网络视听平台上发布。通过这种方式，从个人角度上说，用户达到了表达自我、展示自我的目的；从网络视听企业角度上说，他们的产品内容资源库得到了丰富；从社会角度来看，流行的大众文化、娱乐文化因为有了用户的参与和互动而繁荣发展。

## 3. 上海网络视听产业治理中存在的主要问题

在治理结构方面，上海网络视听产业存在的主要问题是“强政府弱社会”，政府治理主体一家独大，限制性治理手段多于鼓励性治理措施；其他市场、社会治理主体尚缺乏治理自觉，视频产业市场机制尚未完全形成，市场尚不能有效率地配置资源，企业运营成本高昂，盈利手段不足，侵权、盗版现象普遍，内容同质化、低俗不健康乱象迭出……这种“市场失灵”的主要原因在于市场治理主体（行业协会、企业和用户）的治理功

① ［澳］格雷姆·特纳. 普通人与媒介：民众化转向［M］. 许静译，北京：北京大学出版社，2011：131.

② 上海市政府.2012 年上海市文化创意产业发展报告［EB/OL］. http：//www. shanghai. gov. cn/shanghai/node2314/node2315/node4411/u21ai651565. html. 2012 - 08 - 24.

③ 宗晨亮. 上海网络视听产业覆盖全国六成用户［EB/OL］. http：//finance. chinanews. com/it/2013/10-28/5434141. shtml. 2013 - 10 - 28.

能没有充分发挥，或者说还比较微弱。

### 3.1 政府治理过程中存在的主要问题

自2004年国家广电总局颁布《互联网等信息网络传播视听节目管理办法》、初步设立网络视听行业规范之后，中央政府职能部门多次颁布网络视听行业条例，规定政府审批标准，抬高市场准入门槛，加强内容审查制度，对网络视频、音乐、新闻等节目采用分类管理模式。政府出台多项政策管控网络视听产业，但这些政策多以限制性条款为主，鼓励性条款不足。这些政策法规一方面初步控制了“三俗”和盗版现象的蔓延，为无序的新兴市场构建产品内容规范；另一方面，在“放权”问题上表现得较为拘谨，应该“有所为”的地方做得不够好，而“有所不为”的地方却乱作为，市场和社会的治理功能没能充分发挥，也就是说，尚未从文化管理过渡到文化治理。

#### 3.1.1 行业进入门槛过高，造成国企和大型民企垄断现象

政府前置审批在网络视频产业治理中发挥主要作用，许可发牌具有“一票否决”的效力。2004年国家广电总局设立行业规范之初，规定从事信息网络传播视听节目业务，应取得“信息网络传播视听节目许可证”。2007年，国家广播电影电视总局56号令抬高了行业准入门槛，严格从业条件，申请从事互联网视听节目服务的必须为国有独资或国有控股单位。[①] 自条例生效之日（2008年1月31日）起，民营企业申请进入网络视听产业市场之路被切断，国有企业媒体拥有先天的垄断优势。文化娱乐产品对国家意识形态的维护和国民精神价值的养成具有非比寻常的重要性，因而政府将文化产品或服务类企业的主导权掌握在自己手中，如果说，从事网络视听产品或服务的企业必须取得“信息网络传播视听许可证”方可合法运营，是政府为净化市场、提高管理有效性而采取的措施，那么国家广播电影电视总局56号令，规定申请从事互联网视听节目服务的企业必须

---

① 国家广播电影电视总局. 互联网视听节目服务管理规定［EB/OL］. 中国新闻网，http：//www. chinanews. com/it/kong/news/2007/12-29/1119451. shtml. 2007－12－29.

为国有独资或国有控股单位，则是政府为牢牢把控媒介话语权和产品或服务内容控制权而做出的努力。受此项政策影响，除了少数民营企业先驱，后起民营企业则无法取得准入资格。如今，民营网络视频网站在国家抬高准入门槛、网站兼并和竞争的大环境下，数量、规模上已不占优势。

在上海，网络视频产业中不乏优秀的民营企业，如土豆网、PPS、PPLive 等，但在其他细分市场中，出现了民营企业过少、国企垄断的现象。如在网络音乐方面，九天音乐一家独大；在 IPTV、网络电视、手机电视方面，背靠 SMG（上海东方传媒集团有限公司）的百视通几乎形成垄断。受限于准入门槛，除了网络视频行业，上海其他细分市场中优秀民营企业非常少，国资企业由于受到政策的各种倾斜，在发展上获得天然优势，在细分市场上几乎没有竞争对手。市场的进入门槛过高造成了上海网络视听产业市场垄断和竞争活力不足的局面。

### 3.1.2　鼓励和扶持政策不足，中小企业发展不受重视

网络视频产业市场准入门槛高，来自宽带、硬件设备和版权的成本惊人。在此种情况下，政府应贯彻落实积极的财政、金融、税收政策，扶持视频企业尤其是中小企业的发展。然而，现实的情况是，由于受 2009 年金融危机的影响，一批中小规模视频企业（网站）资金链断裂，网络视频产业重新洗牌，中小企业的发展前景不容乐观。特别是在资金短缺、正版成本高昂的情况下，中小企业的发展举步维艰，2009 年年底，上海市政府曾对 PPlive 进行直接投资，具有雪中送炭的意义，但以 2018 年上海网络视听产业专项资金拟支持项目和单位为例，虽然民营企业获得资助比例远高于国企，新兴的技术和内容形态是支持重点，然而受到资金支持的无一例外都是知名大企业，没有中小企业进入榜单。相对于其他行业中小企业的重点孵化，网络视听产业的中小企业显然不受重视，发展前景困难。

### 3.1.3　内容监管力度不够，版权治理措施有待改进

当前，我国网络视频产品内容同质化问题比较严重，网络页面相似、产品内容相似，缺乏个性化、差异化的内容产品及服务。随着内容版权成本的提升，一些视频企业产品的内容相互抄袭，非法使用传统媒体和境外媒体内容资源，出现打擦边球的色情、三俗内容，以获取用户点击率。最

近几年，上海市政府职能部门对色情、低俗内容和非法盗版视频网站的查处力度加大。一些为了非法盗版的企业受到惩罚甚至面临停业的可能。然而，在巨大的版权成本和利益面前，盗版侵权现象屡禁不止，需要政府创新治理技术和手段，如运用高科技手段监控网络视频内容，制定切实措施鼓励视频产品及服务的内容创新，完善版权保护措施等。

#### 3.1.4 对产品违规内容的治理手段单一，有待完善

在网络视听产品及服务的内容上，政府逐步加强监控力度，初步控制了互联网上盗版猖獗的局面，引导网络视听产业走向正版时代。这两年，优酷、土豆、腾讯视频等多家网站通过购买版权，丰富内容资源库，采用“广告＋高清视频”的盈利模式，日渐被广大中国网民接受。为促进视频产业健康发展，政府对网络视听产品及服务的内容进行审查和对违反规定的内容进行删除。但是，如果只采取一刀切式的“处罚＋关闭＋公示”行政治理手段和运动式的清理整顿措施，则显得简单粗放。一方面，政府、行业协会等治理主体对视频产品及服务的内容的实时监控手段和过滤技术需要跟上；另一方面，需要把握产品内容限制的“度”。比如，2014 年，国家新闻出版广电总局对海外引进版权的内容审查力度加大，同年 4 月，《生活大爆炸》《律师本色》《傲骨贤妻》《海军罪案调查处》4 部美剧在国内多家视频网站下架，国家新闻出版广电总局回应称，这几部美剧，有的无版权，有的含有不符合《互联网视听节目服务管理规定》第十六条的内容。[①] 事实上，这几部的口味属于美剧当中的轻量级，除了禁播，还有其他技术手段和分级限制措施。目前，政府部门对网络视频产品违规内容的处理方式有些单一，可探讨内容分级、部分内容删减等多形态的内容监管措施。

### 3.2 行业协会参与治理过程中存在的主要问题

#### 3.2.1 协会处于成长初期，硬件配备不完善

尽管上海视听新媒体行业协会成立于 2011 年年底，但当前仍处于成长

---

① 凤凰娱乐综合. 广电总局回应《生活大爆炸》等美剧下架原因［EB/OL］. http://ent.ifeng.com/a/20140518/40069881_0.shtml. 2014－05－18.

初期的视听新媒体行业协会，配备尚不完善。首先，该协会官方网站提供的信息很少，且没有及时更新。当下，几乎所有的行业协会都在互联网上开设官方网站，辟出咨询中心、会员专区、政策法规、培训招聘、法律咨询等板块，为协会成员提供专业服务。官方网站是行业协会的基础设施，而上海视听新媒体行业协会没有该配置，造成了协会无法及时便捷地向成员传递信息、提供便利。其次，近几年，微博、微信等新媒体社交平台成为发布信息的重要渠道，上海视听新媒体行业协会，却没有新媒体运作平台以扩大协会影响力。

#### 3.2.2　协会职能不太健全，治理职能没有得到发挥

上海视听新媒体行业协会应该协助政府治理主体咨询，为政府提供调研报告、决策性建议等；同时，制定地方性行业规范，倡导行业自律，促进企业的交流沟通等，目前，该协会的这些治理职能没得到充分发挥。当然，该协会曾参与协办中国网络视听产业论坛，主办 2013 年上海微电影节等活动。不过，从某种程度上说，这些大型活动得到了政府治理主体的支持和资助，不是行业协会能够独立举办的。作为新生的非政府性社会团体组织，它没有发挥应有的社会治理作用，特别是在政府与企业之间、企业之间的沟通、交流、合作、战略联盟，大型赛事活动的筹办、举办，行业奖惩规则、行业自律条例的制定等方面，理应发挥积极的治理作用。

### 3.3　网络视听企业参与治理中存在的主要问题

网络视听企业负有文化责任和社会责任，它需要遵守国家文化政策，制作具有文化内涵、体现中华文化价值观的作品，传播积极健康的文化；政府有关部门在监管网络视听内容产品的同时，在网络音乐和网络剧、微电影方面，网络视听企业本身也被赋予了内容自审的权利和义务。比如，2009 年，文化部《关于加强和改进网络音乐内容审查工作的通知》中提出，要建立网络音乐自审制度。[①] 与此同时，企业具有追逐商业利益的

① 文化部. 关于加强和改进网络音乐内容审查工作的通知［EB/OL］. http：//www.cpll.cn/law8451.shtml. 2009-09-04.

本性，虽然网络视听产业用户增长迅猛，但是很多企业依然无法盈利，特别是网络视频、网络音乐两大细分市场表现尤为突出。事实上，优酷、土豆这样的知名上市企业仍然处于亏损状态。

"网络视频的监管体系一部分是依靠网站的自检系统。大型 SP 的自检系统相对比较规范，但是对于大量的中小网站而言，自检还没有进入企业的视野。"① 直到 2019 年年底，情况依然如此。同时，为了减少成本、增加盈利空间，一些网络视听企业打起了政策的擦边球，在不违反政策的前提下，为最大限度地迎合用户的口味，以达到增加点击量的效果，他们采取了如下方式：一是上线一些制作粗劣、内容暴力、香艳、刺激感官的微电影、自制剧，用低成本换取高回报。比如，在 PPS 上热播的微电影《莫陌》系列，讲述由约炮神器引发的狗血故事，尺度大却话题性十足。2014 年，国家新闻出版广电总局出台关于微电影内容审查的《补充通知》后，这样的作品生存空间日益变窄。二是在视频介绍时用夸大而充满悬疑的标题、刺激的画面激起观众的好奇心和浏览欲，以满足观众的偷窥心理。比如，土豆网主页一视频名为"《海波寻欢记》的审讯过程全曝光"，而实际上该视频内容并非著名演员黄海波接受审讯的过程，而是网友制作的搞笑视频。诸如此类现象，说明企业在产品或服务的自我审查和治理措施有待改进。

除内容自审外，企业的主体意识和参与治理意识不强，特别是在作品内容创新、技术创新和提升盈利空间方面有待加强。

## 3.4 网络视听用户参与治理中现存的主要问题

### 3.4.1 监督举报违法内容产品及服务的参与治理意愿不高

网络视听用户是网络视听产品的消费受众，他们对违反国家规定内容的产品及服务有监督、举报和抵制的权利，但他们行使这项权利的意愿不高，因为盗版和低俗的节目产品满足了部分用户的某种欲望。然而，即使有些用户对产品内容不满，通常也是听之任之，主动参与治理意识不强。

---

① 刘烨. 对待新兴网络视频产业政府监管有何作为 [J]. 新闻天地，2008 (8)：89.

### 3.4.2　用户生成内容产品比例低、文化含量不高

上海网络视听产业覆盖了中国超过六成的用户，用户集中化趋势明显，但大部分人充当的仅仅是被动受众的角色，只有少部分人会变身原创作者，上传内容产品。即便是国际 UGC 视频网站的先驱 YouTube，真正将自己的视频内容上传的人所占的比例不到 0.5%。[①] 同时，用户上传的内容产品中，多数产品的文化含量和文化创新度有待提高。

### 3.4.3　法治意识不强，有意或被动传播不良视听产品

网络媒介是自由度较高、互动性较强的公共空间，尽管有多方社会主体进行内容监管，打击不良甚至违法内容，但是 UGC 多而杂，一些非法网络视听产品及服务很难第一时间得到有效处理。有些用户误传虚假信息，散布谣言和恐怖行为，容易造成社会大面积的负面传播，甚至引起不必要的恐慌。有些用户则上传盗版、色情或其他非法内容，这不利于网络视听环境的健康发展。

## 4. 优化上海网络视听产业治理结构的对策建议

优化上海网络视听产业治理结构，在发挥政府主体治理功能的同时，让网络视听企业、行业协会、用户等社会主体共同参与治理，协助政府一同承担起网络视听产业健康发展的社会责任。目前，政府治理主体过于强势、行业协会功能不到位、企业主体过分追求商业利益、民众参与度不高的治理现状，不利于网络视听产业未来的发展。在不威胁到国家意识形态和政权稳定的前提下，政府治理权力部分让渡，“有所为，有所不为”，有利于提升企业、社会团体和民众的参与积极性，激发他们的治理活力，有利于政府摆脱繁重的负担，提升治理效率。

① ［澳］格雷姆·特纳．普通人与媒介：民众化的转向［M］．许静译，北京：北京大学出版社，2011：131.

## 4.1 政府职能部门治理功能的优化

### 4.1.1 适当放宽准入门槛，促进市场公平竞争

网络视听产业的进入门槛较高，民营企业进入的渠道有限，国企在进入市场时获得政府的政策倾斜，这种被政府严格管控的市场状态，不利于激发市场竞争活力。事实上，网络视听市场初期的混乱无序已经在政府治理下得到规范，相应市场准入政策标准可以适当放宽，以降低市场准入门槛，为民营企业进入网络视听市场创造机会，为不同性质的企业提供公平竞争的机会。这样可以引入有潜力的企业充实网络音乐、手机电视、互联网电视、IPTV 等细分市场，激发市场竞争活力，使市场上的产品更加多样化、内容更加优质化，继而推动上海网络视听产业形成规模效应和市场化竞争机制，保持上海在同行业内的领头羊地位。

### 4.1.2 做好产业发展规划，推动中小企业发展

政府部门需要积极制定上海网络视频产业的发展规划，为网络视频产业发展创造良好的外部政策环境。一是推动网络视频产业和市场标准的制定，为产业发展设定标准和目标，比如，关于网络传输的标准，企业互掐，谷歌宣布收购视频技术厂商 Widevine，进一步激化视频标准大战，行业标准亟待规范；二是加强市场的监管，规范市场竞争行为，促进产业发展的标准化、规范化；三是在财政、金融、税收、人才引进等方面对网络视频企业给予政策上的支持，积极培育业内企业健康成长。在国家政策和资金支持下，上海在闵行区高新紫竹园设立了国家级网络视听产业基地，为入驻企业提供各项优惠政策和服务平台。对于新成立的中小型企业，基地辟出专门区域做网络视听产业的孵化项目，为其在成长初期提供政策优惠、资金扶持。此外，可从网络视听产业专项资金拿出部分资金，表彰和激励发展迅速或者开发出创新型网络视听产品的中小型网络视听企业，以激发他们的创新活力和市场竞争能力。

### 4.1.3 逐步建立网络视听内容分级制度

强化内容监管是当前网络视频产业政策的重中之重。为维护网络环境

的健康和安全，淫秽、色情、暴力等低俗、不健康内容在《中国网络视听管理政策条例》中被禁止，但此类条例实际执行起来比较困难。根据弗洛伊德的精神分析理论，情色、性和暴力是“本我”的欲求，是潜伏在人类内心深处的集体无意识，因此通过条例禁止性、色情、暴力等内容不太现实，但一些网络视听产品及服务中的暴力、恐怖、悬疑、性和色情内容的确不适合年龄较小的青少年受众观看。因此，建立网络视听内容分级制度可以改变“一刀切”的内容管理方式，为各年龄段的受众带来积极健康的网络视听产品及服务。在国际上，美国实行电视节目分级制度，分为 TV-Y、TV-Y7、TV-G、TV-PG 等 7 个等级。按照美国联邦通讯委员会的规定，2000 年 1 月以后生产的一体式电视机或机顶盒都必须安装分级芯片，家长可以用遥控器来限制孩子观看的电视频道或节目。[①] 德国出台《青少年媒体保护国家合同》，对网络内容施行内容分级制度，对不适合青少年观看的网络内容，内容提供者必须实行用户注册方式，有关部门需对用户的年龄进行核查，并可视情况删除内容和页面。[②] 在我国，中国电信 IPTV 设有独特的“家长控制”模块，可以设置只“允许”孩子收看的栏目和能够使用的功能。[③] 此外，在内容管理条款和治理手段上，欧盟的《无国界视听媒体服务指令》倾向于按照视频产品社会影响力大小对互联网上的视频内容进行分类，制定不同管理制度。日本在此基础上，按照社会影响程度，对媒介信息分级并采用不同的内容治理手段，“将那些具有特别强大的社会影响且担负特别的公共服务职能的媒介服务归类为‘特别媒介服务’，按照现行的广播电视规制，其他‘一般媒介服务’则实行尽可能宽松的规制政策”。[④]

借鉴国内外先进经验，实行网络视听内容分级制度是一种积极尝试。政府可以出台相关政策，规定网络视听企业必须对视听内容进行自觉分级，可以按视频产品及服务的社会影响力分级，也可以按照暴力、色情等

① 美国电视节目分级制度［EB/OL］. 百度百科. http://baike.baidu.com/link?url=Suf7if_yHpOourL4hqNx4CafweXBIBHeZL8iFKnoCMTobL72GlMJQRZm1pIvjAxbPM7nTpq0xU2gxlPp_1tFiq. 2014-06-04.

② 黄发红. 德国网络空间也有法度［N］. 人民日报，2004-06-11 (003).

③ 中国电信. ITV 新手上路［EB/OL］. http://www.nxtelecom.com.cn/zhuanti/iptv/chulekandianying.html. 2014-06-04.

④ 张志. 解析日本的新媒体法制构想及内容规制理念［J］. 国际新闻界，2010 (1)：62.

程度大小分级。由于分级政策的推广是一个循序渐进的过程，初期可分为10周岁以下禁止观看、16周岁以下禁止观看和适合所有年龄段观看3个等级。有了相关分级之后，网络视听用户必须进行实名注册，在通过年龄核查后，方可观看相应分级的内容产品；在特别设置的“家长控制”模块，家长可以输入孩子年龄，系统根据年龄和内容分级向青少年提供健康有益的内容产品或服务。

#### 4.1.4 运用全景敞视机制，监控网络环境安全

米歇尔·福柯沿用杰里米·边沁的全景敞视机制指出：“在这种可见而又无法确知的监视下，个人被按照一种完整的关于力量与肉体的技术而小心编织在社会秩序中，受到权力效应的干预。”① 我们处在现实空间的摄像头和网络空间的全景敞视机制下，每一个网络用户都时时被监控着，并且他们知道自己的网络行为受到监控。法律和制度的严惩是为了展示统治者的权威，而适当的监控惩罚能够达到规范人们行为的目的，即让他们的冒险行为得不偿失。政府、行业协会可以巧妙运用全景敞视机制下的互联网环境，通过网络提示或定期公布违规企业、用户名单，使企业、用户知道自己的网络视听行为正在被监控，只要他们遵守政策规定则不会产生任何影响；倘若有违反相关政策条例的行为，就会受到相应惩罚。这样大家就会规范自己在网络上的行为，自觉维护网络环境安全。这样，政府的治理手段更加简洁，不但可以节省治理费用，还可以提升治理效率。

#### 4.1.5 建立正版数据库和版权交易中心，完善版权认证和处罚机制

为增加用户点击率，吸引流量，一些视频企业网站盗播电视剧、电影，甚至盗用用户信息，侵犯个人隐私，等等。近些年来，已有多个网站因视频节目版权问题而被起诉。比如，2008年年初，六家美国电影公司以侵犯其版权为由，将深圳迅雷公司告上法庭；2019年7月，Pap酱旗下短视频平台因侵犯日本知名独立音乐厂牌Lullatone录音录像制作权纠纷案，在北京正式开庭。视频产业的版权保护主要有两方面：一是版权所有者的

① ［法］米歇尔·福柯. 规训与惩罚：监狱的诞生［M］. 刘北成，杨远婴译，北京：生活·读书·新知三联书店，1995：232.

版权保护，企业的解决之道在于一方面购买版权，另一方面采用广告分成的合作模式；二是用户原创作品的版权保护，如何界定企业或其他用户侵权，目前尚无统一的标准。当下，上海市政府职能部门在视频产业版权保护方面的作为在于：一是建立集中的正版视频产品库及产品的正版或盗版鉴别标准，加强正版数据库的设立与管理；二是建立正版版权交易中心，减少交易成本；三是完善版权登记制度和认证机制，明确版权方、使用企业的权利和义务，确保权利人、作品、使用者和其他相关信息公开；四是继续加大执法和处罚力度，抬高盗版侵权的赔偿标准和侵权成本，让侵权者的盗版侵权成本高于购买正版的成本，不能轻描淡写地罚款了事；五是引入红旗标准机制，[①] 判定和惩罚网络视频侵权行为。目前，避风港式的视频企业侵权处理方式——侵权者在接到权利方通知后删除相关侵权内容就无须承担赔偿责任——客观上纵容了视频运营企业的侵权行为，因此应当引入红旗标准机制，即“认定主观过错的刚性标准——即使权利人没有向侵权者发出通知，只要网络视频节目服务提供者能从中明显推定侵权行为的事实而没有迅速移除，网络服务提供者即构成间接侵权”。[②] 这样，可以体现平衡原则，有效保护权利人的版权和治理网络视频企业和用户的侵权行为。

## 4.2　完善和优化行业协会主体的治理功能

### 4.2.1　自主运营，发挥协商式治理主体的职能

上海视听新媒体行业协会是非盈利性的社会团体，与其他行业协会一样，它是自筹经费、自行运作的主体；它与上海市政府相关职能部门的关系应该是平等而非依附的。行业协会可以通过为政府提供服务，向政府收取一定的经费，比如，为政府提供网络视听行业发展状况调研报告，帮助政府举办相关活动，帮助政府起草相关条例、规定，建立行业数据库和指标考核体系，考核视听媒体、企业的运行绩效和广告效果，等等。当前，

---

① 红旗标准即当他人实施侵权行为的事实已经像一面红旗在网络视频产品或服务提供者（生产商、网站媒体、用户）面前飘扬，以至于处于相同情况下的理性人都能发现时，如果提供者仍以避风港规则抗辩，对侵权事实视而不见，则同样可以认定提供者至少“应当知晓”侵权行为的存在。

② 朱旭光. 中国视频网站的版权保护和可持续开发 [J]. 当代电影，2009 (12)：113.

行业协会尤其需要与政府和高校、科研机构合作，建立一套科学、严密和完整的网络视频监测体系，对网络视频的内容、用户、流量、点击率、市场份额、盈利效益等进行科学监测，并带动网络视听领域的调查分析研究，从数据库和图表中分析产品内容品质、产业发展模式和市场规律。由于上海网络视听行业协会是政府与企业、用户间沟通的桥梁，除了为政府提供相关服务之外，作为协会成员的代表，在成员有需求时，它应向政府表达企业权利、利益诉求或者提出建设性建议。

#### 4.2.2 完善基本配置，搭建交流与合作平台

当前，上海视听新媒体行业协会缺乏固定的人员配置，官方网站信息更新不及时，没有使用新媒体社交平台，这些基本的硬件配置需要尽快完善。尽快建立协会网站，设立多种板块，包括“联系我们”板块，附上有效的联系电话和地址等基本信息；利用社交媒体平台进行自我宣传，即时沟通企业成员的相关信息；在协会平台上，可以向企业、民众普及行业知识，宣传协会企业成员的新作，举办和宣传行业相关活动。比如，上传土豆网独家播出的某部新片预告，介绍百视通 IPTV 的新功能，宣传上海微电影大赛。

上海视听新媒体行业协会应利用其行业代表的身份，在企业间、行业间搭建交流合作平台，避免由市场恶性或无序竞争而引起的视听产品内容同质化、低俗化或打政策擦边球现象。同时，跨行业合作有利于完善产业链，促进整个网络视听市场的繁荣发展。产业链一般包括创意、生产、市场推广等诸多环节，如果上海视听新媒体行业协会能主动寻找行业间合作的机会和空间，与上海广播电视节目制作业行业协会、上海娱乐行业协会、上海音像出版制作行业协会、上海动漫行业协会等搭建起行业协会间合作的平台，就能够丰富网络视听平台上的内容资源，方便企业之间的版权贸易与行业之间的交流合作。

#### 4.2.3 制定区域性行业规范，倡导行业自律

2007 年年底，国家广电总局颁布的《互联网视听节目服务管理规定》第五条指出：“互联网视听节目服务单位组成的全国性社会团体，负责制定行业自律规范，倡导文明上网、文明办网，营造文明健康的网络环境，

传播健康有益视听节目，抵制腐朽落后思想文化传播。"[①] 制定区域性行业规范、倡导行业自律是上海视听新媒体行业协会的重要治理职能，对发挥业界力量规范产品内容、促进行业健康发展具有重要作用。因此，上海视听新媒体行业协会应尽快制定区域行业规范，倡导视频企业自律，并加以监督。

### 4.3　网络视听企业治理功能的优化

#### 4.3.1　监测用户数据和需求，开拓用户增值服务

美国学者克里斯·安德森提出了"长尾理论"，该理论认为，如果存储和流通渠道足够大，需求不旺或销量不佳的产品共同占据的市场（"长尾"市场）份额就可以和那些数量不多的热卖品所占据的大头市场份额相匹敌甚至更大。[②] 网络视听媒体语境下的"长尾理论"为视听产品的多样化和差异化提供了理论依据。由于网络视听产业服务的对象有个性化和多样化的需求特质，因而企业可以运用全景敞视机制，监测用户数据，了解用户需求。在区分"深度用户""轻度用户""潜在用户"及其特征的同时，分析用户所属的群体、生活环境以及影响因素，了解和引导用户群体中的"意见领袖"，让视频产品及服务深入用户。比如，可分儿童用户群体、打工仔用户群体、时尚女性用户群体等，开发相关群体的特色视频产品及服务。从用户文化娱乐需求的角度出发，网络视频产品及服务的内容至少应突出两点：一是增强用户互动体验，注重用户意愿的内容注入，提升用户的参与感和参与度；二是利用网络视频的交互性特征，为用户展示视频内容的相关信息服务，如视频内容事件的台前幕后、视频花絮等。

需要注意的是，企业在搜集用户信息的同时应注重用户个人信息的安全与保护。网络视听企业在遵守国家政策规定前提下，以市场为导向，以盈利为目的，满足差异化用户的多样性文化娱乐需求。不因为用户喜欢三俗、暴力、情色内容就打政策擦边球，而是根据用户需求生产或购买哪一

---

① 国家广电总局. 互联网视听节目服务管理规定 [EB/OL]. 百度百科. http://baike.baidu.com/view/1355462.htm?fr=aladdin. 2014-06-28.

② 卜华白."长尾理论"及其对互联网商业运营模式的构筑启示 [J]. 商场现代化，2005 (10): 66.

类产品及服务版权、推荐哪一类 UGC、创作哪一类的自制剧和微电影等，克服产品的同质化竞争，借鉴美国 HBO 模式，参与影视产品的制作发行，积极开拓用户增值服务。

### 4.3.2 鼓励和监管用户生成内容

用户的消费需求不完全由企业生产者决定，用户所创作的网络视听产品同样可以在网络媒体、社交媒体上传播并流行，这是用户生成内容和建构的意义。它可以满足用户“长尾”的需求，丰富和繁荣视听产品及服务市场。但事实上，用户生成内容相对于庞大的用户群体而言是极少的，因而企业应该想办法鼓励用户生成内容。诸多 UGC 的创作者以兴趣为出发点上传自制内容，结果获得网络名气，受粉丝追捧，但它具有自发性、偶然性和不确定性。土豆网学习国外经验推行“播客分成计划”，该计划通过分成用户（用户因提供版权而获益），促进一些民间高人成为视听产品内容的创新驱动力。与此同时，网络视频运营商可以设立专门的基金、奖项，举办专门的赛事活动等，鼓励用户生成更多优质的视频作品，彰显民间草根文化的影响力。

由于 UGC 中包括 PGC，网络视听企业不能因 PGC 的回报更高，① 而忽视 UGC，如果只注重 PGC 会使产品内容固化，持续挖掘 UGC 才能使 PGC 内容持续保持高水准。监管用户生成内容是网络视听企业的一大难题，特别是当用户生成内容与利益挂钩时，就可能出现内容的低俗化、媚俗化和抄袭、侵权、盗版现象。因此，网络视听企业应该强化对用户生成内容的审查，对违反规定的原创用户进行相应惩罚，如收回该生成内容的分成，让原创用户自觉审查 UGC 内容，自觉维护健康安全的网络环境。

### 4.3.3 提升产品及服务品质，降低运营成本，挖掘盈利空间

网络视听企业的本性在于盈利，但多数企业盈利空间有限，原因在于：其一，它们向用户献媚、打政策擦边球、铤而走险，三俗和色情等不健康内容败坏企业信誉；其二，视听作品原创能力不足，缺乏优质的、具

① 由于 UGC 的内容品质不高或者版权不甚清晰、不具有品牌价值，因而不受广告主尤其是品牌广告主的青睐，导致 UGC 收益不高，传播价值难以转化为较大的商业价值。

有个性特征和市场竞争力的核心内容产品，产品同质化竞争、恶性竞争现象严重，限制了盈利空间；其三，产业规模不够大，产业集中度弱，没有形成规模效应；其四，运营成本过高，成本可控性较低，除了版权成本外，互联网宽带运营成本、内容购置成本、移动视频服务成本都比较高；其五，产业价值链结构不太合理，盈利空间和盈利模式有限。

全球网络视频运营商业模式大致分为：UGC（用户生成内容）模式、P2P 模式、HULU（正版视频）模式、Netflix（流媒体播放服务商）模式四种。[①] 网络视听企业应该借鉴先进经验，比如，中国网络电视台（CNTV）、奇艺、激动网借鉴 HULU 正版模式，优酷、土豆、酷 6 借鉴 HULU＋UGC 模式，乐视网采用 Hulu＋Netflix 运营模式等，在加大综艺版权购买力度的同时，实行后向一体化战略，[②] 降低产品供应商的讨价还价能力，扩展自制内容产品，并向产业链上下游渗透，创新和拓展 UGA 产品的营利空间，在有条件的情况下，建立网络视频节目、手机视频内容生产基地，策划大型创意活动，增强与用户的互动，利用网络视频媒体平台扩展其他服务，如网络视频购物，开拓新的利润增长点。CNTV 启动“网络视频和手机视频两大生产基地建设，提升内容原创制作能力，以及视频内容加工能力，建成了国内规模最大的新媒体视频加工基地，日均视频生产能力达到 1 000 小时”。[③] 在具备了一定的盈利空间后，企业就能更好地履行文化责任和社会责任。

#### 4.3.4　与产业内外市场主体建立战略联盟，降低市场风险

企业战略联盟的目的在于促进企业间合作竞争、降低市场风险。“它是指两个或两个以上的企业在保持各自独立性的基础上，建立的以资源和能力共享为基础，以共同实施项目或活动为表征的合作关系。”[④] 由于文化产业不同门类的企业关联度较高，来自同一产业内的企业，为抓住市场机遇、应对市场风险、降低经营成本、获取最大化市场收益，需要以交换各

---

① 乐视网：资金之困与模式突围［EB/OL］. http：//money.163. com/12/0325/23/7TFT66K000253B0H. html. 2012 - 03 - 25.

② 后向一体化是指企业通过收购或兼并若干原材料供应商，拥有和控制其供应系统，实行供产一体化。通常在供货成本太高或供货方不可靠或不能保证供应时，企业才会采用这种战略。

③ 汪文赋. 中国网络电视台的战略构想与实践［J］. 新闻战线，2010（2）：6—7.

④ ［法］皮埃尔·杜尚哲，贝尔纳·加雷特. 战略联盟［M］. 李东红译，北京：中国人民大学出版社，2006：2.

自拥有的内容、技术、客户等关键性资源为手段，互补或共享优势资源，结成网络状动态联盟。网络视听企业特别是中小企业，由于运营成本高、市场风险大，更需要在媒介融合的大背景下建立战略联盟，包括业务、平台、技术、经营和组织结盟，实现资源共享。除了产业内结盟以发挥规模优势外，网络视频企业还可以与产业外的专业内容制作商、传统影视媒体、社交网站、硬件终端厂商、电子商务厂商等结成联盟，实现资源的整合互补和多方共赢。继优酷和土豆网合并之后，搜狐视频、腾讯视频及爱奇艺视频宣布整合内容资源，共建“视频内容合作组”，实现资源互通与平台合作；爱奇艺还与多家影视、综艺公司达成内容合作战略；乐视网与CNTV、中国联通结盟……这些联盟将有利于传统媒体与视频媒体企业的内容资源和平台共享，提升产品及服务的内容品质，增强视频产业面对版权方时的议价能力，助力版权交易价格回归理性价值区间，降低运营成本，促进网络视频产业的良性竞争和健康发展。

#### 4.3.5 加强企业自律和道德自治理

在视频产品内容方面，国家广电总局、信息产业部于2007年颁布的《互联网视听节目服务管理规定》明确提出，互联网视听节目服务单位主要出资者和经营者应对播出和上传的视听节目内容负责，这需要视频企业加强对产品及服务内容的自身自查，自律产品内容；在版权保护方面，视频企业联盟或行业协会需要建立企业版权自律机制，实行版权购买、合作和盗版、侵权的自觉通报制度；同时，为了提高效率，减少人工工作量，网络视听企业应建立统一网页界面与格式，对应国际相关标准，促进视频产品内容版权保护落到实处。此外，在技术层面上，企业可以采用先进技术保护正版版权，比如，一些视频分享网站引进先进的视频音频“指纹识别”技术对网站上的内容进行过滤。这种技术可识别拥有版权的视频，将盗版视频从网站服务器上清除，类似的内容过滤技术使得网站的审查能力得到提升。[①] 在用户个人信息保护方面，企业除遵守相关法律法规外，必须注重自律意识和道德意识，加强道德自治，避免窥视和泄露个人隐私，自觉承担保护用户个人信息隐私的社会责任。

① 易奥，魏莱. 视频分享网站的版权问题讨论［J］. 法制与社会，2008（6）：73.

## 4.4　网络视听用户参与治理功能的优化

### 4.4.1　主动参与视听产品创作，提升生成内容品质

网络视频的基本特质在于便捷性、交互性和娱乐性、大众参与性，具有广泛的群众基础。如果不想被五花八门的企图控制或是迎合自己的视听产品或服务所淹没，那么就自己创作视听产品，把自己的作品表达出来让大家看到、听到。网络视听产品制作的门槛较低，不只社会精英、文化精英才能上传内容产品，普通大众也可以做到。网络视频用户内容生成的产品及服务一直处于自发的、非正规、低水平和无政府状态，在艺术、技巧、表现手法上整体水平不高，虽然数量多，但好作品少。好的网络视频作品是对文化、思想、价值观的一种表达，用户积极创作内容产品，注重提升生成内容品质，可以丰富和繁荣网络视听产品及服务市场，同时为内容生成用户带来版权收益。

### 4.4.2　设立民间监督与维权机构，监督产品内容及维护版权

在“内容为王”的文化产业大繁荣时代，未来网络视频产业的竞争是正版内容的品牌化竞争，强调视频内容产品及服务，注重个体化、差异化，注重产品内容的文化特色和价值内涵；抵制暴力、色情、媚俗倾向，特别是盗版、抄袭等，为保护用户权益，促进视频产业健康发展，用户群体需创设自己的组织——民间监督和维权机构，在政府职能部门、视听新媒体行业协会等治理主体的监管和协助下，通过恰当渠道，监督、举报暴力、色情、低俗的视听产品或服务，建立配套的举报奖励制度，维护作品权利人（包括用户自己）的版权利益，协助政府、行业协会考核视频媒体、企业的运行绩效和广告效果。

### 4.4.3　提升用户媒介素养，发挥公民治理主体作用

媒介素养是指在人们面对各种媒体信息时所表现出的信息选择能力、质疑能力、理解能力、评估能力、创造和生产能力，以及思辨的反应能力。[①] 除了

① 王谊茜，王玉洁. 论新媒体时代企业应具备的媒介素养［J］. 山西广播电视大学学报，2013（3）：98.

内容的创造和生产能力之外，用户参与网络视听产业的治理还包括以下几点：一是自觉选择观看内容健康向上的网络视听产品或服务，遇到暴力、恐怖、色情、淫秽以及内容不实、虚假的网络视听内容，不受诱惑、不轻信、不传播；二是主动选择正版视频及服务，自觉抵制抄袭、盗版和侵权，注重视频产品内容信息的可靠性和安全性；三是由于网络视频产品用户在媒介消费习惯上倾向于主动寻找产品及服务信息，并在消费过程中加入评价、讨论等交互行为，因而，用户应积极参与评价、讨论网络视听产品及服务，注重评价、讨论的建设性，为其他用户提供参考，为内容提供商、运营商提供宝贵建议，通过参与讨论表达自我、再生产信息，增强用户的主体性，发挥主体治理的作用。

# 主要参考文献

References


## 一、图书

(一) 英文著作

[1] Brent W. Ritchie. Managing educational tourism (aspects of tourism) [M]. Multilingual Matters, 2003.

[2] Graham Burchell, Colin Gordon & Peter Miller. The foucault effect studies in governmentality [M]. The university of chicago press, 1991.

[3] Michel Foucault. The courage of truth: the government of self and others Ⅱ [M]. English series editor: Arnold I. Davidson. Translated by Graham Burchell. Printed and bound in great britain by CPI Antony Rowe, Chippenham and Eastbourne, 2011.

[4] Moore C. W, Allen G. Dimensions: space, shape & scale in architecture [M]. Architectural Record Books, 1976.

[5] ICOMOS. International cultural tourism charter: managing tourism at places of heritage significance [M]. Adopted by ICOMOS at the 12th general assembly in Mexico, 1999.

[6] OECD. The OECD report on regulatory reform: synthesis 1997 [R]. OECD, Regulatory issues and doha development agenda: an explanatory issues paper [M]. 2003.

[7] OMB & ORIA. The regulatory plan and unified agenda of federal regulations [Z]. Government printing office, 2001.

[8] Robert A. M. Stern, RAM & Davidson, CC. Architecture on the edge of postmodernism: collected essays, 1964 - 1988 [M]. Yale university press, 2009.

(二) 中文译著

[1] [英] 阿克顿. 自由与权力 [M]. 侯健，范亚峰译. 北京：商务印书馆，2001.

[2] [美] 埃莉诺·奥斯特罗姆. 公共事务的治理之道——集体行动制度的演进 [M]. 余逊达，陈旭东译. 上海：上海三联书店，2000.

[3] [美] 奥斯特罗姆，帕克斯，惠特克. 公共服务的制度建构——都市警察服务的制度结构 [M]. 宋全喜，任睿译. 上海：上海三联书店，2000.
[4] [德] 奥斯瓦尔德·斯宾格勒. 西方的没落 [M]. 齐世荣，田农译. 北京：商务印书馆，1963.
[5] [法] 鲍德里亚. 消费社会 [M]. 刘成富，全志钢译. 南京：南京大学出版社，2001.
[6] [美] 布里安·P. 辛普森. 市场没有失败 [M]. 齐安儒译. 北京：中央编译出版社，2012.
[7] [美] 戴维·奥斯本，特德·盖布勒. 改革政府——企业家精神如何改革着公营部门 [M]. 上海：上海译文出版社，1996.
[8] [英] G. 霍奇逊. 现代制度主义经济学宣言 [M]. 向以斌等译. 北京：北京大学出版社，1993.
[9] [澳] 格雷姆·特纳. 普通人与媒介：民众化的转向 [M]. 许静译，北京：北京大学出版社，2011.
[10] [美] 凯文·林奇. 城市意象 [M]. 方益萍，何晓军译. 北京：华夏出版社，2001.
[11] [美] 理查德·C. 博克斯. 公民治理：引领21世纪的美国社区 [M]. 孙柏瑛等译. 北京：中国人民大学出版社，2005.
[12] [美] 刘易斯·芒福德. 城市发展史：起源、演变和前景 [M]. 宋俊岭，倪文彦译. 北京：中国建筑工业出版社，2006.
[13] [英] 迈克尔·博兰尼. 自由的逻辑 [M]. 冯银江，李雪茹译. 长春：吉林人民出版社，2010.
[14] [法] 米歇尔·福柯. 安全、领土与人口 [M]. 钱翰，杨薇薇译. 上海：上海人民出版社，2010.
[15] [法] 米歇尔·福柯. 规训与惩罚：监狱的诞生 [M]. 刘北成，杨远婴译. 北京：生活·读书·新知三联书店，1995.
[16] [美] N. 格里高利·曼昆. 经济学原理（第5版）微观经济学分册 [M]. 梁小民等译. 北京：北京大学出版社，2009.
[17] [英] 尼格尔·泰勒.1945年后西方城市规划理论的流变 [M]. 李白玉，陈贞译. 北京：中国建筑工业出版社，2006.
[18] [挪威] 诺伯尔·舒尔茨. 场所精神——迈向建筑现象学 [M]. 施植明译. 武汉：华中科技大学出版社，2010.
[19] [法] 皮埃尔·布尔迪厄. 关于电视 [M]. 许钧译，南京：南京大学出版社，2011.
[20] [法] 皮埃尔·杜尚哲，贝尔纳·加雷特. 战略联盟 [M]. 李东红译，北京：中国人民大学出版社，2006.
[21] [美] 沙朗·佐京. 城市文化 [M]. 张廷佺等译. 上海：上海教育出版社，2006.
[22] [英] 托尼·本尼特. 文化与社会 [M]. 王杰等译，桂林：广西师范大学出版社，2007.
[23] [美] 文森特·奥斯特罗姆. 多中心 [A]. 载 [美] 迈克尔·麦金尼斯. 多中心体制与地方公共经济 [M]. 毛寿龙译. 上海：上海三联书店，2000.
[24] [西班牙] 西萨尔瓦多·穆尼奥斯·比尼亚斯. 当代保护理论 [M]. 张鹏等译. 上

海：同济大学出版社，2012.
[25] [美] 约翰·麦克米兰. 重现发现市场——一部市场的自然史 [M]. 余江译. 北京：中信出版社，2014.
[26] [美] 约翰·奈斯比特.90 年代世界十大趋势 [M]. 师晓霞译. 北京：中国经济出版社，1991.
[27] [英] 约翰·斯道雷. 文化理论与大众文化导论（第五版）[M]. 常江译. 北京：北京大学出版社，2010.
[28] [美] 詹姆斯 N. 罗西瑙主编. 没有政府的治理 [M]. 张胜军，刘小林等译. 南昌：江西人民出版社，2001.

（三）中文著作

[1] 冯骥才. 思想者独行 [M]. 石家庄：花山文艺出版社，2005.
[2] 高小康，耿波. 都市形象与城市精神 [A]. 载胡惠林，刘士林等主编. 都市文化研究（第一辑）[M]. 上海：上海人民出版社，2011.
[3] 韩永进. 中国文化体制改革 35 年历史叙事与理论反思 [M]. 北京：人民出版社，2014.
[4] 洪银兴. 市场秩序和规范 [M]. 上海：上海三联书店，2007.
[5] 胡惠林. 国家文化治理：中国文化产业发展战略论 [M]. 上海：上海人民出版社，2012.
[6] 胡惠林. 文化经济学（第 2 版）[M]. 北京：清华大学出版社，2014.
[7] 胡惠林. 中国国家文化安全报告 [M]. 太原：山西人民出版社，2005.
[8] 姜杰等. 城市竞争力 [M]. 济南：山东人民出版社，2003.
[9] 林志宏. 世界文化遗产与城市 [M]. 上海：同济大学出版社，2012.
[10] 凌金铸. 文化体制改革的缘起 [A]. 胡惠林主编. 中国文化产业评论（第 17 卷）[M]. 上海：上海人民出版社，2013.
[11] 刘先觉. 现代建筑理论 [M]. 北京：中国建筑工业出版社，1999.
[12] 马定武. 城市美学 [M]. 北京：中国建筑工业出版社，2007.
[13] 潘一禾. 文化安全 [M]. 杭州：浙江大学出版社，2007.
[14] 全球治理委员会. 我们的全球伙伴关系 [M]. 牛津：牛津大学出版社，1995.
[15] 松年，薛刚凌. 行政组织法研究 [M]. 北京：法律出版社，2002.
[16] 宋阳. 行业协会与香港文化创意产业的发展及其对深圳文化行业协会启示 [A]. 中国文化产业评论第 16 卷 [M]. 上海：上海人民出版社，2012.
[17] 宋颖. 上海工业遗产的保护与再利用研究 [M]. 上海：复旦大学出版社，2014.
[18] 汪民安，陈永国，马海良. 城市文化读本 [M]. 北京：北京大学出版社，2008.
[19] 王刚. 从治理走向秩序——经济转型中的市场治理研究 [M]. 北京：经济管理出版社，2010.
[20] 王慧敏，王兴全. 上海文化创意产业发展报告（2015—2016）[M]. 北京：社会科学文献出版社，2016.
[21] 王景慧，阮仪三，王林. 历史文化名城保护理论和规划 [M]. 上海：同济大学出版社，1999.

[22] 徐光春. 中原传统文化与中原崛起［M］. 郑州：河南人民出版社，2007.
[23] 薛澜，张强，钟开斌. 危机管理——转型期中国面临的挑战［M］. 北京：清华大学出版社，2003.
[24] 杨魁，董雅丽. 消费文化——从现代到后现代［M］. 北京：中国社会科学出版社，2003.
[25] 俞可平. 治理与善治［M］. 北京：社会科学文献出版社，2000.
[26] 张松. 历史城市保护学导论［M］. 上海：同济大学出版社，2008.
[27] 郑崇选. 上海市文化行业协会发展状况调研［A］. 叶辛，蒯大申. 上海文化发展报告（2011）：提升城市文化软实力［M］. 北京：社会科学文献出版社，2011.

## 二、期刊论文

[1] 白加德. 浅谈旅游景点文化品牌塑造［J］. 山西农业大学学报（社会科学版），2012（5）.
[2] 曹成竹. 民歌的文化治理性——兼谈西方博物馆理论的启示［J］. 广西科技师范学院学报，2014（3）.
[3] 陈炎. 文化资源论［J］. 天津社会科学，2006（1）.
[4] 成婧. 后危机时代我国政府治理模式的转型与定位——以政府与市场关系为观察视角［J］. 特区经济，2010（10）.
[5] 崔月琴，王嘉渊. 以治理为名：福柯治理理论的社会转向及当代启示［J］. 南开学报（哲学社会科学版），2016（2）.
[6] 段吉方. 理论与经验：托尼·本尼特与20世纪英国文化研究［J］. 马克思主义美学研究，2009（2）.
[7] 葛红兵. 有文化共识才有文化发展——也谈人文精神的建构问题［J］. 学习与探索，2006（6）.
[8]［英］格里·斯托克. 作为理论的治理：五个论点［J］. 国际社会科学杂志（中文版），1999（2）.
[9] 郭鸿懋. 论21世纪中国城镇化发展的战略基点［J］. 南开学报（哲学社会科学版），2004（6）.
[10] 郭胜. 旅游文化的功能及其品牌塑造［J］. 社会科学家，2007（6）.
[11] 何传新，陈胜. 城市形象工程应突出城市文化形象建设［J］. 城乡建设，1997（10）.
[12] 何增科. 公民社会与第三部门研究导论［J］. 马克思主义与现实，2000（1）.
[13] 何智文. 博物馆的空间规训与空间权力——以国家博物馆为例［J］. 大众文艺，2016（20）.
[14] 贺培育. 美国文化创意产业园区模式探析［J］. 文化月刊，2010（4）.
[15] 胡惠林. 国家文化治理：发展文化产业的新维度［J］. 学术月刊，2012（5）.
[16] 黄成亮，茹婧. 个体、权力与秩序重构：福柯治理理论的空间表达［J］. 学习论坛，2016（2）.
[17] 黄维敏. 成都城市文化精神中的平民意识［J］. 中华文化论坛，2008（1）.
[18] 纪立虎. 全球化背景下我国城市发展战略选择［J］. 城市问题，2002（1）.

[19] 姜长宝. 从文化资源优势向文化经济优势转化的路径选择 [J]. 社会科学战线，2010 (9).
[20] 金太军. 新公共管理：当代西方公共行政的新趋势 [J]. 国外社会科学，1997 (5).
[21] 黎军. 行业协会的几个问题 [J]. 河北法学，2006 (7).
[22] 李平原，刘海潮. 探析奥斯特罗姆的多中心治理理论——从政府、市场、社会多元共治的视角 [J]. 甘肃理论学刊，2014 (5).
[23] 李艳丰. 走向文化治理：托尼·本尼特文化研究理论范式的转型 [J]. 华南师范大学学报（社会科学版），2017 (3).
[24] 李植斌. 城市文化形象特征与建设 [J]. 人文地理，2001 (4).
[25] 李志勇. "双因素理论"分析框架下的博物馆旅游满意度影响因素 [J]. 社会科学家，2014 (12).
[26] 李卓文. 三峡名人文化与旅游资源开发 [J]. 三峡大学学报（人文社会科学版），2003 (5).
[27] 励小捷. 关于让文物活起来的理论思考 [J]. 中国历史评论，2015 (12).
[28] 林莉，刘祖云. 政府与公民关系的组合模式：一种逻辑分析的进路 [J]. 理论探讨，2010 (3).
[29] 刘桂珍. 网络传播与文化安全 [J]. 高校理论战线，2008 (10).
[30] 刘莉. 治理文化抑或文化治理？——文化治理研究的回顾与展望 [J]. 浙江社会科学，2016 (9).
[31] 刘熙瑞. 服务型政府：经济全球化背景下中国政府改革的目标选择 [J]. 中国行政管理，2002 (7).
[32] 吕芳青. 媒介的力量：博物馆建筑作为叙事空间融合展品——解读大英博物馆中爱奥尼克雕带 [J]. 华中建筑，2015 (9).
[33] 吕庆华. 文化资源的产业开发的文化资本基础 [J]. 生产力研究，2006 (9). [20]
[34] 毛少莹. 泛娱乐化，如何挑战公共政策 [J]. 人民论坛，2007 (2).
[35] 毛寿龙. 公共事务的治理之道 [J]. 江苏行政学院学报，2010 (1).
[36] 苗红培. 城市更新中的历史文化遗产保护 [J]. 重庆社会科学，2014 (8).
[37] 莫伟民. 管治：从身体到人口——福柯管治思想探究 [J]. 学术月刊，2011 (7).
[38] 倪芬. 城市形象问题探讨 [J]. 福州市委党校学报，2002 (2).
[39] 沙永胜. 名人文化研究 [J]. 兰台内外，2011 (6).
[40] 汤诗旷. 城乡历史建筑遗产保护的相关法律问题研究——试论全国统一立法的必要性及其目标设立 [J]. 南方建筑，2014 (5).
[41] 汪民安. 空间生产的政治经济学 [J]. 国外理论动态，2006 (1).
[42] 王丰龙，刘云刚. 异端空间的生产——福柯对中国政治地理学研究的启示 [J]. 人文地理，2017 (2).
[43] 王前. 理解"文化治理"：理论渊源与概念流变 [J]. 云南行政学院学报，2015 (6).
[44] 王兴伦. 多中心治理：一种新的公共管理理论 [J]. 江苏行政学院学报，2005 (1).
[45] 王燕，杨文阳，张屹. 中国网络文化安全发展现状及相关政策研究 [J]. 情报杂志，2008 (4).

[46] 王飚. 和谐社会视角下多中心治理理论的启示 [J]. 湖南师范大学社会科学学报，2010 (5).
[47] 王谊茜，王玉洁. 论新媒体时代企业应具备的媒介素养探讨 [J]. 山西广播电视大学学报，2013 (3).
[48] 王志刚. 多中心治理理论的起源、发展与演变 [J]. 东南大学学报（哲学社会科学版），2009 (S2).
[49] 王志弘. 文化如何治理？一个分析架构的概念性探讨 [J]. 世新人文社会学报，2010 (11).
[50] 吴理财. 文化治理的三张面孔 [J]. 华中师范大学学报（人文社会科学版），2014 (1).
[51] 吴越. 休闲中心的文化建造——昭山生态景园策划设计 [J]. 中外建筑，2006 (3).
[52] 徐贲. 全球化、博物馆和民族国家 [J]. 文艺研究，2005 (5).
[53] 徐龙福，邓永发. 社会信息化发展的网络文化安全 [J]. 江汉论坛，2010 (11).
[54] 徐小霞. 作为治理技术的博物馆——托尼·贝内特的博物馆政治思想 [J]. 上海大学学报（社会科学版），2016 (1).
[55] 徐一超. 聚焦“文化治理”：问题史、理路与实践 [J]. 中国文化产业评论，2014 (1).
[56] 徐一超. “文化治理”：文化研究的“新”视域 [J]. 文化艺术研究，2014 (3).
[57] 许正林. 上海文化产业园区类型及发展难点分析 [J]. 声屏世界，2012 (9).
[58] 姚伟钧，彭桂芳. 构建网络文化安全的理论思考 [J]. 华中师范大学学报（人文社会科学版），2010 (3).
[59] 袁政. 城市治理理论及其在中国的实践 [J]. 学术研究，2007 (7).
[60] 曾莉. 公共治理中公民参与的理性审视——基于公民治理理论的视角 [J]. 甘肃社会科学，2011 (1).
[61] 章采烈. 论历史名人级差及其效应——中国名人名胜资源的旅游价值 [J]. 旅游学刊，1994 (4).
[62] 张松. 中国历史建筑保护实践的回顾与分析 [J]. 时代建筑，2013 (3).
[63] 张玉勤. 历史·社会·实践：托尼·本尼特马克思主义美学研究的理论维度 [J]. 北方论丛，2010 (3).
[64] 张志. 解析日本的新媒体法制构想及内容规制理念 [J]. 国际新闻界，2010 (1).
[65] 周海玲，张志强. 文化政治美学视野下的治理理论研究——从福柯的政治治理到托尼·本尼特的文化治理 [J]. 韩山师范学院学报，2014 (2).
[66] 周笑. 垄断与创新：网络视频产业观察与研究 [J]. 东岳论丛，2012 (4).
[67] 周正刚. 论文化资源的可持续开发 [J]. 求索，2004 (11).
[68] 朱岚. 用文化建设打造城市“名片”——成都市城市文化建设的几点启示 [J]. 四川行政学院学报，2007 (1).
[69] 朱旭光. 中国视频网站的版权保护和可持续开发 [J]. 当代电影，2009 (12).
[70] 陈侠. 传承与发展——当前社会经济背景下上海历史建筑保护与改造的策略研究 [D]. 上海：同济大学博士论文，2007.
[71] 孙俊桥. 走向新文脉主义 [D]. 重庆：重庆大学博士论文，2010.

## 三、报纸

[1] 黄发红. 德国网络空间也有法度 [N]. 人民日报，2004-06-11.
[2] 梅香雪. 赋予黄冈产业新内容，构建黄冈文化新理念 [N]. 黄冈日报，2008-12-16.
[3] 绕会林. 城市文化、城市精神——城市发展的灵魂 [N]. 中国文化报，2005-08-02.
[4] 王嘉. 数量多质量优活动新博物馆提升市民获得感 [N]. 成都日报，2017-12-17.
[5] 王礼瑞，熊先化. 刮目看黄冈——黄冈近两年来经济社会发展特点评析 [N]. 黄冈日报，2009-03-11.
[6] 尹卫国. “互联网+博物馆” 增加获得感 [N]. 中国文化报，2016-03-23.
[7] 张立行，陈熙涵. 塑造上海城市精神的文化品格 [N]. 文汇报，2003-01-08.

## 四、网络文献

[1] 艾瑞网.2013 年 11 月网络视频收视数据发布 [EB/OL].
http://news.iresearch.cn/zt/224915.shtml#a1.2013-11-12.
[2] 曹世功. 国外如何推动和发展创意产业 [EB/OL].
http://news.hexun.com/2007-12-26/102497102.html. 2007-12-16.
[3] 冯源，赵仁伟，等. 文化产业园区概念模糊管理多头现象亟待理顺 [EB/OL].
http://www.js.xinhuanet.com/zhuanlan/2012-05/11/content_25214709.htm. 2012-05-11.
[4] 古建筑修复 “人去艺亡”，故宫用北京户口留住工匠 [EB/OL].
http://xw.qq.com/news/20170208029617/NEW2017020802961700. 2017-02-08.
[5] 国家广播电视电影总局. 关于进一步完善网络剧、微电影等网络视听节目管理的补充通知 [EB/OL]. http://news.163.com/14/0321/11/9NRVRE6K00014JB5.html. 2014-01-02.
[6] 国家广播电视电影总局. 互联网视听节目服务管理规定 [EB/OL].
http://www.chinanews.com/it/kong/news/2007/12-29/1119451.shtml. 2007-12-29.
[7] 国家新闻出版广电总局. 关于进一步加强网络剧、微电影等网络视听节目管理的通知
[EB/OL]. http://baike.baidu.com/view/12521668.htm?fr=aladdin. 2014-06-28.
[8] 联合国教科文组织. 保护非物质文化遗产公约 [EB/OL]. http://www.ihchina.cn/3/18945.html. 2016-10-08.
[9] 联合国教科文组织. 保护非物质文化遗产伦理原则 [EB/OL].
http://www.crihap.cn/2016-10/31/content_27228556.htm. 2016-10-31.
[10] 联合国教科文组织. 威尼斯宪章（国际古迹遗址保护与修复宪章）[EB/OL]. 国家文物局法制处译本，http://www.tlf.gov.cn/info/6155/82075.htm. 2013-04-04.

[11] 联合国教科文组织. 文化政策促进发展行动计划 [EB/OL]. 斯德哥尔摩：政府间文化政策促进发展会议. https：//max. book118. com/html/2017/0404/98602590. shtm. 2017 - 04 - 04.
[12] 上海市第十三届人民代表大会常务委员会. 上海市历史文化风貌区和优秀历史建筑保护条例（2010 年修正本）[EB/OL]. http：//fgk. chinalaw. gov. cn/article/dffg/201009/20100900336950. shtml. 2010 -09 - 17.
[13] 上海市人民政府.《2012 年上海市文化创意产业发展报告》首次发布 [EB/OL]. http：//www. shanghai. gov. cn/shanghai/node2314/node2315/node4411/u21ai651565. html. 2012 - 08 - 24.
[14] 上海市人民政府. 上海市国民经济和社会发展第十三个五年规划纲要 [EB/OL]. http：//www. shanghai. gov. cn/nw2/nw2314/nw2319/nw22396/nw39378/u21aw1101146. html. 2016 - 02 - 01.
[15] 上海市文化和旅游局，上海市广播电视局，上海市文物局.2017 年上海博物馆年报 [EB/OL]. http：//wgj. sh. gov. cn/node2/n2029/n2033/n2118/u1ai155142. html. 2018 - 05 - 15.
[16] 王澍. 让文化力量重返乡村 [EB/OL]. http：//www. 360doc. com/content/16/0127/07/30417605 _ 530826347. shtml. 2016 - 01 - 27.
[17] 文化部. 关于加强和改进网络音乐内容审查工作的通知 [EB/OL]. http：//www. cpll. cn/law8451. shtml. 2009 - 09 - 04.
[18] 文汇报. 上海市政协调研上海文化创意产业园区发展现状 [EB/OL]. http：//www. wmsh. gov. cn/xinwen/201201/t20120102 _ 94563. htm. 2012 - 01 - 02.
[19] 吴良镛. 关注城市“特色危机”[EB/OL]. http：//www. he. xinhuanet. com/news/2003-12/01/content _ 1304795. htm. 2003 - 12 - 01.
[20] 吴霞. 上海百年“大世界”重开昔日文化标志如何转型？[EB/OL]. http：//www. sohu. com/a/123025602 _ 114731. 2016 - 12 - 30.
[21] 英国文化、媒体与体育部. 英国 2016 文化白皮书与文化发展方向 [EB/OL]. http：//info. trueart. com/info _ 39878 _ 2. html. 2016 - 07 - 29.
[22] 张在元. 国际建筑大师：中国城市建设只见建筑不见城市 [EB/OL]. http：//gb. cri. cn/3821/2005/05/28/1385@562679. htm. 2005 - 05 - 28.
[23] 中共中央办公厅. 中共中央关于深化文化体制改革推动社会主义文化大发展大繁荣若干重大问题的决定 [EB/OL]. http：//www. gov. cn/jrzg/2011-10/25/content _ 1978202. htm. 2011 - 10 - 25.
[24] 中国 2013 年共收缴各类非法出版物 2053 万件 [EB/OL]. http：//www. chinanews. com/fz/2014/01-02/5691234. shtml. 2014 - 01 - 02.

# 索 引

Index